Von Juliette Benzoni

Napoleone – Siegerin des Herzens
Napoleone – In der Sonne des Ruhms

Juliette Benzoni

Napoleone
Im Zeichen des Adlers

Roman

Schneekluth

CIP-Titelaufnahme der Deutschen Bibliothek

Benzoni, Juliette
Napoleone, Im Zeichen des Adlers: Roman /
Juliette Benzoni
München: Schneekluth 1989
ISBN 3-7951-1095-5

Aus dem Französischen übertragen von Veronika Cordes
Die französische Originalausgabe erschien unter dem Titel
FELICIA AU SOLEIL COUCHANT

ISBN 3-7951-1095-5

© 1987 by Librairie Plon
© 1989 für die deutsche Ausgabe
by Franz Schneekluth Verlag, München
Satz: FotoSatz Pfeifer, Gräfelfing
Gesetzt aus der 10½/11½ Pkt. Garamond Mediaeval
Druck und Bindung: May & Co., Darmstadt
Printed in Germany 1989

ERSTER TEIL

DER RISS

BESUCH IN COMBERT

Die verwitwete Madame de Sainte-Croix ließ drei Stückchen Zucker in ihre winzige Tasse gleiten und rührte den Kaffee dann langsam und bedächtig mit einem Silberlöffel um. Im Schein der Flammen aus dem Kamin sprühte der große Amethyst an ihrem linken Ringfinger – eine Erinnerung an einen bischöflichen Onkel – violette Funken.

Die Adventszeit war angebrochen, und getreu dem Brauch, sich den Farben des Kirchenkalenders entsprechend zu kleiden, bot die alte Dame den Anblick einer reichlich episkopal anmutenden Komposition aus Samt, was überaus elegant wirkte und darüber hinaus gut zum Alter und dem weißen Haar der Trägerin paßte. Sie lächelte Napoleone zu, die sich auf einem niedrigen kleinen Schemel zu ihren Füßen niederließ, und schickte sich an, in kleinen Schlucken und mit leicht zusammengekniffenen Augen das würzige Gebräu zu trinken. In ihren Augenwinkeln bildete sich ein Geflecht aus winzigen, von Zufriedenheit zeugenden Fältchen.

»Hmm!« meinte sie genießerisch. »Wie kann man es wagen, irgendwo anders Kaffee zu trinken, wenn man ihn einmal bei Euch gekostet hat?«

»Ihr solltet zutreffender sagen: bei Dauphine«, erwiderte Napoleone. »Denn sie war es, die Clémence in dieser schwierigen Kunst, einen guten Kaffee zu bereiten, unterwiesen hat. Jedesmal wenn das Tablett in den Salon gebracht wird, ist mir, als würde sie im nächsten Moment erscheinen und mit einem breiten Lächeln auf dem von ihrer Spitzenhaube mit den grünen Bändern eingerahmten Gesicht ihren Tribut fordern. Eigenartig, aber anstatt mich daran zu gewöhnen, daß dieses Haus

jetzt mir gehört, habe ich immer das Gefühl, bei ihr zu Gast zu sein.«
»Ist das etwa der Grund, weshalb Ihr hier nichts verändert?«
Madame de Sainte-Croix ließ den Blick in dem friedlichen Salon umherwandern, über die hübschen ›à-la-Reine‹-Sessel und das dazu passende Sofa, das die geschickte Nadel von Mademoiselle de Combert mit den gleichen pastellfarbenen Rosen bestickt hatte, die sich an den raffenden Bändern der schweren grünen Vorhänge wiederfanden, über die mit Samt im gleichen grünen Farbton überzogene Chaiselongue, um schließlich an dem Stickrahmen haften zu bleiben, in dessen antiken Mahagonirahmen eine unvollendete Arbeit gespannt war.
»Ich habe keine Lust, irgendwelche Veränderungen vorzunehmen«, sagte Napoleone leise. »Ich liebe dieses Haus so, wie es ist, bis ins kleinste. Mir ist, als könnte ich Dauphine dadurch am Leben erhalten. Sie ist da. Ich spüre ihre Nähe, und diese Gegenwart tut mir gut. Außerdem würde Madame Seidenhaar nicht zulassen, daß jemand ihren Stickrahmen berührt«, fügte sie hinzu und streckte die Hand aus, um den hellgrauen Pelz der bildschönen Katze zu streicheln, die auf einem Kissen neben dem Kamin schlief.
»Dieser halbfertige Wandteppich stimmt jedenfalls traurig. Warum macht Ihr Euch nicht daran, wenn ihr schon die Absicht habt, genau so zu leben wie Dauphine? Alle weiblichen Bewohner von Combert waren seit jeher begeisterte Stickerinnen.«
»Dann werde ich es eben auch versuchen. Aber ich fürchte, mir fehlt die Geschicklichkeit, die man dazu braucht. Noch ein wenig Kaffee?«
»Gern. Da ich seit Jahren nachts ohnehin nicht mehr als drei Stunden schlafe, wäre es schade, mit Rücksicht darauf zu verzichten.«
Napoleone füllte noch einmal die Tassen nach und setz-

te sich dann wieder auf den kleinen Schemel. Stille hüllte die beiden Frauen ein, diese ländliche Stille, die niemals völlig lautlos, sondern von den unsichtbaren Beweisen des Lebens erfüllt ist. Diese hier war getragen von einem Gefühl des Wohlbefindens, von Vertrauen und Freundschaft. Der Duft des Kaffees mischte sich mit dem der Kiefern- und Buchenscheite, die im Kamin brannten, und alles zusammen umgab Napoleone und die alte Freundin wie einen schützenden Kokon. Draußen, das war der eisige Hauch der Auvergne-Berge, die der Winter ihrer vergänglichen Vegetation beraubt hatte, das waren die aus den Wasserläufen aufsteigenden Nebelschwaden, die stolzen Baumgruppen hoher Schwarztannen, die die Hügel umstanden, die tiefhängenden Wolken, die den nächsten Schnee ankündigten. Das war die Zeit, in der sich Mensch und Tier zurückzogen in Bauernhöfe und Dörfer, das waren Abende im Kreis der Nachbarn, die Zeit der Bastelarbeiten, bei denen sich die Hand, der Plackerei auf dem Feld enthoben, dem Einfallsreichtum der Gedanken unterordnet und kunstvolle Dinge entstehen läßt – schließlich und endlich die Zeit der Geschichten und Legenden, denen zu lauschen man niemals müde wird, weil sie durch die Erzählfreude der Alten mit jedem Jahr noch packender und ausgefeilter werden.
Napoleone liebte diese winterliche Zeit, deren Zauber sie in der großen Küche von Lauzargues unter dem weit vorspringenden Kaminsims von Godivelles Reich kennengelernt hatte. Hier in Combert war diese Jahreszeit lediglich mit mehr Behaglichkeit verbunden. Sie erwartete viel von diesem Winter, der kaum begonnen hatte, hoffte sie doch, ihn mit Jean in der zärtlichen Zweisamkeit ihrer Liebe zu erleben. Sie träumte von langen Monaten der Abgeschiedenheit zusammen mit ihrem Sohn, von dem Erlebnis, wie er sich von Tag zu Tag mehr entwickelte und wie eine Blume im Frühling dem Leben öffnete.

Aber die Fenster waren für Jean de la Nuit viel zu dicht verschlossen, der Salon zu gemütlich. Samt und Seide entsprachen wohl kaum einem Mann, der trotz seiner in der Einsamkeit erworbenen Bildung nichts so sehr liebte wie das weite Land, die großen Wälder und den freien Himmel. Und drei Monate nach dem schrecklichen Ereignis, bei dem Lauzargues zerstört worden war, beschlich Napoleone die Frage, wie wohl das Leben aussehen mochte, das Jean für sie beide anstrebte.
Mit Nachdruck setzte die Witwe Sainte-Croix ihre Tasse auf einem Beistelltisch ab und fragte ganz selbstverständlich und so, als hätte Napoleone soeben laut nachgedacht: »Wo hält er sich denn gegenwärtig auf?«
Da diese Frage genau dem entsprach, was Napoleone beschäftigte, kam der jungen Frau gar nicht erst der Gedanke, die Freundin zu fragen, von wem sie sprach.
»Ich weiß es nicht. Es ist Euch ja bekannt, daß er nicht zu den Männern gehört, die sich mitteilen...«
»Ist er dafür der Mann, der Euch glücklich macht?«
Und da Napoleone die Brauen runzelte, fügte sie leiser hinzu: »Bitte glaubt mir, daß ich mich nicht in etwas einmischen möchte, was mich nichts angeht. Die Liebe ist etwas Wunderbares, wenngleich äußerst Zerbrechliches, und Außenstehende neigen allzu leicht dazu, ungeschickte Bemerkungen darüber zu machen. Was mich betrifft, so habe ich Euch sehr gern und möchte Euch glücklich sehen. Seid Ihr es? Das ist die Frage...«
Madame de Sainte-Croix mußte ein Lächeln unterdrücken, als sie bemerkte, daß anstatt einer Antwort ein Leuchten in die goldbraunen Augen der jungen Frau trat, ein Leuchten, das sich jedoch rasch wieder verflüchtigte. Napoleone senkte den Blick und wandte den Kopf ab. Worauf sich die alte Dame vorbeugte und ihre mit einem fingerlosen Handschuh bedeckte Rechte auf die der Freundin legte.
»Ich glaube«, sagte sie, »daß mich mein Alter dazu be-

rechtigt, mir selbst die Antwort darauf zu geben. Und verzeiht mir, wenn ich Euch schockiere...«
»Weshalb?«
»Ich nehme an, daß, wenn das Leben nur aus Nächten bestünde, Ihr die glücklichste Frau der Welt wäret. Nein, Ihr braucht nicht zu erröten! Wir sprechen hier von Frau zu Frau, und mag es auch aus heutiger Sicht schwerfallen, sich so etwas bei mir vorzustellen, dürft Ihr mir doch glauben, daß auch ich die beglückenden Stürme der Leidenschaft erlebt habe. Ich weiß, wie es ist, wenn einem die Liebe den Kopf verdreht.«
Unwillkürlich mußte Napoleone lächeln. Es bereitete ihr durchaus keine Mühe, die betagte Freundin als Meisterin in Liebesdingen anzuerkennen, waren deren amouröse Abenteuer mit dem Vidame von Aydit doch mehr oder weniger fester Bestandteil der Geschichen, die man sich abends erzählte. Jeder in der Gegend von Saint-Flour wußte, daß sich damals, vor der Revolution, die schöne Herminie de Sorange und der Vidame mit einer beispiellosen Leidenschaft geliebt hatten. Es war zu einem Skandal gekommen, als das Pärchen für sein Romeo-und-Julia-Spiel das Zimmer des jungen Mädchens wählte, das nur wenige Schritte von dem Gemach entfernt lag, in dem der ehrwürdige Vorsitzende de Sorange ruhte. Natürlich waren sie entdeckt worden, und Louis d'Aydit hatte, lediglich mit einem Hemd bekleidet, das Weite suchen müssen, um den mit Knüppeln bewaffneten Dienern des erzürnten Vaters zu entgehen. Was Herminie betraf, so hatte man sie eingesperrt, aber es war ihr gelungen, zu ihrem Vidame in das alte, halbverfallene Schlößchen zu entfliehen, in dem er wie ein einsamer Adler gelandet war.
Es war ein Leichtes gewesen, sie hier aufzustöbern, und nach einem nach besten mittelalterlichen Regeln durchgeführten Sturmangriff war Herminie mit Gewalt nach Saint-Flour zurückgebracht worden, während Louis nach Malta zog, um dort seinen jugendlichen Übermut

im Kampf gegen die Berber zu kühlen. Herminie wurde gezwungen, den betagten Grafen de Sainte-Croix zu heiraten, den sie Zeit seines Lebens, das zum Glück nicht allzu lange währte, verabscheute.
Als der Vidame, noch immer völlig mittellos, nach rund vierzigjähriger Abwesenheit nach Frankreich zurückkehrte, begegneten sich die beiden Liebenden wieder. Aber sie hatten sich verändert. Herminie war abgemagert und verblüht, von ihrer einstigen Schönheit zeugten nur noch ihre großen schwarzen Augen. Er hatte sich zu einem behäbigen, pockennarbigen Mann mit einer offensichtlichen Vorliebe für leibliche Genüsse entwickelt.
Was sich nicht verändert hatte, waren ihre Gefühle füreinander. Als sie sich jedoch im Vergleich zu ihren Erinnerungen äußerlich so verwandelt gegenüber standen, waren sie derart entsetzt, daß zwar nicht unbedingt Feindschaft zwischen ihnen erwuchs, aber doch zumindest ein ständiger Kleinkrieg, in dem sie ein teuflisches Vergnügen entwickelten, einander mit beißender Ironie zu begegnen. Waren sie bislang eine Legende gewesen, wurden sie nun zur Zielscheibe von Spötteleien.
Madame de Sainte-Croix, die die Gedanken ihrer jungen Freundin erriet, lachte auf.
»Der arme Vidame! Wie habe ich ihn geliebt! Und dennoch, was haben die Jahre aus ihm gemacht ... und aus mir! Man sollte an das Alter denken, wenn man sich auf eine große Liebe einläßt. Die Zeit macht alles zunichte.«
»Ich weiß«, sagte Napoleone. »Aber das soll mich nicht bekümmern. Jean macht mich so glücklich, wie ich es nie für möglich gehalten hätte.«
»Mag sein, aber dieses Glück ist mit Sicherheit unvollkommen. Es gibt da noch den Alltag, und ob Ihr es wollt oder nicht, Euer Jean ist ein Lauzargues.«
»Gewiß. Was wollt Ihr damit sagen?«
»Daß die Lauzargues, gleichgültig, ob gut oder schlecht, besonders leidenschaftliche und stolze Män-

ner sind. Vor allem haben sie sich niemals damit abgefunden, nicht Herr im Haus zu sein, und Jean macht da bestimmt keine Ausnahme. Hinzu kommt, daß er als unehelich Geborener nicht einmal Anspruch auf den ihm zustehenden Namen hat, obwohl jedermann weiß, daß er der Sohn des verstorbenen Marquis ist.«
»In diesem Punkt habt Ihr recht. Er ist nicht bereit, in diesem Haus zu leben ...«
»Erstaunt Euch das? Meine liebe Napoleone, eine Frau Euren Formats sollte Verständnis für diesen Stolz, dieses Schamgefühl, diese Einstellung aufbringen. Er weiß genau, was Euch und vor allem Eurem Sohn gebührt.«
»Er ist auch *sein* Sohn!« begehrte die junge Frau auf.
»Das weiß ich wohl, aber Ihr könnt nichts dagegen tun, daß das Kind in den Augen der anderen der Sohn des armen Etienne de Lauzargues ist, der auf so tragische Weise sterben mußte. Euer Jean kann Euch nicht einmal einen Namen bieten. Was einer Heirat im Wege stehen dürfte.«
»Er hat den Namen seiner Mutter, und damit würde ich mich durchaus zufrieden geben.«
»Wenn mich nicht alles täuscht, genügt ihm das nicht. Er würde es niemals hinnehmen, daß Ihr einen anderen Namen mit ihm teilt. Um Euch zu erniedrigen, liebt er Euch viel zu sehr.«
»Ich sehe darin keine Erniedrigung.«
»Er schon. Und er weiß auch, daß das in unserer Gegend Gewicht hat. Aber wenn ihm dieses Haus hier nicht zusagt – wo lebt er dann?«
»Auf dem Bauernhof. François Devès hat ihm einen ehemaligen Schafstall überlassen. Nach seiner Genesung hat er sich dort eingerichtet. Er sagt, er wolle mein Leben nicht beeinträchtigen. Als ob er nicht wüßte, daß er mein Leben ist!« fügte Napoleone niedergeschlagen hinzu.
Die Witwe zuckte die Schultern.
»Nichts als Worte, mein liebes Kind. Worte, die wir

äußern, wenn uns die Liebe umfangen hält. Sobald man aber begreift, daß sie eigentlich nichts besagen, hat man bereits allerhand Törichtes angerichtet. Zu Eurem Leben gehört auch Euer Sohn und das, was einmal aus ihm wird. Jeans Leben beinhaltet nicht, daß er wie ein angeketteter Hund vor Eurer Tür hockt.«
Madame de Sainte-Croix griff nach ihrem Stock und erhob sich mühsam und ein leichtes Gähnen unterdrückend aus ihrem Sessel.
»Mir scheint, ich habe für heute abend genug geredet. Es wird Zeit, schlafen zu gehen.«
»Ich werde Euch begleiten.«
Die beiden Frauen traten in die Halle, wo auf einer antiken Anrichte die Leuchter bereitstanden. Napoleone zündete die Kerzen eines kleinen, zweiarmigen Leuchters an, bereit, ihrer alten Freundin die Treppe hinauf voranzugehen. Auf der untersten Stufe blieb sie stehen und wandte sich um.
»Euer Besuch macht mich unendlich glücklich, und ich hoffe, Ihr glaubt mir das. Aber verratet mir doch endlich, aus welchem Grund Ihr wirklich dieses garstige Wetter und unsere schlechten Straßen auf Euch genommen habt?«
Madame de Sainte-Croix lächelte.
»Habt Ihr das wirklich noch nicht durchschaut? Um Euren köstlichen Kaffee zu genießen, mein Kind ... und auch, um Euch wissen zu lassen, daß Gerüchte im Umlauf sind. Ihr kennt doch unsere kleinen Städte und alten Schlösser, in denen sich die Langeweile breitmacht. Da bleiben die Zungen niemals lange stumm.«
»Sollen sie doch reden. Mich kümmert das nicht. Ich will und kann mich nicht von Jean trennen!«
»Ich wußte, daß Ihr das sagen würdet. Vergeßt also meine Bemerkung und betrachtet diesen Besuch unter dem einzigen Aspekt, der zählt: daß ich Euch sehr gern habe und Euch sehen wollte. Jetzt aber begleitet mich zu meinem Zimmer!«

Sie schob ihren Arm unter den von Napoleone, und langsam und schweigend stiegen die beiden Frauen die Treppe hinauf. Als sie die Türschwelle des Zimmers erreichten, das Clémence, die die Witwe de Sainte-Croix ebenso schätzte wie sie sie fürchtete, mit ganz besonderer Sorgfalt hergerichtet hatte, umarmten sie sich und wünschten sich gegenseitig eine gute Nacht.
Napoleone ging in den Salon zurück, wo sie ein Holzscheit im Kamin nachlegte und es sich, den breiten blauen Kaschmirschal fröstelnd enger um sich ziehend, in dem Lehnstuhl bequem machte.
Zu ihren Füßen öffnete Madame Seidenhaar träge die goldgelben Augen, schloß sie jedoch gleich wieder, nachdem sie sich davon überzeugt hatte, daß der Augenblick, ins Schlafzimmer zu wechseln, noch nicht gekommen war. Aus der Küche kündete das Klirren von Kristall und das Scheppern von Besteck an, daß Clémence bereits beim Geschirrabtrocknen war. Gleich würde sie fertig sein und schlafen gehen und Napoleone allein zurücklassen.
Napoleone hatte keine Lust, ins Bett zu gehen. Sie wartete auf Jean, ohne ihn zu erwarten. Wenn er wüßte, daß Madame de Sainte-Croix hier war, würde er fernbleiben wie jedesmal, wenn in Combert Besuch auftauchte.
Napoleone empfand dieses Verhalten als kränkend. Es widerstrebte ihr, aus ihrer Beziehung ein Geheimnis zu machen. Was man sich in der Gegend darüber erzählen mochte, war ihr herzlich gleichgültig, und wenn die Nachbarn sie gemieden hätten, hätte sie das hingenommen, da diese Abgeschiedenheit ein um so engeres Zusammensein mit Jean ermöglicht hätte. Sie verstand nicht, daß er in dieser Hinsicht anderer Meinung war. Offenbar dachte er mehr an ihren gemeinsamen Sohn als an sie...
Mit einem Seufzer lehnte Napoleone den Kopf zurück und schloß die Augen. Zwei Tage lang hatte Jean sich nicht blicken lassen. Sein Fernbleiben war keineswegs

beunruhigend; seit seiner Genesung war es mehrmals vorgekommen, daß der Einzelgänger für zwei oder drei Tage verschwand, von seinem Jagdhunger und der Sehnsucht nach Freiheit bis an die Grenzen von Aubrac, von Margeride oder sogar Gévaudan getrieben. Mit langen, federnden Schritten brach er dann auf, einen Beutel über der Schulter, die der weite Hirtenumhang bedeckte, auf dem Kopf den schwarzen Hut, den die Bauern hier trugen und den er so gern aufsetzte, und wie stets gefolgt von Luern, dem großen, rostfarbenen, zahmen Wolf, der ihm so ergeben war, daß niemand im Umkreis von Combert Angst vor ihm hatte.

Wenn Jean loszog, sagte er niemals, wohin er ging. Vielleicht wußte er es selbst nicht genau. Erst wenn er zurückkam, berichtete er, während er gierig und heißhungrig hinunterschlang, was ihm Clémence zubereitet hatte.

Gelegentlich blieb er nur tagsüber fort. Und in der folgenden Nacht liebte er Napoleone noch leidenschaftlicher als sonst. Dann brauchte sie keine Fragen zu stellen: Sie wußte, daß er in Lauzargues gewesen war und Kummer und Wut ihn niederdrückten.

Lauzargues hatte er als ersten Ausflug nach seiner Verwundung gewählt, und er hatte Napoleone nicht erlaubt, ihn zu begleiten. Nur ein Pferd hatte er mitgenommen, um sich nicht zu sehr zu verausgaben. Leichenblaß und mit Tränen in den Augen war er wiedergekommen.

»Lauzargues ist nichts weiter als eine gewaltige Ruine: vier abgedeckte Türme als Wachposten eines Trümmerhaufens aus Steinen und Balken, denen das Feuer nichts anhaben konnte...«

Das war nichts Neues. Beide wußten, daß die mittelalterliche Burg verwüstet worden war. Am Morgen nach der Explosion hatte Napoleone François Devès ausgesandt, damit er das Ausmaß des Schadens feststelle und Vorkehrungen für die Beisetzung der Opfer treffe: von

Marquis de Lauzargues, Napoleones Onkel, sowie Eugène Garland, dem verrückten Bibliothekar, der die Katastrophe ausgelöst, Napoleone und Jean jedoch vor den Mordabsichten des Marquis bewahrt hatte.*)
Drei Monate lang weigerte sich Napoleone standhaft, den Ort aufzusuchen, an dem sie so viel durchgemacht hatte und wo sie zweimal mit knapper Not dem Tode entronnen war. Sie ließ nicht davon ab, dem Familiensitz all das anzulasten, was sie dort hatte ertragen müssen, vielleicht auch, weil ihr Herz daran gehangen und sie das alte Gemäuer, in dem ihre Mutter als Kind gelebt hatte und wo sie, Napoleone, Jean begegnet war, geliebt hatte.
»Vielleicht werde ich später einmal hingehen«, hatte sie zu Jean gesagt. »Im Augenblick ist es noch zu früh...«
Jean hatte sie nicht bedrängt, sprach auch nicht mehr davon, Napoleone mitzunehmen. Aber auf jenen ersten Besuch dorthin folgten viele weitere, und die junge Frau wagte nicht, ihn davon abzuhalten. Sie wußte um die Anziehungskraft des Schlosses, dessen Name dem zustand, den man überall Jean de la Nuit oder den ›Herrn der Wölfe‹ nannte...
Noch jemand in Combert spürte diese Anziehung: die alte Godivelle, die einstige Amme des Marquis, die ihm trotz seiner Missetaten die Treue hielt. Als sich das Unglück ereignete, war es gar nicht so leicht gewesen, die betagte Gouvernante von diesem Schloß wegzubringen, in dem sich ihr ganzes Leben abgespielt hatte. Es gelang erst, als man ihr den kleinen Etienne in die Arme legte, den sie auf großmütterliche Art und darüber hinaus mit der ihr eigenen Ergebenheit der getreuen Dienerin des letzten der Lauzargues liebte. Und dennoch genügte diese Liebe der alten Frau nicht lange. Vielleicht wenn sie das Kind unter ihrer alleinigen Ob-

---

*) nachzulesen in ›Napoleone – Siegerin des Herzens‹ und ›Napoleone – In der Sonne des Ruhms‹.

hut gehabt hätte! Aber in Combert gab es außer ihr noch Jeannette, die Amme des kleinen Etienne, und Clémence, die aufopfernde Dienerin der verstorbenen Dauphine de Combert. Für eine altgediente Despotin, die daran gewöhnt war, in ihrer Küche, die landauf, landab gerühmt wurde, und über einen Haushalt zu herrschen, waren das einfach zu viele Frauen.
Zwei Monate lang hielt es Godivelle aus. Dann, am Morgen des Allerseelentags, als Napoleone im Garten die letzten Blumen schnitt, sah sie Godivelle auf sich zukommen mit schwarzem Gewand, Schal und Schürze, den weiten Umhang um die Schultern und die Kapuze bereits über die gestärkte weiße Haube gestülpt.
Das rundliche Gesicht der Alten, das mit einem Netz von Fältchen überzogen war, war bleich und verhärmt. Wie alle Hausbewohner mit Ausnahme des Kindes hatte sie nicht ausreichend Schlaf gefunden, weil einem alten Brauch zufolge in der Allerheiligennacht die Glokken der Kirche oder der Kapelle stündlich für die Seelen der Verstorbenen läuteten. Aber sie zeigte die entschlossene Haltung und den zusammengekniffenen Mund, die ein sicherer Hinweis darauf waren, daß Godivelle etwas vorhatte oder sagen wollte, was ihr am Herzen lag. Und wie immer steuerte sie geradewegs auf ihr Ziel zu.
»Mit Eurer Erlaubnis, Madame Napoleone«, sagte sie, »ich gehe.«
Vor Überraschung ließ die junge Frau die Heckenschere fallen und beugte sich rasch hinunter, um sie wieder aufzuheben und gleichzeitig diese kurze Unterbrechung zum Nachdenken zu nutzen.
»Und wohin geht Ihr, Godivelle?«
»Zurück nach Lauzargues. Und seid mir deswegen nicht böse, Madame Napoleone. Ich habe es bei Ihnen sehr gut, aber ich bin eben nicht zu Hause. Ich fühle mich hier nicht wohl. Ich glaube, daß hier kein Platz für mich ist...«

»Kein Platz für Euch? Bei mir? Und vor allem bei Etienne? Ich hatte den Eindruck, es sei Euer sehnlichster Wunsch, bei ihm zu bleiben?«
»Das dachte ich auch, aber eigentlich braucht er mich gar nicht. Jeannette kümmert sich ständig um ihn, und niemand könnte das besser. Ist ja auch verständlich, schließlich war sie seine Amme...«
»Aber ist Euch denn niemals der Gedanke gekommen, daß es mir schwerfallen könnte, mich von Euch zu trennen? Ich verdanke Euch so viel, Godivelle! Was wäre ohne Euch aus mir geworden, als ich nach dem tragischen Tod meiner Eltern nach Lauzargues kam? Ich schätze Euch sehr, und ich glaube, Etienne liebt Euch.«
»Ich werde Euch von Zeit zu Zeit besuchen. Von einer endgültigen Trennung kann nicht die Rede sein. Lauzargues ist nicht so weit entfernt. Versteht mich doch, Madame Napoleone! Ich glaube, daß ich dort gebraucht werde. Das denke ich schon seit ein paar Tagen, aber heute, am Allerseelentag, spüre ich es noch deutlicher als sonst.«
Godivelle richtete den Blick in die Ferne. Eine Träne kullerte über ihre runzlige Wange.
»Ganz einsam liegt er dort unter den Trümmern seines Schlosses. Ich weiß sehr wohl, daß er Schreckliches angerichtet hat, aber er war mir wie ein Kind, ich empfand ein wenig wie eine Mutter für ihn. Der Gedanke, daß da niemand ist, der ein Gebet für ihn spricht oder ihm eine Blume bringt, daß niemand kommt und bei ihm niederkniet, schmerzt mich sehr, Madame Napoleone.«
»Es liegt mir fern, Euch daran zu hindern, zum Beten dorthin zu gehen, meine liebe Godivelle. Hier«, sagte Napoleone und drückte der Alten die Heckenschere in die Hand, »schneidet Euch soviel Blumen, wie Ihr wollt, und nehmt sie für ihn mit. Ich werde François bitten, Euch hinzubringen.«
»Das ist nicht nötig. Mein Neffe Pierrounet ist bereits mit dem Wagen des seligen Chapioux vorgefahren, um

mich abzuholen. Ein paar Blumen nehme ich aber gern mit. Vielen Dank. Nur ... ich werde nicht zurückkommen. Zumindest vorläufig nicht...«

»Aber Godivelle, nehmt doch Vernunft an! Der Winter steht vor der Tür. Ihr könnt nicht in den Ruinen leben. In Eurem Alter hieße das den Tod herausfordern.«

»Das wäre zwar nicht weiter schlimm, aber ich bin noch rüstig, und Ihr braucht Euch keine Sorgen zu machen. Ich werde mich auf dem Bauernhof einrichten. Es sieht so aus, als sei er bei der Explosion nicht allzusehr in Mitleidenschaft gezogen worden und für meine Zwecke durchaus geeignet. Wenn nicht, kann ich jederzeit im Dorf bei meiner Schwester Sigolène unterkommen. Sie würde sich darüber sogar freuen. Auf jeden Fall werde ich ganz nah bei ihm sein, der als Verstoßener, der er jetzt wohl ist, keinen anderen Ruheplatz als die Ruinen hat. Man erzählt sich ja, daß es im Umkreis von Lauzargues nicht mit rechten Dingen zugeht. Lichter hätte man dort beobachtet, Schatten...« Godivelle bekreuzigte sich hastig.

»Das ist mir nicht neu. Ihr wißt ja selbst, daß Lauzargues stets etwas Unheimliches an sich hatte«, schnitt Napoleone der alten Dienerin brüsk das Wort ab. »Habt Ihr vergessen, daß ich selbst erlebt habe...«

»Sprecht nicht davon, Madame Napoleone!« wehrte Godivelle ab und bekreuzigte sich erneut. »Eure arme verehrte Tante ruht jetzt in Frieden, und wenn eine Seele leidet, befürchte ich, daß es eher die des Marquis ist...«

»Was wollt Ihr dann dort ausrichten? Wenn der Marquis verstoßen, ja sogar verdammt ist, hat er sich das selbst zuzuschreiben!«

»Mag sein. Aber ist nicht Gottes Barmherzigkeit unendlich?«

»Daran muß man erst einmal glauben und sie erflehen. Was er stets unterlassen hat. Ach, Godivelle«, fügte die junge Frau mit plötzlich ermatteter Stimme

hinzu, »müßt Ihr Etienne und mich wirklich verlassen?«
»Ihr wißt genau, daß Ihr mich nicht braucht. Wenn ich jedoch ihn im Stich lasse, ist mir, als gäbe ich mich selbst auf. Für Euch, die Ihr jung seid, ist das gewiß nicht leicht zu verstehen.«
Was Napoleone vor allem verstand, war, daß keine Macht der Welt Godivelle zurückhalten konnte. Mit einem Armvoll weißer Blumen und einem Büschel Herbstlaub brach die alte Gouvernante auf, auf ihrem Gesicht das Leuchten und die Gewißheit dessen, der für seine Überzeugung in den Kampf zieht.
»Keine Bange, Madame Napoleone, ich passe gut auf sie auf!« rief ihr Pierrounet als Trost zu, als der Wagen anfuhr. »Ihr wißt ja, ich bin ein Mann, auf den man zählen kann.«
Napoleone sah dem Gefährt nach, bis es hinter der ersten Biegung verschwand, und ging dann mit dem unangenehmen Gefühl ins Haus zurück, daß der Schatten des Marquis de Lauzargues höhnisch hinter ihr auflachte. Es war der erste Sieg, den er seit seinem Tod gegen sie errang. Napoleone wünschte sich inbrünstig, daß es der einzige blieb. Mit Schrecken wurde ihr deutlich, daß der alte Hochstapler trotz seiner Verbrechen oder vielleicht gerade deswegen weiterhin über eine Macht verfügte, die sich ohne Zweifel schon bald zu einer ihn verherrlichenden Legende wandeln würde, gegen die selbst seine Opfer nichts auszurichten vermochten. Der Abschied von Godivelle hinterließ eine Kälte, eine Leere, die Napoleone so schnell wie möglich durch Jeans Liebe zu vergessen und auszufüllen hoffte. Aber wie zum Trotz machte es sich Jean schon bald nach Godivelles Weggang zur Gewohnheit, noch häufiger zu verschwinden, und sein Blick zeigte immer deutlicher den abwesenden Ausdruck eines Mannes, der mit seinen Gedanken ganz woanders ist. Ihre Liebe war jedoch nicht davon betroffen. Napoleone zweifelte nicht daran, daß Jean sie

liebte, ließen doch ihre gemeinsamen Nächte die gleiche leidenschaftliche Begierde, die sie von Anfang an einander zugetrieben hatte, immer wieder aufs neue erwachen. Ihre Körper, wunderbar aufeinander abgestimmte Instrumente, vereinigten sich, ohne jemals müde zu werden, zu einer immer gleichen, immer neuen Symphonie. Viel zu früh und unerbittlich brach der Tag an und entriß Jean den Armen Napoleones, stieß ihn erneut in dieses rauhe Leben, an dem die junge Frau keinen Anteil hatte, das aufzugeben er sich jedoch weigerte, weil er es lieben gelernt und niemals ein anderes gekannt hatte. Die behagliche Atmosphäre gemeinsamer Mahlzeiten, die Freude, Jean in der Kaminecke, die Füße auf den Feuerböcken und den Rücken an seidene Kissen gelehnt, seine Pfeife rauchen zu sehen, waren Napoleone nur allzu selten vergönnt.
»Ich möchte nicht auf deine Kosten leben, weil ich dir als Gegenleistung nicht einmal einen Namen bieten kann«, pflegte er zu sagen.
Also zog er los und half seinem Freund François Devès auf dem Bauernhof, verdiente sich auf diese Weise und von einem Tag auf den anderen sein Brot, so lange, bis ihn das Fernweh abermals packte und ihn in Begleitung von Luern in die blauen Weiten des Gebirges trieb – oder nach Lauzargues.
Der klangvolle Name drang bis in die Tiefen des Schlummers vor, in den Napoleone unmerklich hinübergeglitten war, und weckte sie auf. Sie fröstelte. Das Feuer im Kamin glimmte nur noch schwach. Rasch bedeckte sie die restliche Glut mit Asche, damit man sie morgens mühelos neu entfachen konnte. Dann hob sie Madame Seidenhaar auf, die sich genüßlich in ihre Arme kuschelte, löschte die Kerzen im Salon, nahm in der Vorhalle den Leuchter von der Truhe und stieg die Treppe zu ihrem Schlafzimmer hinauf, wo sie schnurstracks ihr Bett aufsuchte, in dem der von Clémence versteckte ›Mönch‹ wohlige Wärme verbreitete. Nicht

ohne Seufzer allerdings, denn Clémence machte den ›Mönch‹ immer dann zurecht, wenn sie so gut wie sicher war, daß Jean nachts nicht kommen würde, und in diesem Punkt bewies sie ein erstaunliches Gespür.

Am nächsten Morgen mußte Madame de Sainte-Croix nach Saint-Flour zurück. Bereits mit dem Hut auf dem Kopf – einer umwerfenden Schöpfung aus Samt, Federn und violetten Trauben –, nahm sie zusammen mit Napoleone ein herzhaftes Frühstück ein, das sie gegen die Anstrengung der fünf Meilen langen Strecke über das mit Rauhreif bedeckte Land wappnen sollte. Natürlich wurde dem Kaffee, den Clémence zubereitet hatte, besondere Aufmerksamkeit zuteil, aber auch dem Gebirgsschinken, der frischen Butter, der Pflaumenkonfitüre und einem vorzüglichen Apfelkuchen, den Clémence schon in aller Frühe nach einem Geheimrezept von Godivelle gebacken hatte und der nach Vanille und Sahne duftete.
Die alte Dame sprach allem ausgiebig zu und erhob auch keine Einwände, als Napoleone Clémence anwies, den Rest des Kuchens und zusätzlich zwei Töpfe mit Pflaumenkonfitüre sowie einige Quittenpastetchen einzupacken, damit die Besucherin nach ihrer Rückkehr Combert in noch angenehmerer Erinnerung behielt.
»Der wahre Palast der Tortenkönigin ist hier bei Euch, mein liebes Kind. Es fällt wirklich nicht schwer, das nicht zu vergessen.«
»Warum kommt Ihr dann nicht häufiger her? Oder bleibt nicht ein wenig länger? Dieser Besuch war sehr kurz, und ich verstehe nicht, was Euch zum Aufbruch drängt.«
»Der Erzpriester der Kathedrale rechnet bei den Weihnachtsvorbereitungen mit mir. Es scheint, als sei niemand außer mir imstande, die Krippe zu schmücken und die Ausstattung der Figuren zu überwachen. Wenn ich das dem Kirchenvorstand überließe, würde die Hei-

lige Jungfrau wie eine Bergbäuerin aussehen und der Heilige Joseph wie ein Wegelagerer.«
»Die Heilige Jungfrau war doch eigentlich eine Frau vom Lande«, gab Napoleone zu bedenken.
»Mag sein, aber davon will ich nichts wissen. Jedenfalls ziemt sich das nicht für eine Kathedrale. Und um der Wahrheit die Ehre zu geben, ich fände es ungehörig, wenn ich mich noch länger bei Euch aufhielte. Ich fürchte, daß meine Anwesenheit ... gewisse Besuche vereitelt hat, und es schickt sich nicht, eine so liebenswürdige Gastfreundschaft derart zu vergelten. Die Liebe fordert ihr Recht, und es liegt mir fern, mich dem zu widersetzen.«
»Ich weiß. Und ich weiß auch, daß Ihr, was das betrifft, auf meiner Seite steht. Wofür ich Euch dankbar bin, denn ich muß gestehen, daß es Augenblicke gibt, in denen ich mich frage, wie ich mich verhalten soll.«
»Mein Alter würde es mir gestatten, Euch alle möglichen Ratschläge zu erteilen, meine liebe Napoleone. Aber das werde ich hübsch bleiben lassen. Nur eine letzte Frage möchte ich Euch noch stellen, wenn Ihr nichts dagegen habt.«
»Gern.«
»Die Liebe bringt Gefahren mit sich, wie Euch nicht unbekannt ist. Was werdet Ihr tun, wenn Ihr feststellen müßt, daß Ihr schwanger seid?«
Napoleone begriff, daß es vor allem diese Frage war, die die betagte Freundin zu dem Besuch bewogen hatte. Fürwahr eine schwierige Frage, die es verdiente, überdacht zu werden, und die sich Napoleone bis heute nicht gestellt hatte. Vielleicht weil sie glaubte, daß Jean sich an ihrer Stelle mit diesem Problem beschäftigte und entsprechende Vorkehrungen traf.
Diesmal zog sie die Möglichkeit in Betracht, erwog sie, prüfte sie und meinte dann leise: »Ich glaube, daß ich darüber sehr glücklich wäre. Es ist niemals gut für ein Kind, allein aufzuwachsen.«

»Aber denkt an die Folgen, an das Gerede. ›Die Comtesse de Lauzargues erwartet ein uneheliches Kind – unfaßbar!‹ Vergeßt nicht, daß Euer Sohn Etienne jetzt den Titel eines Marquis de Lauzargues trägt. Eine solche Schmach könnt Ihr ihm nicht antun.«

»Eine Schmach, die zu empfinden er doch ein wenig zu jung sein dürfte. Wenn Ihr jedoch an die Zukunft denkt, so bin ich eigentlich davon überzeugt, daß ein derartiges Ereignis die Antwort auf all meine Fragen wäre, denn dann müßte mich Jean notgedrungen heiraten.«

»Eine Ehe mit ihm wäre in den Augen der anderen ein fast ebenso großer Skandal.«

»Die anderen sind mir gleichgültig, meine liebe Comtesse. Für mich zählt einzig der Frieden mit meinem Gewissen und mit Gott. Ich bin sicher, der verehrte Domherr von Combert würde liebend gern ein Ehebündnis zwischen Jean und mir segnen. Und warum nicht eine heimliche Trauung? Das würde mir gestatten, meinen Namen beizubehalten.«

»Möglich. Natürlich unter der Voraussetzung, daß sie nicht zu heimlich vonstatten geht und hinlänglich bekannt wird. Jetzt aber muß ich mich verabschieden, mein liebes Kind. Nochmals Dank dafür, daß Ihr mich altes Leckermaul, das ich nun einmal bin, so verwöhnt – und angehört habt. Ich liebe Euch von ganzem Herzen. Als ich so alt war wie Ihr, war ich Euch gar nicht so unähnlich...«

Sie fuhr ab, und Napoleone blickte dem Gefährt nach. Die Witwe Sainte-Croix hatte bewirkt, daß Napoleones Kampfgeist wiedererwacht war. Napoleone hatte erst jetzt richtig begriffen, daß das Ende des Marquis de Lauzargues nicht zwangsläufig der Beginn ihres uneingeschränkten Glücks bedeutete und daß Hindernisse blieben, die schwieriger zu überwinden waren, als sie angenommen hatte. Hindernisse, die zu bekämpfen sie jetzt wild entschlossen war.

Nachdenklich ging sie ins Haus zurück und begab sich

in die Küche, wo Jeannette ›Monsieur le Marquis‹ höchst erfolgreich mit einem süßen Brei fütterte. Der jetzt vierzehn Monate alte Etienne war mit einem Appetit gesegnet, der seine Bewunderinnen in Entzücken versetzte. Ein richtiger kleiner Vielfraß war er, der wie ein Pilz in die Höhe schoß und dabei Eigenschaften entwickelte, die ganz dem Charakter seiner Vorväter entsprachen. Die kleinste Unstimmigkeit entlockte ihm wütendes Geschrei, während er die mit der Zahnung einhergehenden Schmerzen tapfer hinnahm. Nur die Tränen, die ihm lautlos über das dunkelhäutige Gesichtchen kullerten, verrieten, wie sehr er litt, und diese so tapfer ertragene Qual schnitt Napoleone, Jeannette und Clémence so sehr ins Herz, daß sie nicht wagten, den kleinen Kerl zu maßregeln, wenn er einmal seinem Zorn freien Lauf ließ. Etienne fing gerade an zu laufen, meist bewegte er sich aber noch im Kriechgang, und das mit einer Schnelligkeit, die ständige Aufsicht erforderlich machte.
Als Etienne die Mutter erblickte, fing er an, wie ein Spatz zu zwitschern und mit dem Löffel, den er Jeannette entriß, derart vehement in seinen Brei zu schlagen, daß die junge Amme lebhaft Einspruch erhob.
»Meine Güte, Madame Napoleone, jetzt muß ich ihn völlig umziehen!« seufzte sie. »Seht doch nur, wie er sich zurichtet!«
In der Tat waren bereits Mützchen und Kleidung des kleinen Jungen und auch der Tisch und Jeannettes Schürze mit Brei besprützt.
»Ein richtiger kleiner Teufel!« fand Clémence, die sich bereits beeilte, die Spuren mit einem Tuch zu entfernen. »Ein kleiner Klaps hinten drauf würde ihm nicht schaden.«
»Grr ... grrr!« machte Etienne, um dann mit freudestrahlendem Lächeln, das drei milchweiße Zähnchen sichtbar werden ließ, zu krähen: »Mama ... Mamama ...«

Napoleone lachte hell auf und küßte das breiverschmierte Gesicht ihres Sohnes.
»Du kleiner Schlingel ... aber du bist einfach herzig!«
»Wenn Ihr ihm alle seine Launen durchgehen laßt, Madame Napoleone, werdet Ihr schon sehen, wie weit Ihr damit kommt!«
»Laßt ihm noch ein wenig Zeit, bis er größer ist, Clémence. Und den Klaps hinten drauf vergessen wir erst einmal!«
»Aber er ist ein waschechter Lauzargues, und was die betrifft, so brauchen sie die Hand eines Mannes.«
»Die Zeit der Männer wird kommen«, sagte Napoleone leise. »Wir wollen die Zeit genießen, die er noch in unserer Obhut ist. Brächtet Ihr es wirklich über Euch, ihn zu versohlen, Clémence?«
»Das ist nicht meine Aufgabe«, erklärte die Angesprochene und wandte sich wieder ihren Töpfen zu. »Was ich gesagt habe, war nur so dahingeredet. Ich hab' ihn doch lieb, diesen kleinen Knirps.«
»Als ob ich das nicht wüßte. Sagt mir, Jeannette, ist François heute vormittag auf dem Bauernhof?«
»Ich glaube ja. Er wollte auf dem Dach der Molkerei zwei Schieferplatten erneuern, die der Sturm neulich abgerissen hat. Soll ich ihn holen?«
»Nein, Jeannette, danke. Ich werde zu ihm gehen. Ein wenig Bewegung tut mir gut.«
Napoleone holte sich aus der Eingangshalle ihren weiten Umhang mit Kapuze, schlüpfte in ihre Holzpantinen und machte sich auf den Weg zum Bauernhof, der in einiger Entfernung unterhalb des Hauses lag. Tief sog sie die klare, kalte Bergluft ein. Der Frühnebel löste sich allmählich auf, bleiche Sonnenstrahlen bahnten sich ihren Weg, ließen den Rauhreif auf dem grüngrauen Gras glitzern. Das rostfarbene Farnkraut, das sich entlang der Böschung des Flußufers ausbreitete, wurde bereits braun, dafür zierten sich die Stechpalmhecken mit leuchtend roten Beeren. In den Kronen und Sträußen,

die man für Weihnachten band, würden sie sich sehr hübsch ausnehmen. Auf der anderen Seite von Combert, dort, wo der kleine Weiler lag und die Kapelle, neben der Dauphine und ihre Angehörigen ruhten, begann der ausgedehnte Kastanienwald, der die Abhänge der tiefen Bergschluchten verdeckte und zum Lebensunterhalt der Bevölkerung beitrug. Hoch oben am Himmel schwebte ein Bussard auf der Suche nach Beute, die sich nicht blicken ließ... Eine Weile verfolgte Napoleone die großen Kreise, die der Vogel beschrieb, um dann ihr Augenmerk auf den von Holunder gesäumten Weg zu richten, der geradewegs auf den Hof führte, auf dem François Devès schaltete und waltete.
Für François Devès empfand Napoleone Freundschaft, ja sogar Zuneigung. Ihre Mutter, Victoire de Lauzargues, hatte ihn als junges Mädchen geliebt – ehe sie nach Paris gegangen war, um dort, gegen den Willen der Familie, das hochherrschaftliche Leben einer Bankiersgattin zu führen. François dagegen war, wie Napoleone wußte, dieser Jugendliebe treu geblieben. Für ihn hatte es die Ehe mit Henri Granier, Napoleones Vater, nie gegeben, und freudigen Herzens wartete er darauf, daß der Tod ihn wieder mit der vereinte, deren Andenken das Licht seines Lebens blieb. Von dieser Liebe hatte er einen kleinen Teil, vor allem ein väterliches Gefühl, auf Napoleone übertragen, die ihrer Mutter Victoire sehr ähnlich war. Napoleone erwiderte diese Zuneigung, schon weil François in der schwierigen Zeit, die sie mit ihrem Onkel und Schwiegervater, dem Marquis de Lauzargues, durchgemacht hatte, immer für sie dagewesen war, und nicht zuletzt auch deswegen, weil er Jeans einziger Freund war...
Das Gebäude, das sich schutzsuchend unter einen Felsvorsprung duckte, beherbergte unter seinem spitzwinkligen Dach das Wohnhaus, den Stall, den Heuschober und den Kornspeicher. Lediglich die Molkerei befand sich in einem eigenen kleinen Bau, auf dessen

Dach Napoleone den mit Ausbesserungsarbeiten beschäftigten François entdeckte.
Als er Napoleones Schritte vernahm, unterbrach er seine Tätigkeit, stieg die Leiter hinunter und stand bereits auf dem Hof, als die junge Frau dort anlangte. Er zog seinen breitkrempigen Hut, begrüßte Napoleone wie immer mit einer Mischung aus Ehrerbietung und Freundschaft und wartete lächelnd, was sie sagen würde.
»François«, begann die junge Frau, »wißt Ihr, wo Jean ist?«
»Wenn Ihr es nicht wißt, Madame Napoleone, kann ich Euch auch nicht weiterhelfen. Er verrät mir nie, wohin er geht.«
»Mir auch nicht. Und jetzt ist er schon seit fast drei Tagen verschwunden. Ich mache mir Sorgen.«
»Das braucht Ihr nicht. Ihr wißt, wie gern er in den Bergen herumstreift. Außerdem wart Ihr gestern ja nicht allein...«
»Wollt ihr damit andeuten, daß er fortgeht, sobald ich Besuch bekomme? Er konnte doch gar nicht wissen, daß Madame de Sainte-Croix hier auftauchen würde!«
»Bei uns im Tal weiß man alles. Ich bin überzeugt, daß Jean nichts entgeht.«
»Dann sollte er auch wissen, daß sie inzwischen wieder abgereist ist, und hier sein ...«
»Aber ich bin doch hier!«
Hinter einer Kieferngruppe tauchte Jean auf. Mit langen Schritten war er lautlos nähergekommen, ohne daß Napoleone es bemerkt hatte. Eine Welle der Freude und heißes Verlangen überflutete sie, wie jedesmal, wenn sie ihn wiedersah. Sie war aufs neue hingerissen von seiner hochgewachsenen Gestalt, die Napoleone, obwohl sie keineswegs klein war, zwang, ein wenig den Kopf zu recken, vom Funkeln seiner eisblauen Augen, vom Zauber dieses Lächelns, das seine strahlend weißen Zähne über dem kurzen schwarzen Bart entblößte. Und

da war auch noch diese tiefe Stimme, die sie völlig um den Verstand brachte, auch wenn er einfach nur mit ihr plauderte.
»Wenn Ihr Euch Sorgen um mich gemacht habt, bitte ich Euch um Verzeihung«, sagte Jean leise. »Aber ich wußte, daß Ihr nicht allein wart. Demnach habt Ihr mich auch nicht erwartet.«
»Ich erwarte Euch immer, Jean. Wo seid Ihr gewesen?«
»In Lauzargues.«
»Schon wieder?«
»Schon wieder und immer wieder! Kommt! Ich muß mit Euch sprechen. Wir könnten zum Fluß gehen und ein wenig die Sonne genießen...«

DIE LÜGE

Mit einer freundschaftlichen Geste verabschiedeten sich die beiden jungen Leute von François, der wieder auf sein Dach kletterte, und schritten nebeneinander den schmalen Pfad entlang, vorbei an einem landwirtschaftlich genutzten Feld und hinunter zum Fluß, dessen Wasser man tosend eine enge Schlucht hinunterstürzen hörte. Dieser Fluß bedeutete ihnen viel. Sein Rauschen hatte ihren ersten Kuß begleitet, ihre erste zärtliche Liebesnacht in der Obhut der Wölfe. Sie kamen gern hierher.
Schweigend legten sie den Weg zurück. Am Ufer des Wassers angelangt, setzte sich Napoleone auf einen bemoosten Stein, zog die Falten ihres weiten Umhangs um sich und streifte die Kapuze ab. Der Nebel hatte sich inzwischen völlig aufgelöst, die Sonne verbreitete angenehme Wärme, ließ Napoleones blondes Haar schimmern. Napoleone sprach als erste.
»Wann bist du zurückgekommen?« fragte sie.
»In diesem Augenblick. François hat mich im selben Moment wie du entdeckt.«
»Warum hast du mich noch nicht geküßt?«
Jean lachte.
»Du schienst so wütend zu sein, daß ich es nicht wagte. Aber ... nichts tue ich lieber.«
Er zog sie hoch, schloß sie in die Arme und küßte sie mit einer Leidenschaft, die ihr den Atem raubte und ihr Herz wild hämmern ließ. Wie immer, wenn er sie an sich drückte, fühlte Napoleone die kleine Bitternis schwinden, die seine Abwesenheit ausgelöst hatte. Sie schlang die Arme um Jeans Nacken und verhinderte damit, daß er sich, als sich ihre Lippen voneinander lösten, von ihr entfernte. Schelmisch blinzelte sie ihn durch ihre langen Wimpern an.

»Wie kannst du mich so küssen und doch drei Tage allein lassen?«
»Ich küsse dich so, weil ich dich liebe, und ich lasse dich allein, wenn du mich nicht brauchst.«
»Ich brauche dich immer ... Ach, Jean! Eine Nacht ohne dich, und ich fühle mich verloren, verlassen. Ich friere.«
»Dann ist meine Liebe nicht stark genug«, sagte Jean ernst. »Selbst wenn ich mich auf der anderen Seite der Erde befände, sollte dich noch die Wärme meiner Liebe umgeben. Ich verlasse dich niemals wirklich. Immer bin ich dir nahe. Wenn du diese Gewißheit hättest, würdest du dir niemals verlassen vorkommen. Diese Gewißheit mußt du haben, denn du weißt genau, daß wir nicht als Mann und Frau zusammenleben können.«
»Wir könnten, wenn du nur wolltest«, sagte Napoleone trotzig.
»Nein. Wir sind keine Vagabunden, die nur ihrem Vergnügen nachjagen und sich über alles lustig machen, was um sie herum lebt und atmet. Wenn wir wollen, daß unsere Liebe anerkannt wird, müssen wir ein Leben in Würde führen. Tagelang schon denke ich darüber nach, und jetzt ist mir klargeworden, daß es das beste ist, wenn ich mich nach Lauzargues zurückziehe.«
Napoleone war, als würde der Himmel über ihr zusammenstürzen.
»Du auch?« rief sie. »Du willst auch dorthin? Was haben diese vermaledeiten Ruinen nur an sich, daß sie mir nach und nach all die abspenstig machen, die ich liebe? Erst Godivelle und jetzt dich? Willst du etwa auch an der Asche des Marquis Wache halten? Nach allem, was er uns angetan hat?«
»Nein. Wenn ich nach Lauzargues gehe, dann aus einem ganz anderen Grund. Zunächst einmal möchte ich versuchen zu retten, was zu retten ist. Der Bauernhof ist erhalten geblieben, auch ein paar Äcker, um die ich mich kümmern möchte, damit Etiennes Besitz nicht brachliegt. Viel kann ich ja nicht für ihn tun. Aber mir

liegt daran, daß zumindest ein Stück Land erhalten bleibt, das seinen Namen trägt. Außerdem...«
Jean verstummte, zog Napoleone erneut an sich. Sie sträubte sich ein wenig und gab sich dann geschlagen. Vielleicht hatte sie seit langem geahnt, was nun kam.
»Außerdem zieht es mich dorthin, weil ich immer dort gelebt habe. Versteh mich doch, Napoleone: Auch wenn ich ihren Namen nicht trage, fließt das Blut der Lauzargues in mir, und ich bin stolz darauf. Zwinge mich nicht dazu, auf dieser Erde nichts weiter zu sein als der heimliche Liebhaber der Schloßherrin von Combert.«
»So etwas habe ich niemals von dir verlangt!« begehrte Napoleone auf. »Heirate mich, dann hört das Gerede auf, und du kannst nach eigenem Gutdünken sowohl über Lauzargues wie auch über Combert bestimmen!«
»Nein, Napoleone. Du kannst nicht den Sohn von Catherine Bruel heiraten, als der ich, ganz zu Recht, nach dem Gesetz gelte. Die Leute hier haben den Herrn der Wölfe stets als einen Außenseiter betrachtet.«
»Genauso wie man den Marquis, meinen Oheim und deinen Vater, immer als einen Außenseiter betrachtet hat. Jetzt heißt es, sein Geist gehe in den Ruinen um. Du würdest höchstens zu einer Legende wie er, Anerkennung jedoch würdest du darüber hinaus nicht finden.«
»Ich glaube doch. Man wird einsehen, daß sich der Bastard als Hüter des Vergangenen versteht. Diese Rolle hat auch Godivelle gewählt, und sie billigt mein Tun, weil sie begriffen hat.«
»Wohingegen ich mich weigere zu begreifen, nicht wahr? Erwartest du wirklich, daß ich mich damit abfinde, dich nicht mehr zu sehen?«
»Lauzargues liegt knapp eineinhalb Meilen von hier. Du wirst mich genauso oft sehen wie jetzt. Glaubst du denn, ich könnte darauf verzichten, dich in den Armen zu halten, mit dir diese Stunden zu erleben, die mir soviel wert sind wie die Ewigkeit?«

»Die es dir aber nicht wert sind, daß du mir zuliebe deinen Hochmut aufgibst...«
»Ich bin nicht hochmütig. Dazu habe ich gar keinen Grund. Aber ich besitze meinen Stolz als Mann, Napoleone! Bitte mich nicht, ihn aufzugeben. Ich möchte nicht, daß mich mein Sohn eines Tages mit Verachtung straft.«
»Das würde ich nicht zulassen. Außerdem wird er irgendwann die Wahrheit erfahren. Was dich betrifft, so wirst du mich trotzdem heiraten müssen, ob dir das gefällt oder nicht.«
»Warum?«
»Ich bin schwanger!«
Von Zorn und Kummer erfüllt, waren der jungen Frau diese Worte entschlüpft, uneinholbar, schienen vom Ende der Schlucht als Echo zurückgeworfen zu werden. Jean ließ Napoleone so unvermittelt los, daß sie taumelte und beinahe gestürzt wäre.
»Das ist doch nicht möglich!«
»Warum denn nicht? Ist dir niemals der Gedanke gekommen, daß so etwas geschehen könnte, trotz aller Vorsichtsmaßnahmen?«
»Doch, natürlich, aber ... Seit wann weißt du es?«
»Seit einigen Tagen. Ich war mir nicht sicher, aber jetzt glaube ich mich nicht mehr zu täuschen.«
Mein Gott, wie einfach es doch war zu lügen! Mit einer Mischung aus Scham und Angst, aber auch Schadenfreude hörte sich Napoleone dem Mann gegenüber, den sie über alles liebte, die Unwahrheit sagen. Sie hatte immer gewußt, daß sie, um ihn zu halten, zu allen möglichen Tollheiten fähig war. Was sie soeben getan hatte, war ihr bisher undenkbar erschienen. Aber sie hatte es fertiggebracht. Ohne Zweifel in einem Anflug von Kopflosigkeit, dafür aber mit einer Sicherheit, die sie erstaunte. Und sie hätte in diesem Augenblick alles dafür gegeben, daß es wahr wäre, daß in ihrem Leib wirklich ein Kind wuchs... Sie tröstete sich jedoch rasch damit,

daß das ja eigentlich schon bald so sein könnte. Es mußte wahr werden, so bald wie möglich, selbst auf die Gefahr hin, daß man sich in der Gegend die Zungen heißredete.
Sie und Jean hatten erst nach tausend Schwierigkeiten zueinander gefunden, nach tausend Gefahren, und Napoleone weigerte sich, diesen Mann aufzugeben. Denn – davon war sie überzeugt! – wenn sie zustimmte, daß Jean von ihr fortging, bedeutete das zunächst einmal das Ende ihrer Liebe. Sie würden »knapp einundhalb Meilen« voneinander entfernt alt werden, ohne jemals wirklich einander zu gehören, ohne jemals ein gemeinsames Leben zu führen, fast ohne Erinnerungen. Und im Laufe der Jahre, wenn ihre Jugend dahinging, würden sie vielleicht beginnen, sich genauso zu verachten wie Madame de Sainte-Croix und der Vidame von Aydit. So weit wollte es Napoleone nicht kommen lassen. Noch entschlossener als zuvor suchte sie Jeans Nähe. Er hatte sich ein paar Schritte entfernt auf einen Felsbrocken gesetzt, von dem aus er in den Fluß starrte. Napoleone konnte lediglich sein gedankenverlorenes Profil sehen; die Niedergeschlagenheit jedoch, die sich in seiner Haltung ausdrückte, war bestürzend. Die junge Frau spürte, wie sich ihr Herz zusammenkrampfte.
»Macht dich diese Neuigkeit wirklich unglücklich?« kam es so gequält über ihre Lippen, daß Jean zusammenzuckte, rasch aufstand und auf sie zuging, um sie in die Arme zu nehmen und sie mit dieser ihm eigenen, zärtlich beschützenden Geste in seinen weiten schwarzen Umhang zu hüllen.
»Ich wäre überglücklich, wenn zwischen uns alles normal wäre, wenn ich anstatt Jean de la Nuit, der Bastard und Herr der Wölfe, Jean de Lauzargues sein könnte. Nur deinetwegen bin ich unglücklich. Du wirst große Schwierigkeiten bekommen.«
Napoleone lachte auf.
»Spar dir dein Mitleid für die auf, die es brauchen, Jean!

Heirate mich, und ich werde die glücklichste Frau unter der Sonne sein. Wann wirst du endlich begreifen, daß wir gemeinsam der ganzen Welt die Stirn bieten können? Und wenn man uns weiterhin als Außenseiter betrachtet, eine Rolle, in der sich auch die letzten der Lauzargues gefallen haben, dann um so besser! Dann sind wir uns noch näher...«
»Meine Amazone redet wie ein kleines verliebtes Mädchen und sieht nicht weiter als bis zur Nasenspitze!«
»Ich weiß. Da ist Etienne, da ist ... das Kind, das ich erwarte. Nenn mich aber nicht deine Amazone. Das paßt nicht zu mir. Eher zu meiner Freundin Felicia Morosini. Wenn überhaupt, dann zu ihr.«
»Hast du etwas von ihr gehört?«
»Nichts. Nachdem wir uns in Paris getrennt hatten, ging ich nach Lauzargues zurück, während sie nach Wien fuhr, um den Sohn Napoleons zu überreden, nach Frankreich zurückzukehren und von König Louis-Philippe, in dem Felicia nichts weiter als einen Usurpator sieht, den Adlerthron zu fordern. Ich weiß nicht, was aus ihr geworden ist, und ich gestehe, daß ich mir manchmal Sorgen um sie mache. Sie ist durchaus imstande, sich ins Gefängnis zu bringen! Es gibt Momente, in denen ich direkt Lust verspüre, sie aufzusuchen«, fügte sie übermütig hinzu. »Wir hatten vereinbart, uns in Wien zu treffen, sollten sich die Dinge hier für mich ungünstig entwickeln...«
Ihr Schalk wurde damit belohnt, daß Jeans Arm sich enger um ihre Taille schloß.
»Eine Mutter treibt sich nicht in der Weltgeschichte herum. Du mußt jetzt an das Kind denken, das du trägst. Und an diese Heirat, die dir soviel bedeutet.«
»Du bist demnach einverstanden?«
»Ich darf sie weder dir noch Gott verweigern, mit dem wir Frieden geschlossen haben. Aber du mußt dich mit einer heimlichen Trauung begnügen, Napoleone.

Außerdem wird das, was ich mit Lauzargues vorhabe, nicht davon betroffen.«
»Du willst also trotzdem dorthin?«
»Ja, zumal es jetzt nicht mehr um ein, sondern um zwei Kinder geht, denen gegenüber wir Rechenschaft ablegen müssen. Dir, Napoleone, gehört meine ganze Liebe, aber du wirst mich nicht von dem abhalten, was ich beschlossen habe.«
Das werden wir ja sehen! dachte Napoleone, während sie eng aneinandergeschmiegt zum Haus zurückgingen. Der Winter war nicht die Zeit der Feldarbeit. Bald würde es schneien, und dann hätte Jean für seine Ausflüge nach Lauzargues keinerlei triftigen Grund mehr. Napoleone hoffte, diese winterlichen Wochen in der glücklichen Zweisamkeit zu verbringen, nach der sie sich sehnte.
In dieser Nacht liebten sie sich mit ihrer ganzen Leidenschaft, begierig, die Stunden der Trennung wettzumachen. Auch wenn sich bereits widersprüchliche Gefühle einschlichen. An Jean nagte der leise Vorwurf, die Freundin verletzt zu haben, als er ihr verkündete, daß er beabsichtige, in Lauzargues zu leben. Napoleone quälten Gewissensbisse, daß sie Jean zum erstenmal belogen hatte, und gleichzeitig brannte in ihr ein unersättliches Verlangen, daß diese Lüge jetzt aufhören möge, eine zu sein. Sie schien des Geliebten nicht müde zu werden, und diesmal war es Jean, der sich beim ersten Hahnenschrei geschlagen gab...
Voller Zärtlichkeit verfolgte Napoleone, wie er, den Kopf an ihre Schulter gebettet, einschlief. Sie war gerührt von dieser ruhenden Kraft, dieser Stärke, die zu bezwingen ihr gelungen war.
Sie selbst war nicht müde. Eine Weile lang betrachtete sie den Schläfer, hauchte ihm zwischendurch immer wieder einen Kuß auf die geschlossenen Augen oder den leicht geöffneten Mund. Wie liebte sie diesen Moment, in dem sich die Welt auf die behagliche Wärme

ihres Bettes hinter den zugezogenen blauen Brokatvorhängen beschränkte, durch die die Nachtlampe ein sanftes Licht sandte, das die kräftige Muskulatur des Mannes nachzeichnete, ihren eigenen nackten Körper in einen Goldschimmer tauchte und die blonden Strähnen ihres Haars, das sich über das Kopfkissen und Jeans Brust ausbreitete, seidig glänzen ließ.
Mit einem glücklichen Seufzer schmiegte sie sich an ihn. Ihr Arm umschlang ihn wie eine zarte Efeuranke den Stamm eines mächtigen Baums. Eine kleine, halsstarrige und zielstrebige Efeuranke, die sich um nichts auf der Welt abschütteln lassen wollte. Jean gehörte ihr, ihr ganz allein. Sie hatte mit allen Mitteln um das Recht gekämpft, ihn den Ihren zu nennen, und sie würde weiterhin alle Waffen einsetzen, mit denen die Natur sie ausgestattet hatte. Zum Glück lagen noch einige gemeinsame Nächte vor ihnen. Und möglicherweise führten sie dazu, das Kind zu empfangen, das sie jetzt um jeden Preis ersehnte.
Am folgenden Abend fiel der erste Schnee. Napoleone begrüßte ihn wie einen Freund. Jean war nicht weiter als bis zum Bauernhof gegangen, wo er François half, das Dach in Ordnung zu bringen. Wenn der Schnee liegenbliebe, gab es für ihn keinen Grund, in Lauzargues was auch immer zu erledigen.
Clémence, die aus der Vorratskammer Birnen geholt hatte, um damit eine Pastete zu füllen, dämpfte Napoleones Optimismus.
»Wird nicht lange anhalten, dieses scheußliche Wetter!« sagte sie. »Es fängt bereits an zu tauen. Ein Umschwung kündigt sich an. Wir werden Regen bekommen...«
»Mögt Ihr den Schnee nicht, Clémence?«
»Den Schnee mögen, der die Füße in Eiszapfen verwandelt und einen vor Kälte bis in die Fingerspitzen schlottern macht? Heilige Jungfrau Maria! Ihr dürft mir glauben, daß ich ihn ungefähr so gern hab wie einen Stein im Stiefel!«

»Ich finde ihn dennoch angenehmer als den Regen, der die Wege in eine Schlammgrube verwandelt...«
»Naja, dafür hält der Regen zumindest die Wölfe fern. Sobald Schnee fällt und liegenbleibt, verlassen sie ihre Wälder, diese Biester. Zwar hat man in unserer Gegend nichts mehr von ihnen zu befürchten dank ... äh...«
Clémence stockte, und Napoleone spürte, wie ihr das Blut ins Gesicht schoß. Nicht zum erstenmal stellte sie fest, wie verlegen Clémence und auch alle anderen wurden, wenn sie auf Jean zu sprechen kamen. Früher, als sein Verhältnis mit Napoleone noch nicht bekannt war, war er für jeden ›Jean de la Nuit‹ gewesen oder ›Jean von den Wölfen‹ oder auch ›Jean, der Herr der Wölfe‹, und unter diesem Namen respektierte man ihn, wenngleich als ein besonderes Wesen, vor dem man ein wenig Angst hatte. Ungeachtet seiner bäuerlichen Herkunft – seine Mutter galt trotz des ›Unglücks‹, das ihr widerfahren war, als ehrenwerte Frau – und obwohl man genau wußte, wer sein Vater war, blieb er ein Außenseiter, so etwas wie ein Hexenmeister und Zigeuner in einem. Wenn man ihm nicht gar eine entfernte Ähnlichkeit mit dem Teufel unterstellte. Gegenwärtig aber galt er als Freund der Herrin von Combert, und man wußte nicht genau, wie man ihn nennen sollte. Napoleone fand es an der Zeit, der Geheimniskrämerei ein für allemal ein Ende zu bereiten.
»Wäre es nicht am besten, ihn einfach Monsieur Jean zu nennen?«
»Monsieur Jean? Hier in der Gegend hat man ihn nie als Herrn betrachtet.«
»Man? Wer ist man?«
Vor ein derart kniffliges sprachliches Problem gestellt, warf Clémence einen flehentlichen Blick auf die kleine Statue der Schwarzen Madonna von Puy, die den Kaminsims zierte, und hielt sich an den Zipfeln ihrer Schürze fest.
»Naja... die Leute aus der Gegend eben. Nicht nur hier

oder in Lauzargues, auch in Saint-Flour und Chaudes-Aigues, ja sogar Margeride. Das sollte Euch nicht kränken, Madame Napoleone, zumal man weiß, daß Ihr ihn sehr gern habt. Aber von eingefleischten Gewohnheiten läßt man nun mal nicht so schnell ab. Außerdem ... findet man, daß er Euch nicht ebenbürtig ist!«

›Vox populi, vox Dei!‹ hätte die Witwe de Sainte-Croix dazu gesagt. Napoleone meinte förmlich ihre aristokratische Ausdrucksweise zu vernehmen, wehrte sich jedoch energisch gegen eine Redewendung, deren Inhalt ihr stets zweifelhaft erschienen war, besonders seit der Julirevolution, bei der sie diese Stimme des Volkes hatte murren hören.

»Mir nicht ebenbürtig? Dabei wissen alle, auf die Ihr Euch hier beruft, daß er der Sohn des verstorbenen Marquis de Lauzargues ist!«

»Mag sein, aber ...«

»Kein ›mag sein‹ und kein ›aber‹! Außerdem, Clémence, möchte ich Euch lieber gleich sagen, Euch jedoch bitten, diese Neuigkeit für Euch zu behalten: Wir werden heiraten.«

»Aber«, meinte Clémence nach einem Augenblick der Stille, wie sie nach dem Fall eines schweren Gegenstands einzutreten pflegt, »wie wollt Ihr das anstellen, wo er doch gar keinen Namen hat?«

»Der seiner Mutter sollte genügen. Außerdem werden wir nicht den Bürgermeister hinzuziehen. Unsere Eheschließung wird heimlich erfolgen. Ihr und François sollt die Trauzeugen sein, wenn der Domherr von Combert den Segen spricht. Wenn François am Samstag auf den Markt von Saint-Flour fährt, werde ich ihn begleiten und den Domherrn aufsuchen. Ich wäre Euch also dankbar, wenn Ihr ab sofort von meinem zukünftigen Ehemann als Monsieur Jean sprechen würdet... Denkt daran, daß Mademoiselle Dauphine ihn schätzte und liebte. Und vergeßt nicht, heute abend ein Gedeck für ihn aufzulegen. Er wird mit uns speisen.«

Völlig überrumpelt machte sich Clémence daran, die Eier aufzuschlagen und ihren Pastetenteig mit einem Nachdruck zu kneten, der viel von ihren innersten Gefühlen verriet, während sich Napoleone in den Salon begab, wo sie eine Weile auf- und abging. Sie fühlte sich angespannt und gereizt, weil sie nicht begreifen konnte, daß ihre Liebe zu Jean nicht den einstimmigen Beifall derer fand, die ihr Leben mit ihr teilten. Sie stellte fest, daß die Gewohnheiten der einfachen Leute ebenso fest verankert waren wie die alteingesessener Aristokraten, und diese Erkenntnis war irgendwie schmerzlich.
Über sich hörte sie Jeannette, die in Etiennes Zimmer einen Schrank aufräumte, hin- und herlaufen und dabei ein Liebeslied trällern. Es hätte nicht viel gefehlt, und sie wäre hinaufgegangen, um auch ihr die große Neuigkeit anzuvertrauen. Das junge Mädchen, davon war Napoleone überzeugt, würde sich niemals unterstehen, auch nur ein Wort darüber zu verlieren; sobald aber die geringfügigste Veränderung ihres Gesichtsausdrucks erkennen ließ, daß auch sie entsetzt war, würde Napoleones Kummer nur noch größer werden. Deshalb sah sie davon ab. Sollen die Leute doch denken, was sie wollen, sagte sie zu sich, ich werde trotzdem tun, was ich mir vorgenommen habe...!
Unruhig lief sie in dem großen Zimmer herum, nicht wissend, was sie mit sich anfangen sollte, bis ihr Blick auf die von Dauphine de Combert begonnene Stickerei fiel. Sie trat näher heran und betrachtete mit zunehmendem Interesse diese Handarbeit, herbstlich gefärbte Blätter auf elfenbeinfarbenem Grund, die die Künstlerin für die Stühle im Speisezimmer bestimmt hatte.
In dem kleinen Nähtisch daneben lagen noch immer die Beutelchen mit Seide, Wolle, Goldfäden und Nadeln, die Bleistifte, die vergoldete Schere und getrocknete Blätter, die bei gelegentlichen Spaziergängen gesammelt worden waren und als Vorlage dienten.
Während ihre Finger über ein wunderschönes tiefrotes

Buchenblatt strichen, glaubte Napoleone, Dauphine lachen zu hören, wie nur sie zu lachen verstand. Und dann erklang aus der Ferne das Echo ihrer Stimme: »Sticken ist das beste Beruhigungsmittel, das ich kenne, meine liebe Napoleone. Die Hände sind beschäftigt, die Gedanken können sich frei entfalten, und das ist zuweilen sehr angenehm. Wenn man zum Beispiel Besuch hat, der einen langweilt. Mit Hilfe meiner Stickerei konnte ich dem Marquis, Eurem Oheim, ganze Abende lang zuhören, ohne ihm eine andere Antwort zu geben als ab und zu ein Lächeln ... und ohne dabei einzuschlafen. Ihr solltet es versuchen.«
Bis zum heutigen Tag hatte sich Napoleone nicht dazu aufraffen können. Jetzt aber öffnete sie das Nähtischchen, nahm den bestickten Tuchbeutel heraus, hängte ihn an den Mahagonirahmen, setzte sich auf den Hocker, auf dem seit Monaten niemand mehr Platz genommen hatte, wählte einen Seidenfaden in der Farbe des begonnenen Blattes, fädelte ihn ein und stieß mit einer geradezu herausfordernden Bewegung die Nadel in den eingespannten Stoff. Es war erstaunlich: Diese einfache Bewegung genügte bereits, um sich abzureagieren. Es war Zeit, höchste Zeit, daß sie sich hier als unumschränkte Herrin bewies und nicht länger als Dauergast von Mademoiselle de Combert! Als kurz darauf Clémence eintrat, um dafür zu sorgen, daß der Vorrat an Brennholz für den Abend ausreichte, war sie derart überwältigt, Napoleone auf diesem verwaisten Platz sitzen zu sehen, daß sie eines der Scheite, die sie heranschleppte, fallenließ. Napoleone hob den Blick.
»Was gibt's Clémence?«
»Ich bitte um Verzeihung, Madame Napoleone, aber ich erwartete nicht, Euch dort zu sehen. Als ich die Tür öffnete, glaubte ich ... Heilige Jungfrau Maria, das Herz schlägt mir noch immer bis zum Hals!«
»Ihr glaubtet, Mademoiselle Dauphine zu erblicken, nicht wahr? Das habe ich mehr oder weniger auch er-

wartet. Ab heute werde ich mich genau so verhalten, wie sie es an meiner Stelle getan hätte. Womit ich sagen will, daß ich alles tue, wozu ich Lust habe, ganz gleich, was die anderen dazu sagen.«

Der Auftritt von Jeannette, die den kleinen Etienne zu seiner Mutter brachte, enthob Clémence einer Antwort. Rasch entledigte sie sich der Scheite, um wieder in ihre Küche zu kommen. Die Salontür zog sie so leise hinter sich zu, als handelte es sich um das Zimmer eines Kranken.

»Was hat Clémence denn?« fragte Jeannette, die verblüfft diesen ungewöhnlichen Abgang verfolgt hatte.

»Sie ist verstimmt, weil ich ihr etwas gesagt habe, was ich übrigens auch Euch mitteilen möchte. Jean und ich werden heiraten. Natürlich heimlich, aber immerhin.«

Das Lächeln, das das sanfte Gesicht der Amme überzog, wärmte Napoleones Herz.

»Das ist eine Neuigkeit, die ich gern höre, Madame Napoleone. Mein Oheim und ich haben immer gehofft, daß es dazu kommt.«

»Es war nicht leicht. Jean hat sich mit aller Gewalt gegen diese Heirat gesträubt. Wegen der Leute... Als ob das wichtig wäre.«

»Nein, nicht wegen der Leute«, berichtigte Jeannette leise, »wegen seines Stolzes. Ihr, Ihr habt alles – er dagegen bringt nichts mit, jedenfalls nichts Sichtbares. Aber ich freue mich, daß er zugestimmt hat. Es ziemt sich weder für Euch noch für ihn, in Sünde zu leben.«

In Sünde zu leben! Diese Bemerkung ging Napoleone noch immer im Kopf herum, als sie am Nachmittag des nächsten Tages über die kleinen runden Pflastersteine der Rue de la Rollandie in Saint-Flour zum Haus ihres betagten Cousin, des Domherrn von Combert, eilte. François, der auf dem Markt der Stadt den Vorrat an Talglichtern und Öl für die Lampen von Combert ergänzen wollte, hatte sie im Wagen mitgenommen. An-

schließend an ihren Besuch wollte sie wieder mit ihm zurückfahren, ohne sich das Vergnügen zu gönnen, auch Madame de Sainte-Croix ihre Aufwartung zu machen, denn das würde bedeuten, daß sie die Nacht in Saint-Flour verbringen mußte.
Unweit der prächtigen Kathedrale, deren strenge quadratische Türme die Dächer der oberen Stadt überragten, erstreckte sich die Rue de la Rollandie bis zum Wall auf der Grand-Place, und hier befanden sich einige der ältesten Stadthäuser. Das Haus des Domherrn Combert mit dem dreigegliederten steinernen Renaissanceportal war ohne Zweifel eines der elegantesten. Der kleinwüchsige und rundliche Domherr, der mit seinem rosigen Gesicht und dem weißgelockten Haarkranz an ein gealtertes Barockengelchen erinnerte, führte dort unter dem Regiment einer energischen Hausdame, die mit Argusaugen über Gesundheit und Wohlergehen des Gottesmannes wachte, ein beschauliches Leben.
Für gewöhnlich verströmte das Innere des Hauses einen zarten Duft von Bergamotte. Als Napoleone jedoch die weiße Steintreppe emporstieg, die Florette – wie die herrische Hausdame unpassenderweise mit Vornamen hieß – sicherlich jeden Tag mit einem Messer abkratzte, um sie derart sauber zu halten, stieg ihr ein starker Geruch nach Kohl, Zwiebeln und Gewürzen in die Nase, was darauf schließen ließ, daß das Nachtmahl des Domherrn aus Eintopf bestehen würde. Es war ja für niemanden ein Geheimnis, daß der gute Mann ebenfalls in Sünde lebte, wenn auch in einer, die man ihm nachsah – der der Schlemmerei.
Trotz der dicken Mauern hörte Napoleone Florettes energische Stimme vom oberen Ende der Treppe bellen.
»Madame la Comtesse de Lauzargues ist gekommen, um Euch ihre Aufwartung zu machen, Hochwürden.«
»Was für eine freudige Überraschung! Kommt herauf, mein liebes Kind, rasch!«
Die letzten Worte wurden vom Treppenabsatz aus ge-

sprochen, und als Napoleone dort ankam, fiel sie dem alten Freund buchstäblich in die kurzen Arme, eine Begrüßungsform, die auf dem Lande üblich war und die der Domherr dem höfischen Zeremoniell vorzog.
»Sorgt dafür, daß unser Mahl durch einige Leckerbissen ergänzt wird, meine gute Florette! Madame de Lauzargues wird mir beim Abendessen Gesellschaft leisten.«
»Leider nicht«, sagte Napoleone, »bitte nehmt mir das nicht übel, so leid es mir auch tut. Aber ich bleibe nicht lange in der Stadt und wollte eigentlich nur kurz mit Euch sprechen, das heißt, wenn ich nicht störe...«
»Stören, Ihr? Tretet näher, mein Kind. Wie schade, daß ich Eure Anwesenheit nicht länger genießen kann. Tee, Florette!«
Napoleone betrat ein Zimmer, das mit seinem mächtigen Kamin, in dem ein fröhliches Feuer knisterte, mit den auf Hochglanz polierten alten Kastanienholzmöbeln, den mit Büchern vollgestopften Regalen und den antiken Sesseln, die, passend zum Vorhang, mit dicken roten Samtkissen gepolstert waren, warm und einladend wirkte und einen angenehmen Gegensatz zu dem eisigen Wind bildete, der durch die Straßen fegte und den die kraftlose Wintersonne nicht zu mildern vermochte. Mit einem Seufzer der Zufriedenheit legte Napoleone den gefütterten Mantel ab, lockerte die langen Bänder ihrer schwarzen Samthaube mit den weißen Musselinrüschen, die ihr Gesicht umschmeichelten, und nahm Platz.
Sichtlich wohlgefällig betrachtete sie der Domherr, der es sich in seinem Lehnstuhl bequem gemacht hatte.
»Hübsche Frauen sind eine seltene Freude in diesem Haus, meine liebe Napoleone. Gott möge mir verzeihen, aber ich sehe Euch strahlender als je zuvor. Wie geht es dem kleinen Etienne?«
Wie es den Regeln der Höflichkeit entsprach, berichtete Napoleone zunächst über ihren Sohn, erkundigte sich dann nach dem Befinden des Domherrn und plauderte

mit ihm über die Familie und gemeinsame Freunde. Das gab Florette Zeit, ein Tablett mit einer dampfenden Teekanne, Gebäck und allem übrigen hereinzubringen, was in einem gutgeführten Haushalt für eine Teezeremonie als unabdingbar erachtet wurde. Und erst nachdem Napoleone zwei Kekse geknabbert und eine Tasse Tee getrunken hatte, kam sie auf den Grund ihres Besuchs zu sprechen.
»Vetter, ich bin hier, um Euch zu bitten, mich zu trauen, und ich hoffe, Ihr weigert Euch nicht, die Feier, die übrigens nicht bekannt werden soll, im engsten Kreis vorzunehmen...«
Wenn der Domherr überrascht war, so ließ er es sich keineswegs anmerken. Mit seiner fleischigen Hand wischte er sich sorgfältig ein paar Krümel von der Soutane.
»Eine heimliche Hochzeit?«
»Ja. Etwas anderes ist nicht möglich, leider! Jedenfalls nach dem, was mir alle Welt zu verstehen gibt.«
»Dieses ›alle Welt‹ dürfte sich auf höchstens ein halbes Dutzend Personen beschränken«, bemerkte Monsieur de Combert und schmiegte sich noch tiefer in die Kissen, wobei er die Hände über dem kunstvollen Kreuz faltete, das ihm an einer Kette auf der Brust baumelte. Für eine Weile schloß er die Augen. Da Napoleone nicht annahm, daß er schlafen wollte, wartete sie ab. Als sich die Stille jedoch endlos hinzog, machte sie sich leise bemerkbar.
»Wollt Ihr nicht wissen, wen zu heiraten ich die Absicht habe?«
Der Domherr öffnete die enzianblauen Augen, die vergnügt blitzten.
»Ich denke, ich weiß es. Unsere Base de Sainte-Croix und ich sprachen kürzlich über Euch – oh, keine Sorge! – mit aller Zuneigung, die wir für Euch hegen, und beide waren wir der Meinung, daß man mit dieser Möglichkeit rechnen muß. Auch wenn sie kaum wünschenswert sein dürfte...«

Sofort erhob Napoleone Einspruch.
»Kaum wünschenswert für wen? Für mich jedenfalls bedeutet eine Ehe mit Jean das höchste Glück auf Erden.«
Diesmal huschte ein Lächeln über das Gesicht des Domherrn.
»Vielleicht sollte ich Euch das nicht sagen, aber ich habe im Laufe meines langen Lebens gelernt, daß die Ehe, selbst wenn sie sich anfangs mit den zarten Farben gegenseitiger Liebe ziert, sich diese Farben selten bis zum Ende bewahrt. Und bei einer Leidenschaft ist das noch unwahrscheinlicher.«
»Ich bin mir Jeans Liebe sicher und meiner auch. Wenn zwei Menschen auf ewig füreinander bestimmt sind, dann wir.«
»Das sagt man in solchen Fällen immer. Mein Kind, ich weiß sehr wohl um die Vorzüge dieses jungen Mannes. Ich leugne nicht einmal, daß er zweifelsohne der würdigste Vertreter dieses alten Geschlechtes der Lauzargues ist. Aber leider ...«
»... trägt er nicht dessen Namen und wird ihn niemals tragen, ich weiß!« fiel ihm Napoleone ins Wort. »Deswegen habe ich ja von einer heimlichen Eheschließung gesprochen, unter Ausschluß des Gesetzes, weil man diesem vermaledeiten Umstand mit dem Namen Rechnung tragen muß. Und diese Trauung bitte ich Euch hier oder in Combert vorzunehmen, an einem Tag und zu einer Stunde, die Euch genehm ist. Ich kann und will nicht länger ohne den Mann leben, den ich liebe, und zumindest möchte ich vor Gott ruhigen Gewissens seine Gefährtin sein dürfen.«
»Diese Einstellung ehrt Euch.« Monsieur de Combert seufzte. »Und ich kann Euch Eure Bitte wohl nicht abschlagen. Dennoch beschäftigt mich eine Frage: Wie ist es Euch gelungen, Euren Freund zu beeinflussen, dieser Heirat zuzustimmen? Madame de Sainte-Croix zufolge – Ihr habt sie ja erst unlängst gesehen – war er

weit davon entfernt. Und wenn mich nicht alles täuscht, ist er ein Mann, der nicht so schnell seine Meinung ändert.«

Napoleone spürte, daß sie bis in die Wurzeln ihres blonden Haars errötete. Sie hätte das außergewöhnliche Gespür dieses Mannes bedenken sollen, der über eine so große Erfahrung verfügte, jeden Winkel der menschlichen Seele zu durchleuchten. Mit einemmal schien es ihr völlig abwegig, diese blauen Augen, die sie jetzt forschend ansahen, zu belügen... Deshalb griff Napoleone zu einer, wie sie meinte, geschickten Ausrede.

»Hochwürden«, sagte sie, »wärt Ihr bereit, mir die Beichte abzunehmen?«

Der Domherr zuckte zusammen und runzelte die Brauen.

»Natürlich... aber Ihr beunruhigt mich! Habt Ihr Euch etwas zuschulden kommen lassen, das gegen die Gebote verstößt? Dann kann ich Euch jedenfalls versichern, daß kein Beichtstuhl nötig ist, um ein Geheimnis in meinem Herzen zu bewahren. Denkt daran, daß ich für Euch Achtung und Zuneigung empfinde.«

Napoleone begriff, daß sie besiegt war, daß sie jetzt alles sagen mußte. Seltsamerweise fiel ihr das nun gar nicht so schwer.

»Ihr sprecht von Achtung? Ich fürchte, daß diese Achtung geschmälert wird, wenn ich Euch gestehe, daß ich zu einer List gegriffen habe, um Jeans Einwilligung zu erhalten.«

»Zu was für einer List?«

»Ich habe ihm gesagt, ich erwarte ein Kind.«

»Und... das ist nicht wahr?«

»Noch nicht. Aber ich hoffe inständig, daß es schon bald wahr wird.«

Trotz schwang in der Stimme der jungen Frau mit. Das freundliche Gesicht des Domherrn verdüsterte sich.

»Das wünsche ich Euch. Ansonsten rechnet nicht damit, daß ich einen ehelichen Bund segne, der auf einer

Lüge aufgebaut ist. Begreift Ihr nicht, daß Ihr diesen Mann in eine Falle gelockt habt, die weder Euer noch seiner würdig ist?«
»Ich liebe ihn und will ihn für immer an mich binden.«
»Das ist eine Erklärung, aber keine Entschuldigung!«
Als der alte Mann sah, daß sich ein Schatten über das Gesicht der Besucherin legte, schlug er sanftere Töne an, fand sogar zu einem Lächeln.
»Mein Kind! Denkt nicht, daß ich Euch verurteile. Ich weiß, die Leidenschaft kann zu mancherlei Unbedacht führen. Sie macht blind und taub und schaltet das Gewissen aus. Ihr aber seid eine so außergewöhnliche Frau, daß Ihr es nicht nötig habt, Euch auf einen derart zweifelhaften Pakt mit dem Himmel einzulassen. Habt Ihr mir nicht gesagt, daß Ihr auf ewig füreinander bestimmt seid? Und daß Ihr zumindest vor Gott und Eurem Gewissen die Gefährtin von Jean sein wollt? Wozu dann diese Eile? Warum nicht die Entscheidung einfach in Gottes Hand legen? Wenn Ihr wirklich zusammengehört, wird Er das Seine tun, um Eure reichlich verwickelte Beziehung zu entwirren und daraus ein glattes, gemeinsames Band zu knüpfen...«
»So wie Er das bei unserer Base de Sainte-Croix, die damals noch Mademoiselle de Sorange hieß, und dem Vidame von Aydit getan hat?« fragte Napoleone verbittert.
»Vielleicht haben diese beiden nicht stark genug geliebt? Unsere verehrte Base hat stets einen Hang zum Widerspruch bewiesen, und ich glaube, der Vidame war aus dem gleichen Holz geschnitzt. Je mehr man zu verhindern suchte, daß sie zusammenkamen, desto erbitterter hielten sie aneinander fest. Ich glaube ja, daß Eure Liebe inniger und beständiger ist, und trotzdem ...«
»Und trotzdem glaubt auch Ihr, der Diener eines Gottes, der verkündet, daß vor seinem Angesicht alle Menschen gleich sind, Jean sei mir nicht ebenbürtig? Ist das irgendwie von Bedeutung, wenn man sich liebt?«

»Ich erinnere mich nicht, etwas Derartiges gesagt zu haben«, meinte der Domherr ernst. »Gewiß, Eurer ... offiziellen Abstammung nach seid Ihr ziemlich weit voneinander entfernt, andererseits wäre durchaus denkbar, daß eine heimliche Eheschließung – die sich nach wenigen Monaten zweifelsohne herumgesprochen haben dürfte – eine annehmbare Lösung sein könnte.«
»Ihr meint das also auch?«
»Allerdings sollte sie auf Ehrlichkeit beruhen. Ich habe Euch gesagt, daß Ihr eine außergewöhnliche Frau seid. Und nach allem, was ich über Jean weiß, halte ich ihn ebenfalls für einen außergewöhnlichen Menschen. Deshalb habt Ihr kein Recht, ihm eine derart heimtückische Falle zu stellen. Er würde Euch das nie verzeihen.«
»Glaubt Ihr das wirklich?« flüsterte Napoleone. Ihre Zuversicht begann zu schwinden.
»Ich bin sogar überzeugt davon. Darum vernehmt folgendes, mein Kind: In der Woche nach dem Osterfest werde ich nach Combert kommen und Euch verheiraten. Und Ihr dürft mir glauben, daß ich das freudigen Herzens tue, sobald Ihr mich wissen laßt, daß dieser häßliche kleine Schatten, mit dem Ihr Eure Seele befleckt habt, bereinigt ist – und zwar dadurch, daß Ihr entweder die Wahrheit eingestanden habt oder daß Gott auf natürliche Weise eine Verbindung gesegnet hat, die er für Euch bestimmt hat.«
Napoleone stand auf und griff nach ihrem Mantel, den sie über die Lehne eines Sessels geworfen hatte.
»Es soll geschehen, wie Ihr es wünscht«, erwiderte sie seufzend. »Ich hoffe nur, daß Jean dann noch in Combert weilt.«
»Warum sollte er nicht? Muß er denn fort?«
»Er möchte in Lauzargues leben und versuchen, von den Ländereien und Gebäuden zu retten, was zu retten ist. Das Schloß, das seinen Vater unter sich begraben hat, übt eine geradezu sinnliche Anziehungskraft auf ihn aus, und meine Arme sind zu schwach, um ihn zu-

rückzuhalten. Deshalb habe ich ihn ja belogen, damit er bei mir bleibt...«
Jetzt erhob sich auch der Domherr, ergriff Napoleones Hände und umschloß sie mit den seinen.
»Versucht nicht, ihn mit aller Gewalt zurückzuhalten. Das wäre das sicherste Mittel, ihn von Euch fortzutreiben. Denn gleichgültig, ob Ihr verheiratet seid oder nicht, Ihr könnt nicht tagein, tagaus zusammensein. Laßt ihm ein wenig Freiheit, damit er nicht weiter weggeht. Was sind eineinhalb Meilen, wenn man sich liebt? Soweit ich mich erinnere, haben sich doch auch Euer Oheim, der Marquis, und unsere teure Dauphine zu ihren Lebzeiten damit abgefunden...«
»Der Marquis gewiß. Dauphine dagegen wünschte nichts sehnlicher, als ihr zauberhaftes Combert gegen die alte Pracht des Schlosses von Lauzargues einzutauschen.«
»Und Marquise zu werden? Ich weiß. Rückblickend muß ich jedoch sagen, daß es für sie wohl sinnvoller war, daß alles beim alten blieb. Auch wenn damit der Moral nicht unbedingt Rechnung getragen wurde.«
Unvermittelt lachte der Domherr laut auf. »Einen Moment lang habt Ihr mich wirklich zu sonderlichen Gedanken verleitet! Ich werde am besten zur Kathedrale hinübergehen und ein Gebet sprechen. Wollt Ihr mich begleiten? Schon deshalb, um dort in aller Form die Absolution zu empfangen?«
Nachdenklich und bis zu einem gewissen Grad entmutigt, kehrte Napoleone nach Combert zurück. Ihr Besuch bei dem Domherrn und der kurze Aufenthalt in dem eiskalten Gewölbe der Kathedrale hatten sie zur Besinnung gebracht. Auch wenn sie noch immer fest entschlossen war, zwischen sich und Jean das Band zu knüpfen, das nur der Tod zu lösen vermochte, so begriff sie jetzt doch, daß sie den falschen Weg eingeschlagen hatte. Vielleicht hätte sie, nachdem sie auf der Heimfahrt an der Seite von François ausgiebig Zeit zum

Nachdenken gehabt hatte, dem Geliebten ihre Lüge sofort gebeichtet. Aber Jean war nicht auf dem Schloß. Längst war die Nacht hereingebrochen. Am Abend hatte man von Süden her die Wölfe heulen hören, worauf Jean nach Luern gepfiffen hatte und zusammen mit dem zahmen Tier in der Dunkelheit verschwand.
In dieser Nacht fand Napoleone wenig Schlaf. Sie lauschte den Geräuschen, die von draußen zu ihr drangen. Die Tatsache, daß Jean dem ersten Ruf dieser Wölfe, die er liebte, die er verstand und denen er sich so gut mitteilen konnte, gefolgt war, unterstrich deutlich, wie verschieden sie doch waren.

Clémence besaß eine Schwäche für Hausierer und deren weltgewandtes Gehabe. Sie liebte die Spannung, die sich ausbreitete, wenn sie ihre großen Schachteln mit all dem Schnickschnack öffneten, dem Frauen so verfallen sind: Bänder, Nähnadeln, Haarklammern, Spitzen, kleine Schmuckstücke, aber auch Heiligenbildchen und wunderschön gestaltete Kalender. Ganz abgesehen von den Geschichten und Neuigkeiten, mit denen jeder dieser Burschen zum Wohle seiner Geschäfte aufzuwarten hatte. In Combert fand der Hausierer stets einen Kanten Brot auf dem Tisch, Schinken, Schweinefleisch, Suppe und einen kleinen Krug Wein, aber auch verschiedene Kuchensorten, Kaffee und sogar einen deftigen Schluck Pflaumenschnaps.
Der Hausierer, der zwei Tage später aufkreuzte, bedurfte wahrlich der Stärkung. Er war bleich, zitterte wie Espenlaub und schien sich kaum auf den Beinen halten zu können. Gierig stürzte er das Glas Wein hinunter, das ihm Clémence reichte, und hielt es ihr zum nochmaligen Nachschenken hin, ehe er sich kraftlos auf einer der Küchenbänke sinken ließ.
»Du liebe Güte, Ihr seid ja in einer erbärmlichen Verfassung, mein armer Sainfoin!« rief Clémence aus, die den Mann seit langem kannte. »Die Heiligen im Paradies

mögen mir verzeihen, aber man könnte meinen, Ihr hättet den Leibhaftigen gesehen!«
»Ihr trefft den Nagel auf den Kopf, Clémence! Gesehen habe ich ihn zwar nicht, aber dafür gehört, und vor allem habe ich die Feuer seiner Hölle erblickt! Nicht unbedingt ein schönes Bild.«
»Woher kommt Ihr denn, daß Ihr derart zugerichtet seid?« erkundigte sich Napoleone, die von dem Lärm, den das Erscheinen des Hausierers ausgelöst hatte, neugierig geworden war und in diesem Augenblick die Küche betrat. Sainfoin zog sich von der Bank hoch, um sich dann, unfähig, länger stehen zu bleiben, wieder geräuschvoll auf den Sitz fallen zu lassen.
»Aus Lauzargues, mit Verlaub, Madame la Comtesse, aus Lauzargues, wo ich glaubte, vor Angst sterben zu müssen. Sagt an, Clémence, hättet Ihr nicht zufällig eine Kleinigkeit zu essen für mich? Mein Magen ist noch leerer als meine Tasche!«
Während sich Clémence auf einen Wink von Napoleone hin beeilte, dem guten Mann etwas Nahrhaftes hinzustellen, nahm die junge Frau an der anderen Seite des Tisches Platz.
»Und was hat Euch nach Lauzargues getrieben? Wußtet Ihr nicht, daß das Schloß durch einen ... Brand zerstört worden ist?«
»Und ob ich das wußte! Euer Brand hat für viel Aufregung im Land gesorgt. Aber ich nahm an, daß auf dem Bauernhof noch Leute wären. Vater Chapioux war ein Bewunderer meiner Kalender, und für das kommende Jahr habe ich besonders schöne«, fügte Sainfoin mit nie erlahmendem Geschäftssinn hinzu.
»Dazu kommen wir später«, beschied ihn Clémence. »Was allerdings Chapioux betrifft, so würde es mich sehr wundern, wenn er einen Kalender gekauft hätte. Er und sein Sohn und auch der Knecht sind bei dem Versuch, Monsieur le Marquis zu Hilfe zu eilen, ums Leben gekommen...«

»Alle drei? Fürwahr eine Menge Tote, Clémence. Und kein schöner Tod! Kein Wunder, daß sich der Teufel in diesen verfluchten Ruinen eingenistet hat!«
»Ich wüßte nicht, warum Lauzargues verflucht sein sollte«, bemerkte Napoleone trocken. »Das Schloß und seine Bewohner sind Opfer eines Unglücks geworden. Mit irgendeiner Teufelei hat das nichts zu tun.«
»Das sagt Ihr, Madame la Comtesse, aber mit Verlaub, ich weiß, was ich gesehen habe...«
»Erzählt doch ... das heißt, langt erst einmal tüchtig zu! Um so besser könnt Ihr dann berichten.«
Sainfoin beeilte sich, der Aufforderung nachzukommen. Nachdem er sich den Wanst vollgeschlagen und einen gewaltigen Schluck Wein durch die Kehle gejagt hatte, wischte er sich mit dem Handrücken über den Schnurrbart und begann mit seiner Schilderung.
Er hatte sich am Abend zuvor zu später Stunde mit seinen Siebensachen auf dem Buckel auf den Weg durch den Wald hinunter zur Schlucht gemacht, an deren Rand sich das alte Schloß erhob oder vielmehr das, was davon übriggeblieben war. Sainfoin war von Natur aus keineswegs ängstlich; zu oft hatte er alle Wege der Auvergne und die Gegend um Clermont bis tief ins Tal des Lot hinein abgeklappert, um sich davor zu fürchten, nachts durch eine menschenleere Gegend zu wandern. Er war bereits tagsüber tüchtig marschiert, wollte aber unbedingt noch bis Lauzargues weiter, wo er hoffte, auf dem zum Schloß gehörenden Bauernhof Unterkunft, etwas zu essen und aufmerksame Ohren für seine Geschichten zu finden.
Er schritt also munter auf den Bauernhof zu. Als er die gewaltige Ruine des Schlosses erblickte, blieb er wie angewurzelt stehen: Rötliches Licht schimmerte durch das Gestein, so als brenne mitten in den Trümmern ein Feuer. Erschrocken beobachtete Sainfoin diesen Spuk, als ein langgezogenes Ächzen die Nacht erfüllte, ein Seufzen, das in Wehklagen überging, wie es nur die Ver-

dammten im Höllenfeuer anstimmen können, um dann abzubrechen und mit einem Schluchzen zu verstummen. Und eine weiße Gestalt tauchte auf, schlängelte sich durch die Gesteinsmassen und verschwand, während das Wehklagen erneut einsetzte.
Entsetzt torkelte der Hausierer auf den Weg zurück und floh ohne Rücksicht auf seine Erschöpfung und das Gewicht seiner Last. Ein Mann, der ihn am Rande eines kleinen Dorfes in der Nähe von Lauzargues vorbeikommen sah, wollte ihn anhalten, aber der von Panik ergriffene Hausierer war nicht mehr Herr seiner Sinne. Er schubste den Mann beiseite und schrie: »Der Teufel ist in eurem unseligen Schloß! Ihr werdet alle verflucht werden, wenn ihr ihn nicht fortjagt! Verflucht, alle verflucht...«
Und von Angst und Schrecken besessen rannte er weiter, bis er entkräftet und völlig erschöpft über einen Baumstumpf stolperte und in einen Busch stürzte, wo ihn der Schlaf übermannte. Als er anderntags erwachte, stellte er fest, daß er sich auf dem Weg nach Combert befand.
»Jetzt wißt Ihr soviel wie ich«, ächzte er und langte nach dem Weinkrug. »Mit Verlaub, Madame la Comtesse, Ihr tragt den Namen eines Ortes, der nichts Christliches mehr an sich hat. Ihr solltet ihn ändern...«
»Sollte ich Euren Rat benötigen, Sainfoin, werde ich Euch darum bitten. Was aber das angeht, was Ihr zu sehen glaubt...«
»Was ich gesehen habe!« beharrte der Mann. »Gesehen und gehört! Das kann ich bei der Asche meiner armen Mutter und beim Heil meiner Seele beschwören!«
»Ihr erzählt so viele Geschichten, daß Ihr sie am Ende selbst glaubt. Außerdem wart Ihr doch gestern abend sehr müde, nicht wahr?«
»Allerdings war ich müde! Halb tot, könnte man sagen!«
»Nun, dann ist es doch ganz einfach: Ihr hattet eine

Halluzination. So etwas kommt vor, wenn man erschöpft ist.«
Nicht einmal um den Preis ihrer Seele hätte Napoleone in diesem Augenblick sagen können, warum ihr so viel daran lag, Sainfoins Gedächtnis das gräßliche Erlebnis zu entreißen, das sich dort eingenistet hatte. Besser als jeder andere wußte sie, daß das Schloß ihrer Väter ein unheimlicher Ort war, an dem von dem Zeitpunkt an, da es den grausamen Marquis unter seinen Trümmern begraben hatte, alles möglich war, selbst das Unvorstellbare. Aber sie konnte nicht zulassen, daß sich in der Gegend Furcht und Schrecken verbreiteten oder daß man ihr ins Gesicht sagte, der Name ihres Sohnes sei mit einem Fluch behaftet.
Noch einmal füllte sie das Glas des Hausierers und meinte lächelnd: »Trinkt noch ein wenig! Der Wein vertreibt die Gespenster der Nacht. Und dann geht hinüber zum Bauernhof und schlaft Euch aus. Clémence wird Euch hinbringen. Ihr braucht Ruhe. Morgen, nach einer kräftigen Mahlzeit, werdet Ihr alles mit anderen Augen sehen und Euch wie neugeboren fühlen.«
»Meiner Treu, Madame la Comtesse, das schlage ich nicht aus. Es stimmt, daß ich mich nicht wohlfühle. Glaubt Ihr wirklich, das wären ... wie sagtet Ihr doch gleich?«
»Halluzinationen? Davon bin ich überzeugt. Um Lauzargues ranken sich bereits genug Legenden. Sie sind Euch zu Kopf gestiegen. Auf alle Fälle werden wir ein paar Gebete sprechen lassen...«
Im Schlepptau von Clémence, die allem Anschein nach nicht wußte, was sie von all dem halten sollte, verließ Sainfoin die Küche und begab sich zum Bauernhof hinüber. Von der Türschwelle aus sah Napoleone die beiden im Morgennebel verschwinden.
»Du hast dich klug verhalten«, hörte sie hinter sich Jeans Stimme. »Es ist nicht gut, wenn solche Geschichten die Runde machen. Ich befürchte nur, daß dieser Mann

auch nach ausgiebigem Schlaf und selbst wenn du ihm so viel zu trinken gibst, daß er unter den Tisch rollt, nicht alles vergißt.«
»Du hast es gehört?«
»Alles. Ich war hier, im Eßzimmer, aber ich habe es vorgezogen, nicht in Erscheinung zu treten. Komm mit! Clémence wird gleich zurück sein, und wir müssen miteinander reden.«
Gemeinsam gingen sie in den Salon, wo Napoleone die Hände über das flackernde Kaminfeuer hielt. Sie fühlte sich bis ins Innerste vereist, überlegte krampfhaft, was sie von der schauerlichen Geschichte des Hausierers denken sollte. Hinter ihrem Rücken knarrten die Dielen des Parketts unter Jeans gleichmäßigen Schritten, mit denen er im Salon auf- und abging.
»Was hältst du von diesem Bericht?« fragte sie nach einer Weile.
»Was soll ich denn deiner Meinung nach davon halten? Dieser Mann säuft wie ein Loch. Weiß der Himmel, wie viele Gläser er auf seinem Weg zum Schloß bereits geleert hat...«
»Aber dieses Feuer – diese Schreie!«
»Du hast es doch selbst gesagt: Halluzinationen, Spinnereien eines Trunkenboldes. Du wirst ihm doch nicht etwa glauben?«
Napoleone drehte sich unvermittelt um und blickte Jean ins Gesicht.
»Und du? Bist du nicht selbst darauf erpicht, die Wahrheit herauszufinden? Du weißt ebenso gut wie ich, daß im Schloß stets seltsame Dinge vor sich gegangen sind. Schon damals, als der Marquis noch lebte. Warum nicht auch weiterhin, nach seinem Tod, der nichts Heiliges an sich gehabt hat?«
Jean trat auf Napoleone zu und legte ihr die Hände auf die Schultern. Als die junge Frau die Wärme seiner großen Handflächen spürte, fühlte sie, wie sich ihr Herz besänftigte.

»Ich weiß nicht, was sich letzte Nacht da unten wirklich zugetragen hat, mein Herz, ich weiß nur das eine: Ich muß hin.«
Sofort erhob sie Einspruch.
»Weshalb denn?«
»Weil es sein muß. Hast du vergessen, daß Godivelle in Lauzargues ist? Wenn dieser Schwachkopf mit seinem Geschrei das Dorf und die Gegend verrückt gemacht hat, kann Gott weiß was geschehen! Möglicherweise ist Godivelle in Gefahr...«
»Wer sollte Godivelle etwas zuleide tun? Jeder im Umkreis von zehn Meilen schätzt sie. Wegen ihrer ruppigen Art würde ich nicht gerade behaupten, daß man sie liebt, aber auf den Gedanken, ihr etwas anzutun, käme wohl niemand.«
»Du hast ja keine Ahnung. Mit ihrem Entschluß, den Bauernhof zu bewohnen, hat sich Godivelle von den anderen abgesondert. Und sobald die Leute Angst bekommen, kann es geschehen, daß sie zu wilden Tieren werden. Wer sagt dir, ob man sie nicht für eine Hexe hält? In diesem Fall könnte sie wirklich in Gefahr sein. Und das darf ich nicht zulassen.«
»Sie ist nicht allein. Pierrounet ist bei ihr.«
»Das ist nicht genug. Der Junge ist umsichtig und beherzt, aber was könnte er gegen eine entfesselte Meute ausrichten?«
»Und was könntest du selbst ausrichten, groß und stark wie du bist?«
»Ich habe nicht nur meine Kraft. Ich habe außerdem die Wölfe! Der beste Schutz, den ich mir vorstellen kann.«
»Ich weiß...«
Mit einemmal unendlich müde, trat Napoleone einen Schritt zurück. Jeans Hände sackten, nachdem sie mit einer zärtlichen Geste von ihren Schultern geglitten waren, nach unten.
»Vor allem weiß ich, daß du unter allen Umständen dort leben willst. Ich hatte geglaubt, du würdest wenig-

stens den Winter über bei mir bleiben. Ostern soll unsere Hochzeit sein. Der Domherr von Combert will eigens zu diesem Zweck herkommen. Und bis dahin hoffte ich mit dir zusammenzusein. Wo wir doch sicherlich bald mit Schnee eingedeckt werden. Wenn du jetzt fortgehst, wirst du nicht zurückkommen...«
Fast gewaltsam zog er sie an sich.
»Dummerchen! Als ob Schnee, Unwetter oder Frost mich davon abhalten könnten, zu dir zu kommen. Ich werde wiederkommen, mein Liebes, oft. Jetzt aber muß ich nachsehen, was dort unten vorgeht, und Godivelle beschützen. Immerhin ist sie eine alte Frau, auch wenn sie es nicht zur Kenntnis nehmen will.«
Er küßte sie, und Napoleone, unfähig zu widerstehen, erwiderte seinen Kuß.
»Und wenn ich mit dir mitkäme?«
»Nach Lauzargues? Aber Napoleone, hast du mir denn nicht erklärt, du wolltest niemals wieder dorthin zurück? Daß dies für dich ein Ort des Schreckens wäre?«
»Um bei dir zu sein, würde ich auch in die Hölle gehen. Das weißt du doch...«
»Daran zweifle ich keine Sekunde. Aber ich bin um nichts auf der Welt bereit, dich mitzunehmen.« Seine Stimme wurde immer leiser, war jetzt nur noch ein zärtliches Flüstern am Ohr der jungen Frau: »Du wirst schön artig sein und hier im Warmen bleiben und dich ausruhen. Vergiß nicht, daß du hier Pflichten hast und daß du etwas unendlich Kostbares in dir trägst ... etwas, das mir schon jetzt viel bedeutet. Laß mich nun gehen.«
Napoleone klammerte sich an ihn.
»Wann kommst du zurück?« fragte sie und war wütend auf sich, weil ihre Stimme in Tränen erstickte. Tränen der Trauer, aber auch der Wut, weil sie sich in ihrem eigenen Lügengespinst verstrickt hatte.
»Bald. Ich verspreche es dir. Auf alle Fälle möchte ich Weihnachten mit dir verbringen. Und Weihnachten ist in einer Woche...«

Kurz darauf war Jean aufgebrochen, Luern ihm auf den Fersen. Napoleone ließ sich in einen Sessel sinken und fing an zu weinen. Obwohl sie wußte, daß Jean nicht weit wegging, fühlte sie sich sterbenselend. Im Stillen ahnte sie, daß mehr als eine Woche verstreichen würde, ehe sie den wiedersah, den sie liebte.
Der Brief traf am nächsten Tag ein...

EINE FREUNDSCHAFT FORDERT
IHR RECHT

Die Zustellung eines Briefes war in diesen letzten Tagen des Jahres 1830 noch ein besonderes Ereignis. Schließlich lag es erst rund achtzehn Monate zurück, daß die Postverwaltung auf dem Lande Briefträger eingesetzt hatte. Und diese tüchtigen Burschen, die seither Tagesmärsche von bis zu fünf Meilen zurückzulegen hatten, konnten unmöglich jedesmal alle bedenken. Kein Wunder also, daß sie, sobald sie ein Haus betraten, mit großer Gastfreundschaft empfangen wurden.
Nicht anders verhielt es sich in Combert, als der Postbote aus Chaudes-Aigues die Küche betrat und mit kraftvoller Stimme schmetterte: »Schön' guten Tag allerseits! Mächtig frisch heute morgen!« – was Clémence sofort veranlaßte, Wein zu erwärmen, dem sie Zucker und Zimt beimischte. Erst danach legte sie den Brief auf ein kleines Tablett und trug ihn hinüber zu Napoleone, die an ihrer Stickerei arbeitete, während Etienne auf dem Teppich herumkrabbelte und alles daransetzte, das saubere Gewand, in das ihn Jeannette gesteckt hatte, so schnell wie möglich schmutzig zu machen.
»Er kommt aus Paris«, bemerkte Clémence, beeilte sich jedoch, höflich hinzuzufügen: »Ich hoffe, ich bringe Euch gute Nachrichten.«
»Das hoffe ich auch, Clémence. Ihr kümmert Euch doch um Gratien Danzat, nicht wahr? Ein Postbote ist ein gerngesehener Mann.«
»Keine Sorge, Madame Napoleone. Er wird keinen Anlaß finden, sich über uns zu beklagen.«
Die junge Frau hatte bereits das rote Siegel aufgebrochen, den Brief entfaltet und, da ihr die Schrift unbekannt war, den Absender des Schreibens zu ergründen versucht. Wie überrascht war sie, als sie entdeckte, daß

es aus der Feder Vidocqs stammte, des ehemaligen Polizeichefs unter Napoleon und Louis XVIII., der jetzt die Papierfabrik in Saint-Mandé besaß! Vor allem aber war ihr Vidocq ein Freund...

»Madame Morizet hat mir Eure Adresse gegeben«, schrieb er, »und ich möchte Euch umgehend eine Nachricht zukommen lassen, die ich von einem meiner früheren Mitarbeiter erhalten habe. Dieser Mann hat mir anvertraut, Eure Freundin, die Comtesse Morosini, habe entgegen Eurer und meiner Annahme Paris niemals verlassen. Sie sei gegenwärtig in Haft und befände sich in einer Lage, die ich ohne zu zögern als dramatisch bezeichnen muß.

Da ich über keinerlei Einfluß mehr verfüge, sehe ich mich unglücklicherweise außerstande, irgend etwas für sie zu tun. Um so mehr aber glaube ich, daß Ihr ihr eine große Hilfe sein könntet, bedenkt man, wie tatkräftig die Bank Granier die Einführung der neuen Regierung unterstützt hat. Wäret Ihr bereit, nach Paris zu kommen? Ich weiß sehr wohl, daß der Winter nicht der geeignete Zeitpunkt für Reisen ist, aber ich weiß auch, was Euch das Wort Freundschaft bedeutet. Deshalb bin ich guten Mutes. Madame Morizet schließt sich meinen vielen guten Wünschen für Euch an und läßt Euch ausrichten, daß Euch ihr Haus stets offen steht...«

Um sicherzugehen, daß sie nicht träumte, las Napoleone den Brief noch einmal und mit größter Aufmerksamkeit. Ihr Herz krampfte sich zusammen. Felicia im Gefängnis? Warum nur? Felicia in Gefahr? Weshalb? Lebendig begraben im Keller einer alten Seefestung wie damals ihr Bruder? Oder gar ...

Napoleone stopfte sich den Brief in die Tasche und machte sich eilends auf die Suche nach François, den sie im Garten antraf, wo er vermoderte Baumstümpfe ausriß, um anschließend den Boden umzugraben.

»Wann kommt die Postkutsche aus Rodez hier vorbei?« fragte sie ihn.

»Sie fährt heute um zwei Uhr in Rodez ab und macht morgen früh gegen sieben Uhr Station in Chaudes-Aigues.«
»Haltet Euch bereit, mich nach Chaudes-Aigues zu bringen, François. In einer Stunde breche ich nach Paris auf. Meine beste Freundin ist in Gefahr. Ich muß zu ihr. Sagt auch Jean Bescheid, sobald Ihr ihn seht. Es handelt sich um eine Angelegenheit, für die er Verständnis haben muß...«
»Er wird weit mehr Verständnis dafür haben, wenn Ihr ihm eine schriftliche Nachricht hinterlaßt. Ich habe den Eindruck, daß Ihr böse auf ihn seid, und wenn ich ehrlich sein darf, glaube ich, Ihr tut ihm unrecht.«
»Unrecht, weil ich an seiner Seite leben möchte? Wenn er mich so liebte wie ich ihn, würden sich solche Probleme erst gar nicht stellen.«
»Wenn er Euch nicht über alles liebte, bestimmt. Jean weiß, daß jeder hier seinen festen Platz hat und daß er seinen behaupten muß, koste es, was es wolle.« Fast flüsternd sprach er weiter: »Glaubt Ihr, ich hätte die Frau, die später Eure Mutter wurde, nicht geliebt? Ich liebte sie mehr als alles andere und habe nie aufgehört, sie zu lieben. Dennoch habe ich niemals etwas unternommen, um sie zurückzuhalten. Ihr geht dorthin, wohin Euch Eure Pflicht ruft, und genauso ist er dorthin gegangen, wohin ihn die seine rief. Fahrt nicht weg, ohne ihm ein paar Zeilen zu hinterlassen...«
Eine Stunde später waren die Koffer gepackt und der Brief geschrieben, und Napoleone brach auf nach Chaudes-Aigues, wo sie die Nacht im Hause ihrer Freunde Brémont zu verbringen gedachte.
Der Arzt und seine Familie liebten die junge Frau, der sie geholfen hatten, als sie von Lauzargues geflohen war, um den Grausamkeiten des Marquis zu entgehen. Sie hätten kein Verständnis aufgebracht, wenn Napoleone auf der Durchreise durch ihre kleine Stadt nicht bei ihnen, sondern in der Poststation abgestiegen wäre. Für

die junge Frau bedeutete das ein gemütlicher Abend in der Kaminecke im Kreise von Madame Brémont und ihren Töchtern, während der Arzt wieder einmal Hausbesuche bei seinen Patienten machte. Ein Abend, der Napoleone äußerst wohltat und der wie damals einer letzten Rast vor einem Kampf glich, einer Atempause sozusagen. Und als Napoleone anderntags in der Postkutsche über die holprigen Straßen der Auvergne rumpelte, war ihr, als sei die Zeit aufgehoben, als beginne alles noch einmal von vorn.
Unter diesem Eindruck stand sie noch immer, als vier Tage später der schwere Wagen unter den Trompetenstößen der Postillone auf das Stationsgelände in der Rue Plâtrière rollte. Ein feiner Eisregen ging auf Paris nieder, was jedoch der emsigen Geschäftigkeit am Vortag vor Heiligabend keinen Abbruch tat. Unter den unzähligen, nun auch zu königlichen Ehren gelangten Schirmen hasteten Menschen mit gebeugten Rücken in dem Bemühen, die Pakete, die sie nach Hause schleppten, so gut wie möglich zu schützen.
Napoleone hatte einige Mühe, ein Gefährt aufzutreiben, das bereit war, sie nach Saint-Mandé zu bringen. Die Strecke war lang, und es fing bereits an, dunkel zu werden.
Schließlich fand Napoleone einen alten Kutscher, der ihr erklärte: »Ich muß die Kutsche in Picpus einstellen, kleine Dame. Euer Saint-Mandé geht in Ordnung, wenn Ihr ein kleines Extrageld für die Fahrt nach Hause springen laßt. Mein Wagen ist neu, nur das Pferd ist es nicht mehr so ganz. Das schlechte Wetter, das macht mir nichts aus. Damit muß ich leben...«
Eine dreiviertel Stunde später setzte die Kutsche ihren Fahrgast vor Madame Morizets Gartentor ab, von dem aus man durch die entlaubten Äste die Lichter im Erdgeschoß des Hauses brennen sah. Napoleone mußte bei diesem Anblick lächeln. Das kleine Haus in Saint-Mandé hatte sie und den kleinen Etienne damals mit offenen

Armen aufgenommen; jetzt war sie überglücklich, wieder hier zu sein.
Der etwas scheppernde Klang der Glocke ließ Honorine, die Dienerin, auf die Freitreppe eilen und rufen: »Wer ist da?«
»Madame de Lauzargues, meine gute Honorine. Würdet Ihr Eure Herrin fragen, ob sie...«
Sie konnte den Satz nicht zu Ende sprechen, denn zu der rüstigen Dienerin hatte sich bereits eine zarte, ganz in schwarze Seide und weiße Spitzen gehüllte Gestalt gesellt.
»Habe ich Euch nicht gesagt, daß nur sie es sein kann?« rief Madame Morizet und drückte Honorine einen ausladenden Schirm in die Hand. »Ich war sicher, daß sie heute abend ankommen würde. Ich habe doch von ihr geträumt...«
Im nächsten Augenblick lag Napoleone in den Armen der reizenden alten Dame, die sie unter einer Flut widersprüchlichster Anweisungen für Honorine aus Mantel und Hut schälte, um ihr dann einen Kaschmirschal umzulegen und sie in den kleinen Salon zu drängen. Bevor sie sich's versah, saß Napoleone vor dem Kaminfeuer, die Füße auf den Feuerböcken, den Rücken wohlig in einen bequemen Sessel geschmiegt, eine Tasse kochend heißen Tees vor sich, der wie durch Zauberhand bereitstand, sowie gebutterte Schnittchen, Honig und Konfitüre.
Napoleone genoß es, so verwöhnt zu werden, und überließ sich nach der langen Reise ganz der rührenden Fürsorge dieser mütterlichen Freundin und der Atmosphäre des Hauses, das wie geschaffen war, unglückliche Herzen aufzunehmen und zu trösten. Ihr Körper entspannte sich.
»Welch eine Freude, Euch wiederzusehen!« sagte sie schließlich, als ihr der Redeschwall von Madame Morizet Gelegenheit dazu bot. »Ich habe häufig an Euch gedacht!«

»Und ich erst! Seit mich Monsieur Vidocq um Eure Anschrift bat, steht Euer Zimmer bereit. Ich war sicher, Ihr würdet kommen.«
»Hat Euch Monsieur Vidocq berichtet, was sich ereignet hat? In seinem Brief verrät er nicht viel, nur daß meine Freundin Felicia angeblich im Gefängnis einsitzt.«
»Ich weiß auch nicht mehr als Ihr. Aber er läßt sich bestimmt noch blicken. Wo doch heute die Postkutsche aus Rodez fällig ist und er ebenfalls annahm, Ihr würdet kommen.«
»Das zeigt, daß Ihr mich beide gut kennt. Ich konnte doch gar nicht anders: Ich bin aufs äußerste besorgt...«
Die Hausglocke, die einen Besucher ankündigte, schnitt ihr das Wort ab.
»Das wird er sein«, sagte Madame Morizet und stand auf, um dem Gast entgegenzugehen. »Um diese Zeit erwarte ich niemanden.«
Und in der Tat, es war Vidocq. Mochte der einstige Pensionsgast des Zuchthauses von Brest, der zum obersten Polizeichef Frankreichs aufgestiegen war, nach seiner Abdankung im Jahre 1827 auch nur noch ein einfacher Papierfabrikant sein, blieb er doch dank der vielen freundschaftlichen Kontakte zu den unterschiedlichsten Kreisen sowie zur Polizei selbst weiterhin der bestinformierte Mann, den man sich denken konnte.
Von ihrem Platz aus hörte Napoleone seine wohlklingende Stimme durch die Eingangshalle dröhnen: »Sie ist da? Das ist die beste Nachricht des ganzen Tages...«
»Was Nachrichten betrifft«, rief sie ihm entgegen, »so hat es den Anschein, als wären die Euren alles andere als gut, Monsieur Vidocq. Euer Brief hat mich erschüttert.«
»Deswegen habe ich ihn auch geschrieben, Madame la Comtesse. Ich hoffte, er würde Euch herbringen. Wenn jemand Eure Freundin aus der Falle befreien kann, in die sie geraten ist, dann Ihr.«
»Selbstverständlich tue ich alles, was Ihr mir zu tun

heißt«, erwiderte Napoleone, »aber ich bin nur eine Frau vom Lande und ohne Beziehungen und glaube nicht, daß ich großen Einfluß ausüben kann.«
»Die Bank Granier de Berny, deren Erbe Euer Sohn ist, vermag das. Wie die Bank Laffitte hat sie bei der Finanzierung der neuen Monarchie eine entscheidende Rolle gespielt. König Louis-Philippe dürfte Euch kaum etwas abschlagen können...«
»Da mögt Ihr recht haben. Aber sagt mir doch endlich, was geschehen ist. Zunächst einmal: Wo ist die Comtesse Morosini? Wißt Ihr es?«
»Natürlich weiß ich es. Sie ist in der Force.«
»In der Force? Aber das ist doch kein Frauengefängnis!?«
»Die Force ist ein Gefängnis für politische Häftlinge, und Madame Morosini ist dort auch nicht als Frau inhaftiert. Bei ihrer Festnahme trug sie Männerkleidung, und deshalb hat man sie dorthin gebracht. Ich glaube sogar zu wissen, daß sie unter strengster Geheimhaltung einsitzt und Gefahr läuft, in ein Verlies der Festung von Taureau gebracht zu werden, genauso wie ihr Bruder, dem zur Flucht zu verhelfen Euch beinahe gelungen wäre.«
Beim Gedenken an diese Stunde, der schwärzesten, die sie zusammen mit Felicia erlebt hatte, lief Napoleone ein Schauer über den Rücken: ein bretonisches Ufer kurz vor Tagesanbruch, ein mit vier Männern besetztes Boot, die soeben das Unmögliche versucht hatten, nämlich dem Château von Taureau, der alten Seefestung vor der Küste von Morlaix, einen Gefangenen zu entreißen. Dieses abenteuerliche Vorhaben wäre sogar gelungen, hätten sie bei ihrer Ankunft nicht mit ansehen müssen, wie der starb, für dessen Befreiung sie sich eingesetzt hatten – Gianfranco Orsini, der Bruder Felicias, der wegen seiner Mitgliedschaft bei den Carbonari seit Monaten inhaftiert war.
Napoleone sah die grauen Umrisse des furchtbaren Ge-

fängnisses vor sich auftauchen, um das der Wind heulte und gegen das die Wellen brandeten. Die Vorstellung, daß Felicia, die schöne, stolze Felicia, dort war, vielleicht in einem qualvollen und verzweifelten Todeskampf lag ...

»Sagt mir doch endlich, was geschehen ist!« stöhnte sie. »Und wer ihr was für eine Falle gestellt hat!«

»Ehrlich gesagt, ich habe keine Ahnung. Ich weiß nur, daß Madame Morosini wenige Tage nach Eurer Abreise unter den üblichen Vorkehrungen zu einem Treffen ins Café Lamblin gerufen wurde. Es scheint, als hätte sie gezögert, dieser Aufforderung nachzukommen, weil sie bereits alle Vorkehrungen getroffen hatte, Paris zu verlassen und nach Wien zu fahren, um ...«

»Ich weiß. Hin und wieder überkam mich sogar der Wunsch, ihr nachzureisen.«

»Ein Glück, daß Ihr das nicht getan habt! Sie war also drauf und dran, abzureisen, aber die Einladung klang dringlich, und sie muß angenommen haben, bei den ›guten Vettern‹ irgendwie Hilfe zu finden, vielleicht eine Empfehlung der dort anwesenden Carbonari. Und wie es ihre Art ist, ist sie in Männerkleidung hingegangen. Aber sie hat keinen der alten Bekannten angetroffen: weder Buchez noch Rouen den Älteren, noch Flotard ... noch meine Wenigkeit. Lediglich ein paar unbedeutende Leute, die sich zufällig dort aufhielten und die wohl als Kulisse dienen sollten. Denn natürlich tauchte von oben her die Polizei auf – und sogar von unten, weil das Untergeschoß des Cafés der Blinden ebenfalls unter Bewachung stand. Als die Polizei eintraf, drückte einer der Anwesenden Madame Morosini ein Paket in die Hand und rief ihr zu, es sei besser, sie nehme es wieder an sich und besorge es selbst. Überflüssig zu erwähnen, daß sich die Polizei dieses Pakets bemächtigte. Der Inhalt war ...«

»Was denn?«

»Eine Bombe. Keine scharfe, aber eine Bombe immer-

hin. Und das ist der Grund, weshalb die Unglückliche in die Force gebracht und eines terroristischen Komplotts gegen die Person des Bürgerkönigs beschuldigt wurde...«
»Das darf doch nicht wahr sein!« rief Napoleone erregt. »Es ist hinlänglich bekannt, daß Felicia nichts gegen Louis-Philippe hat. Sie ist zwar eine überzeugte Bonapartistin, aber ich glaubte den Informationen, die bis zu mir gedrungen sind, zu entnehmen, daß der König alles daransetzt, sich auch mit den Bonapartisten gutzustellen. Es heißt doch, er berufe die auf halben Sold gesetzten Soldaten wieder ein, gebe ihnen ihren Rang und ihr Kommando zurück...«
»Das ist richtig. Nur denen nicht, die die Rückkehr des Sohns des Kaisers betreiben. Und zu denen gehört Eure Freundin.«
»Ich ebenfalls, vergeßt das nicht.«
»Das Gegenteil wäre erstaunlich. Übrigens denke ich da wie Ihr. Aber sie ist ja nicht wegen ihrer Zugehörigkeit zu den Bonapartisten verhaftet worden, sondern wegen dieser verdammten Bombe, die um so belastender ist, weil der König mit seiner Familie noch immer den Palais-Royal bewohnt und keine Anstalten macht, in die Tuilerien umzuziehen. Deshalb habe ich Euch geschrieben, daß Eure Freundin in großer Gefahr ist.«
»Wer aber konnte sich eine derartige Falle ausdenken? Felicia hat keine Feinde – mit Ausnahme des österreichischen Kaisers. Zumindest weiß ich darüber hinaus von keinem.«
»Es ist anzunehmen, daß sie zumindest noch einen hat, einen einflußreichen. Ich habe erfahren, daß man sich in der Force weigert anzuerkennen, daß sie eine Frau ist. Sie wird lediglich unter dem Namen Orsini, also ohne nähere Bezeichnung, geführt und hat bisher weder einen Richter noch einen Anwalt gesehen. Auf sie wartet nun Gott weiß was. Ohne Zweifel die Verlegung an einen Ort, wo man sie schnell vergißt. Erstaunlich

daran ist, daß bei den Gerüchten, die man mir zuträgt, immer wieder die Bretagne erwähnt wird. Als ob man ihr den Platz ihres verstorbenen Bruders zuweisen wollte.«
»Aber dieser Vorfall im Café Lamblin konnte doch nur mit Hilfe der Carbonari durchgeführt werden? Einer solchen Hinterlist hätte ich sie nicht für fähig gehalten«, sagte Napoleone verbittert.
»Die tragen keine Schuld daran. Ich habe natürlich mit Buchez und Rouen gesprochen, die der Sache nachgegangen sind. Sie wissen jetzt, daß sich in ihren Reihen ein Verräter befindet, konnten ihn aber bis heute nicht entlarven. Was nicht heißen soll, daß sie nicht weitersuchen. Wenn sie ihn haben, wird er sterben. Daran hat Buchez keinen Zweifel gelassen. Außerdem verlangt es das Gesetz der ›guten Vettern‹ so. Bis dahin jedoch ...«
»Bis dahin muß etwas unternommen werden, damit Felicia unbeschadet aus dieser Geschichte herauskommt. Unvorstellbar, daß ein König, der noch nicht einmal seit sechs Monaten auf dem Thron sitzt, den Befehl gibt, eine Frau in eine Falle zu locken, sie ins Gefängnis zu werfen, wo sie unter anderem Namen und obendrein unter Nichtberücksichtigung ihres Geschlechts festgehalten wird und damit rechnen muß, ohne ordentliche Gerichtsverhandlung in ein anderes Gefängnis überführt zu werden! Unter Charles X. war es auch nicht schlimmer!«
»Es ist möglich, daß der König gar keine Kenntnis davon hat und sowohl das Innenministerium wie auch die Polizei zu Übereifer neigt. Aber sicher bin ich nicht.«
»Was wollt Ihr damit andeuten?«
Vidocq zögerte ein wenig, wobei er sich nach allen Seiten umsah, so als rechnete er damit, hinter den Vorhängen einen Spion zu entdecken. Als er erneut das Wort ergriff, geschah dies mit sehr leiser Stimme, was seine Zuhörer veranlaßte, mit ihren Sesseln näherzurücken.
»Ich meine mich nicht zu täuschen, wenn ich sage, daß dem König daran gelegen ist, sich ganz anders darzu-

stellen, als er wirklich ist. Er will als Symbol des Liberalismus angesehen werden und tut alles, um die Bourgeoisie für sich einzunehmen. In Wahrheit jedoch träumt er seit fünfzehn Jahren von dieser Macht, die ihm jetzt zugefallen ist, hält er sich doch der Regentschaft für würdiger als der dicke Louis XVIII. oder der farblose Charles X. Seid Euch also bewußt, daß er nicht nur eine Interimsregierung führt: Er ist König, um König zu bleiben, und er will nicht nur den Fortbestand seiner Dynastie sichern, sondern darüber hinaus die Macht ausschöpfen, die ihm übertragen worden ist, die Macht eines konstitutionellen Monarchen absolutistischer Prägung. Natürlich wird so etwas nicht an die große Glocke gehängt; es ist jedoch zu befürchten, daß mit dieser Regentschaft geheime Machenschaften einhergehen – Polizeiaktionen, heimtückische Repressalien ...«

»Zeichnet Ihr da nicht ein etwas zu schwarzes Bild?« fragte Madame Morizet entgeistert. »Monsieur Vidocq, ich habe Euch im Verdacht, daß Eure Phantasie mit Euch durchgeht.«

»Das glaube ich nicht. Wollt Ihr ein Beispiel hören? Ihr wißt – oder auch nicht – daß sich die Duchesse de Berry geweigert hat, ihren Sohn, den jungen Herzog von Bordeaux, der alles in allem unser rechtmäßiger König ist, zu ihrem Vetter Louis-Philippe zu schicken. Es heißt, sie habe kein Vertrauen zu ihm und fürchte um das Leben des Kindes...«

»Ach, wirklich? Ein so liebevoller Familienvater wie der König würde sich doch nicht an einem unschuldigen Kind vergreifen...«

»Glaubt Ihr? Immerhin hat er ihm bereits das angetan!«

Der ehemalige Polizeichef wühlte in einer seiner tiefen Taschen und zog ein Bündel Flugblätter heraus, das er Madame Morizet reichte.

Die alte Dame setzte ihre Brille auf, griff nach den Blättern und begann laut vorzulesen: »Der Herzog von Bordeaux ist ein Bastard!«

Kaum daß sie diese Überschrift zum Vortrag gebracht hatte, legte sie die Papiere angewidert beiseite.

»Pah! Das Werk eines Schmierfinken. Ihr wollt mir doch nicht weismachen, daß das aus der Hand des Königs stammt?«

»Von der ersten bis zur letzten Zeile. In diesem Flugblatt werden die Hintergründe um die Geburt des jungen Prinzen dargestellt, mit besonderer Betonung der Einzelheiten, die diese Geburt als ›prinzliche‹ in Frage stellen. Und wenn Ihr Euch die Mühe machet, den vollständigen Text zu lesen, würdet Ihr daraus entnehmen, daß man den Sohn des unglückseligen Duc de Berry als nachweislich illegitim abstempelt. Woraus sich logischerweise eine gewisse Legitimation für unseren Louis-Philippe und dessen erstgeborenen Sohn Ferdinand ableitet, den zum Dauphin Frankreichs zu erheben er sich bis jetzt dennoch nicht erdreistet hat.«

»Haßt er die Duchesse de Berry denn so sehr? Ich habe sie von dem ereignisreichen Tag meiner Vorstellung bei Hofe her als äußerst charmant in Erinnerung«, sagte Napoleone. »Sie allein wirkte inmitten all dieser gespenstischen Höflinge menschlich. Sie hat mich angelächelt, sie hat mir sogar angeboten, daß ich ihre Hofdame werden sollte...«

»Bewahrt Euch diese Erinnerung gut, Madame de Lauzargues. Die kleine ›Duchesse Quecksilber‹ hat es verdient. Gerade diese Lebensfreude, dieses Temperament, diese Ausgelassenheit kreidet man ihr jetzt an. Vergeßt nicht, daß die augenblickliche Königin Marie-Amélie, eine durchaus edle Frau, die Freundin der sittenstrengen Duchesse d'Angoulême war, die nicht zurückstand, das Verhalten ihrer jungen Schwägerin zu tadeln. Aber sprechen wir nicht weiter von Madame de Berry. All das hatte nichts weiter zum Ziel, als Euch zu zeigen, daß Eure Freundin, die man des Terrorismus bezichtigt, kaum mit Nachsicht rechnen kann. Es sei denn, Euch und uns gelingt es, die teuflischen Machen-

schaften, deren Opfer sie ist, aufzudecken, oder Ihr schafft es, den König zu einem Gnadenakt zu bewegen.«
»Was erscheint Euch am einfachsten?«
»Zweifelsohne der Gnadenakt. Sonst hätte ich Euch nicht gebeten, herzukommen.«
»Nun, das ist deutlich genug!« Napoleone seufzte und stand auf, um sich ein wenig Bewegung zu verschaffen. »Ich brauche eine Audienz beim König ... sagt mir, wie ich das erreiche!«
»Man muß einen Antrag stellen. Aussicht auf Erfolg besteht jedoch kaum, solange Ihr keine Empfehlungen vorweisen könnt. Eigenartig, nicht wahr, wenn man bedenkt, daß der König wie ein ganz normaler Sterblicher jeden Morgen in den Tuilerien spazierengeht, mit einem Hut auf dem Kopf und einem Regenschirm unter dem Arm? Und im Palast stapeln sich die Audienzgesuche.«
»Die Empfehlung dürfte ein leichtes sein. Da die Bank Granier Eurer Meinung nach meine beste Waffe ist, mag es genügen, ihren Verwaltungsrat aufzusuchen.«
»Das müßt Ihr unbedingt tun, schon damit er Euch nicht in den Rücken fällt, sondern tatkräftig unterstützt – woran ich nicht zweifle. Um aber vorgelassen zu werden, würde ich sagen, daß angesichts der Vertraulichkeit, die für ein solches Gespräch angebracht ist, die Einführung durch einen Vertrauten erfolgen sollte.«
»Euren Vertrauten, den haben wir bereits!« rief Napoleone fröhlich. »Gleich morgen begebe ich mich zum Hotel Talleyrand und statte Madame de Dino einen Besuch ab. Ist Prinz Talleyrand nicht eine der Stützen der neuen Regierung?«
»Freilich. Deswegen hat man ihn ja auch zum Botschafter ernannt. Er ist in London, zusammen mit der schönen Herzogin von Dino, die am Hanover Square genauso Hof hält wie zu Zeiten des Wiener Kongresses im Palast Kaunitz.«
»Vielleicht könntet Ihr Monsieur Laffitte aufsuchen,

den Premierminister?« schlug Madame Morizot vor. »Euer Vater, mein liebes Kind, hat ihn doch gekannt? Immerhin war er es, der das meiste Geld zur Verfügung gestellt hat, um den König auf den Thron zu bringen.«
»Mein Vater kannte ihn tatsächlich. Ich weiß aber nicht genau, inwieweit mir das hilft.«
»Nicht viel, soweit ich das beurteilen kann«, bemerkte Vidocq. »Gewiß, der König begünstigt Laffitte, hat ihn zu seinem Vertrauten gemacht, bespricht sich mit ihm – aber ich bin nicht sicher, ob Monsieur Laffitte noch lange auf seinem Posten bleibt. Dankbarkeit ist eine unangenehme Last. Eure Chance beruht auf dem Umstand, daß Ihr für die Dienste Eurer Bank noch keinerlei Gegenleistung verlangt habt.«
»Wie aber soll ich vorgehen? An wen mich wenden?«
»Der Maler Eugène Delacroix ist doch, wenn ich nicht irre, Euer Freund?«
»Sogar ein sehr guter. Aber ...«
»Er ist bei Hofe sehr angesehen. Vergeßt nicht, daß er der Sohn des alten Talleyrand ist. Ich weiß, daß ihn der König gelegentlich ganz privat in seinem Atelier besucht, um sich vom Fortgang der Arbeiten an dem großen Gemälde zu überzeugen, mit dem der Künstler für den Salon beschäftigt ist. Wie man hört, stellt es die Freiheit dar, die das Volk auf die Barrikaden ruft...«
Napoleone, die im Zimmer auf- und abging, blieb unwillkürlich stehen.
»Die Freiheit!« rief sie. »Natürlich! Die Freiheit mit dem Antlitz Felicias!«
»Wie meint Ihr das?«
»Daß die Comtesse Morosini für dieses Bild Modell gestanden hat. Die Comtesse Morosini, die unter strengster Geheimhaltung im Gefängnis sitzt. Ihr habt recht, Monsieur Vidocq. Gleich morgen gehe ich zu Delacroix!«
»Aber morgen«, warf Madame Morizet schüchtern ein, »morgen ist doch Heiligabend?«

»Gut, daß Ihr mich daran erinnert«, sagte Napoleone. »Genau deswegen muß ich schnellstens zu ihm. Der Gedanke, daß Felicia dieses Weihnachtsfest in einem Gefängnisverlies verbringt, ist mir unerträglich.«
»Das kann ich mir vorstellen. Dennoch«, ergänzte Vidocq beschwichtigend, »weiß ich etwas, was Euch vielleicht ein wenig tröstet: Während der Feiertage zum Jahresende werden Häftlinge niemals verlegt.« Er erhob sich und griff nach seinem Hut.
Napoleone warf ihm einen beschwörenden Blick zu. »Besteht wirklich keine Möglichkeit, sie zu besuchen?«
»Ich sagte Euch bereits, daß sie unter strengster Geheimhaltung einsitzt. Wenn Ihr jedoch ein paar Zeilen schreiben wollt, könnte ich sie ihr unter Umständen zukommen lassen...«
Rasch nahm Napoleone an einem kleinen Schreibtisch Platz und kritzelte auf das Papier, das ihr Madame Morizet reichte, einen liebevollen Gruß, den sie zusammen mit einem Goldstück aus ihrer Börse dem alten Polizisten in die Hand drückte.
»Zumindest erfährt sie auf diese Weise, daß ich hier bin und daß wir uns um sie kümmern werden.« Mit Tränen in den Augen fügte sie hinzu: »Wenn Ihr glaubt, es ließe sich einrichten, ihr etwas zu schicken, was sie brauchen kann – Decken, Essen ... dann zögert um Himmelswillen nicht, mich dies wissen zu lassen!«
Vidocq warf das funkelnde Geldstück hoch, fing es wieder auf und meinte lächelnd: »Ich kann Euch versichern, daß sie für diesen Preis Eure Nachricht erhält und daß sie Weihnachten zumindest nicht ohne Hoffnung begeht. Und das ist, wie ich glaube, das schönste Geschenk, das Ihr ihr machen könnt. Zum Schluß noch eins – quält Euch nicht zu sehr, sie wird nicht schlecht behandelt. Es hat den Anschein, als zahle jemand dafür, daß es ihr an nichts fehlt. Was die ganze Sache noch mysteriöser macht.«

»Was ist denn aus ihren Dienstboten Timour, Livia und Gaetano geworden?«
»Das kann ich Euch beim besten Willen nicht sagen. Da nicht bekannt wurde, daß es sich um die Comtesse Morosini handelt, die man festgenommen hat, vermute ich, daß sie noch in ihrem Haus sind und sich höchstwahrscheinlich große Sorgen um sie machen. Ich muß zugeben, daß ich noch gar nicht daran gedacht habe...«
»Ich kümmere mich darum. Morgen gehe ich in die Rue de Babylone.«
Obwohl Napoleone von der Reise erschöpft war, schlief sie in dieser Nacht schlecht, hörte zu jeder vollen Stunde die Turmuhr der nahegelegenen Kirche schlagen. Ihre Gedanken kreisten um die Freundin. Seit ihrer Trennung hatte sie sich oft ausgemalt, wie Felicia nach Wien stürmte, um dort Colonel Duchamp zu treffen und sich voller Begeisterung mit ihm in das große Abenteuer zu stürzen, von dem sie seit Jahren träumte: den Sohn Napoleons nach Frankreich zurückzubringen, ihn in den Palais des Tuileries und von dort nach Notre-Dame zu geleiten, um ihm die Krone seines Vaters zu übergeben, die Jahre im Exil auszulöschen und mitzuerleben, wie sich strahlender als je zuvor der kaiserliche Adler in den französischen Himmel erhob...
Nun aber durchlebte Felicia, die Amazone, statt dieses von Heldentum durchdrungenen Traums ein Inferno. Napoleone durchforschte vergeblich ihr Gedächtnis nach irgendeinem Ereignis, nach irgendeinem Gesicht, das sie aus dem Umfeld der jungen Frau kannte, um eine Spur zu entdecken, die zu dem schändlichen Verräter führen konnte. Wer hatte ihrer Freundin eine derart heimtückische Falle gestellt? In welcher Absicht?
Als der neue Tag anbrach, hatte sich Napoleone einen vorläufigen Schlachtplan zurechtgelegt. Heiligabend oder nicht, sie wollte sofort Felicias Haus aufsuchen und sich von dort aus zum Quai Voltaire begeben, wo sich das Atelier ihres Freundes Delacroix befand. Und

kein Einwand der guten Madame Morizet, die sie angesichts ihrer Blässe beschwor, sich auszuruhen, vermochte sie von ihrem Entschluß abzubringen. Um neun Uhr morgens schickte sie Honorine nach einer Kutsche und verließ Saint-Mandé mit dem Versprechen, vor Einbruch der Nacht zurückzusein, damit sich ihre Gastgeberin nicht allzu sehr sorge.

Es war kalt, aber klar, und Paris, das sie vor wenigen Monaten in Umbruchstimmung erlebt hatte, bot ein vollendetes Bild des Friedens und der Freude. Dienstboten und einfache Frauen kehrten mit vollgepackten Körben vom Markt zurück oder standen in den Geschäften Schlange. Das bevorstehende Fest lag in der Luft wie eine fröhliche kleine Weise, wie ein munteres Flämmchen, an dem sich die Herzen erwärmten. Napoleone jedoch fühlte sich außerstande, diese erwartungsvolle Stimmung zu teilen. Sie dachte an Felicia, aber auch an ihr Kind und an Jean. Ohne diese dramatische Wende hätte sie mit ihnen ein besinnliches Weihnachtsfest am Kamin gefeiert, zwischen Büscheln von Stechpalmen, mit denen Clémence um diese Zeit das Haus schmückte. Und nach der gefühlvollen Mitternachtsmette, bei der das ganze Dorf zugegen war, hätten sie sich alle zum Weihnachtsessen in Combert zusammengefunden... Heute abend, morgen würde es nichts dergleichen geben, und für Felicia würde es noch trauriger sein.

Als die Kutsche vor dem kleinen Stadthaus in der Rue de Babylone hielt, in dem Felicia sie einst so herzlich und entgegenkommend aufgenommen hatte, war Napoleone zumute, als kehre sie heim. Wie einen Freund empfand sie dieses Haus, auch wenn es im Augenblick mit den fast überall geschlossenen Fensterläden und dem verschlossenen Eingangstor seelenlos wirkte und die eigenartige Atmosphäre verbreitete, die von nicht bewohnten Häusern ausgeht.

Und dennoch harrten hier noch immer drei Personen

aus, wie sich die junge Frau überzeugen konnte, nachdem sie ihren Namen genannt hatte und man ihr mit einem Freudenschrei öffnete. Schon während die Riegel zurückgeschoben wurden, vernahm sie Timours dröhnendes Organ: »Livia! Gaetano! Kommt her! Rasch! Es ist Comtesse Napoleone!«
Als sich das Tor auftat, fiel Napoleone Livia in die Arme, die sie ungeachtet ihrer Stellung als Kammerzofe mit italienischem Temperament stürmisch auf beide Wangen küßte. Gaetano, der Kutscher, begnügte sich damit, sich bis auf den Boden zu verneigen; Timour hingegen, der türkische Riese und treue Leibwächter, hob Napoleone hoch, um sie ganz genau in Augenschein zu nehmen. Erst nachdem er sie mit einem donnernden Gelächter wieder auf die Füße gestellt hatte, schickte er sich an, sie in aller Förmlichkeit zu begrüßen.
»Sei willkommen, Madame la Comtesse. Allah selbst führt dich zu uns. Ich habe dir geschrieben ...«
»Ihr auch, Timour? Ich habe nämlich bereits einen Brief erhalten.«
»Von wem?«
»Von einem Freund. Von Monsieur Vidocq, dem ehemaligen Polizisten.«
»Er weiß, wo sie ist?«
»Ja ... aber können wir uns nicht anderswo unterhalten als mitten auf dem Hof?«
»Natürlich!« beeilte sich Livia zu sagen. »Tretet näher, Madame la Comtesse. Ich werde Euch etwas Wärmendes bringen. Es ist kalt heute morgen.«
Während Gaetano nach allen Seiten Ausschau hielt, ehe er das Tor wieder gut verriegelte, geleiteten Timour und Livia Napoleone in den Salon. Zu ihrer Überraschung mußte die junge Frau feststellen, daß der Raum mit äußerster Sorgfalt hergerichtet und mit Vasen geschmückt war, in denen Sträuße aus rotem Blattwerk, Stechpalmzweigen und Blumen steckten; im Kamin brannte ein gemütliches Feuer.

»Wir erwarten ständig ihre Rückkehr«, erklärte Livia mit tränenerstickter Stimme. »Alles ist für sie vorbereitet, wie schön, daß sie darüber hinaus ihre beste Freundin hier antrifft...«

»Danke, Livia, aber ich bleibe nicht hier. Zumindest nicht heute. Ich bin in Saint-Mandé abgestiegen, bei Madame Morizet, und ich habe ihr versprochen, Weihnachten mit ihr zu verbringen. Aber eine Tasse Kaffee würde ich gern annehmen...«

Da sich Livia in Richtung Küche davonmachte und sich Gaetano diskret im Hintergrund hielt, blieb Napoleone mit Timour allein zurück.

»Jetzt verratet mir doch, aus welchem Grund Ihr mir geschrieben habt«, bedrängte sie ihn.

»Wegen dieses Mannes, der vorgestern hier war. Der Mann aus Morlaix, der mit den roten Haaren...«

»Aus Morlaix? Der Mann mit den roten Haaren? Ihr meint doch nicht etwa Patrick Butler?«

»Doch. Genau den. Er kam, um mir zu sagen, daß ich, wenn ich die Contessa wiedersehen wollte, dich herholen müßte.«

Es war, als hätte soeben der Blitz in diesen verspielten Salon eingeschlagen. Um Atem ringend, ließ sich Napoleone in einen zierlichen Sessel fallen, der angesichts dieser rohen Behandlung ächzte, und blickte entgeistert in das unbewegliche Gesicht des Türken. Sie war derart blaß geworden, daß Timour nicht anders konnte, als von einem Tablett ein kleines Glas zu nehmen, es mit Cognac zu füllen und Napoleone zu reichen. Sie nahm es entgegen und leerte es mit einem Zug, als wäre das für sie etwas ganz Alltägliches. Eine Hitzewelle stieg ihr ins Gesicht. Sie glaubte ersticken zu müssen und riß die Bänder, die ihren Samthut hielten, auf.

»Patrick Butler!« wiederholte sie. »Er also steckt dahinter? Das ist doch nicht möglich! Wie sollte er das angestellt haben? Und vor allem – wie ist es ihm gelungen, uns ausfindig zu machen? Er kannte mich ja nur als die

Irin Mrs. Kennedy und Felicia als Señorita Romero, meine spanische Gesellschafterin!«
»Ich weiß es nicht, aber er hat es herausbekommen. Und wenn die Contessa verschwunden ist, dann geht das auf seine Kappe. Das hat er keineswegs verheimlicht...«
»Und Ihr habt ihn nicht erwürgt?« rief Napoleone in einem Anflug von blindem Zorn.
»Wenn er als einziger weiß, wo sie ist, hätte das niemandem genützt. Ich wollte ihm nach, aber er war zu Pferd gekommen, und bis ich ein Tier gesattelt hätte ... Gaetano hat versucht, ihm hinterherzulaufen, hat ihn jedoch aus den Augen verloren.«
»Ich weiß, wo die Contessa ist«, sagte Napoleone und berichtete Timour und der inzwischen mit dem Kaffee herbeigeeilten Livia von ihrem Gespräch mit Vidocq.
»Im Gefängnis?« rief die Kammerzofe. »Und wegen einer Bombe? Dieser Mann muß der Teufel sein!«
»Ich habe immer gewußt, daß er das ist, und konnte ihn nie ausstehen. Ein gewalttätiger Mensch ist das, hart und unerbittlich. Was ich allerdings nicht begreife, ist, weshalb er sich an Eurer Herrin rächt. Wo er doch vor allem auf mich wütend sein müßte. Ich war es doch, die seinen Stolz verletzt hat! Ich war es, die ihn zum Narren gehalten hat«, sagte Napoleone schuldbewußt.
Erinnerungen wurden wach. Napoleone mußte an den vergangenen Sommer denken, als sie in Begleitung Felicias und mit falschen Papieren, mit denen sie die ›guten Vettern‹ ausgestattet hatten, Paris verließ. Mit Hilfe von Colonel Duchamp, einem eingefleischten Bonapartisten, hatten sie Prinz Gianfranco Orsini, Felicias Bruder, aus dem Château de Taureau befreien wollen, in dem er wegen Konspiration gegen die Regierung einsaß. Der Mann, der ihnen bei ihrem höchst riskanten Unternehmen helfen sollte, war ein reicher Schiffseigner aus Morlaix, Patrick Butler, von dem sich die Carbonari die Bereitstellung eines Schiffs erhofften, mit

dem der Gefangene nach seiner Flucht nach England entkommen konnte. Napoleone sollte sich ihm als eine entfernte irische Cousine vorstellen, und man hatte damit gerechnet, daß es ihr gelingen würde, ihn zum Mitmachen zu überreden. Mit Händen und Füßen hatte sich die junge Frau gegen die ihr zugedachte zweifelhafte Rolle gewehrt, sie aber schließlich doch übernommen, um Felicia zu helfen, ihren jüngeren Bruder zu befreien.

Napoleones Bemühungen, Patrick Butler für sich einzunehmen, waren mehr als erfolgreich gewesen. Anfangs zurückhaltend – was die Mitverschworenen auf den Plan gerufen hatte –, hatte Butler Napoleone schließlich so stürmisch, feurig und leidenschaftlich den Hof gemacht, daß ihr als einziger Ausweg nur die Flucht geblieben war. Und während sich Butler nach Brest begeben hatte, um dort die Ankunft der jungen Frau abzuwarten, hatte sie zusammen mit ihren Verbündeten versucht, Gianfranco Orsini aus dem Gefängnis zu befreien. Doch als man zu ihm vorgedrungen war, lag der junge Mann im Sterben. Ohne einen weiteren Gedanken an den schmachtenden Butler zu verschwenden, hatten sich Felicia und Napoleone bereits eine Stunde später auf dem Rückweg nach Paris befunden, wo die Wirren der Revolution über ihnen zusammenschlugen. Napoleone hatte sich in die Auvergne geflüchtet und völlig vergessen, daß es irgendwo einen gewissen Patrick Butler gab – an den sie jetzt auf um so schrecklichere Art wieder erinnert wurde.

»Warum nur?« sagte sie noch einmal. »Warum hat er sich an Felicia gerächt?«

»Weil er weder deinen richtigen Namen noch deine Adresse kennt. Natürlich hat er sich darum bemüht, aber ich habe nichts verraten. Bei der Contessa dürfte es ziemlich leicht gewesen sein. Sie ist im Kreis der Carbonari keine Unbekannte, und einer von denen muß gegen Gold geplaudert haben. Und wenn der Mann mit den

roten Haaren vom Tod des Prinzen Gianfranco erfahren hat, brauchte er nur noch entsprechende Rückschlüsse zu ziehen...«
Timour schien recht zu haben. Napoleone beschwor in Gedanken weitere Einzelheiten aus der Vergangenheit herauf, meinte jetzt förmlich die spöttische Stimme des Schiffseigners zu hören: »Ihr werdet mir niemals weismachen können, daß Eure Mademoiselle Romero nur eine einfache Gesellschafterin ist. Eher gleicht sie einer vornehmen spanischen Adligen – oder besser noch: einer römischen Kaiserin.« Und weiterhin glaubte sie seine kühne Beteuerung zu vernehmen: »Wenn man eine Frau haben will, wenn man sie wirklich haben will – dann bekommt man sie auch. Das ist nur eine Frage der Zeit, der Geduld, der Geschicklichkeit – oder einfach eine Frage des Geldes und weiter nichts!«
Hinter diesen Worten hatte sich eine Drohung versteckt, die Napoleone nicht verstanden hatte. Es hatte offenbar genügt, daß sie diesen wohlhabenden und zweifelsohne einflußreichen Mann in seinem Stolz gekränkt hatte, um ihn sich zum Feind zu machen, zu einem Feind, mit dem man rechnen mußte. Trotzdem war es einfach undenkbar, daß er so viel Macht besaß, die schändliche Falle aufzustellen, in die Felicia gegangen war. Napoleone fügte jedenfalls zu der Liste derer, die sie aufsuchen wollte, ein Treffen mit Rouen dem Älteren in seinem verschwiegenen Haus in der Rue Christine hinzu.
»Dieser Butler – hat er Euch irgendeine Adresse hinterlassen, unter der man ihn erreichen kann?« fragte sie.
»Ich hab dir doch gesagt, Madame la Comtesse, daß ich ihn beschatten lassen wollte«, sagte der Türke. »Er hat mir gesagt, er würde wieder vorbeikommen.«
»Wann?«
»Das weiß ich nicht. Bestimmt erst nach ein paar Tagen. Ein Brief braucht nun mal seine Zeit, und bis der Betreffende dann hier ist ...«

»Natürlich! Wenn er sich blicken läßt, Timour, dann hat mich keiner von Euch gesehen. Ich werde versuchen, Eure Herrin umgehend aus dem Gefängnis zu holen, wenn irgend möglich, bevor er wieder hier auftaucht. Mit Gottes Hilfe«, sagte Napoleone und bekreuzigte sich hastig, was Livia veranlaßte, es ihr gleichzutun.
»Ich begleite dich«, erklärte Timour. »Du brauchst einen Leibwächter. Solange sich diese Ausgeburt eines tollen Hundes in Paris herumtreibt...«
»Mir ist es lieber, Ihr bleibt hier, falls er zurückkommt. Ihr wißt ja, wo Ihr mich findet. Ich werde Euch aber rufen, wenn es soweit ist oder falls ich Hilfe brauche. Steht Ihr Delacroix noch immer Modell, Timour?«
»Nein, im Augenblick nicht.«
»Vielleicht ergibt sich das mal wieder. Sein Atelier ist ein guter Treffpunkt. Ich bin übrigens auf dem Weg dorthin...«
Eine weitere Droschke, die sie am Boulevard des Invalides bestiegen hatte, setzte Napoleone wenig später am Quai Voltaire Nummer fünfzehn ab, wo sich das Atelier des Malers befand. Auch hier wurden unzählige Erinnerungen wach. Nach ihrer Vorstellung bei Hofe und dem sich daran anschließenden Entführungsversuch war Napoleone dort ungemein herzlich aufgenommen worden, hatte Zuflucht gefunden und zu ihrer großen Überraschung Jean wiedergesehen, endlich mit ihm Stunden leidenschaftlichster Liebe gelebt.
Fast zärtlich klopfte sie jetzt an die grüne Tür, die das Atelier des Malers verschloß.
»Herein!« brüllte eine wohlbekannte Stimme, »aber wer Ihr auch seid, stört mich nicht!«
Vorsichtig stieß Napoleone die Tür auf und trat ein. Der Maler war in der Tat vollauf in seine Arbeit vertieft. In eine seiner weitgeschnittenen Blusen aus rotem Flanell gehüllt, für die er eine Schwäche besaß, mit seinem zerzausten Haar, das Gesicht mit Farbspritzern be-

fleckt, tobte sich Eugène Delacroix einem Berserker gleich an einer riesigen Leinwand aus, deren Darstellung Napoleone mitten ins Herz traf.
Die Freiheit ... kühn eine mit Toten bedeckte Barrikade übersteigend, gefolgt von einer Menschenmenge, die aus dem Rauch der Kanonen zu wachsen schien, die Trikolore schwingend und gleichsam aus der Leinwand heraustretend. Die Erinnerung an den Kampf um das Rathaus, den Napoleone miterlebt hatte, war überwältigend. Die ockerfarbenen und grauen Häuser, die Umrisse von Notre-Dame und der größtenteils von Pulverdampf verhüllte Julihimmel waren mit einer Inbrunst dargestellt, daß man nicht gleichgültig bleiben konnte. Die Freiheit, der sich das erhitzte Gesicht eines mit einem Gewehr bewaffneten Mannes mit den Zügen des Malers zuwandte, besaß Felicias edles Profil und ihre klare Stirn, allerdings hatte Delacroix sie mit einem kräftigeren Körperbau ausgestattet, als sein Modell in Wahrheit besaß: Die hochgewachsene, überschlanke Comtesse Morosini entsprach keineswegs dieser stürmenden Rubensfigur mit den entblößten Brüsten, dieser personifizierten Stärke. Um so verblüffender war die Ähnlichkeit des Gesichts!
In ihre Betrachtung versunken, hatte Napoleone nicht bemerkt, daß Delacroix zu malen aufgehört hatte und jetzt neben ihr stand, bewaffnet mit einem langen, wie eine Lanze anmutenden Pinsel, den er für den Himmel benutzte.
»Täusche ich mich, oder sagt Euch dieses Bild tatsächlich zu?« fragte Delacroix so ungezwungen, als hätten sie sich erst gestern noch gesehen.
Sie bedachte ihn mit einem Blick, in dem sich Bewunderung und Kummer mischten.
»Es würde mir noch mehr zusagen, wenn Eure Freiheit sich in Freiheit befände.«
Der Maler legte Palette und Pinsel beiseite, wischte sich die Hände mit einem Lappen ab und küßte dann mit der

vollendeten Anmut eines Mannes von Welt die Fingerspitzen seiner Besucherin. Seine Augen funkelten vor überschwenglicher Freude.
»Der Himmel meint es heute gut mit mir! Er schickt mir als Weihnachtsgeschenk einen Engel!« sagte er fröhlich. »Ich bin überglücklich, Euch wiederzusehen, Madame. Aber was sagtet Ihr soeben über meine Freiheit? Sie befände sich nicht länger in Freiheit? Sollten diese Österreicher Hand an sie gelegt haben?«
»Sie hatte nicht einmal Zeit, nach Österreich zu fahren. Hier in Paris hat man sie verhaftet, wenige Tage nach unserer Trennung. Im Augenblick sitzt sie in der Force hinter Schloß und Riegel, und ich bin hergekommen, um Eure Hilfe zu erbitten.«
Noch einmal berichtete sie von ihrer Abreise, von ihrem Gespräch mit Vidocq, von dem, was ihr Timour darüber hinaus erzählt hatte. Es klang wie eine Beichte, die sich Delacroix mit immer finsterer werdendem Gesicht anhörte.
»Ich muß unbedingt den König sprechen«, schloß Napoleone. »Ich hoffte auf die Unterstützung von Madame de Dino und des Prinzen, aber es heißt, die beiden halten sich gegenwärtig in England auf. Wir haben kein Glück...«
»Seid Ihr wirklich auf die beiden angewiesen? Ihr seid die Tochter eines einstmals einflußreichen Mannes. Die Bank Granier existiert noch immer, und die Regierung ist ihr gegenüber verpflichtet. Genau deswegen hat Vidocq Euch ja gerufen. Was wollt Ihr mehr?«
»Eine Gelegenheit, den König unter vier Augen zu sprechen. Die Angelegenheit, für die ich mich einsetzen muß, ist heikel... Und von der Art, wie man sie nicht im Ministerrat dabattiert.«
»Das kann man wohl sagen! Wo es doch um eine Bombe geht! Arme Comtesse!«
»Darüber hinaus sieht es so aus, als sei die Liste derer, die auf eine Audienz warten, sehr lang. Wenn ich an der

Reihe bin, könnte es bereits zu spät sein. Ich habe nicht viel Zeit. Deswegen wende ich mich an Euch.«
»An mich? Wer hat Euch in den Kopf gesetzt, daß ich über irgendwelchen Einfluß verfüge?«
»Nach dem, was man mir gesagt hat, ist Euch der König wohlgesonnen. Er sucht Euch zuweilen hier auf, ganz zwanglos ...«
»Bestimmt hat Euch Vidocq das erzählt?«
»Ja, ich weiß es von ihm. Die großen Maler haben stets Einfluß auf die Herrscher gehabt, von denen sie verehrt wurden. Könntet Ihr die Gunst, die Ihr genießt, nicht für mich verwenden? Wann erwartet Ihr den König?«
»Aber das weiß ich doch nicht, mein armes Kind! Wenn er kommt, dann stets unverhofft. Ich weiß, daß ihm sehr viel an diesem Gemälde gelegen ist, das er als Darstellung seines Triumphes deutet... Aber wiederum auch nicht so viel, daß er mir die Mittel zur Verfügung stellt, um es vollenden zu können. Um mein Honorar für ›Die Schlacht um Poitiers‹ einzutreiben, ein Bild, das die Duchesse de Berry bei mir in Auftrag gegeben hatte, mußte ich sogar die Vermögensverwaltung anrufen, die mit der Begleichung der Schulden des Hofs Charles X. betraut war...«
»Wenn Ihr Geld braucht, kann ich veranlassen, daß man Euch eine Summe leiht – oder ich leihe sie Euch selbst.«
Der Maler verzog sein Gesicht, das an einen orientalischen Fürsten erinnerte, zu einer Grimasse, die wohl ein Lächeln andeuten sollte.
»Nein danke, meine Liebe. Nicht Ihr! Ich will das, was mir zusteht – nicht mehr, aber auch nicht weniger. Was den König angeht, so findet sich vielleicht eine Möglichkeit, ihm Euch vorzustellen, ohne darauf warten zu müssen, daß er hierher kommt. Denn das kann eine Weile dauern, und Ihr habt doch erwähnt, daß Ihr nicht viel Zeit habt...
»Wer am wenigsten Zeit hat, bin nicht ich – das ist sie!«

sagte Napoleone und deutete mit dem Kinn auf das noch nicht fertiggestellte Gemälde. »Woran denkt Ihr?«
»An einen Spaziergang ... einen kleinen Spaziergang, den wir gemeinsam unternehmen könnten. Zum Beispiel am kommenden Dienstag?«
»Dienstag? Heute ist doch erst Freitag...«
»Und morgen ist Weihnachten und danach Sonntag. Der König und seine Familie werden sich in diesen Tagen aller Wahrscheinlichkeit nach auf seinem geliebten Landsitz in Neuilly aufhalten. Das, wozu ich mich Euretwegen bereit erkläre, ist erst am Dienstag möglich. Ihr könntet ja mit mir zu Mittag essen? Ich verspreche Euch Kaninchen und Apfelkuchen. Das frischt alte Erinnerungen auf...« schloß er lachend und entblößte dabei seine strahlend weißen Zähne.
Als Napoleone nur mit einem zaghaften Lächeln darauf antwortete, runzelte Delacroix die Brauen.
»Ach so!« meinte er lediglich. Und nach einer kurzen Pause fügte er mitfühlend hinzu: »Die Herzensangelegenheiten – steht es um die etwa auch nicht zum besten?«
Um ihre innere Bewegung zu verbergen, wanderte Napoleone im Atelier herum, ließ die Hand über die Vorhänge gleiten, hinter denen der mit Kissen überladene Diwan stand, auf dem sich Jean und sie einen ganzen Tag lang so inbrünstig geliebt hatten, rückte den Paravent vor der Toilette ein wenig zur Seite, strich über den Druckerstein, warf einen anerkennenden Blick auf die Skizzen, die auf dem Tisch lagen, hielt die Hände in die Wärme der großen gußeisernen Pfanne, um sich, nachdem sie sich etwas gefangen hatte, wieder zu ihrem Freund zu gesellen.
»Ich kann nicht behaupten, es stünde schlecht um sie. Das Leben ist es, das schwierig ist, das Zusammenleben. Wir sind so verschieden, Jean und ich.«
»Um so besser ergänzt Ihr Euch.«

»Ja, sicher. Und wir könnten glücklich sein, wenn nicht die anderen ...«
»Welche anderen?«
»Die Leute um uns herum. Ihr wißt ja nicht, mein Freund, was es bedeutet, auf dem Land zu leben. Jean ist unehelich geboren, ohne richtigen Namen, und ich habe einen Sohn, dem zuliebe ich einen gewissen Ruf wahren muß. Jedenfalls versucht man mir das einzureden.«
»Und Ihr? Ist Euch dieser Ruf gleichgültig?«
»Ich glaube ja. Entscheidend ist, daß wir glücklich sind. Nur scheint mir dieses Glück in dem Maße, wie die Zeit verrinnt, immer zerbrechlicher zu werden. Jean hat sich entschlossen, einenhalb Meilen von mir entfernt zu leben, in den Ruinen dieses Schlosses von Lauzargues, dessen Namen er niemals beanspruchen kann. Und ich, ich will mich einfach nicht damit abfinden.«
»Aber Ihr müßt es, Napoleone. Ich kenne Euren Freund zwar nur flüchtig, glaube jedoch, daß er zu denen gehört, die sich nicht in Ketten legen lassen, selbst wenn diese Ketten zwei weiche Frauenarme sind. Versucht es erst gar nicht. Laßt ihm seine Freiheit. Er wird immer wieder zu Euch zurückkehren.«
»Vermutlich habt Ihr recht. Nur fällt es einem so schwer, wenn man liebt, wie ich ihn liebe...«
»Und er möchte auf andere Weise geliebt werden, nicht wahr?«
»Mag sein. Aber ich halte Euch von der Arbeit ab. Bitte nehmt doch wieder Eure Pinsel zur Hand...«
»Unter einer Bedingung: daß Ihr mir versprecht, noch ein wenig zu bleiben. Ich freue mich so, Euch wiederzusehen. Erzählt mir von Eurer Auvergne und von Euch. Ich glaube, ich werde Euch niemals gut genug kennen.«
Napoleone blieb noch über eine Stunde und sah zu, wie Delacroix den Pulverdampf der Gewehre mit dem blauen Sommerhimmel verschmolz, lauschte seinem Bericht über das, was sich in Paris in jenen Wochen zu-

getragen hatte, in denen sie in der Auvergne, sozusagen auf einem anderen Planeten, gelebt hatte. Er erzählte ihr, was man über das englische Exil König Charles X. wußte, sprach von dem großen Prozeß, den man in einer revolutionsgeschwängerten Atmosphäre seinen Ministern gemacht hatte. Das Volk hatte danach gegiert, Blut zu sehen, die Köpfe derer gefordert, die im Juli Befehl gegeben hatten, auf sie zu schießen. Im Oktober hatte sogar eine Menschenmenge unter den Fenstern des Palais-Royal gebrüllt: »Tod den Ministern ... oder den Kopf des Königs Louis-Philippe!«
»Es ist schwierig, unter solchen Bedingungen zu regieren«, meinte Delacroix. »Jedenfalls gebührt dem König Anerkennung dafür, daß er diesem Druck standgehalten hat. Polignac ist verurteilt worden – zu lebenslänglicher Haft, was für ihn zweifelsohne schlimmer ist als das Schafott. Die anderen erhielten unterschiedliche Strafen. Nein, Louis-Philippe sitzt keineswegs so fest im Sattel, wie er den Anschein erwecken will. Gegen sich hat er die, die sich eine Republik erhofften, und außerdem die Bonapartisten, selbst diejenigen, die er wieder in die Armee aufgenommen hat, die aber zweifelsohne nicht zögern würden, dem Sohn des Adlers zuzujubeln, sollte er zurückkehren. Jetzt versucht er, sich eine dritte Stütze zu schaffen, indem er die Bourgeoisie auf seine Seite zieht. Alle seine Minister sind darauf ausgerichtet, auch das neue Zeremoniell des Hofes, an dem man neuerdings mehr Frauen aus dem Volk empfängt als Herzoginnen. Das schafft eine eigenartige Atmosphäre, die die Franzosen verwirrt und täuscht. Sie halten Louis-Philippe für schwach und gutmütig, was die Presse – mit der man übrigens immer stärker rechnen muß – dazu verleitet, sich ihn als Zielscheibe vorzunehmen. Er wehrt sich nicht oder nur wenig, wie es den Anschein hat, so daß ich ernstlich befürchte, diese Regentschaft wird geprägt von unsinnigen Maßnahmen, von fragwürdigen Zwischenfällen – wie jener merkwürdi-

ge ›Selbstmord‹ des einstigen Prinzen de Condé, der sich am Drehstangenverschluß seines Fensters auf Schloß Saint-Leu erhängte, nachdem er sein sagenhaftes Vermögen dem jungen Duc d'Aumale, dem vierten Sohn des Königs, überschrieben hatte.«
»Warum sagt Ihr ›merkwürdiger Selbstmord‹?« fragte Napoleone, die trotz ihrer Sorgen aufmerksam zuhörte.
»Weil vieles dafür spricht, daß diese unschöne Sache von der Mätresse des Prinzen eingefädelt wurde, einer englischen Prostituierten, die er in den Rang einer Baronin von Feuchères erhoben und die das alles völlig kalt gelassen hat. Jedenfalls lebt sie seelenruhig weiterhin in dem Schloß, das ihr überlassen wurde.«
»Ihr nehmt doch nicht etwa an, daß der König ihr Komplize ist?«
»Das wäre zu hoch gegriffen. Nennen wir es lieber so: Die Geschichte nimmt ihren Lauf, und der König verschließt die Augen. Wenn es um Macht und Geld geht, kommen selbst die, die höchstes Ansehen genießen, auf die abartigsten Einfälle. Louis-Philippe gibt sich friedliebend, beschwichtigend, charakterfest. Wer aber weiß, was sich dahinter verbirgt? Er ist wie eine Sphinx, deren Porträt ich nicht unbedingt malen möchte.«
»Wieso nicht?«
»Weil ich befürchte, der Wahrheit zu nahe zu kommen. Ich habe keine Lust, dieses Atelier mit einem Gefängnis wie dem unserer Freundin Felicia zu vertauschen...«
»Und dabei bedeutet ihr Name doch ›Glück‹!«
»Ja. Ein Name, der mich verfolgt. Meine Lieblingstante heißt auch so – Félicité Riesener. Eine aufrechte, mutige Frau. Ich neige zu der Annahme, daß zwischen Menschen gleichen Namens eine Übereinstimmung besteht. Aber genug der Philosophie! Da hatte ich Euch von Euren düsteren Gedanken abgelenkt, und jetzt beschwöre ich sie wieder herauf...«
Unvermittelt warf er die Palette auf den Tisch, steckte die Pinsel in den großen Topf zurück, in dem sie auf-

bewahrt wurden, und packte Napoleone bei den Armen.
»Wir müssen fest daran glauben!« rief er mit dieser glühenden Begeisterung, die gelegentlich aus dem skeptischen Dandy herausbrach. »Wir müssen daran glauben, daß es uns gelingt, sie da rauszuholen. Ich werde Euch mit all meinen Kräften unterstützen. Nur bitte ich Euch eindringlich: Seid auf der Hut! Der Mann, der hinter Euch her ist und der, um Euch aufzuspüren, zu derartigen Mitteln zu greifen wagt, verheißt nichts Gutes.«
»Solange er nicht weiß, daß ich in Paris bin, habe ich nichts zu befürchten. Felicia und ich müssen es nur so einrichten, daß wir abreisen können, bevor er mich findet. Die Auvergne ist weit, sie ist tief und sicher. Sie wird uns beide beschützen.«
»Es ist mir ein Rätsel, daß er Euren Namen noch nicht in Erfahrung gebracht hat. Seid Ihr überzeugt, daß er niemals dahinterkommt? Was wollt Ihr tun, wenn er eines Tages vor Eurer Tür steht?«
»Ehrlich gestanden, weiß ich das nicht und will es auch nicht wissen«, erwiderte Napoleone und schlug behende ein Kreuzzeichen, um das Schicksal zu beschwören. »Andererseits glaube ich, daß man mich dort zu verteidigen verstünde – da ist mein Bauer François Devès, da sind die Nachbarn, und außerdem ...«
»Und außerdem der geheimnisvolle Jean?«
»Er vor allem! Er und sein Wolfsrudel, das er herbeirufen kann, wann immer er will. Grämt Euch nicht um mich, lieber Eugène! Wichtig ist doch nur, daß es Felicia und mir gelingt, unterzutauchen, ohne daß er es merkt.«
Zur Besiegelung ihrer Worte stellte sich Napoleone auf die Zehenspitzen und drückte dem Maler einen Kuß auf die keineswegs gut rasierte Wange.
»Danke, mein Freund! Danke im voraus!«

DER MANN MIT DEM SCHIRM

Trotz des bei Delacroix zur Schau gestellten Optimismus wurde Napoleone für den Rest des Tages das Bild Patrick Butlers nicht mehr los. Auf der Rückfahrt nach Saint-Mandé glaubte sie ständig unter den Passanten das von roten Haaren eingerahmte, hochmütige Gesicht des Mannes wiederzuerkennen, von dem sie angenommen hatte, er würde sie vergessen, sobald sie seinen Blicken entschwunden war. Selbst am Heiligen Abend, den sie mit Madame Morizet und Honorine am Kamin verbrachte, ging er ihr nicht aus dem Kopf, und auch nicht während der Mitternachtsmette, zu der sich die drei in die unweit gelegene alte Kirche begaben. Die Nonnen aus dem Kloster nebenan hatten das Gotteshaus mit Blumen und Mistelzweigen geschmückt. Ein Wald aus Kerzen brannte am Altar, dessen Vergoldung ein wenig stumpf geworden war, und vor der schlichten Krippe, in der sich eine äußerst zierliche und zarte Jungfrau Maria über ein so robustes und pausbäckiges Christkind beugte, daß es schwerfiel zu glauben, diese schmächtige junge Frau habe es zur Welt gebracht. Was jedoch der Frömmigkeit keinen Abbruch tat; es war ergreifend mitzuerleben, wie die Gläubigen im Chor die alten Weihnachtsgesänge anstimmten.

Eine Feier voller Seligkeit und inniger Freude also – und dennoch nahm Napoleone nicht in dem Maße daran teil, wie sie es sich gewünscht hätte. Ihre Gedanken wanderten nach Combert, zu Jean, der ihr versprochen hatte, an diesem hohen Fest bei ihr zu sein, und es nun nicht zusammen mit ihr begehen konnte.

Andererseits war sie felsenfest davon überzeugt, daß er nicht böse auf sie war. Bestimmt hatte er verstanden, daß sie aus Freundschaft zu Felicia unbedingt hatte ab-

reisen müssen, und würde, ohne wütend oder ungeduldig zu werden, warten, solange es nötig war. Jetzt aber baute sich zwischen Napoleone und ihrer Heimkehr ein drohendes Hindernis in Gestalt des Mannes Patrick Butler auf. Was genau bezweckte er, den sie von dem Augenblick an, da sie sich begegnet waren, verabscheut hatte? Dieser harte und unerbittliche Mann, der es dennoch verstanden hatte, ihr so leidenschaftlich von Liebe zu sprechen? Wenn man bedachte, was er Felicia zugefügt hatte – was würde er tun, wenn er ihr, Napoleone begegnete? Wie sollte sie sich dann verhalten? Was ihm sagen? Wenn diesem Besessenen gar einfiele, ihr nach Combert zu folgen? Sie mußte Paris verlassen, noch ehe er erfuhr, daß sie sich hier aufhielt.
Die stille Freude, die aus allen Gesichtern leuchtete, die um den Altar versammelt waren, übertrug sich schließlich auch auf Napoleone, und als man beim *sursum corda* anlangte, öffnete sie ihr Herz und betete voller Inbrunst zum Allmächtigen, auf daß Er ihr beistehen möge, die Freundin zu retten und dem Unheil zu entgehen, das der Mann aus Morlaix verkörperte.
Dieses Gebet tat ihr wohl; mit gleichsam wiedererweckten Lebensgeistern ließ sie sich mit ihren beiden Begleiterinnen zu einem kleinen Festmahl nieder, dem die drei Frauen zusprachen, nachdem sie nach traditioneller Weise das Holzscheit in den Kamin gelegt hatten, über das am Tage der Segen gesprochen worden war. Danach wurden kleine Geschenke verteilt. Napoleone schenkte ihrer alten Freundin Spitzen aus Puy, die sie für diesen Anlaß mitgebracht hatte, und erhielt von Madame Morizet eigenhändig bestickte Taschentücher. Honorine wurde mit einem Wollschal und einem Paar fingerloser Handschuhe bedacht, über die sie sich entzückt zeigte. Zu außergewöhnlich später Stunde ging man zu Bett. Und diesmal, zum einen durch die Gnade des Weihnachtsgebets von ihrem Phantom befreit, zum anderen erschöpft von einem überlangen Tag, schlief

Napoleone tief und fest und wachte erst von dem lauten Geklapper auf, das Honorine zu vormittäglicher Stunde mit ihren Kochtöpfen veranstaltete, erwartete doch Madame Morizet ihre Vettern sowie zwei alte Freundinnen zum Mittagessen.

Das Wetter war klar und schön, die Luft heiter. Kinder zogen durch die Dorfstraßen, sangen Weihnachtslieder und kehrten in jedem Haus ein, um Süßigkeiten oder ein Geldstück in Empfang zu nehmen. Ihre jungen Stimmen schmetterten »Der Heiland ist geboren...« oder »Als ich bei meinen Schafen wacht« – nicht immer ganz richtig, aber mit soviel Begeisterung und Schwung, daß es eine Freude war, ihnen zuzuhören.

Madame Morizet hatte sich mit der ihr eigenen übertriebenen Höflichkeit bei Napoleone entschuldigt, ihr den Besuch von Leuten zumuten zu müssen, die möglicherweise für sie nicht besonders anregend waren. Aber Napoleone hatte sie besänftigt.

»Ich platze aus heiterem Himmel bei Euch herein, und Ihr wollt meinetwegen all Eure Pläne umstoßen? Ich freue mich, Eure Freunde kennenzulernen. Verratet mir aber doch, ob ich ihnen nicht bereits begegnet bin, als ich unter dem Namen einer Madame Coudert bei Euch wohnte?«

Madame Morizet erklärte, daß ihre Verwandten in der Tat bereits mit ›Madame Coudert‹ zusammengetroffen wären und daß es vielleicht angebracht sei, ihnen nicht allzuviel zu erzählen.

»Sie sind nett, wenngleich ein wenig geschwätzig und dem Adel sehr zugetan. Höchstwahrscheinlich würden sie sich äußerst geschmeichelt fühlen, in Gesellschaft einer Madame de Lauzargues zu speisen, nur wüßte dann tags darauf das ganze Land davon. Und daran dürfte Euch vermutlich nicht gelegen sein.«

Infolgedessen war es wie damals Madame Coudert, mit der sich das Ehepaar Brodier sowie die Damen Menu und Clinchant in dem geschmückten Salon zu einem gemütlichen Weihnachtsessen zusammensetzten. Man sprach über alles und nichts, hechelte lang und breit Geschichten aus der näheren Umgebung durch, die Napoleone herzlich wenig interessierten, ihr aber erlaubten, sich mit entspanntem Lächeln im Hintergrund zu halten, was den anderen wiederum das angenehme Gefühl vermittelte, eine aufmerksame Zuhörerin am Tisch zu haben. Sie antwortete geschickt, als man sie nach dem Leben in Saint-Flour, ihrem Wohnort als ›Madame Coudert‹, befragte, und somit verlief dieser Weihnachtstag zwar ein wenig anstrengend für jemanden, der gezwungen war, seinen Tatendrang zu zügeln, aber doch alles in allem in Harmonie.

Am nächsten Morgen brachte Vidocq Madame Morizet frische Eier von Hühnern, die seine Frau Fleuride hielt – ein guter Vorwand, sich mit Napoleone zu unterhalten, die ihm von ihrem Besuch in der Rue de Babylone berichtete und dem, was sie dort in Erfahrung gebracht hatte. Vidocq runzelte die Stirn.

»Zu wissen, wer hinter all dem steckt, ist gut, bringt uns aber kaum weiter. Paris ist groß, und um diesen Mann zu finden ...«

»Ich will doch gar nicht, daß man ihn findet!« unterbrach ihn Napoleone. »Genausowenig, wie ich ihm begegnen möchte. Ich habe nur einen Wunsch, nämlich den, die Freilassung von Madame Morosini zu erwirken und dann so schnell wie möglich mit ihr in die Auvergne abzureisen.«

»Das müßt Ihr erst einmal bewerkstelligen. Bis dahin ist es taktisch klug, einen Feind, den man kennt, im Auge zu behalten. Gebt mir seine Beschreibung. Ihr sagt, er heißt Patrick Butler und ist Schiffseigner in Morlaix und Ihr hättet ihn durch Buchez und Rouen den Älteren kennengelernt? Ich treffe die beiden heute abend. Vielleicht können sie mir Näheres über diesen Mann erzählen. Darüber hinaus werde ich mich auf der Polizei erkundigen. Bliebe schließlich ein Streifzug durch die

besseren Hotels; es ist ja wohl kaum anzunehmen, daß einer wie er in einer Spelunke absteigt.«
»Vielleicht hat er sich bei einem Freund einquartiert? Seid jedenfalls auf der Hut. Er scheint gute Beziehungen zur Polizei zu haben, wenn er sich so mühelos Felicias bemächtigen konnte...«
»Auch ich habe meine Kontakte, Madame la Comtesse. Vielleicht auf einer weniger hohen Ebene, aber genauso wirkungsvoll. Ich werde alles über diese scheußliche Sache herausbekommen, oder ich will nicht länger Vidocq heißen. Was Euch angeht, so versäumt auf keinen Fall diesen Spaziergang, zu dem Euch Euer Freund Delacroix aufgefordert hat. Das könnte höchst interessant werden. Dienstags und donnerstags geht der König in den Tuilerien spazieren. Wenn Ihr Glück habt, könnt Ihr mit ihm reden.«
»Läßt er sich denn so leicht in der Öffentlichkeit ansprechen?«
»Das nicht. Wenn er jedoch ein bekanntes Gesicht sieht, kann es vorkommen, daß er den Betreffenden zu sich ruft. Darauf scheint Euer Maler zu bauen.«
Durch diese Zusicherung bestärkt, verbrachte Napoleone die noch verbleibenden Stunden des Tages mit einem Besuch der Bank Granier, die ihr Vater, der Bankier Henri Granier de Berny, während des Kaiserreichs gegründet und zu einem der mächtigsten Pariser Unternehmen gemacht hatte, ehe er zusammen mit seiner Gemahlin ermordet worden war. Erbe seiner um den Betrag gekürzten Anteile, den die Bank durch die ruinöse Amtsführung des Prinzen San Severo eingebüßt hatte, war gegenwärtig Napoleones Sohn, und dieses Erbe stellte noch immer ein so ansehnliches Vermögen dar, daß die junge Frau jederzeit die Dienste der Bank in Anspruch nehmen konnte. Um so mehr, als sie wußte, daß sie in der Bank auch ihren Freund Louis Vernet treffen würde, der auf ihr Geheiß zum Zeitpunkt des Regierungswechsels trotz seines Gebrechens auf einen

der höchsten Posten zurückberufen worden war. Napoleone hegte keinerlei Befürchtung, daß ihr der ehemalige Vertraute ihres Vaters seine Unterstützung bei einer gerechten Sache verweigern würde.
Louis Vernet empfing sie tatsächlich wie eine gute Freundin und mit sichtlich ehrlicher Freude. Der Wiedereinstieg ins Berufsleben hatte den jungen Prokuristen aufblühen lassen, auch wenn er seine Beine, über die eine karierte Decke gebreitet war, nie wieder würde bewegen können.
»Wie Ihr seht«, meinte er lächelnd, »bin ich fast wieder der alte. Morgens bringt mich mein Wagen von der Rue Garancière hierher und abends nach Hause zurück. Das alles habe ich Euch zu verdanken. Vermutlich wäre diesen Herrschaften nicht im Traum eingefallen, mich einzustellen, wenn Ihr nicht darauf bestanden hättet. Ich weiß, daß dies der Gegenstand des ersten Schreibens war, das Ihr an die Bank gerichtet habt.«
»Ich wußte, die Arbeit würde Euch guttun. Auch wenn Eure Mutter anderer Ansicht sein mag.«
»Meine Mutter wird nie aufhören, um mich zu zittern. Genauso wie sie mich als kleinen Jungen zur Schule brachte, begleitet sie mich jeden Morgen zur Bank und holt mich abends wieder ab. Immerhin hat sie eingesehen, daß ich das hier brauche«, sagte er, womit er, wie er durch eine Handbewegung unterstrich, das nüchterne, im Empirestil eingerichtete, olivgrüne Büro meinte, dessen Wände fast lückenlos von großen Aktenschränken und einem Bücherregal aus Mahagoni verstellt waren. »Aber was verschafft mir die Ehre Eures Besuchs? Benötigt Ihr Geld...?«
»Eigentlich nicht – obwohl es nicht ausgeschlossen ist. In erster Linie wollte ich Euch ein paar Fragen stellen. Es heißt, unsere Bank habe, wie auch die Bank Laffitte, dazu beigetragen, Louis-Philippe auf den Thron zu bringen – trifft das zu?«
»Ja. Wenn auch nicht in dem Maße wie die Bank Laffit-

te. Wahrscheinlich ist das auch der Grund, weshalb unser Direktor, Monsieur Sonolet, nicht Minister geworden ist«, meinte Vernet grinsend.
»Aber doch genug, um damit rechnen zu dürfen, daß mir der König einen Gefallen, um den ich ihn bitten möchte, nicht abschlägt?«
»Einen Gefallen? Was für eine Art von Gefallen denn?«
»Die Freilassung einer Freundin, die zu Unrecht ins Gefängnis gesteckt wurde. Eine Freundin, die sich ohne zu zögern für mich geopfert hat, der ich mein Leben verdanke...«
Mit knappen Sätzen berichtete Napoleone von Felicias Unglück, wobei sie die Niederträchtigkeit des Geschehens betonte und wie beschämend es für einen erst vor kurzem inthronisierten König sei, derart schmutzige Machenschaften zuzulassen.
Die Ellenbogen auf dem Schreibtisch und das Kinn in die Hand gestützt, hörte ihr Louis Vernet aufmerksam zu. In seinem Gesicht war nicht mehr die Spur eines Lächelns zu erkennen, und einen Augenblick lang klopfte Napoleons Herz heftig. Würde dieser Mann, dessen edelmütigen Charakter sie zu schätzen gelernt hatte, sie im Stich lassen?
Das Schweigen, das sich ausbreitete, nachdem sie geendet hatte, kam ihr bedrückend vor; angsterfüllt schickte sie sich an, es zu brechen, als Louis Vernet sehr sanft fragte: »Was genau erwartet Ihr von mir, Madame de Lauzargues? Daß die Bank den König auffordert, Eurer Freundin die Freiheit wiederzugeben?«
»Natürlich nicht. Ich hätte nur gern ein Schreiben von Euch, das ich dem König übergeben möchte. Ein Schreiben des Inhalts, daß die Bank Granier de Berny außerordentlich dankbar wäre, wenn Seine Majestät mich gütigst anhören wollte. Ich weiß«, setzte sie rasch hinzu, »daß unser neuer Herrscher das Geld liebt, und ich bin gerne bereit, ihm oder einem seiner Kinder einige Anteile aus meinem persönlichen Vermögen zu

übertragen. Habe ich mich deutlich genug ausgedrückt?«

Auf dem schmalen Gesicht des Prokuristen zeichnete sich erneut ein Lächeln ab, und seine blauen Augen blitzten vergnügt.

»Deutlich genug, Madame la Comtesse. Zu meiner Freude muß ich feststellen, daß Ihr durch den Aufenthalt in der Provinz das, was in Paris vorgeht, nicht aus den Augen verloren habt. War es das Testament des Prinzen de Condé, das Euch zu dieser Überlegung verleitet hat?«

»Vor Euch kann man aber auch nichts verbergen …«

»Eine kluge Überlegung. Ich weiß nicht, wie sich der Verwaltungsrat dazu stellt, wenn ich diesen Herren Euren Vorschlag unterbreite. Es ist anzunehmen, daß sich einige dagegen aussprechen. Aber ich werde das schon durchsetzen. Schließlich seid Ihr die Tochter unseres Gründers und die Mutter unseres zukünftigen Präsidenten. Ich sehe also keinen Grund, Euch unsere Unterstützung in einer Angelegenheit zu verweigern, die Euch derart am Herzen liegt.«

»Ich bekomme demnach mein Schreiben?« rief die junge Frau, die noch nicht an ihren Sieg zu glauben wagte.

»Ihr erhaltet es sofort. Ich denke, meine Unterschrift genügt.«

Aus der Schublade zog er ein Blatt Papier mit dem Briefkopf der Bank, griff nach einem neuen Gänsekiel und begann, langsam und bedächtig zu schreiben. Nachdem er geendet und den Brief mit Streusand abgelöscht, gefaltet und versiegelt hatte, nahm er die silberne Tischglocke, auf deren Läuten der Sekretär herbeieilte.

»Bringt mir 1 000 Louisdors!« trug ihm Vernet auf. »Madame la Comtesse de Lauzargues benötigt diese Summe. Ich selbst werde die Quittung ausstellen.«

Er ließ dem Wort die Tat folgen, indem er aus einem Aktenschrank einen weiteren Bogen Papier nahm und ein paar Worte darauf schrieb, ehe er Napoleone die Feder reichte.

»Würdet Ihr dies hier unterzeichnen, Madame la Comtesse?«

»Das ist eine bedeutende Summe«, sagte die junge Frau zögernd, »und ich habe Euch nicht gebeten ...«

»Ich weiß. Aber Ihr müßt auf alles gefaßt sein. Selbst auf schlechte Laune und königliche Undankbarkeit.«

»Wenn es so ist, wozu dann das Geld?«

»Weil alles käuflich ist und ein gut durchgeführter Ausbruch in der Regel seinen Preis hat. Ich hoffe nur, daß es nicht soweit kommt. Wenn aber doch, bin ich mehr als überzeugt, daß Ihr in Eurem Freund Vidocq einen Meister auf diesem Gebiet habt. Würdet Ihr mir aber gestatten, Euch noch einen guten Rat zu geben? Falls der König nicht geneigt sein sollte, Euch anzuhören?«

»Ja ... gerne.«

»Seit der Julirevolution, die so viele Veränderungen mit sich gebracht hat, gibt es in Frankreich eine neue Macht, die man heutzutage nicht außer acht lassen sollte, eine Macht, deren Treiben der König mit Argwohn verfolgt, weil seiner Ansicht nach sein Thron noch nicht fest genug steht. Diese Macht ist die Presse. Sie hat den Aufstand des Volkes betrieben und beabsichtigt keineswegs, dies in Vergessenheit geraten zu lassen. Trunken von der ganz neuen Freiheit, die sie auf den Barrikaden errungen hat, übt sie sie jetzt exzessiv in Wort und Bild aus. Die Zeitungen schenken dem König nichts, und obwohl er erst seit kurzer Zeit regiert, hat er bereits gelernt, sie zu fürchten. Solltet Ihr zu der Ansicht gelangen, daß Ihr auf verlorenem Posten steht, hättet Ihr hier möglicherweise eine letzte Trumpfkarte. Denkt daran und sucht mich gegebenenfalls auf.«

Beschwingt eilte Napoleone kurz darauf die hochherrschaftliche Steintreppe hinunter, auf deren Geländer sich so oft die Hand des Vaters gestützt hatte. Mit ihren 1 000 Louisdors und dem Empfehlungsschreiben, die

wohlverwahrt in der Handtasche steckten, war ihr, als könnte sie von nun an niemand mehr davon abhalten, ihr Ziel zu erreichen. In bester Laune fuhr sie zum Haus an der Chaussée de l'Etang in Saint-Mandé zurück, wo Madame Morizet bereits auf sie wartete.
»Ihr seht aus, als wärt Ihr drauf und dran, die Welt im Sturm zu erobern!« sagte die alte Dame, als sie Napoleone entgegeneilte und feststellte, daß die goldbraunen Augen der jungen Frau wie kleine Sonnen sprühten.
Napoleone umarmte sie stürmisch und küßte sie.
»Ich habe allen Grund zur Hoffnung, liebe Madame Morizet«, sagte sie, »und das kommt durchaus einer Eroberung gleich. Wir sollten heute abend feiern!«
»In meinem Alter ziemt sich so etwas nicht mehr, mein Kind«, meinte die alte Dame und rückte ihre Spitzenhaube zurecht. »Es gibt jedoch etwas, was wir gemeinsam tun können: für Eure Waffen beten. Denn morgen heißt es in die Schlacht ziehen. Und dafür habt Ihr Hilfe nötig.«

Wenngleich sie aus ihrem Gespräch mit Louis Vernet neue Zuversicht geschöpft hatte und auch Delacroix bemüht war, ihr anderntags beim gemeinsamen Mittagessen im Atelier Mut einzuflößen, klopfte Napoleones Herz stürmisch, als sie gegen drei Uhr nachmittags am Arm des Malers das Tor zum Jardin des Tuileries durchschritt.
»Ich hätte Euch doch besser in ein gutes Restaurant führen sollen«, hatte Delacroix gesagt, »aber die Verschwörer befürchten lange Ohren.«
»Und außerdem hattet Ihr mir wie letztes Mal Kaninchen und Apfelkuchen versprochen!« war Napoleones Antwort gewesen.
Sie hatten sich beides schmecken lassen. Beim Aufbruch hatte Napoleone gespürt, wie sich eine unsichtbare Hand um ihren Hals legte und ihr fast den Atem raubte.
»Ich fühle mich nicht wohl«, hatte sie gemeint. »Vermutlich ist das die Angst.«

»Wovor denn? Ich bin doch bei Euch...«
»Aber – wenn nun der König gar nicht kommt?«
»Darüber macht Euch keine Gedanken. Um auf diesen Spaziergang zu verzichten, der seiner Meinung nach seiner Popularität sehr zugute kommt, bedarf es schon eines regelrechten Unwetters – und auch dagegen schützt er sich mit seinem Schirm, ohne den er niemals ausgeht!«
»Einem Schirm? Der König zeigt sich mit einem solchen Ding? Das kann ich mir nicht vorstellen.«
»Aber es ist so! Ist nicht der Schirm das vorrangige Zeichen der Bourgeoisie? Schließlich haben wir einen Bürgerkönig, meine Liebe!«
»Und wenn er Euch nicht anspricht? Es heißt doch, man dürfe sich ihm nur nähern, wenn er einem ein Zeichen gibt?«
»Sehr richtig. Ich glaube jedoch, daß mir der König wohlgesonnen ist. Wenn er mich sieht, versäumt er jedenfalls nie, mir Guten Tag zu sagen. Und das genügt als Zeichen. Beruhigt Euch also. Alles wird gutgehen.«
»Nachdem er mich angehört hat, wird ihm vermutlich die Lust vergehen, Euch weiterhin guten Tag zu sagen...«
»Von wegen! Einem Mann, der an seiner Verherrlichung arbeitet? In gewisser Weise tragt Ihr ja auch dazu bei. Denn diese häßliche Geschichte ist keineswegs geeignet, eine Regentschaft auszuzeichnen.«
Auf dem Weg zum Park hatte die junge Frau wieder ein wenig Selbstvertrauen gewonnen. Nicht, daß sie der Gedanke schreckte, sich einem König zu nähern; nur war der Anlaß für diese Begegnung sehr schwerwiegend, und die große Verantwortung, die auf ihr lastete, bedrückte sie.
Die Tuilerien waren an diesem Tag gut besucht. Die niedrigen Temperaturen hielten die Pariser Bürger nicht davon ab, in Scharen die Alleen auf und ab zu promenieren. Auf den Stühlen längsseits der Wege, die zur

Orangerie führten, saßen schwatzend pelzvermummte Frauen. Durch die Wipfel der kahlen Kastanienbäume konnte man die weißen Fassaden und die blaugrauen Dächer der neu erstandenen Rue de Rivoli erkennen. Unter den wachsamen Augen von Müttern mit federgeschmückten Hüten oder von Ammen mit schleifenbesetzten Hauben ließen Kinder Reifen trudeln, warfen sich Bälle zu, verprügelten sich beim Himmel-und-Hölle-Spiel. Es war kalt, aber trocken, und wie schon in den vergangenen Tagen hatte sich die Sonne herausgewagt und ließ die polierte Kupferdose des Waffelverkäufers blitzen.

Delacroix führte Napoleone geradewegs zu dem großen runden Bassin zwischen den Rasenstücken und den kreuzförmig angeordneten Pflanzenbeeten. Dort angelangt, flanierten sie gemächlichen Schritts weiter, als hätten sie nichts anderes im Sinn, als das schöne Wetter auszunutzen. Aber Napoleone in ihrem mit Hermelin besetzten schwarzen Samtumhang, dessen weiche Kapuze ihr hübsches Gesicht umgab, fühlte, wie ihre Hände trotz der wärmenden Handschuhe zu Eis erstarrten. Delacroix ahnte, wie angespannt sie war, und bemühte sich, sie abzulenken, aber seine Worte erreichten sie nicht.

»Ihr hört mir ja gar nicht zu!« mahnte er leise. »Die Revolution, die Polen seit einem Monat erschüttert, interessiert Euch wohl nicht?«

»Nicht besonders«, gab sie lächelnd zurück. »Ich glaube, ich bin dafür gar nicht aufnahmefähig.«

»Weil Euch das Herz bis zum Halse klopft. Ich wollte Euch auf andere Gedanken bringen, indem ich Euch von den Nöten anderer berichtete. Ich dachte, das sei Euch lieber als Gesellschaftsklatsch.«

»Damit habt Ihr recht, und ich bitte Euch um Verzeihung. Ihr erwähntet soeben, daß es in Polen zu einem Aufstand gekommen ist?«

»Ja. Unsere Revolution hat Schule gemacht: Erst waren

es die Belgier, die sich gegen den Despotismus Wilhelms I. und die Vereinigung mit den Niederlanden auflehnten, dann die Polen gegen Rußland... Aber ich glaube, Ihr werdet nicht länger auf die Folter gespannt. Da kommt er, auf den wir warten!«

In der Tat war die Schar der Spaziergänger bereits an beide Seiten des Weges ausgewichen, um einem Mann Platz zu machen, der, in einen pelzgefütterten Mantel gehüllt, einen breitkrempigen grauen Zylinder auf dem Kopf und einen Schirm in der Hand, langsam näher kam, gefolgt von drei weiteren Männern in respektvoller Entfernung. Hätte man ihm nicht den Weg freigegeben, den er nun allein entlangschritt, hätte sich diese Gestalt in nichts von den anderen durchwegs elegant gekleideten männlichen Spaziergängern unterschieden. Mit seinen siebenundfünfzig Jahren wirkte Louis-Philippe groß und stattlich; sein volles Gesicht wurde von der langen Nase und den schmalen, etwas verächtlich gekräuselten Lippen keineswegs verunstaltet. Sein dichtes kastanienbraunes Haar ging in einen Backenbart über, der ihm bis unterhalb des Kinns reichte. Das Leben war dem Sohn von Philippe-Egalité nicht immer gewogen gewesen; er hatte Schweres durchmachen müssen, vor allem als sein Vater, den er abgöttisch geliebt hatte, das Schafott bestieg und er gezwungen war, durch ein von Kriegen erschüttertes Europa zu irren. In seinem Gesicht und auch in seiner Seele hatten jene Tage tiefe Spuren hinterlassen, und es konnte geschehen, daß sich dieser eher schüchterne Herrscher zu Taten hinreißen ließ, die denen eines Louis XVI. in nichts nachstanden.

Im Augenblick jedoch schien er mit sich und der Welt in bestem Einvernehmen, beantwortete die Grüße und Ehrenbezeugungen, die sein Erscheinen auslöste, mit einem Lächeln oder auch einem gelegentlichen Lüften des Hutes. Hin und wieder hielt er sogar an, richtete das Wort an einen der Umstehenden und ging dann weiter.

Und stets in gleicher respektvoller Entfernung verharrten dann auch die ihm folgenden Begleiter, um anschließend ihren Weg fortzusetzen.
Napoleone und Delacroix waren am Rande des Bassins stehengeblieben und sahen ihn näherkommen. Als der König den Maler erkannte, strahlte er übers ganze Gesicht.
»Ah, Monsieur Delacroix!« rief er mit einer Stimme, die gewohnt war, auf dem Schlachtfeld Befehle zu erteilen. »Was für eine freudige Überraschung! Wo ich Euch doch rufen lassen wollte ...«
Der Maler verbeugte sich.
»Sollte ich mich etwa so glücklich preisen dürfen, daß der König meiner Dienste bedarf?«
»Ohne Zweifel! Ohne Zweifel!«
Louis-Philippes Blick streifte Napoleone, die bereits in einen Hofknicks sank.
»Stellt mir doch Eure Begleiterin vor. Ich scheine noch nicht das Vergnügen gehabt zu haben, ihr zu begegnen?«
»Das stimmt und ist darauf zurückzuführen, daß sie seit einigen Jahren nicht mehr in Paris lebt. Aber wenn der König erlaubt, ist es mir eine Ehre, Euch Madame la Comtesse de Lauzargues vorzustellen, die Tochter des verstorbenen Bankiers Henri Granier de Berny, dessen Name Eurer Majestät sehr wohl bekannt sein dürfte.«
»Wie der der Bank. Ich bin glücklich, Eure Bekanntschaft zu machen, Madame, um so mehr, als ich mich Eurem Haus verpflichtet fühle. Ich würde mich freuen, Euch zu Diensten zu sein.«
»Der König ist unendlich gütig«, hauchte Napoleone mit vor Erregung zitternder Stimme.
Delacroix, der das bemerkte, kam ihr zu Hilfe.
»Madame de Lauzargues ist tief bewegt, Sire. Ich fürchte, sie findet nicht den Mut, dem König zu sagen, daß sie sehnsüchtig wünscht, Eure Majestät um einen Gefallen zu bitten.«

»Einen Gefallen? Um was für einen Gefallen?«
»Er betrifft meine teuerste Freundin, Sire, die Comtesse Morosini, die im Gefängnis sitzt – irrtümlicherweise.«
Das Lächeln des Königs erstarb, seine Augenbrauen zogen sich dicht zusammen.
»Im Gefängnis? In welchem Gefängnis? Ich kann mich nicht erinnern, diesen Namen schon einmal gehört zu haben.«
»Sie befindet sich in der Force, Sire.«
»Eine Frau? In der Force? Was soll denn das heißen?«
»Genau das möchte Madame de Lauzargues Eurer Majestät erklären«, mischte sich Delacroix wieder ein. »Ich gebe gern zu, daß der Ort schlecht gewählt ist«, fügte er scheinheilig hinzu, »aber die Angelegenheit ist dringlich und die Warteliste für die Gewährung einer königlichen Audienz derzeit sehr lang...«
»Und deshalb dachtet Ihr, ein Zusammentreffen – rein zufällig, nicht wahr? – wäre ganz unverfänglich? Der teure Prinz de Talleyrand wäre stolz auf Euch, Monsieur... Da Ihr aber durchaus recht habt, wenn Ihr sagt, dieser Ort sei schlecht gewählt, lade ich Euch ein, mich auf meinem Spaziergang und anschließend zum Palais-Royal zu begleiten. Sobald wir dort angelangt sind, werdet Ihr Eure Audienz erhalten, Madame. Sie wird vielleicht nicht lange dauern, aber ich werde Euch anhören.«
»Ich wußte ja, Sire, daß der König die Güte selbst ist«, sagte Napoleone. »Es sei mir gestattet, Euch von ganzem Herzen zu danken.«
»Man sollte niemals danken, ehe man das, worum man bittet, erhalten hat, Madame. Wir werden ja sehen...«
Mit einer Handbewegung winkte er einen seiner Begleiter näher und flüsterte ihm etwas ins Ohr, worauf der Mann vor Napoleone und ihrem Freund eine Verbeugung andeutete.
»Wenn Ihr uns freundlicherweise folgen wolltet, Madame und Monsieur?«

Und die um zwei Einheiten verstärkte königliche Eskorte setzte sich wieder in Bewegung, im Schlepptau von Louis-Philippe, der bereits die Umrundung des Wasserbeckens in Angriff genommen hatte. Das qualvolle Warten würde demnach noch eine Weile dauern – der König jedenfalls ließ keine Eile erkennen.
Eine dreiviertel Stunde später und noch immer zusammen mit Delacroix im Kielwasser des Königs, betrat Napoleone den Palais-Royal.
Der Sitz der Orléans war damals ohne Zweifel der prächtigste Palast von Paris und mit Sicherheit der komfortabelste. Seit er nach dem Tode von Philippe-Egalité mehrmals umgebaut worden und 1815 endgültig an die Familie zurückgefallen war, hatte Louis-Philippe mit Hilfe des Architekten Fontaine beträchtliche Veränderungen vornehmen lassen und diesen Besitz in ein hochherrschaftliches Domizil verwandelt, in dem die meisterlich gestaltete graue, weiße und goldene Täfelung den Rahmen für kostbare Möbel, Gemälde und Kunstgegenstände bildete. Man rühmte das Kabinett der fünfundzwanzigtausend Kupferstiche, die Sammlung historischer Gemälde aus der Galerie Montpensier und nicht zuletzt das Wunder der Gasbeleuchtung, eine Errungenschaft, die sich der Palais-Royal als einer der ersten zunutze gemacht hatte.
Eine große, mit einem wunderschönen Bronzegeländer eingefaßte Marmortreppe, die von riesigen Kandelabern erhellt wurde, führte zu den im Zentralbau gelegenen Gemächern des neuen Königs. Napoleone und Delacroix stiegen sie hinter Louis-Philippe hoch, um anschließend in einem mit roten Samtbänken ausstaffierten Vorzimmer auf den Beginn dieser langersehnten Audienz zu warten.
Sie warteten nicht lange. Bereits nach wenigen Minuten wurden sie von einem Kammerherrn in das große Arbeitszimmer geleitet, von dessen hohen Fenstern aus man auf den Ehrenhof hinuntersah. Der Raum selbst

war beeindruckend durch seine Größe und den reinen Empirestil der Einrichtung, dessen Gediegenheit und Strenge den einstigen Duc d'Orléans zu faszinieren schien. In seiner Gier nach Ruhm, der ihm angesichts seines schüchternen und unentschlossenen Wesens versagt geblieben war, schöpfte er aus dieser fast kriegerisch anmutenden Umgebung – die noch dazu von einem herrlichen Ölbild betont wurde, dem ›Verwundeten Kürassier‹ von Géricault – eine Kraft, die ihm die Anmut des Stils Louis' XV. nicht vermittelt hätte. Darüber hinaus kam die Ausstattung seinen politischen Zielen zugute: Die zahlreichen Bonapartisten, ehemalige Offiziere der Großen Armee oder einstmalige kaiserliche Beamte, fanden hier eine ihnen vertraute Umgebung vor und zeigten sich entsprechend besänftigt. Die einzig wirklich feminine Note war ein Rosenstrauß aus den Gewächshäusern von Neuilly – die unaufdringliche Handschrift einer Gemahlin, die unter der Sonne Neapels geboren war und Blumen liebte.
Hinter seinem großen Arbeitstisch sitzend, sah der König seinen Besuchern entgegen, nickte anerkennend, als Napoleone einen vollendeten Hofknicks ausführte, um ihr dann einen Stuhl zuzuweisen, während er den Maler stehen ließ. Einen Moment lang musterte er die junge Frau, die sich angesichts dieses forschenden Blicks bemühte, Haltung zu bewahren.
»Ihr habt mir mitgeteilt, Madame«, sagte er schließlich, »daß Eure beste Freundin, die Comtesse Morosini, wenn ich mich recht erinnere ...«
»Das Gedächtnis des Königs ist vorzüglich, Sire. Ich darf noch hinzufügen, daß sie eine geborene Prinzessin Orsini ist, Felicia Orsini.«
»Das sind wahrhaft große Namen Italiens! Also Ihr erwähntet, daß die Comtesse Morosini im Gefängnis sitzt, irrtümlicherweise, aber immerhin im Gefängnis? Normalerweise gibt es für derlei Maßnahmen stets einen Grund. Weswegen wurde sie verhaftet?«

»Wegen Terrorismus, Sire!« Und da Louis-Philippe sichtlich zusammenzuckte, was Napoleone als ungünstiges Zeichen wertete, beeilte sie sich hinzuzufügen: »Wenn es der König erlaubt, werde ich ihm einen genauen Bericht über den Vorfall erstatten.«
»Darum möchte ich Euch auch ersuchen. Schildert mir alles klar und deutlich – und faßt Euch kurz!«
So knapp wie möglich, aber darauf bedacht, die richtigen Worte zu wählen, erzählte Napoleone, was Felicia zugestoßen war, und ließ, ohne irgendeinen Namen zu nennen, durchblicken, daß sich hinter diesem Drama dunkle Machenschaften verbargen, vielleicht ein Racheakt.
»Was ich nicht verstehe«, schloß sie, »ist, weshalb man in der Force daran festhält, sie als Mann anzusehen und lediglich unter dem Namen Orsini zu führen.«
»Das ist auch mir unbegreiflich, Madame – es sei denn, es bereitete weniger Umstände, jemanden verschwinden zu lassen, den es gar nicht gibt. Ihr habt mir die Situation sehr anschaulich dargestellt. Wart Ihr etwa bei dieser Polizeiaktion im Café Lamblin zugegen?«
»Ich befand mich zu diesem Zeitpunkt auf meinen Ländereien in der Auvergne, Sire, ohne zu ahnen, was sich in Paris zutrug.«
»Woher habt ihr dann derart genaue Informationen?«
»Von einem Freund, dem augenscheinlich die Machenschaften der Polizei kein allzu großes Geheimnis sind. Sein Name ist François Vidocq.«
Völlig unerwartet brach Louis-Philippe in eine schallendes Gelächter aus.
»Ihr kennt diesen ehemaligen Galgenstrick? Eigentlich unvorstellbar, wenn man Euch so ansieht, Madame!«
»Ich weiß nicht, Sire, aber Tatsache ist, daß ich ihn kenne und darüber hinaus als aufrichtigen Freund schätze. Ich glaube, was er mir erzählt.«
»Damit könnt Ihr sogar recht haben. Vidocq war jahrelang der bestinformierte Mann Frankreichs. Ich habe

Grund zu der Annahme, daß sich das nicht geändert hat. Ihr bringt mich da auf eine Idee. Möglicherweise käme es mir gelegen, ihn wieder in meine Dienste zu nehmen. Was treibt er denn jetzt?«
»Er leitet eine kleine Papierfabrik in Saint-Mandé. Ich bin mir allerdings keineswegs sicher, daß er geschäftlich erfolgreich ist.«
»Das überrascht mich nicht. Einer wie er interessiert sich für Papier nur, wenn es beschrieben ist. Und zwar mit etwas Wichtigem. Aber kehren wir zu Madame Morosini zurück. Ihre Geschichte enthält einen Punkt, der nicht ganz einleuchtend ist: was hatte sie in Männerkleidung im Café Lamblin zu suchen, diesem Schlupfwinkel für auf halben Sold gesetzte Soldaten und Bonapartisten – um nicht zu sagen für Carbonari? Ich nehme doch an, daß man sie nicht mit Gewalt dorthin geschleppt hat?«
Napoleone tauschte einen Blick mit Delacroix, las in seinen Augen Unbehagen. Befürchtete er, sie würde sich in eine wenig glaubhafte Ausrede verstricken? Sie war jedenfalls entschlossen, so wahrheitsgetreu wie möglich zu antworten.
»Sie ist Bonapartistin, Sire, und macht daraus gar keinen Hehl. Vor zwei Jahren wurde ihr Gatte Angelo Morosini in Venedig von Österreichern erschossen. Sie mußte fliehen und ging nach Frankreich – auch wenn das Kaiserreich, dem sie sich wie so viele andere verbunden fühlte, nur noch in der Erinnerung bestand.«
»So verbunden, daß sie sich, wenn ich mich nicht täusche, dazu hinreißen ließ, gegen meinen Vetter Charles X. eine Verschwörung anzuzetteln?«
Jetzt fand es Delacroix an der Zeit, sich in das Gespräch einzuschalten.
»Die Verschwörung richtete sich vor allem gegen jede Art von Unterdrückung. Während der Julieignisse haben sich die Carbonari, Bonapartisten und Republikaner wacker geschlagen, Sire. Auch die Comtesse Mo-

rosini hat auf der Barrikade am Boulevard de Gand mit der Waffe gekämpft. Sie ist sogar verwundet worden.«
Louis-Philippe wandte sich dem Maler zu, musterte ihn eine Weile überrascht und amüsiert zugleich.
»Ihr kennt sie demnach auch, Monsieur Delacroix? Welch eine Begeisterung! Ihr sprecht ja von ihr wie von einer Heldin!«
»Das ist sie auch, Sire, und eine der tapfersten. Es stimmt, ich kenne sie und bewundere sie. Und wenn es gestattet ist, möchte ich hinzufügen, daß Ihr sie ebenfalls kennt.«
»Ich?«
»Ja, Sire! Die Freiheit, die dem König so zusagt, trägt ihre Gesichtszüge.«
»Die Freiheit? Die von der Barrikade?«
»Eben die. Comtesse Morosini hat sich bereit erklärt, mir Modell zu stehen. Ich flehe den König an, seinen Einfluß geltend zu machen, eine Ungerechtigkeit aus der Welt zu schaffen, für die einer dieser Unruhestifter, mit denen Euer Polizeiapparat noch immer durchsetzt ist, verantwortlich zeichnet. Damals, am Hofe Charles X., war die Comtesse Morosini nicht gern gesehen; um so herzlicher wurde sie von Monsieur de Talleyrand und der Herzogin von Dino empfangen. Befänden sie sich nicht in England, wären sie sicher die ersten, die sich für ihre Freilassung verwendeten.«
Louis-Philippe erhob sich aus seinem Lehnstuhl und schritt in dem mit Teppichen ausgelegten Raum auf und ab. Die Falte zwischen seinen Augenbrauen war noch tiefer geworden, und Napoleone, die bereits Hoffnung geschöpft hatte, spürte, wie sich ihr Herz erneut verkrampfte. Sie warf Delacroix einen beschwörenden Blick zu, worauf dieser einen Vorstoß wagte.
»Darf ich mir erlauben, untertänigst zu fragen, ob den König irgend etwas bedrückt?«
Der Monarch blieb stehen und sah die beiden Besucher nacheinander an.

»Ich möchte Euch gern glauben – wenn da nicht noch diese Bombe wäre, hier ... im Palais-Royal...«
Delacroix begriff, daß diese Unentschlossenheit, die Louis-Philippes gesamte Regierungszeit brandmarken sollte und die einzig Madame Adelaïde, Louis-Philippes einflußreiche Schwester, zu durchbrechen verstand, alles in Frage stellte. Jetzt ging es darum, ihm gleichsam die Pistole auf die Brust zu setzen.
»Sire«, sagte er, »wäre es nicht angebracht, Nachforschungen anzustellen, wer diese Bombe ins Café Lamblin gebracht hat, und den Übeltäter zur Rechenschaft zu ziehen, anstatt einer Unschuldigen die Verantwortung dafür aufzubürden? Ich schwöre bei meiner Ehre, daß die Comtesse Morosini diese Bombe niemals gesehen hat. Ich bin bereit, mich dafür zu verbürgen.«
»Ich ebenfalls«, kam es als Echo von Napoleone.
»Natürlich, wenn Ihr Euch dafür verbürgt ... Ich kenne Euch, mein teurer Maler, und ich weiß, wer Ihr seid. Von Euch jedoch, Madame, weiß ich, wenn ich es recht bedenke, überhaupt nichts. Ihr gebt vor, die Tochter von Henri Granier de Berny zu sein, was durch nichts bewiesen ist, und ...«
Rasch kramte Napoleone in ihrer Handtasche und brachte das Schreiben von Louis Vernet zum Vorschein.
»Dieser Brief beweist es, Sire. Der Prokurist der Bank ersucht hiermit den König, mich anhören zu wollen, und fügt hinzu, daß sich gegebenenfalls unser Haus dem König gegenüber ... erkenntlich zeigen würde. Monsieur Vernet hat mir in dieser Hinsicht alle Zusicherungen gegeben.«
In den graublauen Augen des Königs blitzte flüchtig eine Funke auf, durchbrach den Schleier, der sie seit geraumer Weile getrübt hatte.
»Aha!« sagte er lediglich und trat wieder an seinen Schreibtisch, setzte sich behaglich in seinen Sessel und rieb sich die Hände.

»In diesem Fall glaube ich«, sagte er nach einer kurzen Pause, »daß ich Eurem Anliegen entsprechen kann.«
Er nahm einen mit seinem Wappen verzierten Briefbogen und schrieb eilig ein paar Zeilen darauf, die er, ehe er sie mit Sand bestreute, noch einmal überflog.
»Hier ist der Befehl zur Freilassung des besagten Felix Orsini, den Euch der Wachhabende in der Force gegen dieses Schreiben bis spätestens morgen mittag zu übergeben hat. Diese Freilassung ist jedoch mit einer Bedingung verknüpft.«
Napoleone, die bereits niedergekniet war, um das kostbare Dokument in Empfang zu nehmen, hob den Kopf und blickte den König an.
»Ihr habt meine Zusage bereits im voraus, Sire!«
»Ihr bürgt mir mit Eurem Kopf für alles, was die Comtesse Morosini in Zukunft unternimmt. Ihr werdet persönlich dafür Sorge tragen, daß sie so schnell wie möglich Paris verläßt, und auch persönlich die Aufsicht über sie übernehmen.«
»Persönlich? Sire, mein Leben und das meiner Freundin sind so verschieden! Ich bewohne ein entlegenes kleines Schloß in der Auvergne und kann sie unmöglich zwingen ...«
»Entweder – oder, Madame! Entweder Ihr kümmert Euch um sie, oder sie bleibt, wo sie ist!«
»Das wäre sehr ungerecht, Sire!«
»Mag sein, aber so ist es nun mal. Entscheidet Euch!«
»Ich habe keine Wahl. Bleibt nur zu hoffen, daß sie meine Gastfreundschaft annimmt, zumindest für eine Weile.«
»Nun, diese Weile wird länger dauern, als Ihr glaubt. Hier ist Eure Freilassungsorder. Ich empfehle mich, Madame ... de Lauzargues? So war doch der Name?«
»Ja, gewiß. Ich bin dem König unendlich verbunden, daß er meiner Bitte entsprochen hat. Meine Dankbarkeit ...«
»Laßt es genug sein! Wenn Ihr Euch nur noch die Mühe

machen wolltet, die Herren von der Bank Granier davon zu unterrichten, daß ihrem Wunsch stattgegeben wurde.«
Ohne ein Wort zu wechseln, verließen Napoleone und Delacroix das königliche Arbeitszimmer, stiegen die Treppe hinunter und überquerten den Ehrenhof. Erst als sie sich außerhalb des Palastes befanden, platzte der Maler, der die Freundin untergehakt und ein forsches Tempo angeschlagen hatte, heraus.
»Habt Ihr das gehört?« stieß er zwischen den Zähnen hervor. »Er hat ›Felix Orsini‹ geschrieben. Weder Ihr noch ich haben einen Vornamen erwähnt ... den wir außerdem gar nicht kannten. Er wußte also Bescheid.«
»Glaubt Ihr?«
»Dessen bin ich sicher. Jedenfalls habt Ihr gut daran getan, Eure Bank ins Spiel zu bringen. Das hat den Ausschlag gegeben. Ohne sie hätten wir wahrscheinlich nichts erreicht. Ich fürchte, liebe Freundin, daß dieser König nicht über die Persönlichkeit verfügt, die man sich von einem Regenten erwartet. Eine Krämerseele steckt in ihm. Was gedenkt Ihr jetzt zu tun?«
»So schnell wie möglich nach Saint-Mandé zurückzukehren. Ich bin restlos erschöpft, lieber Freund und muß unbedingt erst einmal ausschlafen.«
»Das glaube ich gern. Ich werde einen Wagen für Euch herbeiwinken und Euch dann gute Nacht wünschen. Wir treffen uns morgen vormittag vor dem Gefängnis der Force. Wäre Euch zehn Uhr recht?«
»Ihr wollt mich begleiten?«
Zum erstenmal, seit sie gemeinsam den Jardin des Tuileries betreten hatten, begann Delacroix zu lachen, ein fröhliches Lachen, das unglaublich befreiend wirkte.
»Nicht dabei sein, wenn meine Freiheit das Gefängnis verläßt? Um nichts auf der Welt würde ich mir dieses Schauspiel entgehen lassen! Außerdem habe ich, ehrlich gesagt, meine Zweifel, daß Ihr ganz allein mit einem Gefängnisaufseher zu Rande kommt. Diese Leute dürf-

ten kaum der richtige Umgang für eine schöne Frau sein; deshalb ist es wohl besser, wenn ich mich um die lästigen Formalitäten kümmere ...«
Ganz spontan reckte sich Napoleone und hauchte dem Maler einen Kuß auf die Wange.
»Ich werde der Vorsehung niemals genug danken können, daß sie mir einen Freund wie Euch geschenkt hat. Darf ich so unverschämt sein und Euch um einen weiteren Gefallen bitten?«
»Freilich! Wenn ich heute schon meinen großherzigen Tag habe, solltet Ihr das ausnützen!«
»Könntet Ihr in der Rue de Babylone vorbeigehen und Timour Bescheid sagen? Ich bin überzeugt, daß er ebenfalls gern mitkäme, halte es aber für angebracht, mich nicht dort blicken zu lassen.«
»Verständlich. Verlaßt Euch auf mich, ich begebe mich auf der Stelle dorthin. Wie schön! Da kommt bereits eine Droschke für Euch! Dafür müßt Ihr Euch bis Saint-Mandé sicherlich in Geduld üben: Unverkennbar herrscht starker Verkehr, und auf den Boulevards dürfte es noch schlimmer zugehen...«
Einen Augenblick später schloß sich die Tür der Kutsche, und Napoleone lehnte sich, nachdem sie dem Freund ein letztes Mal zugewinkt hatte, mit einem zufriedenen Seufzer gegen den verschlissenen blaugetupften Stoff, mit dem das Wageninnere ausgeschlagen war. Ein unbeschreibliches Gefühl der Erleichterung überkam sie, ein Gefühl, das sie voll auskosten wollte. Daß sich in der Rue de Richelieu Kutschen aller Art stauten und man nur im Schritt vorwärts kam, störte sie herzlich wenig. Eine unsichtbare Hand hatte ihre Brust von der unerträglichen Last befreit, die sie bedrückte, seit sie Combert verlassen hatte. Jetzt verwahrte sie in ihrem Täschchen, das sie eng an sich gedrückt hielt, den Schlüssel zur Gefängniszelle ihrer geliebten Felicia, und im Augenblick schien ihr die Zukunft genauso hell, wie sie eben noch dunkel gewesen war.

Bald schon würden sie gemeinsam in die Auvergne zurückfahren. Nach ihren so entsetzlichen Erlebnissen bedurfte Felicia sicherlich einer längeren Erholung, und nirgendwo würde man sie besser und liebevoller aufnehmen als in Combert. Die winterliche Abgeschiedenheit würde ihr erlauben, in aller Ruhe darüber nachzudenken, wie sie ihr zukünftiges Leben gestalten wollte. Napoleone freute sich schon darauf, sich eingedenk des Versprechens, das man ihr abgerungen hatte, um die Freundin zu kümmern...
Wohl flüsterte ihr eine innere Stimme zu, daß sich Felicia, heißblütig und leidenschaftlich, wie sie war, möglicherweise nicht sehr lange damit abfinden würde, die Tage in einem Weiler zwischen Saint-Flour und Chaudes-Aigues tatenlos verstreichen zu lassen, aber sie schlug diese leise Mahnung in den Wind. Das Gefängnis hatte Felicia sicherlich zermürbt; um so mehr würde sie die Ruhe und Beschaulichkeit schätzen, die Napoleone ihr bieten konnte. Und nicht zuletzt wäre sie bestimmt überglücklich, an der Hochzeit ihrer Freundin teilzunehmen. Sofern es eine Hochzeit gab...
Jetzt, da die Sorge um Felicia von ihr genommen war, stellte Napoleone überrascht fest, daß die Gedanken an Jean und ihre Probleme fast völlig in den Hintergrund gedrängt worden waren. Auch jetzt noch, in dieser Pariser Kutsche, die sich im Schneckentempo vorwärtsbewegte, empfand sie ihren ganz persönlichen Kummer weit weniger quälend. Vielleicht weil Felicias Bild und das Grauenvolle, das ihr widerfahren war, alles andere nebensächlich werden ließ. Darüber hinaus wußte Napoleone, daß ihr die Freundin manch guten Rat geben konnte. Sie merkte, daß sie große Sehnsucht nach ihr hatte, gab sich doch Felicia niemals geschlagen, fand aus den verzwicktesten Lagen einen Ausweg. Es wäre wirklich eine Freude, sie in Combert zu haben, selbst wenn ihr Felicia heftige Vorwürfe über die Art und Weise machen würde, wie sie, Napoleone, mit Jean umsprang.

Der Kutscher auf seinem Bock schimpfte. Er kam in der Tat kaum noch voran. Da Napoleone eigentlich keine Eile hatte, beugte sie sich zu dem Griesgram vor, um ihn ein wenig zur Geduld zu ermahnen, als plötzlich der Schlag aufgerissen wurde. Ein Mann schwang sich in den Wagen, rief dem Kutscher zu: »Fahrt bis zum Boulevard und haltet dort an!« Dann wandte er sich der jungen Frau zu, die ihn entgeistert anstarrte. »Meine liebe Madame Kennedy, Ihr ahnt nicht, wie glücklich ich bin, Euch wiederzusehen...«
Er lüpfte seinen Hut zu einem spöttischen Gruß. Napoleone sah die dichte rote Haarpracht aufleuchten, hatte Patrick Butler jedoch längst erkannt...

MIT DEM RÜCKEN ZUR WAND

Mit stockendem Atem blickte Napoleone den Eindringling an. Kein Zweifel, er war es. Dieses großflächige Gesicht mit der von Meer und Wind gegerbten Haut, diese scharf gemeißelten Züge, diese Augen von der Farbe jungen Grüns, die sie mit dem Ausdruck befriedigter Grausamkeit der Katze musterten, die sich anschickt, eine Maus zu vertilgen... Einen Augenblick lang maßen sich Napoleones und Butlers Blicke schweigend wie die zweier Duellanten vor dem Kampf.
Einer plötzlichen Eingebung folgend, warf sich die junge Frau gegen die Wagentür. Hinausspringen, sich in der Menge verlieren... Aber inzwischen war die Kutsche wieder schneller. Napoleone war nur von einem einzigen Gedanken beherrscht: diesem Mann, der nur Böses mit ihr im Sinn haben konnte, zu entfliehen. Vergebens. Eine Hand, hart wie Eisen, hatte sich bereits auf ihren Arm gelegt.
»Verhaltet Euch ruhig! Ihr wißt sehr wohl, daß Ihr mir nicht entkommt! Ich halte Euch fest, ganz fest! Es hat viel Mühe gekostet, Euch zu erwischen!«
»Wie habt Ihr mich gefunden? Weshalb seid Ihr hier, in diesem Wagen, in diesem Moment?«
Er lächelte, und ohne seinen Griff zu lockern, ließ er sich in die Polster zurückfallen.
»Ich möchte mich nicht als geschickter darstellen, als ich bin. Heute war mir ein wahrlich unverschämtes Glück beschieden. Denn ehrlich gesagt konnte ich mir nicht vorstellen, daß es dem Türken bereits gelungen sein sollte, Euch aus Eurer Höhle zu locken. Ich habe heute nachmittag in den Tuilerien etwas Luft geschnappt, und plötzlich – oh Wunder! – entdeckte ich Euch! Wenn man unerkannt bleiben möchte, meine

Liebe, ist es nicht ratsam, den König mit einem Hofknicks zu begrüßen und ihn unter den Augen der ganzen Stadt in seine Residenz zu begleiten. Ich brauchte Euch nur zu folgen und mich in Geduld zu üben. Ihr habt Euch, wie mir scheint, recht lange im Palais-Royal aufgehalten?«
Die Stimme des Kutschers unterbrach ihn. Der gute Mann hatte den Wagen zum Stehen gebracht und rief: »He, Bürger! Wir sind auf dem Boulevard angelangt! Wie soll's jetzt weitergehen?«
»Fahrt uns in die Rue Saint-Louis-en-l'Ile«, brüllte Butler zurück.
»Demnach nicht mehr nach Saint-Mandé?«
»Dort also versteckt Ihr Euch?« meinte Butler und bedachte Napoleone mit seinem wölfischen Grinsen, um dann wieder die Stimme anschwellen zu lassen: »Nein, nach Saint-Mandé fahren wir nicht mehr!«
»Aber ich, ich möchte dorthin!« protestierte Napoleone lauthals. »Kutscher! Tut, was...«
Die Hand des Mannes, die sich auf ihren Mund preßte, erstickte das Ende des Satzes; mit der anderen drückte Butler Napoleone fest an sich.
»Es wird getan, was ich sage!« herrschte er sie an. »Wir beide haben miteinander zu reden, und es ist wohl angebracht, daß das an einem ruhigen Ort geschieht.«
»Meiner Meinung nach ist das Innere eines Wagens ein ausreichend ruhiger Ort«, stieß Napoleone jetzt wutentbrannt hervor. »Sagt, was Ihr zu sagen habt, und dann Schluß!«
»Oho – dazu brauche ich länger als nur ein paar Minuten. Ihr, meine liebe ... Madame Kennedy, habt mich liebenswürdigerweise im Boot mitgenommen. Findet Euch damit ab, daß ich Euch jetzt mit dem Wagen dorthin mitnehme, wohin ich möchte. Ihr habt allen Grund, mich anzuhören. Ihr und vor allem Eure Freundin, jene teure Mademoiselle Romero, die in Wahrheit einen so schönen römischen Namen trägt. Ich wußte ja,

daß sie etwas von einer Kaiserin aus dem Lande jenseits der Alpen an sich hat. Aber zurück zu Euch. Wie heißt Ihr eigentlich wirklich?«
Verblüfft und ohne zu versuchen, diese Verblüffung zu überspielen, sah Napoleone ihn an.
»Das wißt Ihr noch immer nicht? Bei allem, was Ihr vermutlich unternommen habt?«
»Leider nicht! Der ›gute Vetter‹, der mir für eine hübsche Stange Geld geholfen hat, Eure Freundin aufzuspüren und sie an den Ort zu bringen, den ich ihr zugedacht hatte, kannte nur sie. Er wußte zwar, daß sie sich zusammen mit einer Freundin in der Bretagne aufgehalten hatte, nicht aber, wie der richtige Name dieser geheimnisvollen Dame lautete, und war auch nicht in der Lage, ihn in Erfahrung zu bringen. Die Hausangestellten in der Rue de Babylone sind verschwiegen wie ein Grab. Und dieser lieben Felicia, die im Gefängnis zu besuchen mir mehrmals vergönnt war, konnte ich ebenfalls kein Sterbenswörtchen entlocken, trotz der Drohungen, mit denen ich sie einzuschüchtern versuchte. Sie hat sich darauf beschränkt, mir ins Gesicht zu spukken...«
»Ich hätte nicht übel Lust, es ihr gleichzutun«, schnaubte Napoleone. »Ihr habt sie also im Gefängnis besucht und unter Druck gesetzt? Ich dachte, sie sitzt unter strengster Geheimhaltung hinter Schloß und Riegel? Demnach kann wohl jeder nach Lust und Laune in den Gefängnissen des Königs ein- und ausgehen?«
»Wir leben in einer Zeit, in der diese Unordnung noch nicht ausgemerzt ist, in einer Zeit, in der sich noch keine eindeutige Richtung abzeichnet. Ihr ahnt ja nicht, was man in solchen Übergangszeiten mit einer Handvoll Gold erreichen kann! Aber vergessen wir all das, denn nun habe ich Euch Gott sei Dank wiedergefunden!«
»Laßt Gott bei Euren Schandtaten aus dem Spiel, Monsieur Butler! Nicht immer gelingt alles so, wie Ihr Euch das vorstellt, glaubt mir das!«

»Vielleicht, aber im Augenblick bin ich derjenige, der die Spielregeln bestimmt. Und Ihr müßt wohl oder übel in Kauf nehmen, daß ich meinen Nutzen daraus ziehe! Ah! Wir sind da!«
Mit dem Knauf seines Spazierstocks klopfte er an die Scheibe, um den Kutscher auf sich aufmerksam zu machen.
»Haltet vor dem nächsten Haus an«, befahl er, »und klingelt dort. Sobald man uns geöffnet hat, setzt Ihr uns im Hof ab.«
Knirschend tat sich ein Tor auf, und der Wagen rumpelte über große, unregelmäßige Pflastersteine, die mindestens aus der Ära des Sonnenkönigs stammten, blieb dann stehen. Ein Diener, den Napoleone aus dem Haus in Morlaix her kannte, öffnete den Schlag und klappte das Trittbrett aus. Patrick Butler sprang auf das Pflaster, reichte Napoleone die behandschuhte Rechte, um ihr beim Aussteigen behilflich zu sein. Die junge Frau stellte fest, daß sie sich im Hof eines für sich stehenden alten Privathauses befand. Ein Hof und ein Wohnhaus, beide alles andere als gut erhalten, wie man an den feinen, aber nicht zu übersehenden Mauerrissen und an den Pflastersteinen auf dem Hof ablesen konnte, zwischen denen von der winterlichen Witterung verdorrtes Unkraut wucherte.
Butler, der Napoleones Hand nicht losgelassen hatte, zog sie ins Innere des Hauses und führte sie eine Steintreppe mit ausgetretenen Stufen hinauf, von denen einige bedenklich wackelten.
»Ich habe dieses Haus im vorigen Jahr geerbt«, erklärte er. »Bisher hatte ich noch keine Zeit und, um ehrlich zu sein, auch keine Lust, es wieder instandzusetzen. Aber ich muß sagen, daß es im Augenblick für meine Zwecke bestens geeignet ist.«
Er stieß eine Tür auf, die er, nachdem er Napoleone endlich losgelassen und hineinkomplimentiert hatte, mit einem Fußtritt wieder zustieß.

»Da wären wir!« sagte er mit einem in Napoleones Ohren häßlich klingenden Lachen. »Hier können wir uns in aller Ruhe unterhalten. Legt doch Euren Mantel und den Hut ab und fühlt Euch wie zu Hause. Frieren werdet Ihr hier nicht.«
Im Kamin brannte tatsächlich ein wärmendes Feuer. Napoleone ging darauf zu, ohne indes der Aufforderung nachzukommen, sich ihres Mantels zu entledigen. Der Raum, in dem sie sich befand, war keineswegs ein Salon, sondern eindeutig ein Schlafgemach, das überdies einen Gast zu erwarten schien: Das Bett war bezogen.
Die junge Frau streifte das altmodische Pfostenbett mit den vergilbten Vorhängen nur mit einem kurzen Blick, nahm dann die übrige Einrichtung in Augenschein. Das Zimmer schien aus der Zeit der Précieuses zu stammen und war durchaus ansprechend mit bemalten Paneelen verziert, auf denen man noch die Spuren der Vergoldung erkennen konnte. An den Wänden und Sitzgelegenheiten dagegen hatte der Zahn der Zeit heftiger genagt, und trotz des Kaminfeuers hing ein modriger Geruch in der Luft.
Nachdem sich Napoleone ein Bild von ihrer Umgebung gemacht hatte, heftete sie ihre kalten Augen auf Patrick Butler.
»Eure Erziehung hat seit unserer letzten Begegnung keine Fortschritte gemacht«, sagte sie verächtlich. »Ihr solltet wissen, daß man eine Dame nicht in einem Schlafgemach empfängt. Dieses Haus dürfte geräumig genug sein, um zumindest über einen Salon zu verfügen.«
»Es gibt deren sogar vier, aber die sind in einem noch jämmerlicheren Zustand als dieses Zimmer. Außerdem – für die Art von Unterhaltung, die wir führen werden, schöne Dame«, meinte er, wobei er das Wort ›Dame‹ besonders betonte, »erscheint mir ein Schlafgemach durchaus geeignet. Habt Ihr mir nicht auch in einem

Zimmer dieser Art Hoffnungen gemacht, als Ihr mir von Eurer Absicht spracht, mich in Brest zu treffen? Erinnert Euch! Erinnert Euch daran, wie bereitwillig Ihr mein Werben erhört habt, meine Liebe! Ihr wußtet doch, daß ich Euch liebte? Was sage ich da? Ich war verrückt nach Euch und bereit, die närrischsten Dinge zu tun, um Euch zu gewinnen! Ja, erinnert Euch daran, was ich Euch damals sagte! Ich sagte Euch, ich wäre bereit, in Taureau den Platz des Mannes einzunehmen, den Ihr gewiß gern um den Preis einer Liebesnacht befreit hättet! Ihr dagegen, habt Ihr mir nicht immer wieder beteuert, keiner der Gefangenen würde Euch etwas bedeuten? Daß ihr niemanden befreien wolltet?«
»Wir haben niemanden befreit!« sagte Napoleone matt. Niemals hatte sie sich so elend gefühlt, so unzufrieden mit sich selbst und der Rolle, die sie hatte spielen müssen, in der Hoffnung, Felicia helfen zu können, ihren Bruder aus dem Gefängnis zu befreien. Jeder der Vorwürfe, mit denen Butler sie überhäufte, war gerechtfertigt – und noch nie zuvor war sie sich derart gedemütigt vorgekommen. Jetzt lachte Butler auf.
»Ich weiß, daß ihr niemanden befreit habt. Aber nur, weil dieser eine vorher gestorben ist, stimmt's? Sein Name war Gianfranco Orsini ... Prinz Orsini! Ihr braucht nicht überrascht zu tun, schließlich kenne ich den Gouverneur der Festung sehr gut. Es war keineswegs schwierig, in Erfahrung zu bringen, was in jener Nacht geschah, in der Ihr Euch eigentlich auf dem Weg nach Brest befinden solltet, um mich zu treffen. Ihr habt ihn geliebt, diesen Prinzen, ja? Für ihn habt Ihr das alles getan, diese entwürdigende Rolle übernommen...«
»Ja, für ihn! Aber geliebt habe ich ihn nicht.«
»Das könnt Ihr mir nicht weismachen!«
»Ich kannte ihn nicht einmal! Aber meine Beziehung zu seiner Schwester Felicia ist so innig, als stammten wir von derselben Mutter ab. Wir sind zusammen aufgewachsen – ich mußte ihr einfach helfen. Ihr Bruder

war alles, was sie auf der Welt liebte ... neben mir vielleicht!«
Butler ging ein paar Schritte im Zimmer auf und ab. Das in ungarischer Spitzform verlegte Parkett ächzte unter seinem Gewicht. Er schleuderte den Hut in eine Ecke, streifte den Mantel mit dem Pelzkragen ab, den er noch immer trug, warf ihn über einen Stuhl. Die Leidenschaft, die aus seinem Gesicht gesprochen hatte, als er die junge Frau mit Anschuldigungen überhäufte, schien jetzt erloschen zu sein. Völlig gelassen trat er zu ihr, so nahe, daß sie wieder den leichten Duft von englischem Tabak und Eisenkraut wahrnehmen konnte, der ihn stets umgab.
»Ihr müßt sie wirklich gern haben, um eine derart elende Rolle zu übernehmen. Oder aber Ihr seid möglicherweise nur eine gute Komödiantin ... eine kleine Tingeltangelschauspielerin vielleicht? Unter denen gibt es verdammt hübsche, und sie sind durchaus in der Lage, die große Dame zu spielen. Ihr habt die irische Lady geradezu perfekt verkörpert. Ich glaube, das habe ich Euch bereits gesagt, denn wirklich hereingefallen bin ich darauf nicht. Na? Aus welcher Jahrmarktsbude stammt Ihr?«
Das war mehr, als Napoleone ertragen konnte. Eigentlich machte es ja nichts mehr aus, wenn dieser Mann ihren Namen erfuhr. Da er den von Felicia bereits kannte und genügend Geschick bewiesen hatte, sie, Napoleone, aufzuspüren.
»Ich bin Comtesse de Lauzargues. Napoleone de Lauzargues. Ich bin Witwe und die Mutter eines kleinen Jungen. So, jetzt wißt Ihr es. Ihr braucht gar nicht so siegesbewußt zu tun! Ihr meint wohl, dadurch, daß Ihr mich wie ein Mädchen vom Theater behandelt, könnt Ihr mich in meinem Stolz verletzen? Nichts dergleichen ... das heißt kaum! Mein Entschluß, Euch zu sagen, wer ich bin, stand bereits fest. Das zumindest war ich Euch schuldig.«

»Ihr seid mir noch viel mehr schuldig, meine Liebe. Aber ich muß zugeben, daß ich mich freue, endlich Euren richtigen Namen zu erfahren. Napoleone! Was für ein hübscher Name!«

Er wandte sich von ihr ab, während sie am Kamin stehenblieb, erstarrt in einem Stolz, der ihr verbot, sich trotz der Müdigkeit, die sie in sich aufsteigen fühlte, hinzusetzen. Butler trat an einen schweren Tisch mit gedrechselten Beinen, setzte sich auf die Kante, ließ ein Bein hinunterbaumeln. Mit einem vielsagenden Lächeln blickte er auf Napoleone.

»Ihr wart sehr schön damals, und ich war regelrecht wahnsinnig. Ich glaube allerdings, heute seid Ihr noch schöner.«

»Und Ihr noch wahnsinniger! Euch an einer Unschuldigen zu vergreifen...«

»So unschuldig nun wiederum auch nicht! Sie hat Euch dazu gebracht, dieses infame Spiel mit mir zu treiben. Sie hat es verdient, dafür zu bezahlen, und sie bezahlt – genauso wie Ihr auch bezahlen werdet. Ihr werdet dieses Zimmer nicht verlassen, ohne mir gehört zu haben!«

Unter dem Schock dieser Worte prallte Napoleone förmlich zurück, mußte sich am Kamin abstützen.

»Ihr wißt ja gar nicht, was Ihr da sagt!« keuchte sie. »Ich flehe Euch an, laßt mich gehen! Ich gebe zu, daß ich mich Euch gegenüber äußerst ungebührlich verhalten habe, und möchte Euch deshalb um Verzeihung bitten. Seit Wochen schon bekommt Felicia Eure Rache zu spüren. Und ich auch...«

»Was Euch angeht, so doch kaum länger als eine Stunde«, meinte Butler und zog eine schwere goldene Taschenuhr aus seinem Rock. »Ich finde, das wiegt das längst nicht auf. Deswegen schlage ich vor, Ihr begleicht die Schuld, die Ihr mir gegenüber auf Euch geladen habt. Schließlich habt Ihr mich herausgefordert, Euch zu lieben.«

»Ihr liebt mich doch gar nicht!« rief Napoleone, deren

Wut wieder die Oberhand über ihre Angst gewann.
»Um kaltblütig etwas Derartiges zu fordern, kann man gar keine Liebe empfinden. Wenn man einen Menschen aufrichtig liebt...«
»Läßt man sich, dumm, wie man ist, um den Finger wickeln. Also gut, nehmen wir an, daß ich Euch nicht liebe. Dafür aber begehre ich Euch leidenschaftlicher als je zuvor. Und glaubt mir, das ist nicht wenig. Ich habe mir geschworen – hört Ihr? –, ich habe mir geschworen, daß ich Euch an dem Tage, da ich Euch wiederbegegne, besitzen werde. Und Ihr dürft überzeugt sein, daß ich noch niemals wortbrüchig geworden bin. Vor allem mir selbst gegenüber nicht. Da, seht! Das Bett ist bereit. Es wartet nur auf uns ... Gleich wird man uns einen köstlichen Imbiß heraufbringen und Champagner. Ich werde alle Leuchter anzünden, um den Raum in festlichen Glanz zu tauchen...«
Schon zog er einen Holzspan aus dem Feuer und machte sich daran, sämtliche Kerzen auf dem Kaminsims, dem Tisch, dem Nachtschränkchen sowie auf den diversen Abstellflächen zu entzünden. Von einer Minute auf die andere war die Dunkelheit, die sich inzwischen ausgebreitet hatte, durch die Lichtgarben fast gänzlich gebannt.
»Wie gerne würde ich die Sonne hier hereinlassen, damit ich besser Eure Augen sehen kann, wenn sie sich gleich vor Lust verschleiern ... Ich möchte, daß kein Schatten auf Eure Schönheit fällt, wenn ich sie enthülle. Wie oft habe ich von diesem Körper geträumt, den Ihr mir scheinbar verweigern wollt!«
»Ihr seid wirklich wahnsinnig!« schrie Napoleone entsetzt auf, als sie das Flackern in Butlers Augen bemerkte, diesen Blick, der ihr sagte, daß er den Verstand verloren haben mußte. »Ich werde keinen Augenblick länger hierbleiben!«
Sie stürzte auf die Tür zu, aber Butler hatte bereits den Holzspan ins Feuer zurückgeworfen und sie eingeholt.

Er packte sie um die Taille und zog sie von der Tür weg, deren Klinke sie schon fast berührte. Sie rangen miteinander. Getrieben von dem verzweifelten Wunsch, ihrem Peiniger zu entkommen, wehrte sich Napoleone mit Händen und Füßen, aber der Gegner war einfach zu stark. Butlers Muskeln, gestählt durch das jahrelange Leben an Bord, kämpften die durch die Angst freigesetzten Kräfte der jungen Frau rasch nieder. Er warf Napoleone wie ein Bündel aufs Bett, hielt sie mit seinem Gewicht fest und drückte ihre Handgelenke zu beiden Seiten des Kopfes auf das Laken.
»Eine richtige Wildkatze!« lachte er. »Dagegen habe ich gar nichts einzuwenden – sofern es nicht zu lange dauert. Ihr habt mir wehgetan, meine liebe Napoleone! Merkwürdig, dieser neue Name, der mir noch ungewohnt ist. In meinen Träumen wart Ihr für mich stets Lucy. Das verleiht unserer Beziehung den Reiz des Neuen... Aber warten wir einmal ab, ob diese Napoleone, die mir jetzt auf Gedeih und Verderb ausgeliefert ist, der Lucy meiner Liebessehnsucht ebenbürtig ist!«
Er küßte sie lange und hingebungsvoll, keineswegs brutal, sondern bewies im Gegenteil eine Erfahrung, die die junge Frau überraschte und erschreckte. Wenn dieser Mann ein kundiger Liebhaber war, konnte die Situation für sie nur noch gefährlicher werden. Aber trotz des Verlangens, das sie in sich erwachen fühlte – ein Verlangen, das sie sich nicht erklären konnte – erwiderte sie seinen Kuß nicht.
Enttäuscht gab er sie frei.
»Eins steht fest – Lucy war mir lieber! Ihr seid ein Eisklotz, meine Liebe!«
»Habt Ihr vielleicht etwas anderes erwartet! Eine Frau, die man sich mit Gewalt gefügig macht, ist nun mal kein angenehmer Partner...«
»Seid Euch dessen nicht zu sicher. Gewalt hat ihren ganz eigenen Reiz. Es kann sogar geschehen, daß sie für alle Beteiligten höchst befriedigende Ergebnisse zeitigt,

auch wenn es anfangs nicht danach aussieht. Ich werde jetzt den Champagner bringen lassen. Vielleicht kommt Ihr dann in Stimmung.«

Er ging hinüber zum Kamin und betätigte eine kleine Klingel, die an einer bestickten Tresse dort hing, hob dann Napoleones Täschchen auf, das bei dem Handgemenge hinuntergefallen und aufgegangen und dessen Inhalt teilweise auf dem Boden verstreut war, darunter auch die Anordnung zur Freilassung Felicias. Überflüssig zu erwähnen, daß Butler das Schriftstück überflog. Es entlockte ihm ein schallendes Gelächter.

»Das also habt Ihr dem König abgeluchst? Kompliment! Das nenne ich gute Arbeit. Irgendwie habe ich etwas Derartiges geahnt. Eigenartig, diese Begegnung mit ihm in den Tuilerien, seine Rückkehr in den Palais-Royal mit Euch im königlichen Gefolge, dieses lange Warten, das ich auf mich nehmen mußte, bis Ihr wieder aus dem Palast kamt! Demnach wolltet Ihr mir meine beste Waffe entreißen? Mich besiegen, ohne daß ich überhaupt eine Ahnung davon habe? Wahrscheinlich hattet Ihr vor, im Anschluß daran Paris sofort zu verlassen?«

»Das ist völlig ungewiß«, beeilte sich Napoleone zu erklären. Der zornige Unterton in Butlers Stimme war beunruhigend. »Aber ich wäre Euch dankbar, wenn ihr mir diesen Brief wiedergeben würdet. Er ist sehr wichtig für mich...«

»Ihr haltet mich wohl für einen ausgemachten Schwachkopf, meine Teuerste. Ich jedenfalls habe nicht die Absicht, ihn Euch auszuhändigen.«

»Ich bitte Euch! Sie hat genug und völlig unschuldig gelitten! Laßt sie in Ruhe! Euch nutzt dieses Schreiben gar nichts. Ich war bei meiner Unterredung mit dem König nicht allein...«

»Wenn Ihr es morgen früh in der Force nicht vorlegt, könnte die Freilassung verschoben werden, vielleicht sogar aufgehoben? Ich würde es liebend gern ins Feuer werfen!«

»Nein!«
Napoleones Aufschrei war so gellend, daß er nicht nur in dem großen Raum widerhallte, sondern im ganzen Haus gehört werden mußte. Zornesröte verfärbte das Gesicht der jungen Frau.
»Was verlangt Ihr«, sagte sie mit heiserer Stimme, »was verlangt Ihr, um mir diesen Brief zurückzugeben?«
Wieder zeigte Butler dieses Wolfsgrinsen, das Napoleone so reizte, daß sie sich am liebsten auf ihn gestürzt hätte. Der königliche Gnadenerlaß zwischen seinen Fingern bewegte sich sacht in dem leisen Luftzug, den das Feuer verursachte. Eine kleine Bewegung genügte, um Napoleones Mühen, ihre Hoffnungen zunichte zu machen, zumal kaum Aussicht bestand, einen so wankelmütigen König wie Louis-Philippe zur Abfassung eines zweiten zu bewegen.
»Was verlangt Ihr?« fragte sie ein drittesmal.
»Nicht mehr als das, worum ich Euch bereits gebeten habe. Ich begehre Euch.«
Von Scham und Kummer übermannt, senkte Napoleone den Kopf, bemühte sich verzweifelt, das Bild von Jean, die Erinnerung an ihn weit von sich zu weisen und statt dessen an Felicia zu denken, die im Kerker auf ihre Freilassung wartete und jetzt Gefahr lief, sie nie mehr zu erleben...
»Es geschehe, wie Ihr es verlangt!« kam es gequält über ihre Lippen. »Ihr könnt mich nehmen. Ich werde mich nicht wehren. Nur habt Erbarmen und rettet diesen Brief vor dem Feuer!«
Das Lächeln auf Butlers Gesicht vertiefte sich, seine grünen Augen blitzten hochmütig.
»Ihr habt recht; er ist sehr kostbar, da er Euch zwingt, zu seiner Erfüllung das Eure beizutragen. Seht ... ich werde ihn hier hinlegen«, sagte er und deutete auf den Kaminsims. »Ihr könnt ihn Euch nachher wegnehmen. Allerdings lege ich ihn erst hin, wenn Ihr mir eine Kostprobe zur Befriedigung meiner Gelüste vergönnt habt.«

»Wie meint Ihr das?«
»Ich will, daß Ihr Euch entkleidet. Vor meinen Augen. Und zwar vollständig.«
»Das wollt Ihr? O nein!«
»Nein?«
Das Schriftstück zitterte heftiger, als sich Butlers Hand den Flammen näherte.
»Ich habe oft genug miterlebt, wie Frauen verkauft wurden«, sagte er leise. »Unter der Sonne Afrikas oder des Orients zieht man sie nackt aus, damit sich der Käufer ein besseres Bild von dem machen kann, was er erwirbt. Ich, ich kaufe Euch für eine Nacht – um den Preis dieses Freilassungsbefehls. Ich möchte mich zunächst davon überzeugen, ob Ihr das wert seid.«
Napoleone spürte, wie sich ihre Augen mit Tränen füllten. Dieser elende Schuft verstand es, ihr keine Demütigung zu ersparen! Aber es blieb ihr nichts anderes übrig, als seinen Forderungen nachzukommen. Sie zog ihren Mantel aus, ließ ihn zu ihren Füßen gleiten, nahm dann den Hut ab, den sie weiter weg warf, löste den Spitzenkragen ihres schwarzen Samtkleides, dessen Knöpfe sie als nächstes öffnete.
Sie schloß die Augen, als sie das Kleid abstreifte. Das Licht der vielen Kerzen, die er mit dem Holzspan entzündet hatte, tat ihr weh, und vor allem wollte sie nicht länger diesen gierigen Blick sehen, der ihren Körper abtastete und jede ihrer Bewegungen mit einer geradezu besessenen Aufmerksamkeit verfolgte. Mit zusammengekniffenen Lidern entledigte sie sich eines Unterrocks, dann eines weiteren, hakte die Drillichcorselage auf, die ihre Taille einengte, ließ sie fallen. Als sie nichts mehr am Leibe trug außer einem zarten Spitzenhemdchen und der bestickten langen Unterhose, die bis zu den von seidenen Strümpfen bedeckten Knöcheln reichte, hielt sie inne, die Hände in einer rührenden Abwehrhaltung vor der Brust verschränkt. Aber Butler gab sich noch nicht zufrieden.

»Weiter! Nur weiter! Ich will Euch völlig nackt sehen.«
Zitternd löste Napoleone das Taillenband ihrer Hose, streifte die Träger ihres Hemdchens ab und blieb, nur noch bekleidet mit Strümpfen und Pumps, deren gekreuzte Bänder bis zur Wade reichten, stocksteif stehen. In ihren Ohren dröhnte es. Sie wartete auf das, was nun kommen würde – und nicht kam. Ganz dicht neben sich vernahm sie stoßweises Atmen, dann das Geräusch von raschelndem Stoff, von zwei Stiefeln, die auf das Parkett knallten. Sie ahnte, daß er sich auszog, preßte die Lider noch mehr zusammen. Das Herz schlug ihr bis zum Halse, drohte ihr die Luft zu rauben. Und dann war der Mann bei ihr: eine Masse bärenstarker Muskeln, die sie umklammerten, sie von den Schultern bis zu den Knien an sich drückten. Napoleone spürte seine Lippen auf ihrem Nacken, seinen heißen Atem.
»Du bist wunderschön!« stöhnte er an ihrem Hals. »Du bist weit mehr wert als ein lächerliches Stück Papier. Ich glaube, ich werde dich nie vergessen...«
Schon hatte er sie hochgehoben und war mit ihr auf das Bett gesunken, überschüttete sie mit Liebkosungen und Küssen, die die junge Frau willenlos und angewidert über sich ergehen ließ. Sterbenselend war ihr zumute und so, als würde sie das nicht überleben. Und dann löste sich etwas in ihr, ihr Schamgefühl und ihre Ohnmacht ließen sie diese Schmach nicht länger stumm ertragen, und in dem Augenblick, da Butler sich mit einem animalischen Knurren in ihr befriedigte, brach sie in Schluchzen aus, schluchzte wie ein unglückliches kleines Mädchen und brachte dadurch Butler ein wenig zur Vernunft. Noch immer keuchend, beugte er sich über sie, hauchte einen Kuß auf ihre tränennassen Wangen, ihre geschlossenen Augen...
»Warum weinst du denn?« fragte er sanft. »Habe ich dir wehgetan?«
Unfähig zu antworten, schüttelte sie verneinend den Kopf. Wie sollte sie diesem Mann klarmachen, daß er

nicht ihrem Körper, sondern ihrer Seele einen tiefen Schmerz zugefügt hatte und daß diese Wunde, die er ihr soeben beigebracht hatte, nur schwer heilen würde?
»Ich habe dich in deinem Stolz getroffen, nicht wahr? Hast du denn aber nie darüber nachgedacht, wie sehr du den meinen verletzt hast?«
Sie schlug die Augen auf, sah dicht über sich diese schrecklichen grünen Augen, die sie ohne den kleinsten Funken von Zärtlichkeit anschauten.
»Ihr habt bekommen, was Ihr verlangtet«, flüsterte sie mit einer Stimme, die ihr selbst fremd war. »Also laßt mich jetzt gehen.«
»Mitten in der Nacht? Ganz allein? Das Viertel hier genießt einen üblen Ruf. Es könnte dir etwas Schlimmes zustoßen.«
»Etwas Schlimmes ist mir bereits zugestoßen...«
»Das sind Worte, nichts als Worte! Und damit du es weißt: gehen lasse ich dich nicht. Dafür ist es noch zu früh. Die Rede war von einer ganzen Nacht, und die hat gerade erst begonnen. Jetzt wird erst einmal gegessen!«
Von einem Hocker am Fußende des Bettes angelte er sich einen Morgenrock aus dunkelgrünem Damast, schlüpfte hinein und ging läuten. Fast unmittelbar darauf erschien der Diener mit einem großen Tablett, das er auf dem Tisch abstellte. Noch ehe er aufdecken konnte, herrschte Butler ihn an: »Verzieh dich! Wir werden uns selbst bedienen.«
Eigentlich wollte Napoleone das, was ihr der Feind anbot – einen Hühnerflügel und ein Glas Champagner –, zurückweisen, fühlte sich aber völlig ermattet und bis ins Innerste vereist und wußte, daß es sich nicht auszahlte, Hungergefühle zu unterdrücken.
Butler merkte, wie sie mit sich kämpfte, und meinte lachend: »Auch wenn du mich verachtest, ist das kein Grund, vor Hunger zu sterben.«
Sie nahm also an, aß und trank und fühlte sich danach ein wenig besser, klarer bei Verstand und kampfbereit.

Butler seinerseits schlang wie einer, der auf den Erhalt seiner Kräfte bedacht ist, ohne Napoleone aus den Augen zu lassen, als hätte er Angst, es könnte ihr mit Gott weiß welchem Zauber gelingen, ihm zu entkommen, sobald er den Blick von ihr wandte.
Napoleone überlegte, daß Butler nach diesem Mahl vielleicht von Müdigkeit übermannt und einschlafen würde oder daß er zumindest mit sich reden ließe. Aber kaum daß er den letzten Tropfen Champagner getrunken hatte, riß sich Butler den Morgenmantel vom Körper und war mit einem Satz wieder im Bett.
»Gepriesen sei Gott, meine Schöne! Ich werde dich bis zum Morgen lieben! Keine einzige Minute dieser Nacht will ich vergeuden...«
Napoleone erkannte, daß sie sich diesem Orkan nicht widersetzen konnte und nicht eher erlöst wäre, als bis der neue Tag anbrach. Geradezu apathisch ließ sie die wiederholten Überfälle des Mannes über sich ergehen, der allem Anschein nach nicht genug von ihr bekommen konnte. Ihre Teilnahmslosigkeit bezweckte immerhin, daß er schließlich von ihr abließ und ihr ein wenig Schlaf gönnte.
Der Schlag einer Pendeluhr weckte Napoleone. Sie fuhr in dem zerwühlten Bett hoch, sah, daß sie allein war, daß das Feuer im Kamin züngelte, ihre gestern abend achtlos abgestreiften Kleidungsstücke sorgfältig über die Stühle gebreitet, die Champagnergläser sowie die Überreste des Mahls vom Tisch verschwunden waren und einem Tablett mit einer Kaffeekanne, einem Milchkrug und den verschiedenen Beigaben eines Frühstücks Platz gemacht hatten. Vor allem aber nahm sie mit einem Stoßseufzer der Erleichterung zur Kenntnis, daß auf dem Kaminsims noch immer der Befehl zur Freilassung Felicias lag.
Ungeachtet ihrer Nacktheit sprang sie aus dem Bett, um das Dokument an sich zu nehmen, und nachdem sie sich vergewissert hatte, daß es auch wirklich das königliche

Schreiben war, barg sie es rasch in ihrem Täschchen. Dann erst entdeckte sie den Brief, der auf dem Tablett lag.
»Du kannst jetzt deine Freundin auslösen«, schrieb Patrick Butler. »Meine Rechnung ist beglichen. Frühstükke erst einmal und zieh dich an. Unten wartet ein Wagen, um dich zum Gefängnis zu bringen. Glaube aber nicht, daß damit zwischen uns alles vorbei ist. Wenn man einmal das Paradies geschmeckt hat, verzichtet man nicht so leicht darauf. Wir sehen uns wieder...«
Wutentbrannt bei dem Gedanken an die ertragenen Demütigungen, zerknüllte Napoleone den Brief und warf ihn voller Abscheu weit von sich weg. Gleichzeitig wanderten ihre Blicke zu dem Zifferblatt der Wanduhr aus Ebenholz und vergoldeter Bronze über dem Kamin. Es war bereits neun Uhr. Die junge Frau zwang sich, nicht länger an diesen verhaßten Patrick Butler zu denken und sich statt dessen auf das zu konzentrieren, was sie in einer Stunde erwartete: auf etwas Wunderbares, für das sie zwar teuer bezahlt hatte, das aber dadurch nur um so kostbarer wurde.
Eine unsichtbare, aber aufmerksame Hand hatte einen Krug mit warmem Wasser auf einen Toilettentisch gestellt. Rasch wusch sie sich, zog sich an, zögerte zunächst, irgend etwas auf dem Tablett zu berühren, sagte sich dann aber, daß der Verzicht auf ein Frühstück sie nur schwächen würde. Also trank sie, während sie sich vor einem antiken Spiegel den Hut band, zwischendurch zwei Tassen köstlichen Kaffees, der stark und aromatisch war.
Das Gesicht, das ihr aus dem Spiegel entgegenblickte, kam ihr fremd vor. Eine blasse Frau mit traurigen Augen starrte sie da an, eine Frau, die gedemütigt worden war... Dennoch zwang sich Napoleone, ihr zuzulächeln.
»Du mußt versuchen, das alles zu vergessen«, sagte sie laut, wenngleich sie ahnte, wie schwer das sein würde.

Um so schwerer, als Butler nicht geneigt schien, sie in Frieden zu lassen. Er hatte eindeutig zu verstehen gegeben, daß er sie wiedersehen, sich vielleicht sogar erneut ihrer bemächtigen wollte...
Wütend fuhr sie sich mit dem Handrücken über den Mund. Das, was geschehen war, durfte sich niemals wiederholen, selbst wenn sie dafür diesen Mann kaltblütig umbringen mußte!
Die Wanduhr schlug halb zehn. Es war Zeit, aufzubrechen. Napoleone zog den Mantel an, nahm ihre Tasche und ging zur Tür. Im Haus herrschte eine eigenartige Stille; das Geräusch ihrer Schritte hallte wie in einer großen hohlen Muschel wider. Nirgendwo jemand zu sehen, weder auf dem Flur noch auf der Treppe, noch in der eiskalten Eingangshalle.
Im Hof wartete ein Kabriolett, vor das ein kräftiger Gaul gespannt war. Der Kutscher saß bewegungslos auf dem Bock, den Kopf eingezogen, den Hut tief ins Gesicht gedrückt. Er sah sich nicht einmal um, als die junge Frau den Wagen bestieg, nickte nur kurz, als sie ihm zurief: »Zum Gefängnis der Force!«
Wortlos und als wäre diese Adresse durchaus nicht ungewöhnlich, ließ der Mann das Pferd wenden. Noch stand die Haustür sperrangelweit offen, aber in dem Augenblick, da das Kabriolett zum Hof hinausfuhr und sich Napoleone noch einmal umschaute, bemerkte sie, daß die Tür wie von Geisterhand zugedrückt wurde. Sie wollte das als ein gutes Omen werten: Auch diese häßliche Episode im Buch ihres Lebens sollte ein für allemal abgeschlossen sein.

Das Gefängnis der Grande-Force, die dem Grafen de La Force zwei Jahre lang als Residenz gedient hatte und im Jahre 1780 in eine Haftanstalt umgewandelt worden war, befand sich am Ende einer kleinen Straße, der Rue des Ballets, einer Abzweigung der Rue Saint-Antoine. Von der Ile-Saint-Louis war das kein allzu weiter Weg;

als Napoleones Kabriolett vor dem Eingang hielt, war es kurz vor zehn Uhr.

Sie war nicht die erste. Unweit der der jungen Frau wohlbekannten schwarzgelben Kutsche wartete bereits Timour, die Arme vor der Brust verschränkt, und neben ihm Delacroix.

Die beiden Männer traten näher, um Napoleone beim Aussteigen behilflich zu sein, und während der Maler den Kutscher entlohnte, geleitete Timour Napoleone zu dem Wagen, mit dem er gekommen war.

»Ist kalt heute morgen. Du wartest besser da drinnen, Madame la Comtesse. Du siehst völlig durchgefroren aus...« meinte er und schob ihr einen der beiden Fußwärmer unter, die er vorsorglich mitgebracht hatte.

Napoleone fror in der Tat entsetzlich, zumal ein schneidender Wind durch die Straße fegte, den sie aber vor Aufregung angesichts der bevorstehenden Freilassung Felicias bis jetzt nicht wahrgenommen hatte. Sie durchwühlte ihre Tasche nach dem königlichen Schreiben, um es, nachdem sie es gefunden hatte, Delacroix auszuhändigen. Der Maler musterte sie besorgt.

»Ihr macht einen erschöpften Eindruck. Seid Ihr etwa krank?«

»Nein, nur habe ich letzte Nacht kaum geschlafen. Ich bitte Euch, geht rasch! Ich bin erst dann wirklich beruhigt, wenn Felicia bei mir ist.«

»Bestimmt?«

Er nahm das Dokument an sich, ohne auf den Gedanken zu kommen, was es Napoleone gekostet haben mochte, überquerte das vor Nässe glänzende Pflaster und zog an der Kette der großen Glocke neben der Eingangspforte. Ein Wachposten erschien. Delacroix wechselte ein paar Worte mit ihm, hielt ihm das Schreiben unter die Nase. Der Mann nickte, ließ den Maler eintreten und schloß sorgfältig die Tür hinter ihm.

»Brr!« machte Timour und stampfte mit den Füßen, um warm zu werden. »Ein abscheulicher Ort!«

Er hatte recht. Napoleone überlief unwillkürlich eine Gänsehaut, als sie den Blick auf diese schuppigen Mauern mit ihren von den Jahren geschwärzten Verankerungen aus mächtigen Steinquadern richtete, auf diese mit dicken Gitterstäben bewehrten grauen Fensteröffnungen, auf diese Tür, durch die man nur treten konnte, wenn man den Kopf einzog und an der trotz der abgeblätterten Farbe unauslöslich die Spuren von Blut zu kleben schienen. Sich vorzustellen, daß man die Freundin seit Wochen schon an diesem gräßlichen Ort festhielt! Wenn man es bedachte, war eigentlich kein Opfer zu groß, um sie hier rauszuholen. Mit einemmal fühlte sich Napoleone besser.
Endlose Minuten verstrichen, und noch immer blieb Delacroix verschwunden. Leute kamen vorbei, vor allem Hausfrauen auf dem Weg zum Markt, warfen einen Blick auf die elegante Kutsche und dann auf das Gefängnis, gingen rasch weiter, nicht ohne sich noch einmal umzudrehen. Eine alte Frau mit zerknitterter Haube spuckte sogar auf das Pflaster vor der Pforte. Ein Gefängnis genießt niemals einen guten Ruf, aber der der Force mußte ganz besonders schlecht sein...
Und dann war es Napoleone plötzlich, als blitzte am trüben, schneeverheißenden, gelblichgrauen Himmel ein Sonnenstrahl auf: Die Pforte öffnete sich und gab den Weg frei für Delacroix. An seinem Arm ein, wie es den Anschein hatte, überschlanker, blasser junger Mann...
Timour stürzte ihnen entgegen, und im nächsten Augenblick war auch Napoleone aus der Kutsche geklettert, um dem Maler zu helfen, die Freundin zu stützen. Aber Timour hatte Felicia bereits hochgehoben und trug sie mühelos wie eine Feder zum Wagen, wo er sie unendlich sacht absetzte und in eine große Pelzdecke hüllte, ehe er ihr den zweiten Fußwärmer hinschob. Wie eine Mutter, die ihr Kind wiedergefunden hat, gebärdete sich der Türke, und die beiden anderen hüteten

sich wohlweislich, ihn in seiner rührenden Fürsorge zu behindern. Schweigend bestiegen auch sie den Wagen. Napoleone beugte sich über die Freundin, wollte sie umarmen, aber Felicia wehrte ab.
»Verschieben wir das auf später. Im Augenblick stinke ich! Sagt mir nur, wie es kommt, daß Ihr hier seid.«
»Vidocq hat mir geschrieben, und ich bin so schnell wie möglich nach Paris geeilt.«
Wohl zum erstenmal seit Monaten überflog Felicias Gesicht ein Lächeln, dieses etwas spöttische Lächeln, das so kennzeichnend für sie war.
»Er hat also noch immer seine Ohren überall! Wie schön, Euch drei wiederzusehen, einen Tag ohne vergitterte Fenster zu erleben, die Geräusche des normalen Alltags zu hören... Ich glaube – ja, ich glaube, ich hatte schon die Hoffnung aufgegeben, dies alles noch einmal zu genießen.«
Unvermittelt und wohl als Folge der allzu langen und unerträglichen Nervenanspannung wurde sie von einem Weinkrampf geschüttelt, der Napoleone tief ins Herz schnitt. In welchen Zustand hatte man ihre stolze Felicia versetzt! Und alles durch die Schuld eines Wahnsinnigen! Wie zart und schmächtig fühlten sich die Schulern der Freundin an, um die sie ihren Arm gelegt hatte! Und dieses in seiner Färbung an altes Elfenbein erinnernde Gesicht, das von den dunklen Augen regelrecht verschlungen zu werden schien! Dieser penetrante Geruch von Moder und Schmutz! Zorn wallte in Napoleone auf. Für all seine Untaten verdiente Butler den Tod.
So plötzlich, wie Felicia in Tränen ausgebrochen war, beruhigte sie sich wieder. Sie setzte sich auf, trocknete sich die Augen mit dem Taschentuch, das ihr Napoleone zugesteckt hatte, und lachte leise.
»Was für ein Schauspiel ich Euch doch biete, meine armen Freunde! Bringt mich rasch nach Hause, damit ich wieder zu mir komme!«

Bereits zwei Stunden später konnte man tatsächlich die frühere Felicia langsam wiedererkennen. Das schwarze Haar, noch feucht vom Bade, zu einer hohen Krone aufgesteckt und in ein bequemes Hauskleid aus Kaschmir gehüllt, saß Felicia mit Napoleone und Delacroix an einem kleinen Tisch in der Kaminecke des Salons und ließ sich mit einem Berg Teigwaren sowie einem Saltimbocca à la Romana aus Livias Küche verwöhnen. Einziges Zugeständnis an Frankreich war ein alter Chambertin, mit dem das Mahl begossen wurde.

»Nicht daß Ihr denkt, man hätte mich in der Force hungern lassen«, erklärte sie, »aber das beste Essen schmeckt nicht, wenn es nicht mit der Luft der Freiheit gewürzt ist. Ich habe kaum etwas zu mir genommen, weil einfach nichts geschah.«

»Wäre es nicht angebracht, einen Arzt hinzuzuziehen?« wagte Napoleone vorzuschlagen. »Ihr seid so abgemagert, so blaß ...«

»Ich brauche keinen Arzt! In drei Tagen werdet Ihr mich nicht wiedererkennen. Sprechen wir aber jetzt von Euch! Erzählt mir, wie es Euch gelungen ist, mich dort rauszuholen.«

Es folgte ein zweistimmiger Bericht, dem die Befreite aufmerksam lauschte, ohne ein einziges Wort zu äußern oder erkennen zu lassen, wie gerührt sie war. Erst nachdem Delacroix das Zusammentreffen mit Louis-Philippe geschildert hatte, brach sie ihr Schweigen.

»Einen König nennt Ihr dieses Individuum?« rief sie voller Verachtung. »Diesen Mann, der seine Regentschaft mit Amtsmißbrauch beginnt und dessen Geldgier unersättlich ist? Ich würde ihn eher als einen Krämer bezeichnen. Das liegt übrigens in der Familie: Die Galerien, die Philippe-Egalité seinerzeit entlang seiner Gärten bauen ließ – was bedeuteten die für ihn anderes als eine höchst einträgliche Erwerbsquelle?«

»Eine Erwerbsquelle, die nicht mehr lange fließen dürfte«, meinte Delacroix lachend. »Wie aus zuverlässigen

Kreisen verlautet, bestürmen Königin Marie-Amélie und ihre Schwägerin, Madame Adelaïde, den König, die Spielhöllen, die Cafés und natürlich vor allem die Bordelle zu schließen. Allzulange wird er sich nicht mehr zur Wehr setzen können...«

»Was zur Folge hat, daß er auf viel Geld verzichten muß. Aber damit muß er sich abfinden. Napoleone, ich weiß wirklich nicht, wie ich Euch danken kann. Ihr habt so viel auf Euch genommen – ganz abgesehen davon, daß Ihr meinetwegen Eure Auvergne verlassen habt und damit auch die, denen Euer Herz gehört.«

»Macht Euch deswegen keine allzu großen Gedanken, Felicia«, sagte Napoleone leise. »Die, denen mein Herz gehört, können sehr wohl eine Weile ohne mich auskommen.«

»Hmm! Mir scheint, Ihr habt mir da noch einiges zu erzählen. Diese unterschwellige Traurigkeit in Eurer Stimme gefällt mir gar nicht. Aber jetzt haben wir ja genug Zeit dazu, denn Ihr bleibt natürlich hier. Ich habe bereits veranlaßt, daß Euer Zimmer zurechtgemacht wird.«

»Heute abend nicht. Seit meiner Ankunft wohne ich in Saint-Mandé, bei der reizenden Madame Morizet. Zumindest einen letzten Abend bin ich ihr schuldig. Dafür verspreche ich Euch, morgen wiederzukommen. Ich habe Euch tatsächlich eine Menge zu erzählen.«

»Wir könnten Gaetano schicken, damit er Eurer Freundin Bescheid sagt und Euer Gepäck holt. Ich bin sicher, Madame Morizet wird Verständnis dafür zeigen – und ich freue mich doch so, Euch wiederzuhaben.«

»Ich mich auch, Felicia, und ich hoffe, Ihr zweifelt nicht daran, auch wenn ich auf Madame Morizets Freundschaft und auf ihr Alter Rücksicht nehmen möchte.«

Sie erwähnte nicht, daß die arme Madame Morizet sie seit mehr als vierundzwanzig Stunden nicht gesehen hatte und im höchsten Grade beunruhigt sein mußte. Deshalb und nachdem sie darum gebeten hatte, ihr

einen Wagen zu besorgen, betraute sie Delacroix mit der Aufgabe, Felicia Gesellschaft zu leisten, und verabschiedete sich.
Als sie das Haus verließ, spähte sie forschend nach allen Seiten, um sich zu vergewissern, daß keine verdächtige Kutsche, kein allzu gemächlich bummelnder Passant zu sehen waren. Wenn Butler ihre Spur aufnehmen wollte, würde er vor allem in der Rue de Babylone nach ihr suchen. Mit Ausnahme eines Pärchens, das es augenscheinlich eilig hatte, nach Hause zu kommen, und zweier junger Leute, die vor der alten Schweizer Kaserne in ein Gespräch vertieft waren, war die Straße jedoch menschenleer, und Napoleone zwang sich, die Erinnerung an den Feind zu verdrängen. Sie mußte sich vielmehr eine plausible Ausrede für ihre betagte Freundin einfallen lassen, denn um nichts in der Welt wollte sie ihr berichten, was während der letzten Nacht wirklich geschehen war. Nach langem Überlegen entschloß sie sich deshalb zu der Erklärung, die ihr am einleuchtendsten erschien: Um rechtzeitig zur Freilassung der Freundin an der Force zu sein, hätte sie auf Anraten von Delacroix die Nacht in einem Hotel am Quai Voltaire, in der Nähe der Wohnung des Malers, zugebracht.
Und in der Tat, die reizende alte Dame nahm ihrer jungen Freundin diese Geschichte bereitwillig ab.
»Ich ahnte dergleichen«, meinte sie. »Vor allem, weil der gute Monsieur Vidocq beobachtet hatte, daß Ihr im Gefolge des Königs den Palais-Royal betratet. Wenn Ihr heute nicht aufgetaucht wäret, hätten wir uns natürlich Gedanken gemacht. Ich bin jedenfalls sehr glücklich, daß alles zu Eurer Zufriedenheit gelöst ist. Schade nur, daß es jetzt Abschied nehmen heißt. Ich vermute wohl richtig, daß Ihr einige Tage bei Eurer Freundin verbringen wollt, ehe Ihr nach Hause zurückkehrt?«
»Das ist richtig. Ich werde Euch morgen verlassen, ohne jedoch jemals Eure Gastlichkeit und Eure Freundschaft zu vergessen. Vielleicht kann ich es einrichten, im

Sommer einmal mit Etienne herzukommen. Ich bin sicher, er wäre begeistert...«
»Der süße kleine Engel! Über nichts würde ich mich mehr freuen! Schreibt mir, sobald Ihr wieder in Combert seid, damit ich weiß, daß Ihr die Reise gut überstanden habt!«
Für Vidocq, der noch am selben Abend vorbeischaute, mußte Napoleone erneut auf ihre Notlüge zurückgreifen – und wieder ging alles glatt. Der ehemalige Polizist, der sie ja in Begleitung von Delacroix gesehen hatte, bezweifelte keine Sekunde lang, was sie ihm erzählte. Was Napoleone ein wenig verwirrte, erkannte sie doch, wie mühelos Lügen für sie auf einmal war, wie einfach. Völlig neue Perspektiven taten sich auf, Perspektiven, die einen unangenehmen Beigeschmack an sich hatten. Was aber konnte sie nach der vergangenen Nacht anderes tun? Sie mußte von nun an lügen, immer wieder lügen – oder zumindest Einzelheiten verschweigen, so lange, bis sie wieder bei Jean war.
Beim Gedanken an den Mann, den sie liebte, würgte sie die Angst. Wie konnte sie ihm nach einer solchen Erfahrung mit fröhlichem Gesicht entgegentreten? Sie mußte ihm bereits beichten, daß sie nicht schwanger war, daß sie ihn in diese tückische Falle gelockt hatte, damit er sie entgegen seiner Absicht heiratete. Und ab sofort würde – unsichtbar zwar, aber allgegenwärtig – Patrick Butler zwischen ihnen stehen. Selbst wenn Jean niemals etwas von ihm erführe, Butler würde durch seine bloße Existenz ihr Glück vergiften... Was wäre, wenn dieser Wahnsinnsmensch sie in seiner Gier bis nach Combert verfolgte?
Entsetzt wehrte Napoleone diesen Gedanken ab. So etwas durfte sie sich gar nicht erst ausmalen. Die Auvergne war groß und verschwiegen genug, um als sicheres Versteck dienen zu können. Morgen würde sie jedenfalls erst einmal mit Felicia sprechen, sie überreden, baldmöglichst mit ihr aufzubrechen...

Nachdem sie von Madame Morizet Abschied genommen hatte, kehrte Napoleone in die Rue de Babylone zurück. Felicia stand in einem langen schwarzen Reitkleid vor dem großen Drehspiegel in ihrem Zimmer und versuchte gerade, sich einen eleganten, mit einer langen weißen Musselinschärpe geschmückten Zylinder so keck wie möglich auf den Kopf zu drücken.
»Ich habe Euch mit Ungeduld erwartet!« begrüßte sie Napoleone, die sie erstaunt anstarrte. »Wie gefalle ich Euch?«
»Umwerfend«, sagte Napoleone wahrheitsgemäß. »Solltet Ihr nicht noch im Bett sein?«
»Ich habe die ganze Nacht im Bett verbracht, und heute morgen fühle ich mich bereits wie neugeboren. Ach, meine liebe Napoleone, es ist so wunderbar, wieder frei und lebendig zu sein! Ich möchte keine Minute dieses Glücks mit unnützem Ausruhen vergeuden!«
Felicia hatte sich inzwischen vom Spiegel abgewandt und Napoleone liebevoll in die Arme geschlossen.
»Und all das verdanke ich Euch, die Ihr mir zu Hilfe gekommen seid.«
»Seid Ihr nicht eher mir zu Hilfe gekommen, indem Ihr Euch einsperren ließet? Ich weiß, daß Euch dieser Schurke im Gefängnis aufgesucht hat, um Euch meinen Namen und meinen Aufenthaltsort zu entlocken. Ach, Felicia, wie hätte ich nicht alles tun können, um Eure Freilassung zu erwirken?«
Felicia nahm den Hut ab und legte ihn auf einen Stuhl. Alle Freude war aus ihrem Gesicht gewichen.
»Hattet Ihr nicht Sorgen genug, und geschah es nicht, um mir und meinem armen Bruder beizustehen, daß Ihr die krankhafte Leidenschaft dieses Mannes entfesselt habt? Ich konnte doch nicht zulassen, daß er Euch aufspürt und weiß Gott was für ein Drama heraufbeschwört. Das war ich Euch schuldig!«
»Ihr hättet dort für immer Eure Freiheit einbüßen können, vielleicht sogar Euer Leben!«

»Eine Schuld ist eine Schuld. Die, die ich Euch gegenüber auf mich geladen habe, ist mir heilige Verpflichtung... Aber sprechen wir nicht mehr davon! Da sind noch so manche Rechnungen offen, und ich werde sie begleichen. Im Augenblick gibt es wahrlich Besseres zu tun. Berichtet mir vor allem, wie es zwischen Euch und dem Marquis, Eurem Oheim, steht.«
Entgeistert starrte Napoleone ihre Freundin an. Sie hatte vergessen, daß Felicia, die sie, seitdem sie voneinander Abschied genommen hatten, in Österreich wähnte, nichts, aber auch gar nichts von dem wußte, was sich in Lauzargues ereignet hatte.
»Ich glaube«, sagte sie lächelnd, »ich werde einen ganzen Tag benötigen, um Euch das alles ausführlich zu schildern.«
»Ich habe Euch gestern ja gesagt, wir müßten über vieles sprechen«, gab Felicia lachend zurück. »Ich ziehe mich nur rasch um, und dann geht's los! Außerdem wird das Mittagessen bald aufgetragen.« Sie fing an, das enge Mieder ihres Reitkleides aufzuhaken.
Napoleone, die ihr dabei half, fragte zwischendurch: »Warum diese Aufmachung, Felicia? Habt Ihr schon wieder vor, einen Ausritt zu unternehmen?«
»Vielleicht. Vor allem habe ich die Absicht zu verreisen – und ich will niemals wieder Männerkleidung anlegen. Davon habe ich ein für allemal genug!«
»Ich bin glücklich, daß Ihr Euch mit dem Gedanken tragt, Paris zu verlassen. Ich finde das sehr klug. Und ich würde mich freuen, wenn ich Euch meine Auvergne zeigen könnte!«
Felicia wandte sich so unvermittelt um, daß der Stoff des Reitkleides zwischen Napoleones Händen beinahe zerrissen wäre.
»Die Auvergne?« sagte sie ebenso sanft, wie sie sich gerade ruckartig umgedreht hatte. »Das heißt, Ihr wollt mir großzügigerweise Eure Gastfreundschaft anbieten, mein Engel... Aber ich habe in der Auvergne nichts ver-

das doch vor einem Hotel ein alltägliches Schauspiel. Sein Profil jedoch, das er Felicias scharfen Augen zuwandte, und der lange blonde Lippenbart nach Husarenart genügten der jungen Frau, um ihn zu erkennen.
»Habt Ihr gesehen? Das ist Duchamp«, flüsterte sie. »Der Himmel meint es gut mit uns.«
»Auch ich habe ihn erkannt...«
Colonel Duchamp, ehemaliger Offizier der Großen Armee und infolge der Restauration auf halben Sold gesetzt, war der erste Freund, den Napoleone gewonnen hatte, als sie vor dem Marquis de Lauzargues nach Paris geflohen war. Er hatte ihr das Leben gerettet, damals, als sie beinahe unter die Räder eines Wagens geraten war, und später dann waren sie sich sowohl bei dem Versuch, Gianfranco Orsini zu befreien, als Kampfgefährten wiederbegegnet, als auch während der Julirevolution. Danach war Duchamp, überzeugt, daß diese Revolution den Beginn eines neuen Kaiserreichs markierte, nach Wien geeilt, um den Sohn Napoleons heimzuholen. Er hatte sich mit Felicia in diesem Hotel ›Kaiserin von Österreich‹ verabredet; da seit seiner Abreise jedoch mehrere Monate verstrichen waren, konnte man es nur als glücklichen Zufall erachten, daß er Felicia und Napoleone gleich nach ihrer Ankunft über den Weg lief.
Inzwischen hatte er das Restaurant betreten. Die beiden Frauen beeilten sich, mit ehrerbietiger Hilfestellung des Hotelinhabers aus dem Wagen zu klettern.
»Ich habe einen Bärenhunger«, ließ sich Felicia laut und deutlich vernehmen. »Wäre es möglich, daß wir uns sofort zu Tisch begeben? Mein Diener wird die Zimmer belegen. Wobei ich voraussetze, daß sie uns zusagen.«
»Sie sind vortrefflich, Prinzessin, vortrefflich! Ihr findet in ganz Wien keine besseren.«
»Hoffentlich! Wir werden uns nur rasch die Hände waschen.«
Kurz darauf erschienen die beiden Frauen, geleitet von

dem Hotelbesitzer, in dem durch die dunkle Holztäfelung reichlich düsteren Speiseraum, in dem die Gäste an mit schneeweißen Tüchern bedeckten Tischen saßen. Sofort entdeckten sie Duchamp, der sich in der Nähe der breiten Anrichte niedergelassen hatte und vom Studium der Speisekarte völlig in Anspruch genommen war. Felicia steuerte auf einen Tisch zu, der im Blickfeld des Colonel lag.

Napoleone wäre es weitaus lieber gewesen, sich etwas auszuruhen, die Kleidung zu wechseln und erst dann essen zu gehen, aber sie sah ein, daß das plötzliche Auftreten von Duchamp ein Glücksfall war: Vor allem der Colonel mußte bereits die Hoffnung aufgegeben haben, Felicia jemals wiederzusehen...

Napoleone sprach nicht besonders gut deutsch, hatte diese Sprache nie geliebt, weil sie sie als wenig melodisch empfand. Felicia dagegen beherrschte sie fließend und Duchamp offenbar auch, denn die beiden Frauen konnten hören, wie er seine Bestellung aufgab und noch ein wenig mit der Bedienung plauderte, die in einem rot-weiß gestreiften Faltenrock und einem schwarzen Samtmieder vor ihm stand. Ein über dem Busen geknotetes geblümtes Schultertuch, ein Batisthäubchen, weiße Strümpfe und Schnallenschuhe vervollständigten diese fröhliche Tracht, die auch die anderen Bedienungen trugen und dadurch eine erfrischende Note in den eher strengen Raum brachten.

Felicia bestellte für Napoleone und sich selbst Gemüsesuppe, Lammklößchen und ungarischen Rinderbraten sowie Makronen mit Konfitüre, und das so laut, daß sie hoffen durfte, die Aufmerksamkeit von Duchamp auf sich zu lenken. Und genauso geschah es: Der Colonel, der sich, nachdem er seine Bestellung aufgegeben hatte, in die Lektüre einer Zeitung vertieft hatte, hob den Kopf. Mit seinen grauen Augen, die freudig aufleuchteten, begrüßte er die beiden Frauen und wandte sich dann wieder seiner Gazette zu.

»So, das wäre schon mal geschafft!« sagte Felicia erleichtert. »Jetzt weiß er, daß wir hier sind. Überlassen wir alles weitere ihm.«
Sie sprachen dem zu, was man ihnen auftrug. Die Strecke seit der letzten Rast in Sankt Pölten war ihnen endlos erschienen, entsprechend ausgehungert waren sie jetzt. Deshalb redeten sie nur wenig, achteten aber aufmerksam auf das, was im Speiseraum vorging. Sie bemerkten, daß Duchamp unauffällig den Besitzer zu sich heranwinkte, ihm etwas ins Ohr flüsterte und dabei noch unauffälliger zu dem Tisch deutete, an dem Felicia und Napoleone saßen. Vermutlich erkundigte er sich nach ihren Namen, eine wohlweisliche Vorsichtsmaßnahme, da er ja nicht wissen konnte, welche Identität sich die beiden für ihr Unternehmen ausgesucht hatten.
Felicia war sich in diesem Punkt bis kurz vor ihrer Abreise aus Paris selbst nicht schlüssig gewesen. Da ihr Gemahl, Graf Angelo Morosini, in Venedig von den Österreichern erschossen worden war, erschien es nicht ratsam, unter diesem der Polizei so wohlvertrauten Namen nach Wien zu fahren. Andererseits waren die Pseudonyme Mrs. Kennedy und Mademoiselle Romero, die sich Napoleone und sie für ihren Ausflug in die Bretagne zugelegt hatten, zu nichts nütze. Schließlich waren sie überein gekommen, so aufzutreten, wie es ihrem Status am besten entsprach – als zwei weltgewandte Frauen, die zu ihrem Vergnügen unterwegs waren und die Hauptstadt der Musik besuchen wollten. Napoleone sollte ihren richtigen Namen beibehalten, Felicia wieder zu der werden, die sie vor ihrer Heirat gewesen war und nie zu sein aufgehört hatte: eine Prinzessin Orsini.
»Kein Mensch kann mir verbieten, wieder meinen Mädchennamen anzunehmen«, erklärte sie Napoleone. »Die Orsini sind eine weitverzweigte Familie, und einige unter ihnen hegen für Österreich sogar eine gewisse Sympathie. Weshalb es mich wundern würde, wenn man mir in Wien irgendwelche Unannehmlichkeiten

bereitete. Für die ich übrigens gewappnet wäre, denn schließlich habe ich als junges Mädchen eine Weile dort gelebt.«

Dank des unentbehrlichen Vidocq und dessen Beziehungen wurden in Rekordzeit Pässe beschafft, und die letzten Tage vor der Abreise verwendete man dazu, für Napoleone, die nur mit leichtem Gepäck nach Paris gekommen war, Einkäufe zu tätigen. Glücklicherweise verfügten die beiden jungen Frauen über genügend Geld, und die tausend Louisdor von Louis Vernet stellten eine willkommene Zugabe dar. Selbstverständlich statteten sie Delacroix einen Abschiedsbesuch ab.

Der Maler zeigte sich mit der Reise nach Wien durchaus einverstanden, war sie doch in seinen Augen die beste Möglichkeit, den weiterhin zu erwartenden Schikanen der Polizei zu entgehen und die Spur für Patrick Butler zu verwischen. Einen Augenblick spielte er mit dem Gedanken, die Freundinnen zu begleiten, weil ihm nach Reisen zumute war. Er sehnte sich danach, Venedig zu besuchen, das man vom österreichischen Innsbruck aus über den Brenner leicht erreichen konnte. In dieser Jahreszeit jedoch war anzunehmen, daß der Paß unbefahrbar sein würde; außerdem stand die Eröffnung des Salons bevor, und Delacroix wollte dort das Bild ausstellen, das ›Die Barrikade‹ zu betiteln er sich durchgerungen hatte.

»Es wird übel vermerkt, wenn ein Künstler beim Erscheinen der offiziellen Persönlichkeiten nicht Gewehr bei Fuß neben seinem Werk steht«, seufzte er. »Der König würde mir das nicht verzeihen, und ich bin nicht erpicht darauf, unser gutes Verhältnis zu trüben. Vielleicht komme ich aber nach, solltet Ihr nicht vorher zurück sein. In diesem Falle findet Ihr mich in der vordersten Reihe der Menge, wo ich so laut ›Es lebe Napoleon II.!‹ brülle, daß mir die Kehle wund wird.«

Man verabschiedete sich mit Umarmungen und dem Versprechen zu schreiben, zumindest eine Adresse mit-

zuteilen. Dies war der Tag vor der Abreise; am folgenden Morgen bestiegen Felicia und Napoleone, begleitet von Timour, voller Hoffnung und dem erhebenden Gefühl, Romanheldinnen zu gleichen, den Reisewagen.
Es war ein kalter Januar mit kurzen oder auch länger andauernden Schneefällen, aber die Kutsche war ein Hort wohliger Behaglichkeit und erlaubte es, die Unbilden des Wetters zu vergessen.
Über Straßburg, München, Salzburg und Linz erreichten die Reisenden Wien in trotz der winterlichen Verhältnisse so angenehmen Etappen, wie es Damen, die zu ihrem Vergnügen unterwegs sind, entsprach. Napoleones Sorge, Patrick Butler auftauchen zu sehen, war nach den ersten Zwischenaufenthalten verflogen, zumal er sich auch vor ihrer Abreise schon nicht mehr auf den Straßen von Paris oder in der Nähe des Hauses Morosini hatte blicken lassen.
»Vielleicht hat er aufgegeben?« wagte Napoleone zu hoffen. »Wo er doch alles bekommen hat, was er begehrte. Sein Stolz ist befriedigt, und ich neige zu der Annahme, daß er mir lediglich drohen wollte. Außerdem hat er wichtige Geschäfte in der Bretagne zu tätigen und dürfte deswegen zurückgefahren sein...«
Felicia schüttelte zweifelnd den Kopf. Ihrer Meinung nach gehörten Männer wie er zur Rasse der scharfen Wachhunde, die unter keinen Umständen ihren Knochen preisgaben.
»Ich bin überzeugt, daß er irgendwann überraschend aufkreuzen wird. Wir müssen wachsam sein, vor allem Ihr – was uns jedoch nicht daran hindern soll, unsere Reise zu genießen und unbelastet Pläne zu schmieden. Wie wunderbar Hoffnung doch ist!«
Und diese Hoffnung hatte sie auf dem ganzen Weg begleitet, während der Abende in den Herbergen und den Mahlzeiten in den Gasthöfen oder auf ihrem Zimmer, wenn ihnen die Gesellschaft von Fremden nicht ratsam erschien. Was häufig der Fall war.

Duchamp hatte inzwischen seinen Kaffee getrunken und die Zeche bezahlt. Felicia, die ihn durch leicht gesenkte Lider beobachtete, sah, wie er jetzt in aller Ruhe die Zeitung zusammenfaltete, gähnte, ein Notizbuch und einen Bleistift hervorkramte, etwas schrieb und dann mit mürrischem Gesicht die Seite herausriß und sich in die Tasche stopfte. Dann stand er auf und begab sich mit dem gemächlichen Schritt eines Mannes, der gut gegessen hat, zum Ausgang. Als er jedoch an den beiden Frauen vorbeikam, stieß er mit dem Fuß gegen das Tischbein, stolperte und rempelte Felicia an, die ihn ungnädig anfunkelte.

»Die Pest soll sie holen, diese Tolpatsche!« begann sie sich zu ereifern. Duchamp bedachte sie mit einem Schwall von Entschuldigungen auf deutsch, um nach drei oder vier tiefen Bücklingen, die seiner schauspielerischen Begabung alle Ehre machten, zur Tür zu eilen, seinen Spazierstock aus dem Schirmständer zu angeln und in Windeseile zu verschwinden, gefolgt von den Blicken der anderen Gäste. Was wiederum Felicia Gelegenheit bot, das Stück Papier zu verstecken, das der Colonel auf ihren Schoß hatte fallen lassen. Sie zwinkerte der Freundin zu.

»Wie wäre es, wenn wir sofort zu Bett gingen?« fragte sie, wobei sie ein leichtes Gähnen unterdrückte. »Mir fallen die Augen zu...«

Wenige Minuten später und nachdem sie das Zimmermädchen, das das Bett aufdeckte, entlassen hatten, waren sie allein.

»Mal sehen, was er uns mitteilt«, meinte Felicia und entfaltete den Zettel, der nur eine kurze Nachricht enthielt: ›Bleibt nicht in diesem Hotel‹, schrieb Duchamp. ›Trefft Vorkehrungen, morgen in den ›Schwan‹ in der Kärntner Straße umzuziehen. Dort kann ich mich unauffälliger mit Euch treffen...‹ Unterschrift: ›Grünfeld, Waffenmeister.‹

»Es sieht so aus«, stellte Felicia fest, »als trete unser

Freund unter einem anderen Namen auf. Wir müssen uns an seine Anweisungen halten. Und zuallererst Timour Bescheid sagen, damit er uns morgen früh zur Verfügung steht. Ihr kennt ja von Morlaix her seine Leidenschaft für Fußmärsche durch die Stadt. Aus seiner Wiener Zeit scheint er sich zudem eine Vorliebe für Cafés bewahrt zu haben. Und da er annimmt, daß wir hierbleiben...«
Also wurde der Türke gerufen. Er versprach, das Hotel nicht ohne vorherige Erlaubnis zu verlassen, zeigte sich zudem hochbefriedigt über die Absicht, der ›Kaiserin von Österreich‹ den Rücken zu kehren.
»Gefällt es dir etwa hier nicht?« hakte Felicia nach. »Das Haus genießt durchaus einen guten Ruf.«
»Hier treiben sich zu viele rum, die wie Polizisten aussehen«, erwiderte Timour. »Außerdem schätze ich es nicht, wenn man mich wie einen Domestiken behandelt. Ich bin dein Leibwächter, Prinzessin, nicht dein Diener!«
Am nächsten Morgen hallte das Hotel von dem überzeugend gespielten Wutausbruch Felicias wider. Dieses Haus, schimpfte sie, sei wohl das Grauenhafteste, was man sich vorstellen könne. Die Laken seien aus grobem Tuch, der nächtliche Krach unerträglich, und als Krönung der Schande hätte sich eine Wanze unverschämterweise in das Bett der Prinzessin Orsini verirrt. Ohne sich die verzweifelten Beteuerungen und Entschuldigungen des Besitzers anhören zu wollen, forderte Felicia nachdrücklich und auf der Stelle die Rechnung sowie die Bereitstellung ihres Wagens. Eine halbe Stunde später verließ sie mit Napoleone und Timour das Hotel.
»Habt Ihr den Bogen nicht ein wenig überspannt?« fragte Napoleone belustigt, als sich der Wagen in Bewegung gesetzt hatte. »Immerhin ist die ›Kaiserin von Österreich‹ eine sehr gute Adresse...«
»Übertreiben ist immer gut, vor allem, wenn man unehrlich ist. Mit leiser Kritik wären wir nicht weggekom-

men. Wenn uns Duchamp zum Aufbruch rät, bedeutet das, daß dieses Haus nicht so gut ist, wie es den Anschein hat. Außerdem vertraue ich Timours Gespür, und er glaubt, überall Polizisten gesehen zu haben.«
Das Hotel ›Schwan‹, unweit der Hofburg in einer der Hauptgeschäftsstraßen der Stadt gelegen, bot den beiden jungen Frauen eine angenehme Überraschung. Zum einen war es gerade vollständig renoviert worden, zum anderen stammte der Besitzer Giuseppe Pasquini wie Felicia aus Italien. Eine Prinzessin Orsini konnte in seinem Haus nur mit größter Zuvorkommenheit aufgenommen werden. Und da Duchamp ein übriges getan und ihr Kommen angekündigt hatte, beeilte sich Pasquini, als die Reisegesellschaft vor seinem Hotel anhielt, die Trittleiter des Wagens höchst eigenhändig herunterzuklappen.
»Willkommen, Euer Exzellenz!« schmetterte er. »Es ist meinem bescheidenen Haus eine Ehre, eine hochgestellte Dame aus meinem Heimatland begrüßen zu dürfen. Gelobt sei Jesus Christus!«
Für den Liebreiz der beiden hübschen Frauen zudem nicht unempfänglich, ließ es sich Pasquini nicht nehmen, sie persönlich zu ihren Zimmern zu begleiten und dort so lange zu verharren, bis die Dienstboten, die sich um das Gepäck kümmerten, verschwunden waren. Er schien etwas auf dem Herzen zu haben.
»Die Prinzessin und Madame la Comtesse sollen wissen, daß sie sich hier wie zu Hause fühlen können ... und völlig sicher. Das ganze Haus steht ihnen zu Diensten. Monsieur Grünfeld hat ausdrücklich darauf bestanden, Eure Exzellenzen gleich bei ihrer Ankunft davon in Kenntnis zu setzen.«
Felicia bedachte ihren Gastgeber mit einem freundlichen Lächeln. Pasquini war ein Mann, der fünfundvierzig Jahre alt sein mochte und dessen regelmäßige Gesichtszüge infolge einer guten Küche ein wenig ins Rundliche entgleist waren. Dafür war der Blick seiner

dunklen Augen ehrlich und sein Lächeln nicht ohne Charme.
»Woher kennt Ihr Monsieur ... Grünfeld?« fragte sie.
»Aus Mailand. Das liegt schon lange zurück. Nach Wagram dann habe ich ihn hier wiedergetroffen. Wir sind immer Freunde gewesen.«
»Er wohnt demnach ebenfalls bei Euch?«
»Nein. Seit seiner Rückkehr ist er niemals hier abgestiegen. Um zu vermeiden, daß unsere Beziehungen zu bekannt werden, hatte er die ›Kaiserin von Österreich‹ vorgezogen, ist aber nur zwei Wochen geblieben, das heißt so lange, bis er eine Wohnung gefunden hatte. Er hat einen weiß Gott gut besuchten Fechtsaal am Kohlmarkt eröffnet. Hin und wieder kommt er her, um sich meine Pasta schmecken zu lassen. Was aber die Prinzessin angeht, so hat er keinen Moment gezögert, sich an mich zu wenden. Ich wäre höchst verwundert, wenn er sich heute abend nicht hier blicken ließe...«
Spontan und herzlich, wie es ihre Art war, streckte Felicia dem Hotelbesitzer die Hand entgegen.
»Ich danke Euch, Signor Pasquini. Es ist wunderbar, sich bei einem Freund aufgenommen zu wissen. Wir wollen Eure Gastfreundschaft aber nicht ausnützen. Für uns wäre es am besten, wenn wir eine Wohnung fänden.«
Felicia beabsichtigte nämlich, mit Napoleone ein größeres Haus zu beziehen oder in einem Palais eine Etage zu mieten. Das würde ihrem Plan entgegenkommen, Zugang zur Wiener Gesellschaft zu finden, die zweifelsohne der beste Beobachtungsposten war. Denn wer, die mißtrauischsten Polizisten eingeschlossen, würde zwei bildhübsche, elegante junge Damen, die augenscheinlich darauf versessen waren, sich zu amüsieren, mit Argwohn verfolgen?
»Für uns«, erklärte Felicia, »kommen Verschwörermienen, mausgraue Umhänge und Tuscheleien nicht in Frage. Statt dessen Empfänge, Feste, Ausgelassenheit.

Der Prinz wird demnächst zwanzig Jahre alt, genau wie Ihr, meine Liebe! Und ich denke, man wird ihm gestatten, sich von nun an ein wenig zu amüsieren und in Gesellschaft zu begeben.«
Kluge Überlegungen, die in allen Punkten Duchamps Billigung finden sollten. Als er am Abend kurz vor der Essenszeit erschien, führte ihn Pasquini in den kleinen Salon, der die Zimmer der beiden Freundinnen miteinander verband. Nachdem Duchamp seinen Pelzumhang und den Hut abgelegt hatte, küßte er Felicia die Hand. Als er sich Napoleone zuwandte, bemerkte diese, wie in seinen Augen eine kleine Flamme aufzuckte, und errötete zart. Hatte er ihr nicht damals während ihres gemeinsamen Abenteuers in der Bretagne zu verstehen gegeben, daß er sie liebte? Offenbar hatten sich seine Gefühle nicht geändert.
»Ich meinte zu träumen, als ich Euch gestern entdeckte, Madame«, sagte er und beugte sich über Napoleones Handrücken. »Seit langem schon warte ich auf die Ankunft ... der Prinzessin, Euch jedoch hätte ich selbst in meinen kühnsten Träumen nicht so rasch wiederzusehen gehofft. Ich wähnte Euch weitab in der Auvergne.«
»Dort war ich auch, aber wie Ihr seht, kann es geschehen, daß man auf Reisen geht.«
»Habt Ihr Euch endlich dafür entschieden, Euch unserem Kampf anzuschließen?«
»Zu behaupten, daß das aus freien Stücken geschah, wäre ganz sicherlich übertrieben, lieber Colonel«, sagte Felicia. »Genauer gesagt: Madame de Lauzargues hat ihren Besitz verlassen, um mich zu retten – und um sich selbst zu retten, hat sie mich hierher begleitet. Jedoch ist sie fest entschlossen, uns zu helfen...«
»Euch zu retten, sich zu retten? Was ist denn geschehen?«
»Ihr könnt Euch wohl denken, daß ich nicht eher gekommen bin, weil etwas geschehen ist. Aber nehmt doch bitte hier in diesem Sessel Platz und nehmt ein

Glas dieses alten Lacrima Christi. Dann sprechen wir alles durch. Wo waren wir stehengeblieben?«
Duchamps Lächeln erlosch. Er wandte den Blick von Napoleone ab und sah Felicia besorgt an.
»Ihr wißt ja überhaupt nichts. Erfährt man denn in Paris so wenig, was vorgeht?«
»Wie sollte ich etwas erfahren haben? Ich saß im Gefängnis.«
»Im Gefängnis? Ihr? Weshalb denn?«
»Auf Veranlassung eines unserer alten Freunde, des Monsieur Patrick Butler, seines Zeichens Schiffseigner aus Morlaix.«
In wenigen Sätzen berichtete Felicia, was ihr zugestoßen war und wie Napoleone ihre Freilassung betrieben hatte, natürlich ohne den Zwischenfall in der Rue Saint-Louis-en-l'Ile zu erwähnen. Sie wußte längst, daß der Colonel in Napoleone verliebt war, und wollte keineswegs seinen Zorn entfesseln. Die Wut, die ihn gepackt hatte, war bereits heftig genug.
»Sobald wir wieder in Frankreich sind, werde ich es diesem Schuft heimzahlen ...«
»Das kann Euch niemand verdenken. Aber jetzt erzählt doch. Wie weit ist unser Vorhaben gediehen?«
»Nicht sehr weit, fürchte ich. Als ich herkam, träumte ich davon, mitzuerleben, wie die Bonapartes über Österreich herfallen, um die Herausgabe des Königs von Rom zu fordern, ihn dann im Triumphzug nach Paris begleiten und ihm dort zum Antritt seines Erbes verhelfen.«
Felicia lachte verächtlich auf.
»Diese Leute da? Erwartet Ihr Euch wirklich etwas von denen? Außer der Königinmutter, die in Rom zusammen mit der Kirche darauf wartet, daß Gott ihr gestattet, ihren Sohn wiederzusehen, denken die anderen nicht eine Sekunde lang daran, ihr Exil zu verlassen. Joseph ist in Amerika, der Rest in Rom oder Florenz, und allem Anschein nach geht es ihnen dort gut. Elisa und

Pauline, die einzigen, die freudigen Herzens mit uns gekämpft hätten, sind tot.«
»Urteilt nicht zu pauschal. Es gibt eine Ausnahme.«
»Dürfte ich wissen, welche?«
»Die Tochter von Elisa, Napoleone Comtesse Camerata. Sie war im vergangenen Oktober hier, hat sogar in diesem Hotel gewohnt. Ich habe sie häufig gesehen und war immer tief bewegt, weil sie das genaue Ebenbild des Kaisers ist. Übrigens betont sie diese Ähnlichkeit gerne dadurch, daß sie Männerkleidung trägt. In der Tat besitzt sie alle Eigenschaften eines jungen Mannes edlen Geblüts: Tapferkeit, Wagemut. Sie reitet, fechtet ...«
»Ist sie bereit, uns zu helfen?«
»Sie hatte sogar einen Plan, der unserem entsprach: den Prinzen mit oder ohne seine Zustimmung zu entführen und nach Frankreich zu bringen und möglicherweise den gleichen psychologischen Effekt zu erzielen, wie das seinerzeit bei der Rückkehr Napoleons von der Insel Elba der Fall war. Sie baute darauf, daß ihr der Herzog von Reichstadt allein wegen ihres Äußeren und ihres Namens in die Arme sinken, sich aufs Pferd schwingen und mit uns in Richtung Grenze fliehen würde.«
»Und jetzt?«
»Jetzt hat sie ihre Träume begraben müssen. Alles, was sie erreicht hat, war ein Gespräch mit Exkaiserin Marie-Louise, das völlig überflüssig war. Was den Prinzen angeht, so hat sie sehr bald erkannt, daß es unmöglich ist, an ihn heranzukommen. Ihr exzentrisches Wesen hinderte sie daran, genauso wie ihr Gesicht, dieses Gesicht, auf das sie setzte, das aber Metternich nur noch mehr verschreckte. Sobald er von der Anwesenheit der Comtesse in Wien erfuhr, verstärkte er die Wachen um seinen jungen Gefangenen. Darüber hinaus hat er dafür gesorgt, daß der Prinz vor seiner Cousine gewarnt wurde und alle Audienzgesuche unbeantwortet blieben. Zu guter Letzt hat sie es mit Dreistigkeit versucht. Eines Abends im letzten November wollte sie ihn im Hause

des Barons von Obenaus, des Geschichtslehrers, den der Prinz für gewöhnlich zweimal in der Woche aufsucht, abfangen. Sie hatte einen der Domestiken bestochen und sich im Treppenhaus versteckt. Als der Prinz erschien, hat sie sich vor ihm auf die Knie geworfen, seine Hand genommen und, obwohl er versuchte, sich ihr zu entziehen, einen Kuß darauf gedrückt. Er hat diese Frau in ihrem Schottenumhang, die ihn da bestürmte, für eine Verrückte gehalten. Sie hatte keine Gelegenheit, sich zu erkennen zu geben, denn schon eilte Obenaus mit seinen Leuten herbei. Man überwältigte die Comtesse und wollte sie wegziehen, aber sie schrie: ›Wer will mir verbieten, meinem Herrscher die Hand zu küssen?‹ Und als man sie dann unmißverständlich zum Gehen aufforderte, rief sie noch: ›François! Vergiß nicht, daß du ein französischer Prinz bist!‹ Das war das Ende. Die Gelegenheit war verpaßt. Vielleicht hat sie einfach zu überstürzt gehandelt ...«

»Was geschah weiter?« fragte Felicia.

»Man brachte sie hierher zurück und behielt sie im Auge, aber sie gab sich noch immer nicht geschlagen. Da sie ihn nicht sprechen durfte, verlegte sie sich aufs Schreiben. Drei Anläufe hat sie gemacht, aber die ersten beiden Briefe sind gar nicht angekommen. Der dritte jedoch – und man weiß nicht, durch welches Wunder – hat seinen Empfänger erreicht. Ein sehr schöner Brief, sehr traurig, wenngleich, naja, ein wenig überspannt. Er kam dem Prinzen nicht geheuer vor. Er hat ihn seinem Hauslehrer gezeigt und ihn dann mit ein paar kühlen, nichtssagenden Zeilen beantwortet. Die Comtesse hat vor Enttäuschung geweint.«

»Und danach aufgegeben?«

»Nein. Eigensinnig wie sie ist, hat sie sich noch einmal ganz kurz in Erinnerung gebracht und um ein Gespräch gebeten. ›Ich werde, um mit Euch sprechen zu können, hinkommen, wohin Ihr wollt ...‹ Der Prinz hat daraufhin seinen harschen Brief bereut und als Zeichen seines

Bedauerns seinen engsten Freund, Chevalier Prokesch-Osten, mit Worten der Entschuldigung hierher geschickt. Ich war bei diesem Treffen nicht anwesend, weiß aber, daß sich Prokesch und die Comtesse Camerata sehr gut verstanden haben. Der Chevalier sehnt sich insgeheim danach, François auf dem Thron Frankreichs zu sehen. Er hat sich lange mit der Comtesse unterhalten und war bemüht, von ihr zu erfahren, welche Maßnahmen sie treffen könnte, um die Rückkehr des Prinzen erfolgreich zu bewerkstelligen – Maßnahmen, die leider äußerst begrenzt sind. Nur drei oder vier Vertrauensleute stehen zur Verfügung und keinerlei finanzielle Mittel. Er hat ihr daraufhin zu verstehen gegeben, daß man ein derartiges Unternehmen in allen Einzelheiten planen müsse, daß es wichtig wäre, Pferde zu beschaffen, Zwischenaufenthalte zu organisieren, Kontaktmänner zu kaufen. Wo doch die Comtesse alles andere als begütert ist! Immerhin hat Prokesch sie nicht entmutigt. Im Gegenteil. ›Ich werde Euch beistehen‹, hat er gesagt, ›sobald ich den Zeitpunkt für geeignet halte. Vorläufig heißt es abwarten ...‹«

»Was abwarten?« rief Felicia sichtlich erregt.

»Günstigere Umstände und bessere Vorkehrungen. Camerata hat sich damit einverstanden erklärt. Prokesch und sie haben sich beim Abschied versprochen, in Verbindung zu bleiben und zusammenzuarbeiten. Bedauerlicherweise ...«

»Ich weiß nicht warum, aber genau darauf habe ich gewartet«, meinte Felicia. »Eigenartig, daß immer etwas dazwischenkommt, sobald alles geklärt scheint.«

»Das ist nur zu wahr. Drei Wochen später erhielt die Comtesse Camerata von Sedlinsky, dem Chef der Polizei, den Befehl, Wien zu verlassen und nie mehr wiederzukommen. Man räumte ihr eine Frist bis zum 22. Dezember ein. Wohl oder übel mußte sie gehorchen.«

»Nach dem, was Ihr von ihr berichtet«, warf Napoleone ein, »sieht ihr das aber keineswegs ähnlich.«

»Sie ist lediglich der Aufforderung nachgekommen, Wien zu verlassen. Über ein Rückkehrverbot hat sie sich keine Gedanken gemacht. Sie ist nicht sehr weit gefahren, nur bis Prag. Seither schreiben wir uns. Nicht oft, wohlgemerkt, aber ich weiß, daß sie ihre Hoffnungen keinesfalls aufgegeben hat.«
Felicia stand auf, ging so aufgeregt im Zimmer hin und her, daß ihr weiter Schottenwollrock herumwirbelte.
»Um so besser!« meinte sie, als sie unvermittelt vor Duchamp stehenblieb, der nach der langen Berichterstattung genüßlich seinen Lacrima Christi schlürfte. »Was mich bei all dem stört, ist weniger das langsame Vorantreiben unseres Vorhabens, sondern die Haltung des Prinzen in dieser Sache. Ich glaubte, er brenne darauf, seinem Gefängnis zu entkommen, nach Frankreich zurückzukehren, dort auf seine Rechte und seine Anerkennung zu pochen. Ihr dagegen habt ihn uns als einen ängstlichen jungen Mann geschildert, der, wenn er einen geheimen Brief erhält, nichts Besseres zu tun weiß, als zu von Obenaus zu laufen und ihn ihm vorzulegen ...«
»Obenaus ist nur sein Geschichtslehrer. Sein Hauslehrer ist Graf von Dietrichstein. Und dazu muß gesagt werden, daß sowohl der eine als auch der andere – obwohl sie sich an Metternichs Weisungen halten – ihrem Schüler aufrichtig verbunden sind und ihm wie Prokesch wünschen, daß ihm große geschichtliche Bedeutung zukommt.«
»Das werdet Ihr mir niemals weismachen können.«
»Und doch ist es nicht so abwegig, wie Ihr glaubt. Überlegt doch einmal, teuerste Freundin. Beide sind der Meinung, daß es für Österreich und zwangsläufig auch für Frankreich äußerst vorteilhaft wäre, wenn ein von ihnen, das heißt im Geiste Österreichs erzogener Prinz in Paris regierte. Auch den Prinzen muß man verstehen: Das Leben, das man ihm fern von seiner Mutter in ausschließlich männlicher Gesellschaft aufgezwun-

gen hat, hat ihn mißtrauisch gemacht und verunsichert. Er träumt davon, genauso ruhmreich zu sein wie sein Vater, von dem er eigentlich gar nichts weiß. Aber er fürchtet die Fallstricke. Zu viele haben bereits versucht, sich bei ihm einzuschmeicheln, und meines Erachtens war die Comtesse Camerata viel zu voreilig. Das habe ich ihr auch zu verstehen gegeben...«

»Aber diese günstigen Umstände«, unterbrach ihn Napoleone, »wann erachtet Ihr die für gegeben?«

»Möglicherweise eher als gedacht. Deshalb bin ich ja so glücklich über Euer Kommen. Ich habe das Gefühl, Ihr erscheint genau zum richtigen Zeitpunkt. In der Hofburg sind nämlich gewisse Veränderungen im Gange. Der Prinz wird demnächst zwanzig und folglich aus der Obhut seiner Hauslehrer entlassen. Kaiser Franz hat ihm zugesagt, ihm ein Regiment zu übertragen, was bedeuten würde, daß sich einer seiner Träume erfüllt.«

»Pah!« sagte Felicia mit abschätzigem Schulterzucken. »Ein österreichisches Regiment!«

»So übel wäre das durchaus nicht. Ein Regiment hat seine Garnison häufig in der Provinz, und das, das man dem Prinzen versprochen hat, das ›Herzog von Nassau‹, ist in Brünn stationiert. Dort werden auch Manöver abgehalten, in deren Verlauf man eine Entführung in die Wege leiten könnte. Weiterhin werden dem Prinzen jetzt, da er volljährig wird, größere Zugeständnisse eingeräumt: Er darf sich freier bewegen, hat auch bereits, zehn Tage ist das her, seinen Eintritt in die Gesellschaft vollzogen und am Ball der englischen Botschafterin Lady Cowley teilgenommen. Wie man hört, hat er großen Erfolg geerntet, vor allem bei den Damen, und es ist abzusehen, daß er von jetzt an mit Einladungen überhäuft wird. Deshalb begrüße ich voll und ganz Eure Absicht, ein Haus anzumieten, in dem Ihr Empfänge geben könnt. Ihr werdet Gegeneinladungen erhalten, und somit ist abzusehen, daß Ihr ganz ungezwungen mit dem Prinzen Kontakt aufnehmen könnt.«

das doch vor einem Hotel ein alltägliches Schauspiel. Sein Profil jedoch, das er Felicias scharfen Augen zuwandte, und der lange blonde Lippenbart nach Husarenart genügten der jungen Frau, um ihn zu erkennen.
»Habt Ihr gesehen? Das ist Duchamp«, flüsterte sie. »Der Himmel meint es gut mit uns.«
»Auch ich habe ihn erkannt...«
Colonel Duchamp, ehemaliger Offizier der Großen Armee und infolge der Restauration auf halben Sold gesetzt, war der erste Freund, den Napoleone gewonnen hatte, als sie vor dem Marquis de Lauzargues nach Paris geflohen war. Er hatte ihr das Leben gerettet, damals, als sie beinahe unter die Räder eines Wagens geraten war, und später dann waren sie sich sowohl bei dem Versuch, Gianfranco Orsini zu befreien, als Kampfgefährten wiederbegegnet, als auch während der Julirevolution. Danach war Duchamp, überzeugt, daß diese Revolution den Beginn eines neuen Kaiserreichs markierte, nach Wien geeilt, um den Sohn Napoleons heimzuholen. Er hatte sich mit Felicia in diesem Hotel ›Kaiserin von Österreich‹ verabredet; da seit seiner Abreise jedoch mehrere Monate verstrichen waren, konnte man es nur als glücklichen Zufall erachten, daß er Felicia und Napoleone gleich nach ihrer Ankunft über den Weg lief.
Inzwischen hatte er das Restaurant betreten. Die beiden Frauen beeilten sich, mit ehrerbietiger Hilfestellung des Hotelinhabers aus dem Wagen zu klettern.
»Ich habe einen Bärenhunger«, ließ sich Felicia laut und deutlich vernehmen. »Wäre es möglich, daß wir uns sofort zu Tisch begeben? Mein Diener wird die Zimmer belegen. Wobei ich voraussetze, daß sie uns zusagen.«
»Sie sind vortrefflich, Prinzessin, vortrefflich! Ihr findet in ganz Wien keine besseren.«
»Hoffentlich! Wir werden uns nur rasch die Hände waschen.«
Kurz darauf erschienen die beiden Frauen, geleitet von

dem Hotelbesitzer, in dem durch die dunkle Holztäfelung reichlich düsteren Speiseraum, in dem die Gäste an mit schneeweißen Tüchern bedeckten Tischen saßen. Sofort entdeckten sie Duchamp, der sich in der Nähe der breiten Anrichte niedergelassen hatte und vom Studium der Speisekarte völlig in Anspruch genommen war. Felicia steuerte auf einen Tisch zu, der im Blickfeld des Colonel lag.
Napoleone wäre es weitaus lieber gewesen, sich etwas auszuruhen, die Kleidung zu wechseln und erst dann essen zu gehen, aber sie sah ein, daß das plötzliche Auftreten von Duchamp ein Glücksfall war: Vor allem der Colonel mußte bereits die Hoffnung aufgegeben haben, Felicia jemals wiederzusehen...
Napoleone sprach nicht besonders gut deutsch, hatte diese Sprache nie geliebt, weil sie sie als wenig melodisch empfand. Felicia dagegen beherrschte sie fließend und Duchamp offenbar auch, denn die beiden Frauen konnten hören, wie er seine Bestellung aufgab und noch ein wenig mit der Bedienung plauderte, die in einem rot-weiß gestreiften Faltenrock und einem schwarzen Samtmieder vor ihm stand. Ein über dem Busen geknotetes geblümtes Schultertuch, ein Batisthäubchen, weiße Strümpfe und Schnallenschuhe vervollständigten diese fröhliche Tracht, die auch die anderen Bedienungen trugen und dadurch eine erfrischende Note in den eher strengen Raum brachten.
Felicia bestellte für Napoleone und sich selbst Gemüsesuppe, Lammklößchen und ungarischen Rinderbraten sowie Makronen mit Konfitüre, und das so laut, daß sie hoffen durfte, die Aufmerksamkeit von Duchamp auf sich zu lenken. Und genauso geschah es: Der Colonel, der sich, nachdem er seine Bestellung aufgegeben hatte, in die Lektüre einer Zeitung vertieft hatte, hob den Kopf. Mit seinen grauen Augen, die freudig aufleuchteten, begrüßte er die beiden Frauen und wandte sich dann wieder seiner Gazette zu.

»So, das wäre schon mal geschafft!« sagte Felicia erleichtert. »Jetzt weiß er, daß wir hier sind. Überlassen wir alles weitere ihm.«
Sie sprachen dem zu, was man ihnen auftrug. Die Strekke seit der letzten Rast in Sankt Pölten war ihnen endlos erschienen, entsprechend ausgehungert waren sie jetzt. Deshalb redeten sie nur wenig, achteten aber aufmerksam auf das, was im Speiseraum vorging. Sie bemerkten, daß Duchamp unauffällig den Besitzer zu sich heranwinkte, ihm etwas ins Ohr flüsterte und dabei noch unauffälliger zu dem Tisch deutete, an dem Felicia und Napoleone saßen. Vermutlich erkundigte er sich nach ihren Namen, eine wohlweisliche Vorsichtsmaßnahme, da er ja nicht wissen konnte, welche Identität sich die beiden für ihr Unternehmen ausgesucht hatten.
Felicia war sich in diesem Punkt bis kurz vor ihrer Abreise aus Paris selbst nicht schlüssig gewesen. Da ihr Gemahl, Graf Angelo Morosini, in Venedig von den Österreichern erschossen worden war, erschien es nicht ratsam, unter diesem der Polizei so wohlvertrauten Namen nach Wien zu fahren. Andererseits waren die Pseudonyme Mrs. Kennedy und Mademoiselle Romero, die sich Napoleone und sie für ihren Ausflug in die Bretagne zugelegt hatten, zu nichts nütze. Schließlich waren sie überein gekommen, so aufzutreten, wie es ihrem Status am besten entsprach – als zwei weltgewandte Frauen, die zu ihrem Vergnügen unterwegs waren und die Hauptstadt der Musik besuchen wollten. Napoleone sollte ihren richtigen Namen beibehalten, Felicia wieder zu der werden, die sie vor ihrer Heirat gewesen war und nie zu sein aufgehört hatte: eine Prinzessin Orsini.
»Kein Mensch kann mir verbieten, wieder meinen Mädchennamen anzunehmen«, erklärte sie Napoleone. »Die Orsini sind eine weitverzweigte Familie, und einige unter ihnen hegen für Österreich sogar eine gewisse Sympathie. Weshalb es mich wundern würde, wenn man mir in Wien irgendwelche Unannehmlichkeiten

bereitete. Für die ich übrigens gewappnet wäre, denn schließlich habe ich als junges Mädchen eine Weile dort gelebt.«
Dank des unentbehrlichen Vidocq und dessen Beziehungen wurden in Rekordzeit Pässe beschafft, und die letzten Tage vor der Abreise verwendete man dazu, für Napoleone, die nur mit leichtem Gepäck nach Paris gekommen war, Einkäufe zu tätigen. Glücklicherweise verfügten die beiden jungen Frauen über genügend Geld, und die tausend Louisdor von Louis Vernet stellten eine willkommene Zugabe dar. Selbstverständlich statteten sie Delacroix einen Abschiedsbesuch ab.
Der Maler zeigte sich mit der Reise nach Wien durchaus einverstanden, war sie doch in seinen Augen die beste Möglichkeit, den weiterhin zu erwartenden Schikanen der Polizei zu entgehen und die Spur für Patrick Butler zu verwischen. Einen Augenblick spielte er mit dem Gedanken, die Freundinnen zu begleiten, weil ihm nach Reisen zumute war. Er sehnte sich danach, Venedig zu besuchen, das man vom österreichischen Innsbruck aus über den Brenner leicht erreichen konnte. In dieser Jahreszeit jedoch war anzunehmen, daß der Paß unbefahrbar sein würde; außerdem stand die Eröffnung des Salons bevor, und Delacroix wollte dort das Bild ausstellen, das ›Die Barrikade‹ zu betiteln er sich durchgerungen hatte.
»Es wird übel vermerkt, wenn ein Künstler beim Erscheinen der offiziellen Persönlichkeiten nicht Gewehr bei Fuß neben seinem Werk steht«, seufzte er. »Der König würde mir das nicht verzeihen, und ich bin nicht erpicht darauf, unser gutes Verhältnis zu trüben. Vielleicht komme ich aber nach, solltet Ihr nicht vorher zurück sein. In diesem Falle findet Ihr mich in der vordersten Reihe der Menge, wo ich so laut ›Es lebe Napoleon II.!‹ brülle, daß mir die Kehle wund wird.«
Man verabschiedete sich mit Umarmungen und dem Versprechen zu schreiben, zumindest eine Adresse mit-

zuteilen. Dies war der Tag vor der Abreise; am folgenden Morgen bestiegen Felicia und Napoleone, begleitet von Timour, voller Hoffnung und dem erhebenden Gefühl, Romanheldinnen zu gleichen, den Reisewagen.
Es war ein kalter Januar mit kurzen oder auch länger andauernden Schneefällen, aber die Kutsche war ein Hort wohliger Behaglichkeit und erlaubte es, die Unbilden des Wetters zu vergessen.
Über Straßburg, München, Salzburg und Linz erreichten die Reisenden Wien in trotz der winterlichen Verhältnisse so angenehmen Etappen, wie es Damen, die zu ihrem Vergnügen unterwegs sind, entsprach. Napoleones Sorge, Patrick Butler auftauchen zu sehen, war nach den ersten Zwischenaufenthalten verflogen, zumal er sich auch vor ihrer Abreise schon nicht mehr auf den Straßen von Paris oder in der Nähe des Hauses Morosini hatte blicken lassen.
»Vielleicht hat er aufgegeben?« wagte Napoleone zu hoffen. »Wo er doch alles bekommen hat, was er begehrte. Sein Stolz ist befriedigt, und ich neige zu der Annahme, daß er mir lediglich drohen wollte. Außerdem hat er wichtige Geschäfte in der Bretagne zu tätigen und dürfte deswegen zurückgefahren sein...«
Felicia schüttelte zweifelnd den Kopf. Ihrer Meinung nach gehörten Männer wie er zur Rasse der scharfen Wachhunde, die unter keinen Umständen ihren Knochen preisgaben.
»Ich bin überzeugt, daß er irgendwann überraschend aufkreuzen wird. Wir müssen wachsam sein, vor allem Ihr – was uns jedoch nicht daran hindern soll, unsere Reise zu genießen und unbelastet Pläne zu schmieden. Wie wunderbar Hoffnung doch ist!«
Und diese Hoffnung hatte sie auf dem ganzen Weg begleitet, während der Abende in den Herbergen und den Mahlzeiten in den Gasthöfen oder auf ihrem Zimmer, wenn ihnen die Gesellschaft von Fremden nicht ratsam erschien. Was häufig der Fall war.

Duchamp hatte inzwischen seinen Kaffee getrunken und die Zeche bezahlt. Felicia, die ihn durch leicht gesenkte Lider beobachtete, sah, wie er jetzt in aller Ruhe die Zeitung zusammenfaltete, gähnte, ein Notizbuch und einen Bleistift hervorkramte, etwas schrieb und dann mit mürrischem Gesicht die Seite herausriß und sich in die Tasche stopfte. Dann stand er auf und begab sich mit dem gemächlichen Schritt eines Mannes, der gut gegessen hat, zum Ausgang. Als er jedoch an den beiden Frauen vorbeikam, stieß er mit dem Fuß gegen das Tischbein, stolperte und rempelte Felicia an, die ihn ungnädig anfunkelte.
»Die Pest soll sie holen, diese Tolpatsche!« begann sie sich zu ereifern. Duchamp bedachte sie mit einem Schwall von Entschuldigungen auf deutsch, um nach drei oder vier tiefen Bücklingen, die seiner schauspielerischen Begabung alle Ehre machten, zur Tür zu eilen, seinen Spazierstock aus dem Schirmständer zu angeln und in Windeseile zu verschwinden, gefolgt von den Blicken der anderen Gäste. Was wiederum Felicia Gelegenheit bot, das Stück Papier zu verstecken, das der Colonel auf ihren Schoß hatte fallen lassen. Sie zwinkerte der Freundin zu.
»Wie wäre es, wenn wir sofort zu Bett gingen?« fragte sie, wobei sie ein leichtes Gähnen unterdrückte. »Mir fallen die Augen zu...«
Wenige Minuten später und nachdem sie das Zimmermädchen, das das Bett aufdeckte, entlassen hatten, waren sie allein.
»Mal sehen, was er uns mitteilt«, meinte Felicia und entfaltete den Zettel, der nur eine kurze Nachricht enthielt:
›Bleibt nicht in diesem Hotel‹, schrieb Duchamp. ›Trefft Vorkehrungen, morgen in den ›Schwan‹ in der Kärntner Straße umzuziehen. Dort kann ich mich unauffälliger mit Euch treffen...‹ Unterschrift: ›Grünfeld, Waffenmeister.‹
»Es sieht so aus«, stellte Felicia fest, »als trete unser

Freund unter einem anderen Namen auf. Wir müssen uns an seine Anweisungen halten. Und zuallererst Timour Bescheid sagen, damit er uns morgen früh zur Verfügung steht. Ihr kennt ja von Morlaix her seine Leidenschaft für Fußmärsche durch die Stadt. Aus seiner Wiener Zeit scheint er sich zudem eine Vorliebe für Cafés bewahrt zu haben. Und da er annimmt, daß wir hierbleiben...«
Also wurde der Türke gerufen. Er versprach, das Hotel nicht ohne vorherige Erlaubnis zu verlassen, zeigte sich zudem hochbefriedigt über die Absicht, der ›Kaiserin von Österreich‹ den Rücken zu kehren.
»Gefällt es dir etwa hier nicht?« hakte Felicia nach.
»Das Haus genießt durchaus einen guten Ruf.«
»Hier treiben sich zu viele rum, die wie Polizisten aussehen«, erwiderte Timour. »Außerdem schätze ich es nicht, wenn man mich wie einen Domestiken behandelt. Ich bin dein Leibwächter, Prinzessin, nicht dein Diener!«
Am nächsten Morgen hallte das Hotel von dem überzeugend gespielten Wutausbruch Felicias wider. Dieses Haus, schimpfte sie, sei wohl das Grauenhafteste, was man sich vorstellen könne. Die Laken seien aus grobem Tuch, der nächtliche Krach unerträglich, und als Krönung der Schande hätte sich eine Wanze unverschämterweise in das Bett der Prinzessin Orsini verirrt. Ohne sich die verzweifelten Beteuerungen und Entschuldigungen des Besitzers anhören zu wollen, forderte Felicia nachdrücklich und auf der Stelle die Rechnung sowie die Bereitstellung ihres Wagens. Eine halbe Stunde später verließ sie mit Napoleone und Timour das Hotel.
»Habt Ihr den Bogen nicht ein wenig überspannt?« fragte Napoleone belustigt, als sich der Wagen in Bewegung gesetzt hatte. »Immerhin ist die ›Kaiserin von Österreich‹ eine sehr gute Adresse...«
»Übertreiben ist immer gut, vor allem, wenn man unehrlich ist. Mit leiser Kritik wären wir nicht weggekom-

men. Wenn uns Duchamp zum Aufbruch rät, bedeutet das, daß dieses Haus nicht so gut ist, wie es den Anschein hat. Außerdem vertraue ich Timours Gespür, und er glaubt, überall Polizisten gesehen zu haben.«
Das Hotel ›Schwan‹, unweit der Hofburg in einer der Hauptgeschäftsstraßen der Stadt gelegen, bot den beiden jungen Frauen eine angenehme Überraschung. Zum einen war es gerade vollständig renoviert worden, zum anderen stammte der Besitzer Giuseppe Pasquini wie Felicia aus Italien. Eine Prinzessin Orsini konnte in seinem Haus nur mit größter Zuvorkommenheit aufgenommen werden. Und da Duchamp ein übriges getan und ihr Kommen angekündigt hatte, beeilte sich Pasquini, als die Reisegesellschaft vor seinem Hotel anhielt, die Trittleiter des Wagens höchst eigenhändig herunterzuklappen.
»Willkommen, Euer Exzellenz!« schmetterte er. »Es ist meinem bescheidenen Haus eine Ehre, eine hochgestellte Dame aus meinem Heimatland begrüßen zu dürfen. Gelobt sei Jesus Christus!«
Für den Liebreiz der beiden hübschen Frauen zudem nicht unempfänglich, ließ es sich Pasquini nicht nehmen, sie persönlich zu ihren Zimmern zu begleiten und dort so lange zu verharren, bis die Dienstboten, die sich um das Gepäck kümmerten, verschwunden waren. Er schien etwas auf dem Herzen zu haben.
»Die Prinzessin und Madame la Comtesse sollen wissen, daß sie sich hier wie zu Hause fühlen können ... und völlig sicher. Das ganze Haus steht ihnen zu Diensten. Monsieur Grünfeld hat ausdrücklich darauf bestanden, Eure Exzellenzen gleich bei ihrer Ankunft davon in Kenntnis zu setzen.«
Felicia bedachte ihren Gastgeber mit einem freundlichen Lächeln. Pasquini war ein Mann, der fünfundvierzig Jahre alt sein mochte und dessen regelmäßige Gesichtszüge infolge einer guten Küche ein wenig ins Rundliche entgleist waren. Dafür war der Blick seiner

dunklen Augen ehrlich und sein Lächeln nicht ohne Charme.
»Woher kennt Ihr Monsieur ... Grünfeld?« fragte sie.
»Aus Mailand. Das liegt schon lange zurück. Nach Wagram dann habe ich ihn hier wiedergetroffen. Wir sind immer Freunde gewesen.«
»Er wohnt demnach ebenfalls bei Euch?«
»Nein. Seit seiner Rückkehr ist er niemals hier abgestiegen. Um zu vermeiden, daß unsere Beziehungen zu bekannt werden, hatte er die ›Kaiserin von Österreich‹ vorgezogen, ist aber nur zwei Wochen geblieben, das heißt so lange, bis er eine Wohnung gefunden hatte. Er hat einen weiß Gott gut besuchten Fechtsaal am Kohlmarkt eröffnet. Hin und wieder kommt er her, um sich meine Pasta schmecken zu lassen. Was aber die Prinzessin angeht, so hat er keinen Moment gezögert, sich an mich zu wenden. Ich wäre höchst verwundert, wenn er sich heute abend nicht hier blicken ließe...«
Spontan und herzlich, wie es ihre Art war, streckte Felicia dem Hotelbesitzer die Hand entgegen.
»Ich danke Euch, Signor Pasquini. Es ist wunderbar, sich bei einem Freund aufgenommen zu wissen. Wir wollen Eure Gastfreundschaft aber nicht ausnützen. Für uns wäre es am besten, wenn wir eine Wohnung fänden.«
Felicia beabsichtigte nämlich, mit Napoleone ein größeres Haus zu beziehen oder in einem Palais eine Etage zu mieten. Das würde ihrem Plan entgegenkommen, Zugang zur Wiener Gesellschaft zu finden, die zweifelsohne der beste Beobachtungsposten war. Denn wer, die mißtrauischsten Polizisten eingeschlossen, würde zwei bildhübsche, elegante junge Damen, die augenscheinlich darauf versessen waren, sich zu amüsieren, mit Argwohn verfolgen?
»Für uns«, erklärte Felicia, »kommen Verschwörermienen, mausgraue Umhänge und Tuscheleien nicht in Frage. Statt dessen Empfänge, Feste, Ausgelassenheit.

Der Prinz wird demnächst zwanzig Jahre alt, genau wie Ihr, meine Liebe! Und ich denke, man wird ihm gestatten, sich von nun an ein wenig zu amüsieren und in Gesellschaft zu begeben.«

Kluge Überlegungen, die in allen Punkten Duchamps Billigung finden sollten. Als er am Abend kurz vor der Essenszeit erschien, führte ihn Pasquini in den kleinen Salon, der die Zimmer der beiden Freundinnen miteinander verband. Nachdem Duchamp seinen Pelzumhang und den Hut abgelegt hatte, küßte er Felicia die Hand. Als er sich Napoleone zuwandte, bemerkte diese, wie in seinen Augen eine kleine Flamme aufzuckte, und errötete zart. Hatte er ihr nicht damals während ihres gemeinsamen Abenteuers in der Bretagne zu verstehen gegeben, daß er sie liebte? Offenbar hatten sich seine Gefühle nicht geändert.

»Ich meinte zu träumen, als ich Euch gestern entdeckte, Madame«, sagte er und beugte sich über Napoleones Handrücken. »Seit langem schon warte ich auf die Ankunft ... der Prinzessin, Euch jedoch hätte ich selbst in meinen kühnsten Träumen nicht so rasch wiederzusehen gehofft. Ich wähnte Euch weitab in der Auvergne.«

»Dort war ich auch, aber wie Ihr seht, kann es geschehen, daß man auf Reisen geht.«

»Habt Ihr Euch endlich dafür entschieden, Euch unserem Kampf anzuschließen?«

»Zu behaupten, daß das aus freien Stücken geschah, wäre ganz sicherlich übertrieben, lieber Colonel«, sagte Felicia. »Genauer gesagt: Madame de Lauzargues hat ihren Besitz verlassen, um mich zu retten – und um sich selbst zu retten, hat sie mich hierher begleitet. Jedoch ist sie fest entschlossen, uns zu helfen...«

»Euch zu retten, sich zu retten? Was ist denn geschehen?«

»Ihr könnt Euch wohl denken, daß ich nicht eher gekommen bin, weil etwas geschehen ist. Aber nehmt doch bitte hier in diesem Sessel Platz und nehmt ein

Glas dieses alten Lacrima Christi. Dann sprechen wir alles durch. Wo waren wir stehengeblieben?«
Duchamps Lächeln erlosch. Er wandte den Blick von Napoleone ab und sah Felicia besorgt an.
»Ihr wißt ja überhaupt nichts. Erfährt man denn in Paris so wenig, was vorgeht?«
»Wie sollte ich etwas erfahren haben? Ich saß im Gefängnis.«
»Im Gefängnis? Ihr? Weshalb denn?«
»Auf Veranlassung eines unserer alten Freunde, des Monsieur Patrick Butler, seines Zeichens Schiffseigner aus Morlaix.«
In wenigen Sätzen berichtete Felicia, was ihr zugestoßen war und wie Napoleone ihre Freilassung betrieben hatte, natürlich ohne den Zwischenfall in der Rue Saint-Louis-en-l'Ile zu erwähnen. Sie wußte längst, daß der Colonel in Napoleone verliebt war, und wollte keineswegs seinen Zorn entfesseln. Die Wut, die ihn gepackt hatte, war bereits heftig genug.
»Sobald wir wieder in Frankreich sind, werde ich es diesem Schuft heimzahlen ...«
»Das kann Euch niemand verdenken. Aber jetzt erzählt doch. Wie weit ist unser Vorhaben gediehen?«
»Nicht sehr weit, fürchte ich. Als ich herkam, träumte ich davon, mitzuerleben, wie die Bonapartes über Österreich herfallen, um die Herausgabe des Königs von Rom zu fordern, ihn dann im Triumphzug nach Paris begleiten und ihm dort zum Antritt seines Erbes verhelfen.«
Felicia lachte verächtlich auf.
»Diese Leute da? Erwartet Ihr Euch wirklich etwas von denen? Außer der Königinmutter, die in Rom zusammen mit der Kirche darauf wartet, daß Gott ihr gestattet, ihren Sohn wiederzusehen, denken die anderen nicht eine Sekunde lang daran, ihr Exil zu verlassen. Joseph ist in Amerika, der Rest in Rom oder Florenz, und allem Anschein nach geht es ihnen dort gut. Elisa und

Pauline, die einzigen, die freudigen Herzens mit uns gekämpft hätten, sind tot.«
»Urteilt nicht zu pauschal. Es gibt eine Ausnahme.«
»Dürfte ich wissen, welche?«
»Die Tochter von Elisa, Napoleone Comtesse Camerata. Sie war im vergangenen Oktober hier, hat sogar in diesem Hotel gewohnt. Ich habe sie häufig gesehen und war immer tief bewegt, weil sie das genaue Ebenbild des Kaisers ist. Übrigens betont sie diese Ähnlichkeit gerne dadurch, daß sie Männerkleidung trägt. In der Tat besitzt sie alle Eigenschaften eines jungen Mannes edlen Geblüts: Tapferkeit, Wagemut. Sie reitet, fechtet ...«
»Ist sie bereit, uns zu helfen?«
»Sie hatte sogar einen Plan, der unserem entsprach: den Prinzen mit oder ohne seine Zustimmung zu entführen und nach Frankreich zu bringen und möglicherweise den gleichen psychologischen Effekt zu erzielen, wie das seinerzeit bei der Rückkehr Napoleons von der Insel Elba der Fall war. Sie baute darauf, daß ihr der Herzog von Reichstadt allein wegen ihres Äußeren und ihres Namens in die Arme sinken, sich aufs Pferd schwingen und mit uns in Richtung Grenze fliehen würde.«
»Und jetzt?«
»Jetzt hat sie ihre Träume begraben müssen. Alles, was sie erreicht hat, war ein Gespräch mit Exkaiserin Marie-Louise, das völlig überflüssig war. Was den Prinzen angeht, so hat sie sehr bald erkannt, daß es unmöglich ist, an ihn heranzukommen. Ihr exzentrisches Wesen hinderte sie daran, genauso wie ihr Gesicht, dieses Gesicht, auf das sie setzte, das aber Metternich nur noch mehr verschreckte. Sobald er von der Anwesenheit der Comtesse in Wien erfuhr, verstärkte er die Wachen um seinen jungen Gefangenen. Darüber hinaus hat er dafür gesorgt, daß der Prinz vor seiner Cousine gewarnt wurde und alle Audienzgesuche unbeantwortet blieben. Zu guter Letzt hat sie es mit Dreistigkeit versucht. Eines Abends im letzten November wollte sie ihn im Hause

des Barons von Obenaus, des Geschichtslehrers, den der Prinz für gewöhnlich zweimal in der Woche aufsucht, abfangen. Sie hatte einen der Domestiken bestochen und sich im Treppenhaus versteckt. Als der Prinz erschien, hat sie sich vor ihm auf die Knie geworfen, seine Hand genommen und, obwohl er versuchte, sich ihr zu entziehen, einen Kuß darauf gedrückt. Er hat diese Frau in ihrem Schottenumhang, die ihn da bestürmte, für eine Verrückte gehalten. Sie hatte keine Gelegenheit, sich zu erkennen zu geben, denn schon eilte Obenaus mit seinen Leuten herbei. Man überwältigte die Comtesse und wollte sie wegziehen, aber sie schrie: ›Wer will mir verbieten, meinem Herrscher die Hand zu küssen?‹ Und als man sie dann unmißverständlich zum Gehen aufforderte, rief sie noch: ›François! Vergiß nicht, daß du ein französischer Prinz bist!‹ Das war das Ende. Die Gelegenheit war verpaßt. Vielleicht hat sie einfach zu überstürzt gehandelt ...«
»Was geschah weiter?« fragte Felicia.
»Man brachte sie hierher zurück und behielt sie im Auge, aber sie gab sich noch immer nicht geschlagen. Da sie ihn nicht sprechen durfte, verlegte sie sich aufs Schreiben. Drei Anläufe hat sie gemacht, aber die ersten beiden Briefe sind gar nicht angekommen. Der dritte jedoch – und man weiß nicht, durch welches Wunder – hat seinen Empfänger erreicht. Ein sehr schöner Brief, sehr traurig, wenngleich, naja, ein wenig überspannt. Er kam dem Prinzen nicht geheuer vor. Er hat ihn seinem Hauslehrer gezeigt und ihn dann mit ein paar kühlen, nichtssagenden Zeilen beantwortet. Die Comtesse hat vor Enttäuschung geweint.«
»Und danach aufgegeben?«
»Nein. Eigensinnig wie sie ist, hat sie sich noch einmal ganz kurz in Erinnerung gebracht und um ein Gespräch gebeten. ›Ich werde, um mit Euch sprechen zu können, hinkommen, wohin Ihr wollt ...‹ Der Prinz hat daraufhin seinen harschen Brief bereut und als Zeichen seines

Bedauerns seinen engsten Freund, Chevalier Prokesch-Osten, mit Worten der Entschuldigung hierher geschickt. Ich war bei diesem Treffen nicht anwesend, weiß aber, daß sich Prokesch und die Comtesse Camerata sehr gut verstanden haben. Der Chevalier sehnt sich insgeheim danach, François auf dem Thron Frankreichs zu sehen. Er hat sich lange mit der Comtesse unterhalten und war bemüht, von ihr zu erfahren, welche Maßnahmen sie treffen könnte, um die Rückkehr des Prinzen erfolgreich zu bewerkstelligen – Maßnahmen, die leider äußerst begrenzt sind. Nur drei oder vier Vertrauensleute stehen zur Verfügung und keinerlei finanzielle Mittel. Er hat ihr daraufhin zu verstehen gegeben, daß man ein derartiges Unternehmen in allen Einzelheiten planen müsse, daß es wichtig wäre, Pferde zu beschaffen, Zwischenaufenthalte zu organisieren, Kontaktmänner zu kaufen. Wo doch die Comtesse alles andere als begütert ist! Immerhin hat Prokesch sie nicht entmutigt. Im Gegenteil. ›Ich werde Euch beistehen‹, hat er gesagt, ›sobald ich den Zeitpunkt für geeignet halte. Vorläufig heißt es abwarten ...‹«
»Was abwarten?« rief Felicia sichtlich erregt.
»Günstigere Umstände und bessere Vorkehrungen. Camerata hat sich damit einverstanden erklärt. Prokesch und sie haben sich beim Abschied versprochen, in Verbindung zu bleiben und zusammenzuarbeiten. Bedauerlicherweise ...«
»Ich weiß nicht warum, aber genau darauf habe ich gewartet«, meinte Felicia. »Eigenartig, daß immer etwas dazwischenkommt, sobald alles geklärt scheint.«
»Das ist nur zu wahr. Drei Wochen später erhielt die Comtesse Camerata von Sedlinsky, dem Chef der Polizei, den Befehl, Wien zu verlassen und nie mehr wiederzukommen. Man räumte ihr eine Frist bis zum 22. Dezember ein. Wohl oder übel mußte sie gehorchen.«
»Nach dem, was Ihr von ihr berichtet«, warf Napoleone ein, »sieht ihr das aber keineswegs ähnlich.«

»Sie ist lediglich der Aufforderung nachgekommen, Wien zu verlassen. Über ein Rückkehrverbot hat sie sich keine Gedanken gemacht. Sie ist nicht sehr weit gefahren, nur bis Prag. Seither schreiben wir uns. Nicht oft, wohlgemerkt, aber ich weiß, daß sie ihre Hoffnungen keinesfalls aufgegeben hat.«
Felicia stand auf, ging so aufgeregt im Zimmer hin und her, daß ihr weiter Schottenwollrock herumwirbelte.
»Um so besser!« meinte sie, als sie unvermittelt vor Duchamp stehenblieb, der nach der langen Berichterstattung genüßlich seinen Lacrima Christi schlürfte. »Was mich bei all dem stört, ist weniger das langsame Vorantreiben unseres Vorhabens, sondern die Haltung des Prinzen in dieser Sache. Ich glaubte, er brenne darauf, seinem Gefängnis zu entkommen, nach Frankreich zurückzukehren, dort auf seine Rechte und seine Anerkennung zu pochen. Ihr dagegen habt ihn uns als einen ängstlichen jungen Mann geschildert, der, wenn er einen geheimen Brief erhält, nichts Besseres zu tun weiß, als zu von Obenaus zu laufen und ihn ihm vorzulegen ...«
»Obenaus ist nur sein Geschichtslehrer. Sein Hauslehrer ist Graf von Dietrichstein. Und dazu muß gesagt werden, daß sowohl der eine als auch der andere – obwohl sie sich an Metternichs Weisungen halten – ihrem Schüler aufrichtig verbunden sind und ihm wie Prokesch wünschen, daß ihm große geschichtliche Bedeutung zukommt.«
»Das werdet Ihr mir niemals weismachen können.«
»Und doch ist es nicht so abwegig, wie Ihr glaubt. Überlegt doch einmal, teuerste Freundin. Beide sind der Meinung, daß es für Österreich und zwangsläufig auch für Frankreich äußerst vorteilhaft wäre, wenn ein von ihnen, das heißt im Geiste Österreichs erzogener Prinz in Paris regierte. Auch den Prinzen muß man verstehen: Das Leben, das man ihm fern von seiner Mutter in ausschließlich männlicher Gesellschaft aufgezwun-

gen hat, hat ihn mißtrauisch gemacht und verunsichert. Er träumt davon, genauso ruhmreich zu sein wie sein Vater, von dem er eigentlich gar nichts weiß. Aber er fürchtet die Fallstricke. Zu viele haben bereits versucht, sich bei ihm einzuschmeicheln, und meines Erachtens war die Comtesse Camerata viel zu voreilig. Das habe ich ihr auch zu verstehen gegeben ...«
»Aber diese günstigen Umstände«, unterbrach ihn Napoleone, »wann erachtet Ihr die für gegeben?«
»Möglicherweise eher als gedacht. Deshalb bin ich ja so glücklich über Euer Kommen. Ich habe das Gefühl, Ihr erscheint genau zum richtigen Zeitpunkt. In der Hofburg sind nämlich gewisse Veränderungen im Gange. Der Prinz wird demnächst zwanzig und folglich aus der Obhut seiner Hauslehrer entlassen. Kaiser Franz hat ihm zugesagt, ihm ein Regiment zu übertragen, was bedeuten würde, daß sich einer seiner Träume erfüllt.«
»Pah!« sagte Felicia mit abschätzigem Schulterzucken. »Ein österreichisches Regiment!«
»So übel wäre das durchaus nicht. Ein Regiment hat seine Garnison häufig in der Provinz, und das, das man dem Prinzen versprochen hat, das ›Herzog von Nassau‹, ist in Brünn stationiert. Dort werden auch Manöver abgehalten, in deren Verlauf man eine Entführung in die Wege leiten könnte. Weiterhin werden dem Prinzen jetzt, da er volljährig wird, größere Zugeständnisse eingeräumt: Er darf sich freier bewegen, hat auch bereits, zehn Tage ist das her, seinen Eintritt in die Gesellschaft vollzogen und am Ball der englischen Botschafterin Lady Cowley teilgenommen. Wie man hört, hat er großen Erfolg geerntet, vor allem bei den Damen, und es ist abzusehen, daß er von jetzt an mit Einladungen überhäuft wird. Deshalb begrüße ich voll und ganz Eure Absicht, ein Haus anzumieten, in dem Ihr Empfänge geben könnt. Ihr werdet Gegeneinladungen erhalten, und somit ist abzusehen, daß Ihr ganz ungezwungen mit dem Prinzen Kontakt aufnehmen könnt.«

»Ich bin Französin«, wandte Napoleone ein. »Könnte das ein Hindernis sein?«
»Bestimmt nicht. Ihr werdet überrascht sein, wie viele unserer Landsleute hier leben, angefangen von einer Modistin bis hin zu einem kaiserlichen Feldmarschall – ganz zu schweigen von dem neuen Botschafter, den Louis-Philippe abgesandt hat, diesen Wetterhahn namens Feldmarschall Maison, der seit der Abreise des Kaisers auf die Insel Elba sein Mäntelchen in alle Windrichtungen gehängt hat.«
»Der andere, den Ihr erwähntet, der kaiserliche Feldmarschall – wie heißt er denn?« fragte Felicia.
»Marmont. Unser alter Freund vom Juli und vom Sturm auf die Tuilerien. Er ist Charles X. ins Exil gefolgt, konnte es aber am kleinen schottischen Hof des Bourbonenkönigs nicht aushalten, abgesehen davon, daß man ihm keine Sympathien entgegenbrachte. Also hat er sich aufs Reisen verlegt, und aus irgendeinem Grund ist er in Österreich gelandet. Vielleicht um sich an den Sohn des Mannes heranzumachen, den er verraten hat. Man sagt, er habe nichts unversucht gelassen, ihn kennenzulernen. Auf dem Ball der Lady Cowley war es dann soweit.«
»Er hat es gewagt, sich ihm aufzudrängen?« fragte Felicia entrüstet.
»Aber ja. Er wurde sogar eingeladen, jede Woche in die Hofburg zu kommen und dem Prinzen Rede und Antwort zu stehen, weil es schon immer dessen Wunsch war, sich mit einem ehemaligen Getreuen seines Vaters zu unterhalten.«
»Dafür hätte er sich einen Besseren aussuchen sollen ...«
»Man nimmt, was man findet. Außerdem hätte man einen bewährten Getreuen niemals zum Sohn Napoleons vorgelassen. Metternich hält Marmont für ungefährlich. Möglicherweise täuscht er sich da. Man hat mir zugetragen, der Herzog von Ragusa sei sehr ergriffen gewesen, als er neulich abends den jungen Adler be-

grüßte. Vielleicht wäre von dieser Seite her Unterstützung nicht auszuschließen. Ich hielte es zumindest für angebracht, wenn Ihr seine Bekanntschaft machtet. So, und nun«, erklärte Duchamp und erhob sich, »wißt Ihr ebensoviel wie ich. Es wird Zeit, daß ich mich zurückziehe.«

»Noch einen Augenblick!« bat Felicia. »Könnt Ihr uns nicht noch diejenigen nennen, die bereit sind, uns zu helfen?«

Auf dem Gesicht des Colonels erschien das ihm so eigene gewinnende Lächeln.

»Neben diesem elsässischen Waffenmeister namens Grünfeld wäre da noch meine Nachbarin vom Kohlmarkt, Mademoiselle Palmyre, eine zuverlässige Freundin. Ferner Pasquini hier sowie zwei oder drei Gefolgsmänner, die in der Hofburg oder in Schönbrunn, der Sommerresidenz des Hofes, tätig sind. Schließlich die Comtesse Lipona, eine enge Vertraute von Napoleone Camerata...«

»Lipona?« hakte Felicia ein, »etwa Maria Lipona? Eine Frau dieses Namens habe ich seinerzeit in Rom kennengelernt.«

»Genau die. Sie bewohnt ein kleines Palais in der Salesianergasse. Um so besser, wenn Ihr sie kennt. Sie ist äußerst lebenslustig, kennt Gott und die Welt und wird Euch in die besten Kreise einführen. Wartet, ich schreibe Euch die Namen auf, die Euch am nützlichsten sein können. Die anderen sind unwichtiger, und außerdem weiß man nie... Jetzt muß ich aber wirklich gehen. Ich habe eine Unterrichtsstunde zu geben.«

»Nicht ohne wenigstens eine Kleinigkeit mitzunehmen.«

Felicia trat an einen Schreibtisch, sperrte ihn auf und kam mit einer Kassette zurück.

»Ihr vergeßt Euren Kriegsschatz«, sagte sie verschmitzt.

Duchamp stellte die Kassette auf einen Tisch, öffnete

sie. Der kleine Salon füllte sich mit gleißendem Licht. Im Schein eines mehrarmigen Leuchters sprühten die Diamanten, Rubine, Smaragde und Saphire wie das glühende Herz eines winzigen Vulkans. Zögernd und als fürchte er, sich zu verbrennen, streckte der Colonel die Hand aus.
»Nicht zu fassen«, sagte er gepreßt und beugte sich über ein Collier aus Diamanten und Smaragden. »Gibt es wirklich eine Frau, die bereit ist, auf solches Geschmeide zugunsten einer Idee zu verzichten?«
»Es geht um mehr als um eine Idee: um Rache. Solange nicht ein Bonaparte auf dem Thron Napoleons sitzt, wird das Blut meines Gatten keinen Frieden finden. Dies hier soll dazu dienen, ein Regiment zu kaufen. Und wenn Ihr es wissen wollt: Ich habe mir Kopien anfertigen lassen«, fügte sie schelmisch hinzu.
»Ich zweifle nicht daran, daß man die Kopien, wenn Ihr sie tragt, für echt halten wird. Trotzdem bedrückt mich Euer Opfer.«
»Nach Waterloo hat Königin Hortense dem Kaiser ihr letztes Diamantcollier geschenkt…«
»Und Ihr seid bereit, Eure Juwelen seinem Sohn zu überlassen! Aus Gründen der Sicherheit möchte ich Euch jedoch bitten, sie vorläufig noch bei Euch aufzubewahren. Bei mir geht es zu wie in einem Taubenschlag, und im Augenblick können wir sowieso noch nichts damit anfangen. Wenn es soweit ist, werde ich Euch einen Juden aus der Josephsstadt benennen, der Euch, weil ich ihm einmal das Leben gerettet habe, den höchsten Preis dafür zahlen wird. Jetzt aber gestattet, daß Euch der bescheidene Waffenmeister allein läßt, damit Ihr Euer gesellschaftliches Leben beginnen könnt. Solltet Ihr mich zu sehen wünschen…«
»Das wird bald der Fall sein«, sagte Felicia. »Es ist lange her, daß ich einen Degen in der Hand hatte, und ich brauche unbedingt Übung.«
»Ich wäre entzückt, Euch Unterricht zu erteilen!«

Allerdings blieb der Blick des einstigen Colonel dabei auf Napoleone haften. Felicia mußte lachen.
»Ich bin sicher, Madame de Lauzargues ist daran gelegen, sich in regelmäßigen Abständen höchstpersönlich von meinen Fortschritten zu überzeugen. Nicht wahr, Napoleone?«
»Gewiß«, gab Napoleone zurück, »zumal ich nichts so sehr liebe wie einen Fechtkampf.«
Eine höchst unwahre Behauptung, die ihr niemand abnahm, die aber dennoch die Augen des ehemaligen Offiziers unter Napoleon I. aufleuchten ließ und sein Herz wärmte.
»Helden muß man genauso ermutigen wie Kinder«, sagte Felicia, nachdem sich der Besucher zurückgezogen hatte. »Dieser da braucht hin und wieder ein freundliches Lächeln. Enthaltet es ihm nicht vor.«

ERSTE SCHRITTE IM WIENER LEBEN ...

Als gebürtige Florentinerin besaß Maria Lipona im höchsten Maße eine Schwäche für Intrigen und Geheimniskrämerei, bewies darin eine Meisterschaft ohnegleichen. Nicht daß sie persönlich etwas gegen Österreich hatte, wo sie auf höchst angenehme Weise lebte; in ihren jungen Jahren jedoch hatte man ihr – wie übrigens Felicia Orsini auch – immer wieder die berühmten Geschichten des napoleonischen Epos' erzählt, und somit erachtete sie den Sohn des Adlers als rechtmäßigen Nachfolger eines Helden, der durch sein unglückliches Schicksal noch mehr verklärt wurde. Eine einzige Begegnung mit dem jungen Prinzen hatte genügt, um Maria Lipona zu der Äußerung hinzureißen, er sei der Legende in allen Punkten würdig.
»Für ein Lächeln von ihm gäbe ich mein Leben«, pflegte sie zu sagen, was bei ihr keineswegs als leichtfertig dahingesprochen erachtet werden durfte. Sie war bereit, Leib und Seele für den Gefangenen der Hofburg zu opfern. Damals, in Rom, war sie im Palast Orsini an der Piazza Monte Savello ein- und ausgegangen, hatte mit Felicias Familie Kontakt gepflegt. Darüber hinaus hatte sie bei der Königinmutter die Comtesse Camerata kennengelernt und war deren enge Freundin geworden. Eine der wenigen, die die Amazone der Bonaparte unter dem weiblichen Geschlecht, das sie ansonsten eher verachtete, gefunden hatte. Maria Lipona ihrerseits verehrte die Nichte des Kaisers wegen ihrer Ähnlichkeit mit ihm und auch wegen des Mutes, mit dem sie sich mehr oder weniger allein in einen ungleichen Kampf gegen das mächtige österreichische Kaiserreich gestürzt hatte, um ihren Vetter vor dem elenden Los zu bewahren, das ihm Metternich zugedacht hatte.

Über die Abreise der Freundin nach Prag war Maria Lipona tief bekümmert, und deshalb empfing sie Felicia und Napoleone mit umso größerer Freude.
»Ich fühle, daß mich Eure Gegenwart über die Abreise meiner geliebten Prinzessin hinwegtröstet«, sagte sie. »Ihr wißt ja nicht, was für eine Leere sie hinterlassen hat.«
»Und dennoch habt Ihr den Glauben an unsere Sache niemals aufgegeben?«
»Ich gestehe, nahe daran gewesen zu sein, zumal ich einfach nicht begreife, warum der Herzog von Reichstadt seine Cousine nicht so empfangen hat, wie sie es verdiente. Wo es doch nach allem, was ich weiß, sein innigster Wunsch ist, in Frankreich zu regieren.«
»Wenn man zu lange von etwas träumt, packt einen die Angst, wenn der Augenblick gekommen scheint, daß diese Träume Wirklichkeit werden. – Welche Vorkehrungen hatte Comtesse Camerata getroffen?«
»Reichlich wenig, wie ich befürchte. Es fehlte an Geld. Die Bonapartes scheuen ein Abenteuer, das sie um ihre Ruhe bringen könnte, und sind keineswegs bereit, die Schnüre ihrer Geldsäcke zu lösen.«
»Wir werden unseren Plan auf einem festeren Fundament aufbauen. Das müssen wir jedoch erst einmal für uns selbst schaffen. Wir wollen Zugang zur Wiener Gesellschaft finden. Da dem Prinzen ab sofort gestattet ist, Feste und Empfänge zu besuchen, scheint mir das die beste Gelegenheit, mit ihm Kontakt aufzunehmen. Wir möchten aus unserem Gasthof in eine andere Bleibe umziehen.«
»Ich würde Euch gern einen Teil meines Hauses anbieten, nur halte ich das nicht für angebracht. Dafür weiß ich von einer Wohnung, die Euch zusagen dürfte.«
Es handelte sich um eine zur Vermietung freistehende geräumige Etagenwohnung im linken Flügel des Palais Palm in der Schenkenstraße, eine der vornehmsten Adressen der Stadt.

»Niemand käme auf den Gedanken, im Palais Palm könnten Verschwörer wohnen. Im rechten Flügel des Gebäudes residiert seit Jahren Herzogin Wilhelmine von Sagan, eine geborene Prinzessin von Kurland. Sie verbringt dort den Winter, meist in Gesellschaft ihrer Schwestern, der Prinzessin Hohenzollern-Elchingen und der Duchesse d'Acerenza. Wilhelmine dürfte die franzosenfeindlichste Frau der Welt sein. Sie wird Euch als hervorragende Tarnung dienen, zumal Ihr, da Ihr ja Tür an Tür wohnt, bei ihr um Audienz nachsuchen müßt.«
»Um Audienz?« empörte sich Napoleone, der dieses Wort mißfiel.
»Sie ist eine regierende Herzogin, meine Liebe, auch wenn sie sich nur einen Teil des Jahres in Sagan aufhält.«
»Dann wird sie vielleicht meine Freundin Felicia empfangen, mich jedenfalls nicht. Wo sie doch Franzosen verabscheut ...«
»Wir wollen nichts übertreiben. Immerhin hat sie während des Wiener Kongresses mehrmals die Französische Botschaft und den alten Talleyrand besucht. Vergeßt nicht, daß ihre jüngste Schwester seine Nichte ist.«
Felicias Gesicht, über das sich ein Schatten gelegt hatte, hellte sich urplötzlich auf.
»Die Herzogin von Dino? Natürlich! Eine Prinzessin von Kurland, das hätte ich mir doch denken können! Wir kennen Madame de Dino gut. Meine Freundin Napoleone hat sogar einige Tage bei ihr in der Rue Saint-Florentin verbracht.«
»Wunderbar! Dann wäre Eure Einführung gesichert. Das heißt, falls Ihr Euch für das Haus, das ich Euch vorschlage, entscheidet.«
»Zunächst möchten wir es uns einmal ansehen«, meinte Felicia und erhob sich.

Im 18. Jahrhundert in einer der Hauptstraßen Wiens unweit der Hofburg und des hübschen Minoritenplat-

zes erbaut, besaß das Palais Palm die eindrucksvolle majestätische Ausstrahlung italienischer Paläste.
Die Etage, die man der Prinzessin Orsini anbot, verfügte über drei Salons, ein großes Speisezimmer und drei Schlafräume; die Kammern für die Dienstboten befanden sich im Dachgeschoß. Die Ausstattung war pompös und überladen: Goldverzierungen in Hülle und Fülle. Das hohe, in Weiß und Gold gehaltene Täfelwerk dagegen, das zartgelbe Damastpaneele umrahmte, mißfiel den künftigen Mieterinnen keinesfalls, genausowenig wie die beispielhafte Sauberkeit und Ordnung der Wohnung, für die über Jahre hinweg ein deutsches Dienerehepaar Sorge getragen hatte. Man brauchte nur einzuziehen.
»Der Stil ist nicht unbedingt der, den ich für mich ausgewählt hätte«, meinte Felicia, die die klaren Linien des Empire bevorzugte, »aber ich glaube, wir werden schwerlich etwas Besseres finden. Außerdem heiligt der Zweck die Mittel. Schließlich wollen wir ja nicht jahrelang hierbleiben.«
Eine Stunde später wurde ein Mietkontrakt für sechs Monate unterzeichnet, und bereits am nächsten Tag siedelten Felicia und Napoleone in ihr neues Domizil über. Zusätzlich zu dem deutschen Dienerehepaar schickte ihnen Pasquini einen jungen italienischen Koch und Maria Lipona eine adrette, wenn auch etwas geschwätzige tschechische Kammerzofe, die außer ein paar Brocken Deutsch keine den beiden Freundinnen vertraute Sprache beherrschte. Jetzt konnte man darangehen, die Wiener Gesellschaft zu erobern.
Trotz ihrer schwärmerischen Ader beherrschte Comtesse Lipona alle Regeln eines weltgewandten Auftretens. Sie gab ihren Freundinnen gute Ratschläge, nannte ihnen die Adressen, wo eine Visitenkarte abzugeben angebracht war, lud sie verschiedentlich zusammen mit Leuten ein, die dem Hof verbunden waren, stellte ihnen die augenblicklich begehrtesten Tänzer vor und führte

sie, um sie offiziell als Musikbegeisterte auszuweisen, in mehreren der für ihre Konzerte berühmten Salons ein. Ab sofort traf man Felicia und Napoleone bei den Kinskys und bei Bankier Arnstein, wo sie sich anmutig im Kreise von Leuten langweilten, die sich zur glühenden Verehrung von zwei den beiden völlig unbekannten Musikern versammelten – Ludwig van Beethoven und Franz Schubert –, die sie jedoch mit ihrem Sinn für alles Schöne sehr schnell und aufrichtig schätzen lernten. Und da sie hübsch und elegant waren und sich selbstbewußt gaben, wurden sie schon bald in die Kreise aufgenommen, auf die es ihnen ankam.
Allerdings bewegten sie sich nicht ausschließlich in der sogenannten guten Gesellschaft. Zwei oder drei Tage nach ihrem Wohnungswechsel trafen sich Felicia und Napoleone mit Mademoiselle Palmyre, jener jungen französischen Modistin, von der Duchamp ihnen erzählt hatte, sie sei eine vehemente Befürworterin der kaiserlichen Sache.
Ihr Geschäft ›Aux Dames de Paris‹, vermutlich das bestsortierte der Stadt, befand sich am Kohlmarkt, in unmittelbarer Nachbarschaft von Duchamps Fechtsaal und einen Steinwurf von der Hofburg entfernt. Wahrlich traumhafte Dinge fand man hier, und es war bekannt, daß niemand einen Hut mit so viel Raffinesse in Façon zu bringen verstand wie die Mitarbeiterinnen von Mademoiselle Palmyre. Inmitten der dunklen, mit Goldlitzen abgesetzten Täfelung ihres Ladens stapelten sich Seide, Musselin, Spitzen, Moiré, gerippter Taft, Halskrausen, Handschuhe, Taschentücher, Federn, Blumen aus Seide oder solche aus Samt, kurzum jedweder Schnickschnack, mit dem sich das weibliche Geschlecht herauszuputzen pflegt. Nicht nur die Hofdamen und die Kaiserin selbst honorierten den Geschmack und die Phantasie dieser entzückenden Pariserin, die mit ihren feengleichen Fingern auch den langweiligsten oder schwerfälligsten Frauen Glanz verlieh.

Mademoiselle Palmyre war ein junges hübsches Mädchen mit blondem Haar und blauen Augen und einer lustigen Himmelfahrtsnase. Ihr Gesicht mit den kleinen Grübchen schien nichts anderes zu kennen als Lächeln. Die neuen Kundinnen, die ihr Duchamp vorbeischickte, begrüßte sie mit gebührendem Respekt, aber doch so liebenswürdig, daß man unwillkürlich das Gefühl hatte, zu einer Freundin zu kommen. Zu einer Freundin, die bereit war, ihre Ergebenheit unter Beweis zu stellen.
»Mein Haus und ich selbst sind Euch ganz zu Diensten«, sagte sie. »Wir werden bemüht sein, alles zu tun, was uns möglich ist, um Euch zufriedenzustellen...«
»Das bezweifeln wir nicht«, erwiderte Felicia lachend. »Wir werden uns bei diesem reizenden Monsieur Grünfeld bedanken, daß er uns zu Euch geschickt hat. Er hat recht, wenn er sagt, Ihr besäßet das schönste Geschäft, das man sich vorstellen könnte. Und auch, daß Ihr die hübscheste Modistin wäret.«
Palmyre wurde knallrot, angelte sich rasch ein großes Stück bestickten Musselin, hinter dem sie ihr Gesicht verbarg.
»Das hat er gesagt?« fragte sie mit einer derart zittrigen Stimme, daß die Besucherinnen mühelos auf das Naheliegende schlossen: daß nämlich die entzückende Palmyre nicht nur der kaiserlichen Sache Frankreichs voll und ganz ergeben war, sondern auch und vor allem einem gewissen Colonel Duchamp alias Grünfeld.
Um einen Einstieg zu finden, erstand Felicia zwei Paar bestickte Handschuhe und Napoleone einen Sonnenschirm aus weißer Spitze.
»Man könnte meinen, unser Duchamp ist unter die Herzensbrecher gegangen«, sagte Felicia, als sie wieder den Wagen bestiegen. »Diese Kleine ist verrückt nach ihm.«
»Und da es aussieht, als schätze er sie sehr, hoffe ich, daß sie miteinander glücklich werden. Nichts würde mich mehr freuen.«

»Das hoffe ich auch, glaube aber weniger daran. Für Euch, meine Liebe, ist er entbrannt. Was aber unter Umständen nicht ausschließt, daß er an ihrer Seite sein müdes Kriegerhaupt zu angenehmer Ruhe bettet.«
Man sah die beiden Freundinnen auch im Prater, dem Lieblingsausflugsort der Wiener. Täglich begaben sie sich dorthin, entweder mit ihrem eigenen Wagen oder in der Kutsche von Maria Lipona oder hoch zu Roß, stets in der Hoffnung, den Herzog von Reichstadt zu treffen. Zu ihrem großen Bedauern und im Gegensatz zu seinen Gewohnheiten ließ sich der Prinz jedoch von dem Tage an, da Napoleone und Felicia zum erstenmal den Prater besuchten, niemals blicken.
Duchamp, der Felicia jeden Morgen Fechtunterricht erteilte, verriet ihr den Grund.
»Der Prinz ist krank«, sagte er. »Er hat sich am letzten Tag im Januar auf dem Rückweg von Helenental, wo er den ganzen Nachmittag im Sattel saß, erkältet und darf das Haus nicht verlassen.«
»Genau das hat uns noch gefehlt!« nörgelte Felicia. »Seit drei Wochen spielen Napoleone und ich in gräßlich langweiligen Salons die einfältigen Gänschen und sind noch keinen Schritt weiter gekommen.«
Duchamp zuckte die Schultern. Er griff nach einem soeben angelieferten Schwert, schickte sich an, mit beiden Händen die Biegsamkeit der Klinge zu prüfen.
»Was sind schon drei Wochen? Ich, ich schlucke hier seit sechs Monaten meinen Ingrimm hinunter. Habt Geduld! Außerdem bin ich persönlich der Meinung, daß Ihr mit Riesenschritten vorangekommen seid. Die Männer, die mich aufsuchen, fangen an, von diesen beiden hübschen Ausländerinnen zu sprechen, die im Palais Palm Wohnung genommen haben. Sie rühmen ihren Charme, die stolze Schönheit der einen, die blonde Anmut der anderen...«
Die Stahlklinge zwischen seinen Händen peitschte wütend durch die Luft. Felicia mußte lachen.

»Es stimmt, wir können einige Erfolge verbuchen. Was aber, ohne übertrieben eingebildet zu sein, vorauszusehen war. Ihr braucht also nicht eifersüchtig zu werden, mein Freund. Anstatt dem erstbesten Gecken auf den Leim zu kriechen, geht es uns doch darum, ganz anderen Katern eins überzuziehen.«

»Ich bin doch gar nicht eifersüchtig!« widersprach Duchamp. »Dazu habe ich auch gar kein Recht«, fügte er verbittert hinzu.

»Und ich glaube auch nicht, daß Euch dieses Recht jemals zugestanden wird«, sagte Felicia. »Napoleone liebt einen anderen, und meiner Meinung nach ist das eine sehr enge Beziehung. Ihr braucht somit nicht zu befürchten, sie einem unserer Höflinge in die Arme sinken zu sehen...«

Die Ankunft eines weiteren Fechtschülers unterbrach das Gespräch. Augenblicklich hatte sich Duchamp wieder in den Waffenmeister Grünfeld verwandelt und zu seinem Elsässer Tonfall zurückgefunden.

»Herr Feldmarschall! Welch freudige Überraschung! Ich hatte Euch heute morgen gar nicht erwartet...«

Bei dem Neuankömmling handelte es sich um einen Mann, der auf die Sechzig zugehen mochte, wenngleich er äußerst stattlich aussah. Er war groß und schlank; sein markantes Gesicht war regelmäßig geschnitten, die Nase gerade, der Mund schön geschwungen, die braunen Augen weit auseinanderstehend und überdacht von buschigen schwarzen Brauen, die ebenso wie die dichte Haarpracht durch ein zartes Silbergrau noch veredelt wurden. Sein forscher Blick heftete sich auf Felicia, maß sie mit diesem Quentchen Dreistigkeit, das den Frauenhelden verrät.

»Störe ich etwa?« sagte er mit einer tiefen Stimme, die ihn noch anziehender machte.

»Zufällig habe ich gerade Unterricht«, beschied ihn Felicia von oben herab. »Solltet Ihr Monsieur jedoch etwas Wichtiges mitzuteilen haben, werde ich mich einen

Augenblick gedulden. Allerdings unter der Bedingung, daß Ihr mir vorgestellt werdet.«
»Ich wollte Grünfeld soeben darum bitten«, gab der Ankömmling mit einem leicht spöttischen Lächeln zurück.
Der falsche Elsässer beeilte sich, diesem beiderseitigen Wunsch nachzukommen.
»Prinzessin, darf ich Euch vorstellen: Seine Exzellenz, der Herzog von Rag...«
»Ich ziehe es vor, als Feldmarschall Marmont eingeführt zu werden«, unterbrach der Genannte. »Auf meinen herzoglichen Titel lege ich keinen besonderen Wert.«
»Auf den Titel oder auf den Namen?« fragte Felicia keck. »Wohl etwa seit die Franzosen ein Verb*) davon abgeleitet haben?«
»Vielleicht. Es ist niemals besonders angenehm, in die Umgangssprache aufgenommen zu werden. Aber nun zu Euch, Madame – wie?« fügte der Feldmarschall hinzu. Arroganz mit Arroganz erwidernd.
»Richtig. Setzt Eure Vorstellung fort, Grünfeld!«
Duchamps Augen funkelten vor Vergnügen, auch wenn er tat, als hätte man ihn völlig aus dem Konzept gebracht.
»Ihre Durchlaucht Prinzessin Orsini dürfte mein bester Schüler sein...«
»Tatsächlich? Sagt Ihr das, um mich anzustacheln, gegen sie anzutreten? Eigentlich wollte ich Euch, mein lieber Grünfeld, darum bitten, den einen oder anderen Durchgang mit mir zu absolvieren. Ich fühle mich um diese Jahreszeit wie eingerostet. Fehlende Übung vermutlich.«
»Wenn Ihr es mit mir aufnehmen wollt«, sagte Felicia ironisch lächelnd, »würde mir das bestimmt Spaß machen.«

---

*) ›raguser‹ war damals gleichbedeutend mit ›verraten‹.

Marmont warf einen prüfenden Blick auf die hochgewachsene, schlanke Gestalt in dem schwarzen, reichlich kurzen Rock und dem Männerhemd, dessen schmale Fältchen über der hohen Brust auseinanderklafften.
»Warum nicht? Könnte durchaus vergnüglich sein.«
Schon legte er seinen weiten Mantel mit dem Pelzkragen ab, zog seine pflaumenfarbene Tuchweste mit den Silberknöpfen aus und nahm aus der Hand von Duchamp zuerst die Maske entgegen, dann das lederne Vorhemd, das er gekonnt anlegte. Felicias Gesicht war bereits hinter dem Visier verschwunden; die Spitze ihrer Klinge nach unten gerichtet, wartete sie gelassen ab, bis sich der Feldmarschall einen Degen gewählt hatte.
Der Angriff war kurz, erfolgte mit unglaublicher Schnelligkeit. Der Waffenteufel schien an diesem Morgen in die junge Frau gefahren zu sein. Nach kurzem Geplänkel, das dazu dienen sollte, die Geschicklichkeit des Gegners zu ergründen, stürzte sie sich im Sturmangriff auf ihn, wobei ihre Klinge wie eine natürliche Verlängerung ihres geschmeidigen, tänzelnden Körpers wirkte. Nachdem sie drei Treffer gelandet hatte, wich der Feldmarschall zurück und gab sich freimütig geschlagen.
»Ich denke, wir sollten es dabei belassen!« meinte er und streifte die Maske von seinem schweißbedeckten Gesicht. »Jeder weitere Versuch würde mich der Lächerlichkeit preisgeben. Gestattet mir jedoch, Euch ein Kompliment zu machen, Prinzessin: Ihr seid ein angsteinflößender Degenfechter...«
»Bei schnellen Attacken bestimmt«, ließ sich Duchamp vernehmen. »Allerdings hege ich Zweifel, daß Madame ein längeres Duell mit einem ähnlichen Schlagabtausch durchstehen könnte. Trotzdem ist sie mein bester Schüler. Ihr dagegen, Feldmarschall, überrascht mich. Ich hielt Euch für besser trainiert.«
Marmont, der sich das Gesicht mit einem bereitgelegten Handtuch trocknete, zuckte die Schultern.

»Ihr wißt doch, Grünfeld, daß ich seit drei Wochen keinen Degen mehr in der Hand hatte. Genauer gesagt, seit man mich zum Geschichtslehrer des Herzogs von Reichstadt bestellt hat. Dadurch bleibt mir keine Zeit mehr für mich selbst. Die Unterrichtsvorbereitungen ...«
Felicia und Duchamp tauschten einen heimlichen Blick, mit dem der Colonel andeuten wollte: »Der Mann könnte uns nützlich sein«, und Felicia: »Mit diesem Herrn müssen wir uns gut stellen. Seid vorsichtig!«
»Man hat mir in der Tat berichtet, der Prinz habe Euch, als Ihr ihm auf dem Ball der Englischen Botschaft vorgestellt wurdet, gebeten, ihn aufzusuchen, um sich mit Euch zu unterhalten. Demnach stimmt das?«
»Mehr als das. Ich bin der älteste Mitstreiter seines Vaters, und das weiß er. Er ist ungemein wißbegierig. Alles möchte er erfahren, von Anfang an, seit wir, Bonaparte und ich, stellungslos der eine wie der andere, in jenem erbärmlichen Hotel in der Rue des Fossés-Montmartre unser kärgliches Brot teilten. Über die große Europakarte auf seinem Arbeitstisch gebeugt, löchert er mich mit Fragen, und zuweilen komme ich mir vor wie eine Zitrone, die er unablässig mit seinen rastlosen Händen ausquetscht ... Aber was soll ich tun? Er ist so liebenswert – und so unglücklich!«
Felicia hatte jetzt den Eindruck, Marmont habe sie und Duchamp völlig vergessen und spreche mit sich selbst, überwältigt von Gefühlen, die er nicht unterdrücken konnte.
»Ich bin ihm noch nie begegnet. Wie sieht er aus?« sagte sie sanft.
»Groß, schmal – sogar viel zu schmal. Blond, mit einem Gesicht, aus dem der österreichische Einfluß die väterliche Abstammung nicht auszuradieren vermochte. Vor allem ... hat er *seinen* Blick.
Eine Stille breitete sich aus, die unerträglich geworden

wäre, hätte es Duchamp nicht auf sich genommen, sie zu durchbrechen.
»Es heißt, er sei derzeit krank?«
»Ja. Er hat sich auf einem Ausritt erkältet und hustet noch immer. Ich fürchte, mit seiner Gesundheit steht es leider nicht zum Besten. Ihn kümmert das nicht. Dabei finde ich, man müßte seinen Zustand ständig im Auge behalten. Wenn er nicht durch übertrieben lange Ausritte Raubbau mit seinem Körper treibt, arbeitet er ganze Nächte hindurch bei Kerzenlicht. Und keiner hält ihn davon ab.«
»Wäre das nicht die Aufgabe einer Mutter?« fragte Felicia.
Für einen Augenblick verzerrte sich Marmonts Gesicht zu einer wütenden, höhnischen Fratze.
»Seine Mutter lebt in Parma, wo sie sich lieber um die Bälger kümmert, die sie von Neipperg hat. Seit dessen Tod vor knapp zwei Jahren kommt sie immer seltener nach Wien. Der König von Rom hätte eine andere Mutter verdient.«
»König von Rom wäre er vielleicht noch, wenn einige von Euch Feldmarschällen den Kaiser nicht im Stich gelassen hätten«, erklärte Felicia. »Wer trägt denn die Schuld daran, daß er nichts weiter ist als der Herzog von Reichstadt?«
»Lastet das nicht uns an, Prinzessin! Schuld daran ist vor allem die Vorsehung. Jetzt aber gestattet mir, mich zurückzuziehen. Wie ich feststellen muß, habe ich Euch lange genug aufgehalten.«
Er wirkte mit einemmal so alt und müde, daß Felicia Mitleid empfand. Sie lächelte ihn an.
»Ihr habt mich keineswegs aufgehalten – und ich bitte Euch, mir meine vorlauten Worte zu verzeihen. Ich würde Euch gern wiedersehen...«
»Ich hätte nicht gewagt, Euch darum zu bitten.«
»Ich bewohne zusammen mit einer Freundin den linken Flügel im Palais Palm in der Schenkenstraße. Besucht

uns doch einmal dort. Mir scheint, wir haben eine Menge Fragen an Euch zu richten.«
»Was eigentlich bezweckt Ihr damit?« fragte Duchamp, nachdem der Herzog von Ragusa den Fechtsaal verlassen hatte.
»Ehrlich gesagt, weiß ich das auch noch nicht. Ich meine aber, daß es von Vorteil sein kann, einen Mann zu kennen, der zweimal pro Woche mit dem Prinzen zusammentrifft. Wie ich merke, denkt Ihr doch ähnlich?«
»Gewiß. Aber seid dennoch auf der Hut. Nicht weil ich ihn noch immer des Verrats für fähig hielte; dazu bedrücken ihn heute die Ereignisse von Essonne viel zu sehr. Aber Marmont hat unter Napoleon sein Glück verspielt. All seinen Unternehmungen sind seither nur Mißerfolge beschieden gewesen. Denkt an die Verteidigung der Tuilerien im vergangenen Jahr, zur Zeit der Drei Glorreichen! Erwartet Euch also nicht zuviel...«
Napoleone zeigte sich ehrlich entrüstet, als ihr Felicia nach ihrer Rückkehr Bericht erstattete.
»Diesen Mann hier empfangen? Den, der meinen Paten verraten hat? Der im letzten Juli im Namen Charles' X. auf das Volk von Paris mit Kanonen schießen ließ?«
»Nein. Den, den der Herzog von Reichstadt in seinen Privatgemächern empfängt. Jetzt ist nicht der Zeitpunkt, Euch königstreuer zu geben als der König! Und vergeßt nicht, daß wir, wenn wir unsere Überzeugungen lauthals verkünden, ebensogut gleich wieder unsere Koffer packen können. Ich fürchte, ich habe mich sowieso schon hinreißen lassen ...«
»Ihr habt recht. Und da wir von den Feinden des Kaisers sprechen: Heute morgen wurde ein Brief der Herzogin von Sagan, unserer Nachbarin, abgegeben. Sie wird uns nachmittags empfangen.«
»Tatsächlich? Hat sich ganz hübsch Zeit damit gelassen!« erklärte Felicia und war schon auf dem Weg in ihr Zimmer, um sich umzuziehen.
Gleich nach ihrem Einzug in den Palais Palm hatten die

beiden Freundinnen, den Gepflogenheiten guter Nachbarschaft und den Regeln des Protokolls entsprechend, das es den kleineren deutschen Fürstenhöfen gegenüber zu wahren galt, ihre Visitenkarten abgegeben und eigentlich erwartet, umgehend Antwort zu erhalten. Trotz der nicht zu übersehenden Anwesenheit der Herzogin war ihnen jedoch bisher keinerlei Nachricht zugegangen, was eigentlich schon an Beleidigung grenzte. Wenn man aber schon nicht geruhte, die Freundinnen zu Gesellschaften zu bitten, war es angesichts der augenblicklichen Situation wohl angebracht, der nun vorliegenden Aufforderung Folge zu leisten.
Es war gegen drei Uhr, als Felicia und Napoleone dem Haushofmeister am Eingang der Salons ihre Namen nannten.
»Prinzessin Orsini, Madame la Comtesse de Lauzargues ...«
Die Namen schallten durch mehrere hintereinander liegende Salons, wurden aufgenommen von zwei Lakaien und bis zu einem geräumigen Boudoir getragen, dessen Türen sich sofort auftaten.
Einstmals von Moreau ausgestattet, dem bevorzugten Innenarchitekten der seligen Kaiserin Maria-Ludovica, waren die Salons der Herzogin von Sagan nicht einheitlich gehalten, da der Raumgestalter auf die Idee verfallen war, von jeder Stilrichtung etwas zu bieten. Das Ergebnis war reichlich verwirrend, ein Mischmasch aus verschiedenen Jahrhunderten: verschwenderisch drapierter Taft, Lamé, farbige Stickereien, schwarz und rot gelacktes oder vergoldetes Holz. Einzig der großzügige Schnitt des Raums bewahrte ihn davor, wie eine mit Antiquitäten vollgepferchte Rumpelkammer zu wirken. Erst als die beiden Freundinnen ein wenig verblüfft die Schwelle des letzten Salons überschritten, mußten sie zugestehen, daß diese Ausuferung von Gold, kostbaren Stoffen und gedämpften Farbtönen der Persönlichkeit und der noch immer vorhandenen Schönheit

der Hausherrin entsprach, auch der der beiden Frauen an ihrer Seite, die ihr so ähnlich sahen: das gleiche blonde, nur von einem Hauch Silber durchwobene Haar, die gleiche helle und zweifelsohne mit Salben und viel Pflege jugendlich erhaltene Haut, die gleichen veilchenblauen Augen.

Als Napoleone und Felicia jetzt denen gegenüber standen, die man zur Zeit des berühmten Kongresses die Drei Grazien aus Kurland genannt hatte – Wilhelmine von Sagan, Pauline von Hohenzollern-Elchingen und Johanna d'Acerenza –, waren sie zunächst etwas benommen, da es ihnen vorkam, als sähen sie dreifach. Sie fingen sich aber rasch, zumal die unterschiedlichen Persönlichkeiten der drei schnell deutlich wurden.

Die Herzogin von Sagan war eindeutig die Dominierende. Mit ihren fünfzig Jahren hatte sich die Älteste derer von Kurland eine Ausstrahlung und Würde bewahrt, die ihre Schwestern zu Statisten degradierte. Dreimal war sie verheiratet gewesen: mit einem Franzosen, dem Prinzen Louis de Rohan-Guéménée, mit einem Russen, dem Prinzen Vassili Troubetzkoy, schließlich mit einem Deutschen, dem Grafen von Schulenburg. Diese Männer, mit denen sie übrigens keine Kinder gehabt hatte – ihre einzige Tochter stammte von einem ihrer Liebhaber –, waren jedoch nur kurze Zwischenstationen in ihrem Leben gewesen, hatten eine rein dekorative Rolle gespielt und bei Wilhelmine nicht mehr Spuren hinterlassen als eine Welle an einem Sandstrand. Liebhaber dagegen hatte sie mehrere gehabt, von denen einige, etwa Zar Alexander I. oder selbst Talleyrand, dem sie durchaus Wohlwollen entgegengebracht hatte, ihr nicht wirklich etwas bedeutet hatten, andere wiederum ihr innig verbunden geblieben waren. Zu diesen gehörten der Schwede Graf von Armfeldt – der Vater ihres Kindes –, der Prinz von Windischgrätz, den sie heiß geliebt hatte, und nicht zuletzt der österreichische Kanzler Clemens von Metternich, den sie end-

los hatte schmachten lassen und der noch immer nicht von dieser Liebe genesen war.
In dem Bewußtsein, einer Regentin gegenüberzustehen, versanken Felicia und Napoleone noch an der Tür des Salons in einen Hofknicks, was die Herzogin sichtlich erfreut zur Kenntnis nahm.
»Tretet näher, Mesdames!« sagte sie auf Französisch, wenn auch mit deutlich slawischem Akzent. »Es ist stets eine Freude, Ausländerinnen aus angesehenem Hause zu empfangen, noch dazu, wenn es sich um Nachbarinnen handelt. Ich hoffe, Ihr verzeiht mir, daß ich unsere Begegnung so lange hinausschieben mußte, aber die Regierungsgeschäfte in Sagan haben mich stark in Anspruch genommen. Meine Schwestern kennt Ihr natürlich? Nicht? Nun, das hier ist Pauline...«
In den folgenden Minuten wurden Napoleone und Felicia mit einem regelrechten Wortschwall eingedeckt, in dem sich Namen und Titel mit Bemerkungen über das Wetter und Komplimente angesichts der eleganten Garderobe der Besucherinnen mischten.
»Wenn ich nicht irre, seid Ihr, Prinzessin, Römerin? Kleidet man sich in Rom auch so hübsch?«
»Nein, Hoheit. Das trägt man in Paris«, antwortete Felicia. »Ich bin in der Tat Römerin, wohingegen meine Freundin Napoleone, wie Eurer Hoheit bekannt sein dürfte, Französin ist...«
Wilhelmine strahlte über das ganze Gesicht. Sie bewegte ihren Fächer aus Perlmutt und Spitze so lebhaft, als sei unvermittelt eine Hitzewelle ausgebrochen.
»Natürlich! Natürlich! Ach, Paris! Die einzige Stadt, in der man sich gut anzieht. Ich muß sagen, meine jüngste Schwester, die Herzogin von Dino, ist die bestangezogene Frau der Welt.«
»Das ist mir gut bekannt«, sagte Napoleone lächelnd, »da ich die Ehre habe, die Herzogin zu kennen. Ich habe eine Weile bei ihr gewohnt.«
»In der Rue Saint-Florentin? Ihr kennt Dutschka?«

»Aber ja doch, Madame. Auch Prinzessin Orsini kennt sie. Sie hat mich ihr doch vorgestellt. Ich bedaure bei dieser Gelegenheit, daß ich Eurer Hoheit nicht die Grüße ihrer Schwester überbringen kann. Aber seit ihrer Abreise nach England habe ich Madame de Dino nicht mehr gesehen.«
»Das ist bedauerlich«, warf Johanna d'Acerenza ein, »weil auch wir seit langem nichts von ihr gehört haben. Anscheinend zieht es Dutschka weiterhin vor, diesem alten Teufel Talleyrand als Sekretärin zu dienen anstatt ihren Schwestern zu schreiben...«
»Ich weiß, daß sie fasziniert ist von seinem Intellekt und dem ihm eigenen diplomatischen Geschick«, ließ sich Pauline, die dritte Schwester, vernehmen, »aber ich hoffe aufrichtig, daß sie nicht mehr seine Mätresse ist. Dieser gichtige Greis! Schlimm genug, daß sie es so weit hat kommen lassen...«
Das klang bösartig. Napoleone war sicher, daß sie für diese Dame niemals Sympathie hegen würde.
»Redet nicht von etwas, was Ihr nicht versteht, Pauline!« griff Wilhelmine ein. »Dieser gichtige Greis besitzt mehr Charme als so mancher fesche junge Offizier. Aber genug davon. Da Ihr Freundinnen von Dutschka seid, seid Ihr auch unsere Freundinnen. Johanna, würdet Ihr läuten, damit man uns den Kaffee bringt. Die Kälte dringt in diesen großen Räumen durch alle Ritzen, und ich fühle mich wie zu Eis erstarrt. Etwas Warmes tut uns allen gut.«
Felicia unterdrückte ein Grinsen. Daß die Herzogin fror, war nicht weiter verwunderlich: Ihr Kleid war ein hauchzartes Gebilde aus dünnen Seidenstoffen und Spitze. Wilhelmine von Sagan kleidete sich selbst im strengsten Winter in Musselin, weil sie ihrer Meinung nach nur in fließenden Gewändern oder flaumigen Pelzen vorteilhaft aussah, wobei natürlich die Pelze dem Aufenthalt im Freien vorbehalten waren. Was die Herzogin keineswegs daran hinderte, sich lebhaft mit dem

zu beschäftigen, was andere Frauen trugen, und als man den berühmten Wiener Kaffee mit Sahnehäubchen servierte und dazu Gebäck, für das diese Damen eine Vorliebe zu haben schienen, mußten die beiden ›Pariserinnen‹ ein Trommelfeuer von Fragen über sich ergehen lassen, wie man sich gegenwärtig kleide und wohin sich die neue Mode orientiere. So gut sie konnten, gaben sie Antwort, schlugen ihrer Gastgeberin sogar vor, ihr ihre letzten Errungenschaften vorzuführen, falls sie Lust hätte, den linken Flügel des Palais mit ihrer erhabenen Gegenwart zu beehren. Eine Einladung, die mit Begeisterung angenommen wurde.
»Trotzdem«, meinte Felicia, »muß ich sagen, daß die Wienerinnen keineswegs benachteiligt sind. Wir haben eine gewisse Palmyre aufgesucht, eine Zauberkünstlerin ...«
»Palmyre steht außer Zweifel«, pflichtete die Herzogin bei, »auch wenn ich sie im Verdacht habe, der Mode stets hinterherzulaufen. Und das ist ärgerlich.«
In diesem Augenblick rief Pauline von Hohenzollern, die an eines der Fenster getreten war und den Vorhang beiseite geschoben hatte: »Schau einer an! Offenbar ist der kleine Napoleon wieder gesund. Soeben verläßt er den Palast!«
Napoleones Herz machte einen Satz; ohne es zu wollen, war sie bereits aufgesprungen.
»Eure Hoheit mögen mir verzeihen«, entschuldigte sie sich errötend, »aber ich habe den Prinzen noch nie gesehen und würde gern ...«
»Wissen, wie er aussieht? Das ist doch ganz normal und außerdem der Mühe wert. Kommt mit, bei dieser Gelegenheit werde ich Euch den Balkon zeigen, von dem aus wir 1814 den triumphalen Einzug unseres teuren Zaren Alexander miterlebt haben. Meine Pelze!«
Wie von Zauberhand war Wilhelmine plötzlich in eine Blaufuchskugel verwandelt, und auf ein Zeichen von ihr öffnete ein Lakai eine der hohen Glastüren.

»Ihr wollt wohl, daß wir erfrieren«, maulte Pauline. »Ich für meinen Teil bleibe am Feuer sitzen. Ich kenne diesen Knaben auswendig!«
»Ich komme mit«, meinte Johanna. »Das ist ein Spektakel, dessen ich nicht müde werde. Einen hübschen jungen Mann schaut man sich immer wieder gern an.«
Napoleone und Felicia wechselten einen Blick. Schweigend folgten sie Wilhelmine auf den Balkon, von dem aus man nicht nur die Straße überblicken, sondern auch die wie mit Zeichenkohle gemalten Bäume des weiter hinten liegenden Minoritenplatzes sehen konnte. Ein leichter, kühler Wind ließ die kahlen Zweige wippen, wirbelte die Papierfetzen auf der Straße auf. Dennoch trug der Herzog von Reichstadt keine Kopfbedeckung, als er sich jetzt hoch zu Roß in kurzem Trab näherte... Ein weiter blauer Mantel mit dreigeteiltem Kragen ließ von seinem Körper nur die Beinkleider aus weißem Leder und die hohen Lackstiefel erkennen. Die blauen Augen gedankenverloren auf einen Punkt zwischen den Ohren seines Pferdes gerichtet, ritt er vorwärts, ohne jemanden eines Blickes zu würdigen, ohne auf die Verbeugungen der Männer und das Lächeln der Frauen zu achten. Der Wind spielte mit der dicken blonden Strähne, die ihm in die Stirn fiel und immer kurz davor war, sein Auge zu verdecken. Ein Prinz wie aus dem Märchenbuch, von dem junge Mädchen träumen, auch wenn er irgendwie bedroht und erstarrt wirkte und dieser Eindruck Napoleone ins Herz schnitt.
Die drei Offiziere, die ihm in kurzem Abstand folgten, kamen der jungen Frau wie Gefängnisaufseher vor. In ihren enganliegenden Uniformen und den verschlossenen Gesichtern ähnelten sie denen, die Napoleone seinerzeit in der Bretagne gesehen hatte, auf der Plattform des Château du Taureau, von wo aus sie den Rundgang der Sträflinge überwacht hatten. Der Schreck war so groß, daß sie sich beinahe bekreuzigt hätte, was ohne Zweifel übel vermerkt worden wäre. Daß sich ihre

Augen mit Tränen füllten, konnte sie allerdings nicht verhindern. Tastend suchte sie Felicias Hand und drückte sie heftig; die Freundin verstand und erwiderte den Druck. Und genau in diesem Augenblick schwor sich Napoleone, sich ganz in den Dienst dieses jungen Prinzen zu stellen, der am selben Tag wie sie geboren war und der ihr bis heute so unnahbar, ja geradezu mystisch erschienen war. Jetzt, da sie ihn zum erstenmal sah, brach ihre ungeteilte Begeisterung durch, ihre uneingeschränkte Bereitschaft, ihm zu dienen.
Über den Balkon gebeugt, ließ Wilhelmine, nachdem sie dem Prinzen mit einer lässigen Handbewegung zugewinkt und dieser mit einem Nicken gedankt hatte, pausenlos hochtrabende Reden vom Stapel, schilderte lang und breit den erhabenen Augenblick, da ihr Zar beim Wiener Kongreß Einzug gehalten hatte. Weder Napoleone noch Felicia hörten ihr zu.
Felicia war so blaß geworden, daß sich Napoleone zu ihr neigte und ihr zuflüsterte: »Paßt auf Euch auf! Ihr seid weiß wie ein Leintuch!«
Felicia zuckte zusammen, rieb sich rasch die Wangen, um die Durchblutung anzuregen. Inzwischen schickte man sich an, wieder hineinzugehen. Der Prinz war vorbeigeritten, und die Herzogin hatte das Ihre getan, seinen Auftritt gebührend zu würdigen.
Da die beiden Freundinnen der Ansicht waren, ihr Besuch habe nun lange genug gedauert, brachten sie mit einem Dank für den liebenswürdigen Empfang die Bitte vor, sich zurückziehen zu dürfen. Als sie an der Schwelle des Salons noch einmal einen Hofknicks absolvierten, schallte die Stimme des Hofmarschalls erneut durch den Raum: »Seine Exzellenz der Prinz von Metternich!«
Ein hochgewachsener, forscher älterer Mann mit grauem Haar und einem gutgeschnittenen Gesicht, aus dem Hochmut und Sinnlichkeit gleichermaßen sprachen, durchmaß eiligen Schritts die Salons, um auf halbem Wege mit den beiden jungen Frauen zusammenzutref-

fen. Er grüßte sie mit vollendeter Anmut, worauf sie zwanglos zurückgrüßten, während hinter ihnen bereits die Stimme der Herzogin erklang: »Ah! Lieber Clemens! Wie reizend von Euch, uns ein wenig Eurer kostbaren Zeit zu schenken...«
Das Weitere verlor sich in den Freudenkundgebungen, die das Erscheinen des allmächtigen Ministers auslösten. Kaum hatten Felicia und Napoleone die eigene Wohnung erreicht, riß sich Felicia den Hut vom Kopf, streifte den Mantel ab, zog die Handschuhe aus, die sie achtlos zu Boden warf, und ließ sich laut lachend auf ein Sofa fallen.
»Felicia! Was findet Ihr denn so komisch?« fragte Napoleone, die sich weitaus bedächtiger ihrer Ausgehkleidung entledigte.
»Begreift Ihr denn nicht? Ach, meine Liebe, ich fange wirklich an zu glauben, daß der Himmel mit uns im Bunde ist. Wir wohnen Tür an Tür mit der Frau, der Metternich nur allzu gern seine Aufwartung macht.«
»Und das empfindet Ihr als spaßig? Mir hat der Anblick dieses Mannes das Blut stocken lassen.«
»Weil es Euch an Vorstellungskraft mangelt und Ihr nur das seht, was im Augenblick geschieht. Ich für mein Teil finde es höchst vergnüglich, zwei Schritte vom Gefängnisaufseher des jungen Adlers und seiner Mätresse entfernt eine Verschwörung auszuhecken. Maria Lipona hat ganz recht: Nirgendwo könnten wir ein sichereres und behaglicheres Haus finden, um unsere Pläne durchzuführen.«
»Unsere Pläne?« meinte Napoleone bedrückt. »Ich finde, damit kommen wir kaum voran. Wir haben den Prinzen gesehen, dürften aber noch weit davon entfernt sein, mit ihm sprechen zu können.«
»Wir müssen fest daran glauben, Napoleone. Ich weiß, daß es bald soweit sein wird.«
Entzückt von den neuen Nachbarinnen, die zwei Tage nach ihrem Besuch eine Art private Modenschau für sie

veranstalteten, nahm Wilhelmine von Sagan sie ins Theater an der Wien mit, wo sie in ihrer Loge einer Aufführung der ›Zauberflöte‹ von Mozart beiwohnten, dessen Premiere zu feiern diese Bühne einst das Vorrecht hatte.
Die reichlich abgeschmackten ägyptischen Kulissen konnten Napoleone und Felicia nicht davon abhalten, sich für die Kompositionen des göttlichen Mozarts ehrlich zu begeistern. Noch begeisterter waren sie allerdings, im Zuschauerraum alles versammelt zu sehen, was in Wien Rang und Namen hatte. Wofür sie sich am meisten interessierten, war die kaiserliche Loge, in der kurz nach ihrer Ankunft der Herzog von Reichstadt erschien, begleitet von einer jungen Frau mit auffallend heller Haut und einer Fülle seidiger brauner Locken, die ein zartes, vergeistigtes Gesicht umrahmten. Ihr durch die leicht gekräuselten Lippen etwas ironisches Lächeln stand im Gegensatz zu der verträumten Schwermut ihrer großen hellen Augen. Zu einer blaßblauen Satinrobe trug die junge Frau prächtigen Schmuck, vor allem das Diadem aus Diamanten und Opalen in ihrem Haar verlieh ihr das Aussehen einer Königin.
Napoleone beobachtete, mit welch zärtlicher Fürsorge der junge Prinz seiner Begleiterin behilflich war, vorne in der Loge Platz zu nehmen, und wie er den weiten Umhang, den sie abgelegt hatte, über die Sessellehne breitete. Und weil sie die Frage, die ihr auf den Lippen brannte, nicht länger zurückhalten konnte, beugte sie sich zu Wilhelmine und flüsterte ihr hinter ihrem geöffneten Fächer zu: »Diese junge Frau in Begleitung des Herzogs von Reichstadt – wer ist das? Wenn sie nicht so jung wäre, könnte man sie für die Kaiserin halten.«
»Das wird sie vielleicht eines Tages sein. Aber sagt doch, meine Liebe, kennt Ihr wirklich niemanden hier?«
»Jedenfalls niemanden von der kaiserlichen Familie. Ich

darf Eure Hoheit daran erinnern, daß wir erst seit sehr kurzer Zeit in Wien sind.«
»Das ist wahr. Nun, meine liebe Kleine, diese junge Dame ist die Erzherzogin Sophie, die Tante des kleinen Napoleon.«
»Seine Tante? Eine Bonaparte?«
Wilhelmine warf ihr einen empörten Blick zu, und Napoleone spürte, wie sie bis zum Ansatz ihres Decolletés errötete.
»Was sollte eine Bonaparte hier zu suchen haben? In Frankreich sieht man wohl gern darüber hinweg, daß der kleine Napoleon nicht nur von einem Vater abstammt, sondern auch eine Familie mütterlicherseits hat. Erzherzogin Sophie ist seine Tante, weil sie die – übrigens nicht sehr glückliche – Gemahlin seines Onkels, des Erzherzogs Franz-Karl, des jüngsten Bruders seiner Mutter, ist. Eine bayerische Prinzessin.«
»Für eine Tante wirkt sie sehr jung.«
»Sie ist sechsundzwanzig. Im übrigen glaube ich, daß ihre Gefühle füreinander alles andere als verwandtschaftlich sind. Es sieht so aus, als verehre der junge Herzog Sophie mit einer Leidenschaft, die an Liebe grenzt. Was die Erzherzogin angeht, die mit einem schwerfälligen und sterbenslangweiligen Mann verheiratet ist, dürfte sie einige Mühe haben herauszufinden, inwieweit die Gefühle, die sie diesem hübschen Neffen entgegenbringt, mit der mütterlichen Zärtlichkeit zu rechtfertigen sind, nach der er sich so sehnt.«
»Nennen wir die Dinge doch beim Namen«, mischte sich Felicia mit ihrem Sinn für klare Verhältnisse ein. »Lieben sie sich?«
Der Fächer der Herzogin von Sagan neigte sich jetzt dem der Römerin zu.
»Manche gehen sogar so weit, von einem Verhältnis zu sprechen, und ganz böse Zungen behaupten, der kleine Franz Joseph, den Sophie letztes Jahr zur Welt brachte – ein süßes blondes Kerlchen –, sei nicht der Sohn des

guten Franz-Karl. Seitdem dieses Kind da ist – und vielleicht als Ablenkungsmanöver –, sieht man den kleinen Napoleon häufig in Begleitung einer jungen Frau aus bestem Hause, der Gräfin Nandine Karolyi, einer geborenen Prinzessin Kaunitz. Obwohl Nandine auch viel mit Maurice Esterhazy zusammen ist, einem der engsten Freunde des Prinzen... Ich zeige sie Euch gleich.«
Der zweite Akt der ›Zauberflöte‹ endete unter tosendem Beifall. Der Vorhang hob sich mehrere Male; danach wurde der große Zuschauerraum zum Mittelpunkt des Geschehens. Wie in Paris, war es auch hier üblich, sich gegenseitig in den Logen zu besuchen, das heißt, die Herren machten den Damen, die meist auf ihren Plätzen verharrten, ihre Aufwartung. Schon bald drängte man sich in der Loge der Herzogin von Sagan. Wo immer sich Wilhelmine hinbegab, stets schien sie einen ganzen Hofstaat um sich zu versammeln. Felicia und Napoleone, die näher zusammengerückt waren, nutzten die Gelegenheit, die kaiserliche Loge zu beobachten, in der sich eine kleine Szene abspielte: In einem nachtblauen, mit einer Reihe von Orden dekorierten Frack war Metternich soeben dort aufgekreuzt, verbeugte sich jetzt vor der Erzherzogin, die in eine angeregte Unterhaltung mit ihrem Neffen vertieft war. Als ihr Blick auf Metternich fiel, schwand das Lächeln aus ihrem Gesicht, und mit wahrhaft königlicher Herablassung gewährte sie ihm die Gunst, einen Kuß auf dem bestickten Seidenhandschuh ihrer Rechten anzudeuten. Dann wandte sie sich ab, so als sei sie an dem Gespräch zwischen Metternich und dem jungen Prinzen nicht im Geringsten interessiert.
Jemand aus dem Gefolge Wilhelmines bemerkte: »Die Abneigung der Erzherzogin Sophie für Metternich wird immer offenkundiger. Es würde mich nicht wundern, wenn sie ihm gleich vollends den Rücken kehrte.«
»So sehr lehnt sie ihn ab? Warum denn?« schaltete sich Felicia vorsichtig in die Unterhaltung ein.

Der, der gesprochen hatte, ein junger Laffe mit einem äußerst schwierigen mitteleuropäischen Namen, lachte auf.
»Sie ist mit seiner Politik nicht einverstanden. Recht kühn für eine kleine Erzherzogin, meint Ihr nicht auch? Allem Anschein nach hat sie dafür ganz persönliche Gründe. Außerdem ist sie ehrgeizig.«
»Ist das nicht verständlich, wenn sie eines Tages die kaiserliche Krone tragen soll?«
»Was gar nicht so abwegig ist! Ferdinand, der Thronfolger, ist ein Einfaltspinsel. Möglich, daß ihn sein Bruder Franz-Karl schon bald ablöst. Ich glaube jedoch, daß Sophies größter Kummer die unbeugsame Härte Metternichs gegenüber dem jungen Reichstadt ist...«
Napoleone, die bisher aufmerksam zugehört hatte, wurde jählings abgelenkt. Ihr Blick, der über den Zuschauerraum gewandert war, verharrte an der Loge, in der der neue Botschafter Frankreichs, Feldmarschall Maison saß, neben ihm eine Dame mittleren Alters, die einen Spitzenschleier über der Frisur trug und in purpurnen Samt gehüllt war und seine Gemahlin zu sein schien. Im Hintergrund ihrer Loge unterhielten sich drei Männer, von denen der eine Feldmarschall Marmont war, der zweite ein hagerer kleiner Wicht mit grauen Haaren, während der dritte, der einen dunkelgrünen Anzug trug, durch eine rostfarbene Mähne auffiel, bei deren Anblick Napoleone das Herz stockte. Dieses Haar ... diese Gesten ... dieses Gesicht, das sie nur undeutlich im Profil sehen konnte, das sie aber zu erkennen glaubte – war das nicht Patrick Butler?
Spätestens seit sie in Wien war, hatte sie angenommen, er habe ihre Spur verloren, aufgegeben und sich in seinen bretonischen Nebel und in sein Geschäft für Schiffsausstattung zurückgezogen, das seine Anwesenheit ja sicherlich von Zeit zu Zeit erforderlich machte. Und nun befand er sich urplötzlich in diesem Wiener Thea-

ter! War er es wirklich? Eine Verwechslung war immerhin möglich...
Entschlossen, sich Klarheit zu verschaffen, und von Panik getrieben, drängelte sich Napoleone wortlos aus der Loge, rempelte dabei sogar Felicia an. Sie raffte ihre weiten, blaßrosa Taftröcke, eilte den Gang entlang, an dem sich die Logen reihten. Sie sah nichts, hörte nichts. Auch nicht Felicia, die ihr gefolgt war und ihr nachrief. Sie wußte nicht genau, was sie tun oder sagen würde, wenn sich herausstellte, daß dieser Mann in der Tat Butler war, aber sie mußte ihn aus der Nähe sehen.
Ein heftiger Zusammenprall bremste sie. Ihre Nase stieß unsanft gegen eine mit azurblauem Samt bekleidete Schulter.
»Um Himmels willen, Madame, wohin so eilig?« fragte eine weiche wohlklingende Stimme, während zwei starke Hände sie vor dem Fallen bewahrten. Napoleone wich zurück, wollte sich entschuldigen, brachte jedoch keinen Ton heraus. Der Mann, den sie in ihrem Ungestüm beinahe umgerannt hätte, war niemand anderer als der Herzog von Reichstadt, der soeben aus der kaiserlichen Loge trat.
Die Beine drohten ihren Dienst zu versagen, als sie in einen höchst lächerlichen Hofknicks sank.
»Euer ... Durchlaucht«, gelang es ihr mit förmlich ersterbender Stimme zu hauchen, »ich ... ich ... bitte Euch um Vergebung...«
Der Prinz schenkte ihr ein Lächeln, das Napoleone tief ins Herz drang.
»Ich wette, Ihr seid Französin«, sagte er schmunzelnd. »Wißt Ihr, daß Euer Deutsch schrecklich klingt?«
»Das glaube ich gern, Durchlaucht«, antwortete sie, diesmal auf französisch. »Ich beherrsche nur wenige Sätze, und die nur sehr schlecht.«
»Ihr habt ja recht! Wenn man das Glück hat, Franzose zu sein, sollte man niemals eine andere Sprache sprechen. Adieu, Madame...«

Zwei Offiziere waren hinzugekommen, und der Prinz war bereits auf dem Weg zu einer anderen Loge. Napoleone blieb wie angewurzelt stehen, wußte nicht mehr recht, wo sie war. Was Felicia ermöglichte, sie einzuholen.

»Nun, meine Liebe«, meinte sie vergnügt, »Ihr habt eine drollige Art, mit Leuten, die Euch interessieren, Bekanntschaft zu schließen! Aber sagt mir doch, was in Euch gefahren ist, daß Ihr Hals über Kopf weggerannt seid?«

Napoleone fuhr sich mit zitternder Hand über die Stirn.

»Ich habe in der Loge des Feldmarschalls Maison einen Mann gesehen, der sich mit dem Herzog von Ragusa unterhielt...«

»Und?«

»Ich bin mir fast sicher, daß es Patrick Butler war. Zumindest sah er ihm sehr ähnlich – die gleiche Haarfarbe, die gleich Statur...«

Sanft, aber nachdrücklich nahm Felicia den Arm der Freundin, zwang sie dadurch zum Mitkommen.

»Wenn Ihr Euch derart ungestüm auf alle Rotschöpfe stürzt, die Ihr entdeckt, werdet Ihr manch unliebsamen Zwischenfall heraufbeschwören. Wenn uns dieser Mann gefolgt wäre, wüßten wir es längst. Und angenommen, er ist es wirklich, was würdet Ihr ihm dann sagen?«

»Ich habe nicht die leiseste Ahnung. Ich wollte nur Gewißheit haben. Ihr könnt Euch ja nicht vorstellen, welche Angst er mir einflößt.«

»Mit mir zusammen habt Ihr nichts zu befürchten. Jetzt gehen wir erst einmal in unsere Loge zurück. Die Pause ist zu Ende, und wir können von unseren Plätzen aus in alle Ruhe die Leute von der Botschaft beobachten.«

In der Loge des Feldmarschalls Maison befanden sich jetzt nur noch Marmont und der kleine, grauhaarige Mann. Obwohl die beiden jungen Frauen mit Hilfe ihrer Operngläser den gesamten Zuschauerraum absuch-

ten, war Butler nirgendwo zu entdecken. Dennoch machte Felicia die Freundin auf einen rothaarigen Mann in grünem Anzug aufmerksam, der im Parkett saß und den die Musik regelrecht in Trance zu versetzen schien.
»Sicherlich ist er derjenige, den Ihr gesehen habt...«
Napoleone indes war nicht überzeugt. Zu tief saß ihr der Schreck in den Gliedern. Sie nahm sich vor, ihre Nachforschungen in der nächsten Zwischenpause fortzusetzen, als mitten in einer hinreißenden Arie Wilhelmine aufstand, gähnte und erklärte, es sei Zeit, nach Hause zu gehen. Für gewöhnlich blieb sie nur kurz im Theater, um sich zu zeigen und in der Pause Hof zu halten. Und wenn es allgemein als unfein erachtet wurde, pünktlich zum Beginn einer Aufführung zu erscheinen, hielt es Wilhelmine keineswegs für schicklicher, bis zum Ende auszuharren. Da sich Einzug und Aufbruch bei ihr jedesmal umständlich und lärmend vollzogen, war es Schauspielern und Sängern sehr viel lieber, daß die Loge der Herzogin von Sagan leer blieb. Die anderen Zuschauer teilten diese Ansicht, unterließen es nicht, ihr Mißfallen kundzutun. Leider blieb den Gästen der Herzogin nichts übrig, als sich dem Rückzug anzuschließen.
In dieser Nacht schlief Napoleone unruhig, wurde von Alpträumen gequält. Der Gedanke, daß sich Patrick Butler in Wien aufhielt, hatte sie gepackt, ließ sie nicht mehr los, verdarb ihr die Freude, die die kurze Begegnung mit dem ausgelöst hatte, den Wilhelmine eigensinnig und nicht ohne Verachtung den kleinen Napoleon nannte.
Zum Frühstück erschien Napoleone so schlecht gelaunt, daß Felicia erschrak.
»Ihr werdet mir doch nicht krank werden? Das beste ist wohl, ich lasse Feldmarschall Marmont einen Brief zukommen, mit dem ich ihn um seinen Besuch bitte. Da Ihr ihn im Gespräch mit diesem Mann gesehen habt, sollte er wissen, um wen es sich handelt. Und wenn uns

das nicht weiterhilft, können wir Duchamp ersuchen, herauszufinden, ob Butler in Wien ist.«
Die Vorstellung, Marmont empfangen zu müssen, behagte Napoleone keineswegs. Sie empfand nicht die geringste Sympathie für diesen Mann, grollte ihm noch immer wegen des Verrats von Essonne. Darüber hinaus fand sie es empörend, daß er Felicia so stürmisch den Hof machte – was Felicia, wie ihr schien, viel zu leichtfertig abtat. Sie hatte versucht, sich mit Felicia auszusprechen, aber die hatte nur gelacht.
»Natürlich gefällt mir dieser Mann nicht. Aber Fliegen fängt man nun mal nicht mit Essig, und er kann uns noch sehr nützlich sein.«
»Nicht anzunehmen. Duchamp hält ihn für einen Versager, was immer er unternimmt. Außerdem ändert er seine Meinung allzu rasch. Überlegt doch! Erst ist er Charles X. ins Exil gefolgt, und jetzt schwänzelt er um die französische Botschaft herum. Ich wette, er will unbedingt in die Dienste von Louis-Philippe treten...«
»Dafür besteht keinerlei Aussicht. Die Pariser haben ein viel zu gutes Gedächtnis und würden ihn steinigen, sollte er es wagen, sich in der Gegend um Orleans blikken zu lassen. Andererseits ... wenn er sich als ergebener Gefolgsmann Napoleons II. erwiese, könnte es durchaus sein, daß man ihm zubilligt, sein Leben auf französischem Boden zu beschließen. Das zumindest versuche ich ihm ganz behutsam schmackhaft zu machen. Und darum, meine Liebe, seid nett zu ihm. Das macht es mir leichter.«
Napoleone zeigte sich dem Herzog von Ragusa tatsächlich von ihrer liebenswürdigen Seite, als er nachmittags im Palais Palm vorsprach, auch wenn er nur wenig zur Klärung ihres Problems beitrug.
»Ich erinnere mich zwar, gestern abend in der Loge des Botschafters mit einem rothaarigen Herrn gesprochen zu haben, aber ich kann Euch beim besten Willen nicht sagen, wie er hieß. Ständig werden einem in den Thea-

terpausen so viele Leute vorgestellt! Sich dann noch deren Namen zu merken! Wo doch mein Gedächtnis längst nicht mehr das ist, was es einmal war!«

»Denkt doch mal nach!« beschwor ihn Felicia. »Hieß er nicht vielleicht Butler? Patrick Butler?«

Marmont sah sie völlig entgeistert an.

»Ich weiß es wirklich nicht. Möglich, daß er so hieß, aber wenn ich das beschwören sollte ... Ihr werdet mich bestimmt für einen alten Trottel halten, Prinzessin. Ihr besiegt mich mit dem Degen, und wenn Ihr mich nach einem Namen fragt, bin ich nicht in der Lage, ihn Euch zu nennen. Aber ich verspreche Euch, mich danach zu erkundigen. Ich werde Maison aufsuchen. Da dieser Mann bei ihm war, sollte er jedenfalls wissen, wen er sich einlädt. Obwohl ich mir dessen auch nicht so sicher bin...«

»Urteilt Ihr da nicht ein wenig hart?« fragte Napoleone.

»Nicht unbedingt, schöne Dame. Maison ist weit davon entfernt, eine Leuchte zu sein, und seit kurzem bringt er alles durcheinander, verhaspelt sich bei den ausländischen Namen, die ihm zum einen Ohr rein- und zum anderen wieder rausgehen. Aber wie gesagt: Ich werde ihn aufsuchen. Und jetzt zu etwas anderem! Wenn Ihr mich nicht gerufen hättet, wäre ich auch so vorbeigekommen. Morgen findet in der Redoute der erste Karnevalsball statt. Ganz Wien wird dort sein, die Stadt und der Hof. Das Publikum ist immer etwas gemischt, aber doch amüsant. Schließlich handelt es sich um ein Kostümfest. Gestattet Ihr mir, Euch dorthin zu begleiten? Es wäre mir eine große Freude, zwei so entzückende junge Damen auszuführen. Und da Ihr die Musik liebt, habt Ihr Gelegenheit, zu den Klängen des Orchesters von Joseph Lanner zu tanzen, einem der beiden Walzerkönige, denen das Herz der Wiener gehört.«

EIN BALL IN DER REDOUTE

Zu behaupten, das Herz der Wiener gehörte Johann Strauß und Joseph Lanner gleichermaßen, war eine liebenswürdige Schönfärberei. In Wahrheit war damals in der österreichischen Hauptstadt ein regelrechter ›Walzerkrieg‹ entbrannt, und die Anhänger des einen Dirigenten weigerten sich standhaft, dem anderen auch nur ein Fünkchen Talent zuzugestehen. Was gelegentlich zu hitzigen Auseinandersetzungen führte, wobei als Schlachtfeld die riesigen Tanzsäle dienten, die man seit der Regentschaft Josephs II. in verschiedenen Bezirken der Stadt gebaut hatte – Säle, die mehreren tausend Personen Platz boten und die an Luxus und Eleganz den prächtigsten Palais der Aristokratie in nichts nachstanden. Hier fand sich die Gefolgsschar der beiden großen Musiker zur begeisterten Ausübung ihrer Walzerleidenschaft zusammen.

In diesem sonderbaren Krieg trug oft genug Strauß, der ›Napoleon des Walzers‹, den Sieg davon. Schwarz das Haar und ebenso schwarz der Bart, verzauberte er mit seinem Geigenbogen die Besucher des berühmten Sperlballs und trat sogar bei Hofe auf. An diesem Karnevalsabend jedoch war es der schmächtige blonde Joseph Lanner, dem es zu huldigen galt, und ganz Wien begab sich voller Erwartung zum unweit der Stadtmauer gelegenen Redoutensaal, in dem stets aufwendige Bälle abgehalten wurden und wo man sicher sein konnte, sich gut zu amüsieren.

Als Napoleone und Felicia kurz vor Mitternacht in Begleitung von Marmont dort erschienen, wogte unter den riesigen, von den hohen Spiegelwänden ins Unendliche vervielfachten Kristallüstern bereits eine farbenfrohe Menge – Traumfiguren, die, vom Rhythmus der

Musik mitgerissen, über das spiegelnde Parkett glitten. Masken aus Satin oder Samt verbargen die Gesichter von Colombinen, Harlekinen, Pierrots, Isabellen und anderen reizvollen Gestalten der Commedia dell'arte, unter die sich Phantasiekönige und -königinnen mischten, mit Bändern geschmückte Schäferinnen, Sultane und Zauberer, wilde Kerle und Dorfschönheiten aus der Operette. Trotz der Kälte, die draußen herrschte, sorgte die Hitze im Saal dafür, daß sich die Blumengirlanden an den Spiegeln leise bewegten und sich das Gemisch von Parfumdüften geradezu ins Unerträgliche steigerte.
Beide als violette Dominos verkleidet, einen Veilchenstrauß am Gürtel und das Gesicht unter spitzenverbrämten venezianischen Masken vom gleichen Farbton wie das Kostüm, blieben Napoleone und Felicia, überwältigt und ein wenig benommen von diesem Rausch von Musik, Düften und Farben, am Eingang des Saales stehen.
»So viele Menschen!« stöhnte Napoleone. »Und all diese Masken! Wie soll man da jemanden erkennen können?«
Sie hatten sich mit Maria Lipona verabredet, die mit mehreren Freunden den Ball besuchen wollte. Felicia, seit eh und je mit den Gebräuchen des römischen Karnevals vertraut, gab sich unbekümmerter.
»Das ist längst nicht so schwierig, wie Ihr meint. Maria weiß, wie wir uns verkleidet haben, und ich weiß, daß sie ein Dominokostüm aus zitronengelbem Satin trägt und dazu Mimosenzweige und eine weiße Maske.«
»Das verstößt gegen die Regeln!« erhob der Feldmarschall lachend Einspruch. »Die Spielregeln schreiben vor, daß man nichts über seine Freunde weiß und umgekehrt. Es macht einen Heidenspaß, sie zu suchen, und wenn man sie entdeckt hat, sie zu täuschen und ihnen mit verstellter Stimme die aberwitzigsten Fragen zu stellen.«

»Man merkt, daß Ihr meine Heimat gut kennt«, sagte Felicia, »denn genauso treibt man es bei uns, und in Rom hätte ich meiner Freundin allerlei nützliche Ratschläge geben können. Hier aber sind wir Neulinge und kennen nicht genug Leute, um so richtig mithalten zu können. Comtesse Lipona weiß das...«
»Ich bin sicher, wir werden sie mühelos ausfindig machen, sobald der Walzer endet ... Ah! es ist soweit.«
Die Paare hatten jetzt aufgehört zu tanzen und kehrten in die Logen zurück. Das leergefegte Parkett ähnelte wieder einem großen dunklen See, in den die Kerzen der Kronleuchter Myriaden von Sternen zeichneten. Und es war sehr viel einfacher geworden, die einzelnen Ballbesucher zu unterscheiden.
»Seht doch!« rief Felicia. »Da ist ja der gelbe Domino, den wir suchen.«
Maria Lipona zu erkennen war leicht, da sie, vom Tanz erhitzt, in diesem Augenblick die Maske abnahm und sich, während sie mit einer Gruppe blaugewandeter Harlekins und schwarzer Dominos plauderte, damit Kühlung zufächelte. Gut gelaunt wie stets, winkte sie den Freundinnen zu, um dann völlig ungeniert ihre Begleiter wegzuschicken.
»Ich möchte ein wenig schwatzen«, sagte sie. »Laßt uns Frauen unter uns bleiben.«
In diesem Augenblick hob Lanner den Bogen und führte die Geigen an. Eine hinreißende Weise erklang.
»Meiner Treu«, meinte Marmont, »ich überlasse Euch Euren Gesprächen. Diese Musik würde selbst einem Lahmen Ameisen in die Beine jagen. Ich gehe tanzen. Zur Erinnerung an meine Jugendzeit ...«
Er entfernte sich, und man sah, daß er eine hochgewachsene blonde Frau in rubinroter Robe und einer mittelalterlichen, mit einem zarten Schleier besetzten Spitzhaube aufforderte. Gemeinsam ließen sie sich vom Walzer hinwegtragen.
»In der Großen Armee verstand man zu tanzen«, sagte

Maria Lipona anerkennend. »Meine Lieben, ich habe Euch mit Ungeduld erwartet. Und damit Ihr mich schneller findet, habe ich sogar meine Maske abgenommen. Ich wollte Euch gleich wissen lassen, daß der Prinz hier ist.«
»Seid Ihr sicher?« fragte Felicia.
»Völlig. Seht Ihr dort hinten die chinesische Prinzessin in dem türkisfarbenen Gewand und der goldenen Maske? Das ist Nandine Karolyi. Trotz der Verkleidung ist sie leicht zu erkennen, wird sie doch wegen ihres leicht mongolischen Einschlags von Reichstadt und seinem Freund Esterhazy ›der Chinese‹ genannt. Weiß der Himmel, weshalb die beiden auf die männliche Form verfallen sind! Wo sie doch ein ausgemachter Weibsteufel ist ... Und seht Ihr auch den violetten Domino neben ihr, und den anderen, den schwarzen mit der weißen Maske mit dem Vogelschnabel? Der erste ist Maurice Esterhazy, der andere unser Prinz. Da, seht doch! Die blonde Strähne, die aus seiner Kapuze hervorlugt ...«
»Ich sehe«, sagte Felicia, »und merke auch, daß Ihr etwas im Schilde führt, Maria. Woran denkt Ihr?«
»Eine von uns muß sich an ihn heranmachen. Das ist die denkbar beste Gelegenheit, mit ihm zu sprechen.«
»Auf einem Ball? Wahnsinn!« flüsterte Napoleone. »Worüber sollten wir denn reden?«
»Zumindest darüber, daß es Euch gibt und daß Ihr um ein Gespräch ohne Zeugen ersucht. Comtesse Camerata hätte viel für eine solche Chance gegeben!«
»Ihr habt völlig recht«, sagte Felicia. »Nur werden wir uns zu zweit um ihn bemühen. Napoleone und ich. Dadurch wird es leichter sein, ihn von den anderen zu trennen. Kommt, Napoleone!«
»Aber Felicia, ich werde niemals den Mut aufbringen ...«
»Ich werde den Mut aufbringen. Ihr begnügt Euch damit, so zu tun, als habe sich Eure Maske gelöst. Ihr seid

Euch bereits einmal begegnet, und er sollte Euch wiedererkennen.«
Gleich einem stolzen Flaggschiff mit einer bescheidenen Fregatte im Schlepptau bahnte sich Felicia einen Weg durch die Menge, gefolgt von Napoleone, der das Herz bis zum Halse klopfte. Sie näherten sich dem Prinzen, schoben sich mit ihren violetten Taftbahnen zwischen ihn und seine Freunde, drängten ihn gleichsam spielerisch an eines der hohen Fenster. Er protestierte freundlich angesichts dieser charmanten Gewalt.
»Hoppla, meine Schönen, was wollt Ihr denn von mir?«
»Du gefällst uns, schöne Maske, und wir möchten dich gern näher kennenlernen«, sagte Felicia mit so gräßlich verstellter Stimme, daß Napoleone grinsen mußte.
»Wer sagt dir, daß sich die Mühe lohnt? Ihr seid beide jung und schön, wie man unschwer erraten kann. Ich dagegen habe nichts zu bieten. Ich bin ein Einzelgänger, nur ein Einzelgänger, und ich liebe die Einsamkeit.«
»Das entspricht meiner Vorstellung. Der Adler bleibt stets für sich allein.«
»Der Adler?«
»Vielleicht wäre es angebrachter zu sagen: der junge Adler«, meinte Napoleone leise, endlich entschlossen, das Wagnis auf sich zu nehmen. »Durchlaucht, bitte glaubt nicht, daß wir Euch belästigen möchten«, setzte sie auf französisch hinzu. »Wir nehmen lediglich diese Gelegenheit wahr, um Euch zu bitten, uns, wo und wann es Euch beliebt, eine Unterredung zu gewähren.«
»Warum nennt Ihr mich Durchlaucht? Wer seid Ihr?«
Ein kurzer Ruck, und Napoleone hielt das violette Seidenvisier in den Fingern. Mit ihren goldbraunen Augen blickte sie den Prinzen an. Er lächelte.
»Sieh einer an! Die junge Französin aus dem Theater an der Wien. Verratet Ihr mir, wer Ihr seid?«
»Napoleone Comtesse de Lauzargues. Ich bin, Durchlaucht, am selben Tag wie Ihr geboren. Der Kaiser war mein Pate und die Königin von Holland meine Patin.«

»Und ich«, sagte Felicia wieder mit ihrer normalen warmen Stimme, »ich bin Maria-Felicia Prinzessin Orsini, Comtesse Morosini. Euretwegen, Durchlaucht, sind wir nach Wien gekommen. Gewährt uns gnädigst diese Unterredung. Wir wohnen im Palais Palm ...«
»Ich bitte Euch, setzt Eure Masken wieder auf, und tun wir so, als scherzten wir miteinander. Ich werde ständig beobachtet ...«
Seine Augen flackerten in der Tat unruhig, auch wenn sein Mund lächelte. Felicia öffnete ihren Fächer, versetzte dem Prinzen einen neckischen Schlag auf die Hand.
»Nun, Durchlaucht?«
»Trennen wir uns! Ich verspreche Euch, Euch umgehend Nachricht zukommen zu lassen.«
So als hätten sie gerade einen köstlichen Scherz miteinander gemacht, lachten beide Frauen gleichzeitig hell auf. Jede griff nach einer Hand des Prinzen, sie drehten ihn zwei- oder dreimal um sich selbst, entfernten sich dann, noch immer lachend. Die Menge schloß sich hinter ihnen. Endlich landeten sie wieder bei Maria Lipona, die von weitem den Auftritt verfolgt hatte.
»Nun?« fragte sie lächelnd, wie sich das für einen Ball gehörte.
»Ich glaube«, sagte Felicia, »unser Gespräch wird stattfinden. Fragt sich nur, was dabei herauskommt.«
»Das hängt ganz von Eurer Überredungskunst ab. Jetzt aber solltet Ihr meinen Rat beherzigen und tanzen! Da kommen ja auch schon meine mir ergebenen Kavaliere zurück. Lieber Friedrich«, und damit wandte sie sich an einen der blauen Harlekine, »gerade habe ich dieser reizenden Dame erzählt, daß Ihr der beste Walzertänzer von Wien seid. Es liegt an Euch, ihr das zu beweisen.«
Einen Augenblick später tauchten Felicia und ihr Kavalier unter, drehten sich im Walzerschritt in der bunten Menge.

»Nun seid Ihr an der Reihe!« sagte Maria Lipona zu Napoleone, die jedoch den Kopf schüttelte.
»Ich habe wirklich keine Lust zu tanzen ...«
Sie hatte keine Zeit, ihren Satz zu vollenden. Eine Stimme, die wie die Posaune des Jüngsten Gerichts in ihren Ohren hallte, ließ sich vernehmen, eine Stimme, die trotz der höflichen Aufforderung wie ein Befehl klang.
»Schenkt Ihr mir diesen Tanz, Madame?«
Ein dunkelgrüner Domino stand vor ihr. Durch die Sehschlitze seiner gleichfalls grünen Maske blickten sie zwei ihr nur allzu bekannte Augen von der Farbe junger Blätter herausfordernd an. Das Entsetzen, das sie packte, überspielend, reckte Napoleone den Kopf und musterte den Fragesteller von oben herab.
»Ich sagte soeben, Monsieur, daß ich keine Lust habe zu tanzen.«
»Mit irgendeinem Unbekannten vielleicht! Dagegen bin ich überzeugt, daß Euch, auch wenn Ihr keine Lust habt, daran gelegen sein dürfte, mir einen Walzer zu schenken. Und wäre das nur, um Aufsehen zu vermeiden ...«
»Monsieur«, mischte sich Comtesse Lipona ein, »wenn man Euch bedeutet, daß man nicht möchte ...«
»Laßt es gut sein, Maria! Ich werde tanzen. Bringen wir es also gleich hinter uns!«
An Patrick Butlers starkem Arm überließ sie sich den Walzerklängen. Eine Weile tanzten sie schweigend, dann flüsterte die junge Frau: »Neulich im Theater, das wart doch Ihr, den ich in der Loge von Feldmarschall Maison gesehen habe?«
»In der Tat, das war ich. Der Feldmarschall, den von anderswoher zu kennen ich das zweifelhafte Vergnügen habe, hatte mich eingeladen. Ich habe Euch aus der Ferne sehr bewundert. Ihr saht hinreißend aus!«
»Spart Euch Eure Komplimente! Ist es wegen dieses ... zweifelhaften Vergnügens, daß Ihr die lange Reise nach Wien unternommen habt?«

»Ihr wißt sehr wohl, weshalb ich das tat.«
Er drehte sich jetzt schneller im Walzertakt, was ihm gestattete, die junge Frau enger an sich zu drücken.
»Ich sagte Euch doch, wir würden uns wiedersehen«, raunte er ihr ins Ohr. »Und ich halte stets Wort.«
»Haltet mich vor allem nicht so fest, wenn ich bitten darf! Ich bekomme kaum noch Luft. Und macht mir bloß nicht weis, Ihr wäret mir gefolgt. Das hätte ich bemerkt, zumal Ihr doch recht auffallend seid.«
»Deshalb war es nicht ich, der Euch folgte, sondern ein gänzlich Unbekannter. Einer meiner Diener. An meiner Stelle hat er Eure Fährte aufgenommen. Ich weiß nur zu gut, daß Euch, wenn Ihr mich entdeckt hättet, alles Mögliche eingefallen wäre, um mich in die Irre zu führen.«
»Wirklich schlau! Nun, jetzt habt Ihr mich ja gefunden. Ihr tanzt sogar mit mir. Ich will nur hoffen, Ihr gebt Euch damit zufrieden und hört auf, mich zu belästigen.«
»Zufrieden? Kaum. Und daß ich aufgebe, meine Liebe, davon kann keine Rede sein. Euch zu sehen ist schön, mit Euch zu tanzen ganz reizend, aber noch lieber ist mir, mit Euch wieder das Bett zu teilen. Ich möchte Euch sogar heiraten.«
»Ihr seid ja verrückt. Und ich habe Euch doch gebeten, mich nicht so eng an Euch zu drücken.«
»Ich liebe Euch.«
»Euer Pech! Ich liebe Euch nämlich nicht und werde Euch auch in Zukunft nicht lieben.«
»Was wißt Ihr schon von der Zukunft! Alles erfüllt sich zu seiner Zeit. Ich habe Geduld. Was die Gegenwart betrifft, so müßt Ihr mich anhören, Napoleone!«
»Ich verbiete Euch, mich Napoleone zu nennen. Das steht Euch nicht zu!«
»Lassen wir derartige Spitzfindigkeiten beiseite. Hört mir lieber gut zu. Ihr seid im Begriff, eine Riesendummheit zu begehen, und ich möchte Euch davon abhalten.«

»Eine Dummheit? Wirklich?«
»Ihr wißt genau, wovon ich spreche. Seit ich in Wien bin, habe ich mich gefragt, was Ihr und Eure italienische Amazone hier vorhabt. Ich nahm an, Ihr wolltet Euch in dieser Stadt, in der man nur ans Tanzen denkt, amüsieren. Als ich Euch jedoch heute abend im Gespräch mit dem Herzog von Reichstadt sah, ist mir ein Licht aufgegangen. Ihr spielt offenbar noch immer mit dem wahnwitzigen Gedanken einer Entführung? Das ist Euch wohl zur zweiten Natur geworden?«
»Ihr redet über Dinge, die weder Hand noch Fuß haben!« sagte Napoleone achselzuckend.
»Laßt Euch zu nichts Unüberlegtem hinreißen! Und um noch etwas, Napoleone, bitte ich Euch inständig, zumindest was Euch selbst betrifft: Stürzt Euch nicht in ein Abenteuer, das Euch die Freiheit, vielleicht sogar das Leben kosten kann. Das würde ich nie zulassen!«
Wutentbrannt riß sich Napoleone mit einem jähen Ruck von ihm los. Mochten Butlers Ermahnungen noch so gut gemeint sein, sein herrischer Ton jedenfalls ging ihr auf die Nerven.
»Weshalb mischt Ihr Euch ein? Wer erlaubt Euch, mir Befehle zu erteilen? Nach allem, was Ihr Felicia und mir angetan habt, dürftet Ihr nicht einmal mehr wagen, mir ins Gesicht zu sehen. Und doch seid Ihr hier, spielt Euch gebieterisch auf. Hört jetzt zur Abwechslung einmal mir zu: Ich möchte Euch nie wieder sehen, nicht einmal etwas über Euch hören. Kehrt zurück nach Morlaix und zu Euren Geschäften und vergeßt mich! Unsere Wege haben sich einmal gekreuzt. Nun müssen sie sich trennen.«
»Euch aufgeben? Niemals!«
»Es muß sein. Ihr habt mich einmal in eine Falle gelockt, aber Ihr werdet keine Gelegenheit erhalten, das zu wiederholen. Begreift doch endlich, daß ich Euch verabscheue!«
Butlers Mund verzerrte sich.

»Nehmt Euch in acht. Feldmarschall Maison ist mein Freund. Wenn ich Euch nun verriete?«
»Und wenn ich Euch umbrächte?«
Aus einem schwarzsamtenen Wolfskostüm mit passender Dominokapuze tauchte das Gesicht von Colonel Duchamp auf. Er war bleich vor Zorn, und seine grauen Augen funkelten wie der Stahl eines Schwertes in der Sonne. Butler musterte ihn verächtlich.
»Wie kommt denn der hierher? Wer seid Ihr?«
»Namen spielen auf einem Karnevalsball keine Rolle. Die Tatsache, daß ich ein Freund dieser jungen Dame bin, sollte ausreichen. Andernfalls dürfte eine Begegnung zwischen Eurem Degen und dem meinen genügen, mich kennenzulernen.«
»Ich schlage mich nicht mit jedem Dahergelaufenen.«
»Ich ja, wenn es um eine Frau geht. Das beste wäre, wir würden unseren Meinungsaustausch sofort austragen. Kommt Ihr?«
»Was, jetzt sofort?«
»Es erscheint mir dringend angebracht, Euch eine Lehre zu erteilen und Euch für gewisse Schandtaten zur Rechenschaft zu ziehen, derer Ihr Euch in Frankreich schuldig gemacht habt. Ich glaube, wir dürften keinerlei Schwierigkeiten haben, Zeugen aufzutreiben.«
Mittlerweile waren nämlich nicht nur Maria Lipona, die bemerkt hatte, was vor sich ging, mit Felicia und deren Kavalier hinzugetreten, sondern auch einer der schwarzen Harlekine, den sie, wie auch den blauen, sogleich vorstellte: »Graf von Trautheim, Baron Degerfeld, die sich vermutlich glücklich schätzen würden, Euch als Sekundanten zur Verfügung zu stehen.«
»Und dieser Kerl?« schnaubte Butler und deutete auf seinen Herausforderer. »Wer verrät mir endlich seinen Namen?«
»Er heißt Grünfeld und ist der Waffenmeister vom Kohlmarkt«, sagte Felicia gelassen. »Ganz Wien kennt ihn ...«

»Grünfeld? Waffenmeister?« meinte Butler und lachte höhnisch auf. »Von wegen! Er stinkt ja geradezu nach einem Husaren Napoleons!«
»Schluß damit! Schlagt Ihr Euch – ja oder nein?« drängte Duchamp. »Und damit Ihr es gleich wißt: Sollte Eure Antwort nein lauten, werde ich Euch eine saftige Ohrfeige verpassen.«
»Also gut, schlagen wir uns, und dann zum Teufel mit Euch! Ich werde mein Möglichstes tun, Euch dorthin zu jagen.«
Die Szene, die sich inmitten des allgemeinen Getriebes abgespielt hatte, war völlig unbemerkt geblieben. Die kleine Gruppe erregte auch keinerlei Aufmerksamkeit, als sie jetzt den Saal verließ.
Im Verlauf des Abends war Schnee gefallen, die Temperatur angestiegen. Schweigend zog die Schar, der die glitzernden Kostüme der Damen eine festliche Note verliehen, zum Promenadeweg entlang der Stadtmauer, wo die ihres Laubs beraubten Bäume gleichsam als stumme Wächter die einstige Garde abgelöst hatten.
»Irgendwie kommt mir das wie ein Meuchelmord vor«, bemerkte Butler. »Wir haben nicht einmal einen Arzt bei uns.«
»Seid unbesorgt«, meinte Baron Degerfeld. »Ich habe eine Zeitlang medizinische Studien betrieben. Genug, um Erste Hilfe leisten zu können. Überflüssig, noch weiter zu gehen, meine Herren! Ich glaube, dieser Platz hier sollte Euch genehm sein…«
Einer der Türme der Stadtmauer bildete einen großen Halbkreis; die umstehenden Bäume ließen eine ausreichende Fläche frei.
»Ich finde diese Stelle ausgezeichnet«, sagte Duchamp, der sich bereits seines Dominokostüms und der schwarzen Frackweste entledigte, die seine sehnige Gestalt verbarg. Butler tat es ihm nach.
»Eins steht mir noch zu. Meine Liebe«, und damit wandte sich Butler an Napoleone, die sich auf Felicias

Arm stützte, »sollte es mir nicht gelingen, diesen Mann zu töten, wird er Euch von mir erlösen. Dafür könntet Ihr mir zumindest die Gunst eines Lächelns zuteil werden lassen.«

»Ich möchte nicht, daß Ihr Euch duelliert«, sagte die junge Frau, »und ich bin nur mitgekommen in der Hoffnung, Euch beiden ins Gewissen reden zu können. Ich will nicht, daß meinetwegen Blut fließt.«

»Mischt Euch da nicht ein, Napoleone!« unterbrach Felicia. »Es wird Zeit, diesem Butler eine wohlverdiente Lektion zu erteilen. Ihr dient doch eher nur als Vorwand.«

»Treten wir beiseite!« drängte Maria Lipona. »Wir stören hier nur, und jetzt haben die Männer das Wort.«

Während sie auf die Mauerbrüstung zugingen, um dort Platz zu nehmen, besprachen die Sekundanten die Modalitäten des Zweikampfs. Man einigte sich rasch. Nachdem die Länge der Degen, die Graf von Trautheim von einem ganz in der Nähe wohnenden Freund entliehen hatte, verglichen worden waren, stellten sich die beiden Gegner auf, absolvierten ein paar Kniebeugen, um sich warm und die Beine geschmeidiger zu machen.

»Trotz allem finde ich es absurd!« Butler lachte. »Ich, der ich diese schöne Dame liebe, nehme in Kauf, mich von einem Wildfremden und ohne zu wissen warum für sie töten zu lassen.«

»Ich liebe sie ebenfalls«, beschied ihn Duchamp kurz angebunden und nahm seine Angriffsposition ein.

»Das wollt Ihr mir weismachen! Nun, Monsieur, gehen wir es an!«

Der Zweikampf begann schnell und hitzig. Kaum hatte Degerfeld, der als Schiedsrichter fungierte, mit den Worten »Los, meine Herren!« das Startzeichen gegeben, stürzte sich Butler mit unerwarteter Heftigkeit auf seinen Gegner, versuchte, ihm mit einem kühnen Drehhieb beizukommen, der eher in einem Säbelgefecht als in einem Degenduell angebracht war. Zum Glück war

Duchamp in allen möglichen Waffengattungen viel zu versiert, um sich überraschen zu lassen; mühelos parierte er die Attacke.
»Ich wußte ja, daß Ihr ein Husar seid«, trumpfte Butler auf, bereit, erneut anzugreifen.
»Was Euch dagegen betrifft, so frage ich mich, wo Ihr gelernt habt, Euch eines Degens wie eines Säbels zu bedienen«, meinte Duchamp genauso ruhig, wie er den Schlag abgewehrt hatte.
»Auf dem Schiff! Ich bin Seemann. Kein Salonlöwe.«
»Redet nicht so viel Schwachsinn. Spart Euch Euren Atem lieber für den Kampf auf!«
»Besten Dank, Schulmeister!«
Und er griff erneut mit einem Ungestüm an, daß Napoleones Herz stockte. Dies hier hatte aber auch gar nichts mit einem Duell auf gesellschaftlicher Ebene zu tun. Butler war auf Töten aus, und sie war überzeugt, daß Duchamp von dem gleichen Wunsch beseelt war. Wenn einer der beiden ihretwegen sterben mußte, würde sie sich das ihr Leben lang vorwerfen.
Auch die Sekundanten hatten begriffen, und durch das Klirren des Stahls hindurch vernahm man Degerfelds mahnende Stimme: »Denkt daran, meine Herren, daß dieses Duell endet, sobald der erste Tropfen Blut fließt. Von einem Kampf auf Leben und Tod war niemals die Rede...«
»Dieser Monsieur wünscht offensichtlich, mich umzubringen«, kam es von Duchamp. »Findet Euch damit ab, daß ich das nicht zulasse. Dies hier ist ein Duell, kein Unterrichtsgeplänkel!«
Und nun griff er an. Er stürmte Butler entgegen, brachte sich ein dutzendmal in Lebensgefahr, ehe es ihm gelang, den Gegner zurückzudrängen. Bei dem Versuch auszuweichen, trat Butler auf eine unebene Stelle, verlor das Gleichgewicht und wäre beinahe gestürzt, fing sich jedoch und nahm den Kampf erneut auf, war allerdings durch diesen kleinen Zwischenfall aus dem

Rhythmus gekommen, zeigte sich mit einemmal weniger wendig, merkte das auch, wurde um so wütender. Duchamp entging das keineswegs, und je unkontrollierter sein Gegner auf ihn einhieb, desto ruhiger bewies er seine Überlegenheit. Es kam, wie es kommen mußte: Nach einigen blitzschnell vorgetragenen Attacken bohrte sich Duchamps Degen um mehrere Daumenbreiten in die Brust des Feindes, streckte ihn in den Schnee. Duchamp trat zurück, mit der Spitze seiner Waffe auf den sich rotfärbenden Boden tippend, während Degerfeld hinzustürzte und bereits auf der Erde kniete, um die Wunde in Augenschein zu nehmen. Auch die drei Frauen eilten herbei.
»Ist er tot?« fragte Felicia.
»Nein, aber wie es aussieht, schwer verwundet. Wir müssen ihn wegschaffen...«
»Bringt ihn zu mir!« sagte Maria Lipona. »Mein guter Trautheim, seid so freundlich, meinen Wagen und meine Leute zu holen, und einer von ihnen soll meinen Arzt benachrichtigen.«
Inzwischen hatte man Butler hochgehoben und ihn zum Schutz vor Schnee und Kälte in seinen Mantel gehüllt. Degerfeld legte einen Notverband an, für den er einen von Napoleones Unterröcken verwandte, nachdem er ihn in Streifen gerissen hatte. Napoleone war den Tränen nahe.
»Wenn er stirbt, ist das meine Schuld.«
»Nein«, widersprach Felicia, »sondern ausschließlich seine eigene. Das mindeste, was man sagen kann, ist, daß er sich das selbst eingebrockt hat. Weiß der Himmel, was er noch für uns bereithielt!« Sie brach unvermittelt ab, rief dann erschrocken: »Du meine Güte! Wir haben Marmont vergessen! Vermutlich hat er gar nicht mitbekommen, was vorgegangen ist, und fragt sich bestimmt, wo wir geblieben sind. Schließlich war er es, der uns auf den Ball begleitet hat.«
»Ich übernehme es, ihn zu unterrichten«, erbot sich

Duchamp. »Zumal er uns nützlich sein kann, wenn es dazu kommt, den Vorfall der Französischen Botschaft gegenüber zu vertreten. Soll ich ihm ausrichten, er würde Euch im Hause der Comtesse Lipona treffen?«
»Sagt ihm, was Ihr wollt«, meinte Maria Lipona scherzhaft. »Heute nacht würde ich, wenn es sein muß, den Teufel persönlich empfangen. Warum also nicht auch den unausstehlichen Grafen von Ragusa?«
Eine halbe Stunde später lag Patrick Butler in einem Zimmer im Palais Lipona, und während ein Arzt mit Degerfelds Assistenz die Wunde untersuchte, wärmten sich die Zeugen des Duells sowie Duchamp und der hinzugekommene Feldmarschall Marmont in Erwartung der medizinischen Diagnose in der Bibliothek bei Kaffee und Grog auf.
»Wenn nichts dazwischenkommt«, lautete der nüchterne Befund, »wird dieser Mann nicht sterben. Er hat eine außergewöhnlich robuste Konstitution. Dennoch sollte man innerhalb der nächsten Tage einen Transport vermeiden. Die Lunge ist in Mitleidenschaft gezogen, deshalb braucht er viel Ruhe. Könnt Ihr ihn hierbehalten, Madame la Comtesse?« wandte sich der Arzt an Maria Lipona.
»Solange es nötig ist. An Platz mangelt es nicht. Seid versichert, lieber Doktor, daß er gut versorgt ... und bewacht wird«, fügte sie noch hinzu, wobei sie Felicia zuzwinkerte. »Nur meine ich, wir sollten Feldmarschall Maison, der Butlers Kontaktperson in Wien zu sein scheint, Bescheid geben, damit er ihm zumindest seinen Kammerdiener schickt.«
»Gewiß. Ich werde mich darum kümmern«, sagte Marmont. »Ich werde dem Botschafter von dem Vorfall in Kenntnis setzen und, um etwaigen Fragen vorzugreifen, betonen, daß es dazu kam, weil eine Dame belästigt wurde. Das dürfte doch auch in Eurem Sinne sein? Wenn Ihr mich fragt, so ist mir dieser Butler keineswegs sympathisch. Sind wir da einer Meinung?«

»Wir sind es!« rief Felicia und fügte nachdrücklich hinzu: »Wir sind nicht daran interessiert, daß sich der Botschafter Louis-Philippes in unsere Angelegenheiten einmischt.«
»Ich verstehe...« Er wandte sich an Duchamp, sagte mit einem Lächeln, das ihn urplötzlich um Jahre jünger erscheinen ließ: »Möglich, daß ich meine Fabulierkunst bemühen muß, damit mir der Feldmarschall abnimmt, daß sich ein einfacher Waffenmeister namens Grünfeld aus heiterem Himmel zum Beschützer einer hübschen jungen Französin aufschwingt.«
»So sind wir nun mal, wir Elsässer!« knurrte der sogenannte Grünfeld.
»So waren wir vor allem in der Großen Armee. Aber keine Sorge, ich behalte meine Meinung für mich.«
»Warum denn?« begehrte Felicia zu wissen.
»In der Hoffnung, daß Eure großen schwarzen Augen gelegentlich einen zärtlichen Ausdruck annehmen, wenn Ihr meiner gedenkt, Prinzessin. Es könnte ja sein, daß ich nichts so begehre wie Euch zu dienen.«
Er nahm ihre Hand, drückte einen kurzen, innigen Kuß darauf. Dann verabschiedete er sich von Maria Lipona, rief der Runde »Auf Wiedersehen!« zu und verließ die Bibliothek.
Jetzt ergriff der Arzt, der sich mit einer Tasse Kaffee stärkte, wieder das Wort: »Fast hätte ich es vergessen: Der Verwundete verlangt nach einer Dame namens Nap...«
»Er bildet sich doch nicht etwa ein, sie würde kommen und sich an sein Krankenbett setzen? Richtet ihm aus, sie sei bereits fort!« rief Felicia.
»Nein«, wandte Napoleone ein. »Es ist besser, wenn ich zu ihm gehe. Nach allem, was geschehen ist, hat er vielleicht endlich begriffen ...«
»Wann werdet Ihr nur aufhören, an Märchen zu glauben?«
»Ich für meinen Teil bin der Ansicht, daß dafür mehr als

ein Degenhieb nötig ist«, grinste Duchamp. »Dieser Butler ist ein ausgemachter bretonischer Dickschädel.«
»Das stimmt, und trotzdem werde ich zu ihm gehen. Ich danke Euch, mein Freund. Danke für das, was Ihr für mich getan habt.«
Und indem sie sich ein wenig reckte, drückte Napoleone dem Colonel einen Kuß auf die Wange.
Mit hochrotem Kopf, einer reifen Kirsche nicht unähnlich, stammelte er: »Ich würde es immer wieder tun, wenn es nötig ist, selbst wenn ich ihn töten müßte...«
»Wie wäre es, wenn Ihr dieses Problem Timour überließet!« neckte Felicia. »Er hat ebenfalls noch eine Rechnung mit Butler zu begleichen.«
Um der Wahrheit die Ehre zu geben, ging es dem Verletzten alles andere als zufriedenstellend. Er atmete angestrengt, sein Gesicht hatte eine erschreckend gräuliche Färbung angenommen, und seine Augen, die er aufschlug, als sich Napoleone näherte, blickten seltsam glasig.
»Ich habe Euer Parfum gerochen«, keuchte er unter Schmerzen. »Jetzt seid Ihr mich los – für eine Weile. Aber ... nur für eine Weile. Niemals werde ich ... Euch aufgeben. Ich liebe Euch viel zu sehr ... deshalb.«
»Ihr liebt mich gar nicht. Ihr denkt doch einzig und allein daran, mich Euch gefügig zu machen. Wenn Ihr Euch nur dazu durchringen könntet, Euch anders zu verhalten, hätte ich keinen Grund zu wünschen, Euch niemals wiederzusehen! Warum könnt Ihr mir nicht ein Freund anstatt eines Feindes sein?«
Dem Verletzten gelang ein kurzes Auflachen, auch wenn sich sein Gesicht dabei qualvoll verzerrte. Er fuhr sich mit der Hand zur Brust.
»Ein Freund? Was heißt das, ein Freund? Ich, ich will Euer ... Geliebter sein ... Euer Ehemann, nicht mehr und nicht weniger.«
»Ein Freund ist mir der Mann, der Euch verwundet hat. Auch er liebt mich, obwohl er nichts weiter erhoffen

kann, als mich zu verteidigen und zu beschützen. Ich verdanke ihm mein Leben. Euch dagegen verdanke ich lediglich Tränen – und eine schmachvolle Erinnerung.«
»Ich werde sie Euch vergessen lassen, das schwöre ich!«
»Denkt nicht daran und versucht jetzt zu schlafen. Morgen sprechen wir weiter.«
Und die Hand mißachtend, die er auszustrecken versuchte, um sie zurückzuhalten, verließ Napoleone das Zimmer, das in diesem Augenblick der Arzt zusammen mit Baron Degerfeld betrat. Sie nickte den beiden zu und begab sich wieder zu den Freundinnen in die Bibliothek.
»Ich glaube«, sagte sie zu Felicia, »wir können jetzt gehen. Euch, liebe Maria, kann ich nicht genug danken, daß Ihr Euch so rührend um uns gekümmert habt und noch dazu bereit seid, diesen Mann unter Eurem Dach zu beherbergen.«
»Laßt es gut sein!« meinte die Comtesse fröhlich. »Ihr wißt genau, daß mir Gäste stets willkommen sind, und dieser Butler hat trotz allem etwas Faszinierendes an sich. Vielleicht gar nicht so uninteressant ...«
»Wenn Ihr ihn dazu bringt, sich in Euch zu verlieben, würdet Ihr uns damit den allergrößten Dienst erweisen«, sagte Felicia.
»Ich kann es ja mal versuchen. Was Euch angeht, versucht, nur noch an das zu denken, was vor Euch liegt. Heute nacht habt Ihr einen großen Sieg errungen: Man hat Euch eine Unterredung zugesagt. Das ist eine wundervolle Nachricht. Bleibt uns, auf Gottes Hilfe zu vertrauen ...«

Die kühne Hoffnung jener Karnevalsnacht wurde im Laufe der folgenden Woche ein wenig getrübt, denn im Palais Palm traf keine Botschaft des Prinzen ein. Felicia und Napoleone glaubten zunächst, er sei vielleicht von neuem leidend, erfuhren aber von Marmont, der mit schöner Regelmäßigkeit zur Teestunde erschien, daß in

der Hofburg alles in Ordnung sei und der Sohn Napoleons mit dem Herzog von Ragusa seine Geschichtsstunden über das Kaiserreich fortsetze. Warum also gab er kein Lebenszeichen? War er noch immer mißtrauisch, hatte er seine Zusage gar nur deshalb gegeben, um die beiden Frauen, die er möglicherweise als harmlose Verrückte ansah, loszuwerden? Ein unerträglicher Gedanke, dem nachzuhängen die beiden Freundinnen tunlichst vermieden. Felicia überspielte ihre Ungeduld damit, daß sie sich mit noch größerem Eifer ihrem Fechtunterricht widmete. Tag für Tag suchte sie Duchamp auf, kreuzte mit ihm eine gute Stunde lang die Klingen, aufmerksam beobachtet von Napoleone, die meist mitkam, um die Zeit totzuschlagen. Die Teestunden bei Wilhelmine von Sagan und gelegentliche Besuche bei Maria Lipona, in deren Haus sich Butler nur langsam erholte, boten ihnen herzlich wenig Ablenkung.
Duchamp war fast ebenso nervös wie die Freundinnen. Der Colonel unterhielt einen regen Briefwechsel mit einigen seiner ehemaligen, in Frankreich verbliebenen Kampfgefährten, und von ihnen erfuhr er alles, was in der Heimat vor sich ging.
»Rasches Handeln käme uns durchaus zugute«, meinte er. »Um den Bürgerkrieg steht es nicht zum besten. Es hat Aufruhr gegen die Kirche gegeben, Rufe nach der Republik wurden laut, als die Bevölkerung Kenntnis von den verschiedenen revolutionären Bewegungen erhielt, die im Augenblick mehrere italienische Städte wie Modena, Bologna, Parma, die Romagna und sogar das Grenzland erschüttern. Louis-Philippe meint, die Gemüter dadurch zu besänftigen, daß er die Lilien aus dem königlichen Wappen und dem Staatssiegel entfernt, aber Begeisterung entfacht er damit keineswegs. Wo doch Begeisterung das ist, was das Volk am nötigsten braucht. Wenn man ihm einen jungen Kaiser zuführte, der gut aussieht und vom Ruhm seines Vaters zehren kann, wären alle Gedanken an eine Republik

verflogen... Was aber bleibt uns, als weiter abzuwarten?«
Trotz der schneidenden Kälte unternahmen Napoleone und Felicia jeden Tag eine Ausfahrt im Prater, immer in der Hoffnung, dem Prinzen zu begegnen, der sich, wie ihnen versichert wurde, täglich dort aufhielt. Allerdings schien er sich dafür die ausgefallensten Stunden auszusuchen, denn im Laufe jener sich so träge dahinschleppenden Woche entdeckten sie ihn nur ein einziges Mal. Und auch nur hinter dem sich spiegelnden Fenster eines Wagens, so daß sie nicht einmal sicher sein konnten, ob er ihren Gruß erwiderte, ob er sie überhaupt erkannt hatte. In ihrer ungestümen Art wollte Felicia mit ihrem Gespann dem Wagen aus der Hofburg nachjagen, aber Napoleone hielt sie davon ab.
»Das führt zu nichts. Wir würden ihn nur in Verlegenheit bringen. Fahren wir lieber weiter. Das Wetter ist doch durchaus verlockend.«
Der Himmel zeigte sich an jenem Tag in einem hellen Blau mit einem Stich ins Graue, und in der Luft lag der Geruch von Pferden und feuchter Erde. Napoleone liebte den Prater, ohne Zweifel eine der schönsten Parkanlagen Europas. In einem Teil reihten sich Läden, Cafés und Freilufttheater, aber sobald man den Hauptweg verließ, stieß man auf hundertjährige Bäume, deren ausladende Zweige weite Grasflächen überdachten, unter denen zu lustwandeln im Sommer höchst angenehm sein mußte. Hin und wieder begegneten einem Hirschkühe und Rehböcke, denen sich zu nähern zwar untersagt war, die aber das prickelnde Gefühl verstärkten, sich inmitten eines richtigen Waldes zu befinden. Einige der hier stehenden Bäume waren mächtige Schwarztannen, deren Anblick Napoleones Herz mit Liebe, aber auch mit Sehnsucht erfüllte, erinnerten sie sie doch an die, die sich unweit ihres kleinen Schlosses von Combert in den Himmel reckten. Ihre Gedanken flogen in die Auvergne, zu ihrem kleinen Etienne, der sicherlich

oft nach seiner Mama fragte, zu Jean, an den zu denken von Tag zu Tag schmerzlicher wurde.
Wie hatte er ihren letzten Brief aufgenommen? Was hatte er davon gehalten? Hatte er verstanden und ihr, die es gewagt hatte, ihn zu belügen, weil sie ihn zu ausschließlich liebte, verziehen? Obwohl Napoleone nicht umhin gekonnt und ihre Adresse mitgeteilt hatte, war keinerlei Nachricht aus Frankreich eingetroffen. Und dieses Schweigen begann die junge Frau zu quälen, wenn Untätigkeit und Ungewißheit ihr Zeit zum Grübeln ließen. Deshalb kam sie gern in den Prater, um sich hier ihrer melancholischen Stimmung hinzugeben und in einer Umgebung zu sein, die der ähnelte, die sie so liebte.
Die lange Woche ging zu Ende, eine weitere schloß sich an und eine dritte begann, als endlich eine Einladung bei ihnen eintraf. Eine Einladung, die völlig unerwartet kam und von einem Bediensteten des Hofes abgegeben wurde: Erzherzogin Sophie ließ Prinzessin Orsini und Comtesse de Lauzargues wissen, daß sie sie am selben Nachmittag um drei Uhr erwartete.
»Was sie wohl von uns will?« war Napoleones erste Reaktion, während Felicia scharfsinnig folgerte: »Ich bin mir so gut wie sicher, daß es sich dabei um die Unterredung handelt, um die wir gebeten haben. Wir können nicht erwarten, vom Prinzen höchstpersönlich geladen zu werden. Eine Frau dagegen hat eher die Möglichkeit, andere Frauen zu empfangen...«
Vor dieser Nachmittagseinladung suchte sie Duchamp auf, nicht nur, weil eine Fechtstunde anstand, sondern um mit ihm noch einmal die Einzelheiten des Plans durchzugehen, den sie gemeinsam ausgetüftelt hatten. Ein höchst einfacher Plan, der als Auftakt einen großen Empfang vorsah, den Felicia und Napoleone im Palais Palm zu geben beabsichtigten und zu dem man Wilhelmine, ihre Schwestern, Marmont, Feldmarschall Maison und einige für ihre Franzosenfeindlichkeit bekann-

te Persönlichkeiten sowie – um auch den letzten Verdacht auszuschließen – einige Ausländer einladen wollte. Der Herzog von Reichstadt konnte zu diesem Empfang ebenso erscheinen, wie er sich gegenwärtig auch in anderen Salons blicken ließ. Nur zurückkehren würde er nicht mehr. An seiner Stelle und in des Prinzen Gewändern sollte von Trautheim in die Hofburg zurückfahren – was den Flüchtigen einige Stunden Vorsprung sichern würde –, während der Prinz selbst, als Napoleone verkleidet und auch mit deren Paß ausgestattet, Felicias Kutsche bestieg, Napoleone dagegen, als junger Mann ausstaffiert, zusammen mit Duchamp eine Stunde später der Kutsche mit Felicia und dem Prinzen folgte. Für Zwischenaufenthalte sollten Duchamp und dessen Freunde Sorge tragen, und sobald man die Grenze überschritten hatte, würde sich die Gruppe vereinigen. Natürlich mußten, allein schon um keine Aufmerksamkeit zu erregen, die Koffer tags zuvor für einen angeblichen Aufenthalt in dem in Böhmen liegenden Schloß der Familie Lipona gepackt werden. Sobald man Österreich verlassen hatte, sollte Napoleone ihren Platz im Wagen einnehmen und ihre Papiere zurückerhalten; für den Prinzen war geplant, daß er der Kutsche folgen würde, in bürgerlicher Kleidung und im Schutz der wenigen Getreuen, die nur auf ein Zeichen warteten, sich ihm zur Verfügung zu stellen. Die erforderlichen Pässe hatte Duchamp längst beschafft. Und während sich Duchamp als Königstreuer in der nächstgelegenen Festung, deren Garnison sozusagen am Wege lag, verbergen wollte, zog Felicia es vor, sich schnurstracks nach Paris zu begeben und in der Rue de Babylone all die zusammenzutrommeln, die dem Beginn eines neuen Kaiserreichs entgegenfieberten.

»Bliebe noch zu klären«, stöhnte Napoleone abschließend, »ob unser Prinz bereit ist, sich für ein derartiges Unternehmen uns anzuvertrauen.«

»Er hat keinen triftigen Grund, abzulehnen«, beschwichtigte sie Felicia. »Von den Berichten, die Duchamp aus der Hofburg erhält, weiß ich, daß François unablässig mit seinem Freund Prokesch Fluchtpläne schmiedet. Das schwierigste dürfte sein, besagten Prokesch zu überzeugen, denn ohne ihn wird der Prinz höchstwahrscheinlich nicht mitkommen. Im Grunde ist das, was wir vorhaben, ein Kinderspiel und sollte durchführbar sein...«

Den Worten nach schien wirklich alles unglaublich einfach. Würde das auch auf die Durchführung zutreffen? Als Felicia von Duchamp zurückkehrte, war ihre Stirn umwölkt. Der Plan mußte nicht nur gelingen, sondern vor allem rasch in die Tat umgesetzt werden, da die Lage in Frankreich allmählich immer brenzliger wurde: Das Kabinett Laffitte war soeben von dem Casimir Periers abgelöst worden. Laffitte, in dessen Herzen das Andenken an den Kaiser weiterlebte, hätte eine nicht hoch genug einzuschätzende Unterstützung bedeutet, auf die man nun nicht mehr zählen konnte. Zumindest nicht in diesem Ausmaß.

»Durchschaut Ihr nicht, wie dieser Kerl von einem Königsmörder seine Schulden begleicht?« hatte Duchamp gebrüllt. »Laffitte hat sich völlig verausgabt, um ihm zu helfen, den Thron zu besteigen, und weil der Bürgerkönig jetzt befürchtet, er könnte zu mächtig werden, besetzt er Laffittes Sessel mit dessen ärgstem Feind! Zum Glück hat Laffitte immer noch zahlreiche Freunde, und zusammen mit allen ehemaligen Soldaten Napoleons, die übrigens ihre unter Bewachung gestellten Wohnungen neuerdings verlassen dürfen, haben wir, wenn ich es recht bedenke, genügend Truppen, um den Mann mit dem Regenschirm zu verjagen...«

Diese markigen Worte waren den beiden Frauen eine Beruhigung, als sie sich hinter einem Diener der Erzherzogin, der sie abgeholt hatte, durch eine kleine Pforte der Hofburg geradewegs zum Amalienhof und somit zu Sophies Gemächern begaben.

Sophies Umgebung offenbarte den ganzen Prunk, der einer künftigen Kaiserin entsprach: schwere, überreich vergoldete Möbel, unzählige Porträts, die die Kinder der großen Herrscherin Maria Theresia darstellten, prächtige erdbeerrote Gobelins und in bezaubernden chinesischen Vasen ausladende Blumengestecke, deren Wohlgeruch die Salons erfüllte, die die beiden Besucherinnen durchqueren mußten, um in einen kleineren und intimeren Raum zu gelangen, an dessen Schwelle sie von einer Hofdame erwartet wurden.
Sie lächelte ihnen zu, bat sie jedoch nicht, Platz zu nehmen. Ganz Wien wußte, welch großen Wert Erzherzogin Sophie auf die Einhaltung höfischer Etikette legte, zu der eben auch dieser reichlich förmliche Auftakt zum Empfang zweier Frauen gehörte, die, wenngleich adliger Herkunft, ihr noch nicht vorgestellt worden waren.
»Würdet Ihr so freundlich sein, hier zu warten«, sagte die Hofdame. »Ihre Kaiserliche Hoheit wird gleich erscheinen. Sie wünscht Euch allein zu sprechen.«
Und in einer Wolke raschelnder Seide entschwand sie, ließ die beiden Besucherinnen mitten in dem Raum stehen, der von dem Ticken einer großen vergoldeten Standuhr und dem leisen Summen des ausladenden weißgoldenen Steingutkessels beherrscht wurde, dem eine angenehme Wärme entströmte.
»Mir zittern die Knie«, flüsterte Napoleone.
»Mir ebenfalls«, gestand Felicia. »Nehmt Euch bloß zusammen, sonst gelingt der Hofknicks nicht, und das wäre eine Katastrophe.«
Die weiße, mit Gold abgesetzte Tür, die im Stil von Boucher von einer Kartusche gekrönt wurde, öffnete sich. Die beiden jungen Frauen versanken gleichzeitig in einen tiefen Hofknicks, wobei ihr Blick statt einer Seidenrobe ein Paar spiegelblanke Stiefel erfaßte und dahinter ein weiteres Paar Stiefel.
»Erhebt Euch, Mesdames«, sagte der Herzog von

Reichstadt, »und erlaubt mir, Euch meinen Freund, Chevalier Prokesch-Osten, vorzustellen, ohne den ich keine Entscheidung treffe. Er ist mein Mentor und der beste Berater, den sich ein Prinz wünschen kann.«
»Eine Rolle, die keineswegs so einfach ist, wie sie scheint«, sagte Prokesch lächelnd.
Er war ein Mann von fünfunddreißig Jahren, schlank und elegant, mit ebenmäßigen Gesichtszügen und ausdrucksvollem, sehr sanftem, aber dennoch klarem Blick. Ein kurzes Lippenbärtchen vertiefte sein gewinnendes Lächeln; Felicia und Napoleone erkannten in ihm sofort einen Verbündeten. Unabhängig von all seinen Vorzügen, die ihnen zu Ohren gekommen waren, gefiel er ihnen.
»Ich weiß, daß Ihr Dinge von großem Ernst mit mir besprechen möchtet«, ergriff der Prinz erneut das Wort. »Laßt mich Euch versichern, daß Ihr das in Prokeschs Gegenwart unbesorgt tun könnt. Aber nehmt doch vor allem erst einmal Platz.« Er deutete auf eine Sitzgruppe in der Mitte des Raums in der Nähe des großen Steingutkessels.
Eine Weile blieb Felicia stumm. Ihre dunklen Augen strahlten den Prinzen mit überschwenglicher Freude an, aber auch mit so viel Zärtlichkeit, wie Napoleone das bei ihr noch selten erlebt hatte.
»Was ich zu sagen habe, Durchlaucht, bedarf nur weniger Worte. Frankreich befindet sich in den Händen eines Krämers, eines Mannes, der, um seinem Vetter den Thron vorzuenthalten, sich auf alle möglichen Zugeständnisse eingelassen hat und sich sicherlich weiterhin einlassen muß, wenn er ihn behalten will. Er ist keineswegs der Herrscher, der einem Volk gebührt, das unter dem Vater Eurer Hoheit – die wir so gerne Eure Majestät nennen würden! – gelebt hat. Frankreich braucht einen Kaiser, einen Prinzen, der mit dem Zepter besser umzugehen weiß als mit dem Regenschirm.«
Prokesch lachte. »Eine gelungene Einleitung, Prinzes-

sin. Wenn ich Euch so reden höre, ist mir, als hättet Ihr nicht viel für die Orleans übrig?«
»Ich habe nichts gegen die Orleans, sofern sie dort bleiben, wo sie hingehören. Allerdings gebe ich offen zu, daß ich Louis-Philippe verabscheue. Nicht für ihn haben wir die Drei Glorreichen unterstützt!«
»Ihr habt demnach gekämpft?« fragte der Prinz belustigt.
»Auf der Barrikade am Boulevard de Grand, ja, Durchlaucht. Und Madame de Lauzargues hier hat zusammen mit dem Maler Delacroix im Rathaus die Verwundeten versorgt.«
»In Frankreich gibt es einen Maler namens Delacroix? Ein schöner Name...«
»Und ein guter dazu. Er ist der Sohn des alten Talleyrand, aber ich glaube, keiner könnte so gut wie er Euer Krönungsbild malen. Ein Feuer und eine Leidenschaft würde er darin zum Ausdruck bringen, daß man David vergäße. Kehrt nach Frankreich zurück, Durchlaucht, es muß sein... Die Zeit ist reif!«
»Findet Ihr? Feldmarschall Maison, dessen Gesellschaft man mir bei jeder Gelegenheit aufdrängt, wird nicht müde, mir von der Zufriedenheit des französischen Volkes unter einem so guten und weisen König vorzuschwärmen.«
»Er ist dessen Botschafter, das gehört nun mal zu seinem Beruf. Dafür wird er bezahlt. Entspricht das auch dem, was Feldmarschall Marmont berichtet, den Eure Hoheit die Güte hat, regelmäßig zu empfangen?«
»Was für Kommentare erwartet Ihr von einem Mann, der nach dem Verrat an meinem Vater im Namen Charles X. die Kanonen des Louvre auf das Volk gerichtet hat? Er schweigt sich darüber aus. Vermutlich hat er Angst, etwas Falsches zu sagen. Im übrigen denke ich, daß ich bald mit ihm fertig bin.«
»Was wollt Ihr damit andeuten?«
»Daß ich, sobald er seinen ›Nachhilfeunterricht‹ been-

det hat – was schon bald der Fall sein dürfte –, kaum noch einen Grund sehe, ihn vorzulassen. Ich gestehe, ich schätze ihn nicht sehr. Wenngleich er mir nützlich ist.«

»Er könnte noch nützlicher werden. Versteht doch, Durchlaucht, daß er, wenn überhaupt, nur in Eurem Gefolge nach Frankreich zurückkehren kann! Das bedrückt ihn, und er würde sich, wenn sich die Gelegenheit böte, sozusagen bis zur Hingabe aufopfern.«

Der Herzog von Reichstadt lächelte.

»Warten wir es ab – falls es etwas abzuwarten gibt; denn ehe man daran denken kann, den Herzog von Ragusa heimzuführen, müßte man ja auch mich dorthin geleiten.«

»Genau das haben wir ja vor! Darf ich Eure Kaiserliche Hoheit fragen, was Euer Großvater im Hinblick auf Euch beabsichtigt?«

Diesmal war es Prokesch, der antwortete.

»Kaiser Franz liebt seinen Enkel sehr. Und ich darf wohl annehmen, daß er glücklich wäre, ihn auf dem Thron Frankreichs zu sehen. Seiner Meinung nach wäre das die Garantie für eine dauerhafte Allianz zwischen Österreich und Frankreich, und ich glaube, er würde sich sogar etwas darauf einbilden, wenn Napoleon II. all das ihm zu verdanken hätte. Aber da ist noch Metternich …«

»Und von dieser Seite ist nichts Derartiges zu erwarten?«

»Das würde mich wundern, denn sobald es um Politik geht, schlägt der alte Haß durch, den der Kanzler noch immer für Napoleon empfindet.«

»Napoleon ist tot.«

»Es gibt Haß über das Grab hinaus. Während des Höhenflugs des Adlers hat Metternich panische Angst ausgestanden!«

»Deshalb weigert er sich, den jungen Adler freizugeben? Wir sind gekommen, um den Käfig zu öffnen.«

»Wie denn? Sprecht doch!« rief der Prinz. Seine Wangen färbten sich, die blauen Augen begannen zu funkeln. »Was habt Ihr vor?«
Rasch entwickelte Felicia den Fluchtplan und entlockte damit dem Prinzen ein helles Lachen.
»In Frauenkleidern? Und mit den Papieren einer Frau ausgestattet reisen? Wir befinden uns zwar mitten im Karneval ...«
»Die Idee ist gar nicht so schlecht«, fiel ihm Prokesch ins Wort. »Ich persönlich finde sie sogar verlockend. Seid Ihr aber sicher, daß Euch die Polizei nicht überwacht?«
»Sie hat es vermutlich während der ersten Tage im Palais Palm getan. Seit uns jedoch die Herzogin von Sagan mit ihrer Freundschaft beehrt, ist die Überwachung eingestellt worden.«
»Wahrhaftig, die teure Wilhelmine ist der beste Schutz, den Ihr Euch denken könnt. Metternich ist noch immer in sie verliebt ...«
»Was mir an der Geschichte nicht behagt«, meinte jetzt wieder der Prinz, »ist, daß ich anstelle von Madame de Lauzargues reisen soll. Ich möchte keinesfalls, daß sie sich irgendwelchen Gefahren aussetzt. Es erscheint mir mehr als riskant, daß sie als junger Mann verkleidet den Rückweg antreten soll, noch dazu in Begleitung von einem wie diesem Duchamp ...«
»Sprecht nicht so abschätzig, Durchlaucht!« meldete sich Napoleone zu Wort, die bisher den Mund nicht aufgemacht hatte. »Duchamp war einer der besten und treuesten Soldaten Eures Vaters. Mit ihm zusammen kann mir gar nichts geschehen.«
»Vielleicht wäret Ihr bei mir noch besser aufgehoben?« gab Prokesch zu bedenken. »Ich habe in Böhmen eine Schwester. Sie ist etwa in Eurem Alter und sieht Euch sogar ähnlich. Ihr könntet unter ihrem Namen reisen, zusammen mit mir, denn wenn Durchlaucht fährt, komme ich selbstverständlich mit.«

»Das will ich auch hoffen!« rief der Prinz.. »Ihr wißt genau, daß ich nicht ohne Euch fahre, weil ich Euren Rat brauche. Euer Vorschlag klingt übrigens gut. Was aber, Prinzessin, habt Ihr für mich vorgesehen, sobald wir in Paris sind?«
»Wenn Eure Kaiserliche Hoheit mir die Ehre erweisen würde, so lange in meinem Haus abzusteigen, bis sich die Getreuen formiert haben, wäre ich die glücklichste Frau der Welt.«
»Wo habt Ihr Euer Haus?« fragte der Prinz mit kindlicher Neugier.
»In der Rue de Babylone ...«
»In der Rue de Babylone! In Paris! Wie zauberhaft muß es sein, in der Rue de Babylone in Paris zu wohnen! Besitzt Ihr auch einen Garten?«
»Einen kleinen, dafür voller Blumen, und der Frühling naht. Ihr werdet sehen, wie schön Paris im Frühling ist!«
»Ich weiß. Ich habe weder die Kastanienbäume in den Tuilerien vergessen noch den Garten am Hang, der zum Flußufer führte ... Paris wiedersehen!«
»Bald, wenn sich Eure Kaiserliche Hoheit uns anvertraut«, hauchte Napoleone.
Eine Zeitlang besprach man Einzelheiten der Operation, für deren Durchführung man sich zu guter Letzt auf den 11. März einigte, einen Tag, der eigentlich unter einem glücklichen Stern stehen mußte, weil der Prinz und auch Napoleone am 11. März geboren waren.
»Ich vergesse nicht, daß wir beinahe Zwillinge sind«, sagte der Herzog zu Napoleone. »Wenn Euer Plan gelingt, werdet Ihr meine Schwester. Dann schenke ich Euch ...«
»Eure Freundschaft, nichts weiter. Ich bin eine Frau vom Lande, Durchlaucht, und lebe eigentlich in der Auvergne. Aber nah oder fern, ich werde stets die treueste Untertanin Eurer Majestät sein!« gelobte sie und versank in einen Hofknicks. Der Prinz reichte ihr die Hand.

»Nun, dann komme ich Euch eben in der Auvergne besuchen!« sagte er übermütig. »Mit meinem gesamten Hofstaat werden wir bei Euch aufkreuzen. Ich möchte aller Welt zeigen, daß ich Euch gern habe! Und auch, daß ...«
Er hielt inne. Die Tür war geöffnet worden, diesmal von der Hand der Erzherzogin Sophie. Wunderschön sah sie aus in ihrer blauen Taftrobe, mit den Perlen um den Hals und an den Ohren, und dennoch schien sie in äußerster Sorge.
»Franz«, sagte sie, nachdem sie auf Verneigungen und Hofknicks mit einem Lächeln geantwortet hatte, »ich befürchte, diese Unterredung zieht sich zu sehr in die Länge. Wir sollten es nicht darauf ankommen lassen ...«
»Fällt es Euch wirklich schwer, Euch vorzustellen, worüber Ihr mit diesen Damen die ganze Zeit über geplaudert haben könntet?« fragte der Prinz, indem er sich über ihre Hand beugte. »Aber Ihr habt recht wie immer. Unser Gespräch ist sowieso beendet. Geduldet Euch nur noch einen Augenblick, damit ich Euch Felicia Prinzessin Orsini vorstelle und Napoleone Comtesse de Lauzargues, eine Patentochter meines Vaters und meiner Tante Hortense. Was aber eher nebensächlich sein dürfte ...«
»In der Tat«, meinte die Erzherzogin und streckte lächelnd beide Hände aus, über die sich die Freundinnen neigten. »Ich freue mich, den Herzog von Reichstadt in der Gesellschaft ergebener Freunde anzutreffen. Nur bitte ich Euch, äußerst vorsichtig zu sein! Bringt ihn nicht in Gefahr!«
»Dafür werde ich Sorge tragen!« rief Prokesch. »Eure Kaiserliche Hoheit weiß sehr wohl, daß er sich auf mich verlassen kann.«
»Auf Euch ja, denn ich kenne Euch und weiß, wie umsichtig Ihr seid. Ohne Euch wäre ich nicht unbedingt bereit, das Meine zu tun, um Franz zur Flucht zu ver-

helfen. Ich habe ihn nämlich auch gern und möchte, daß er glücklich ist ...«
»Eure Kaiserliche Hoheit können uns voll und ganz vertrauen«, sagte Felicia leise. »Wir sind beide bereit zu jedwedem Opfer für – unseren Kaiser!«
»Möge Gott Euch erhören und Euch beistehen! Ihr werdet es brauchen. Jetzt aber solltet Ihr Euch zurückziehen!«
Frohen Herzens kehrten Felicia und Napoleone in das Palais Palm zurück. Bei der Herzogin von Sagan fand ein Empfang statt, weshalb sich in der Schenkenstraße die Kutschen drängten und zu einem hübschen, farbenfrohen Bild verschmolzen. Wilhelmine hatte natürlich auch ihre beiden Nachbarinnen eingeladen; Felicia und Napoleone aber waren sich darin einig, diesem Ereignis fernzubleiben und unter dem Vorwand, Napoleone sei unpäßlich, abzusagen. Unmöglich konnte sie in diesem Salon, in dem Metternich ein- und ausging, ihre Freude mit wem auch immer teilen; sie zogen es vor, sie für sich zu behalten und ganz auszukosten.
Zwei Wochen blieben ihnen noch. Morgen wollten sie Maria Lipona informieren, und was Duchamp betraf, würde ihm Felicia ausführlich Bericht erstatten, wenn sie wie gewöhnlich zum Fechtunterricht kam. Daß sie an ihrem Tagesablauf nichts ändern würde, um nicht das Mißtrauen von Sedlinskys Polizei zu erregen, hatten sie mit dem Prinzen und dem Chevalier vereinbart.
»Ich finde, wir sollten das Ereignis mit einem Glas Champagner feiern«, sagte Felicia.
»Es ist Fastenzeit«, mahnte Napoleone, »wir wollen uns doch nicht versündigen.«
Die Fastenzeit war in der Tat angebrochen, hatte mit dem Ende des Karnevals die Ballsäle leergefegt, füllte jetzt die Kirchen. Auch der Empfang bei Wilhelmine war lediglich ein Treffen unter Freunden, von denen sie allerdings so viele besaß, daß derartige Zusammenkünfte unweigerlich in eine Massenversammlung ausarteten.

»Wir wollen auf den Glauben und die Hoffnung anstoßen, mit Weißwein, den die Priester selbst in der Zeit der Buße in ihre Kelche gießen ...«
Sie tranken auf die Heimreise, auf die Thronbesteigung Napoleons II., auf die Erfüllung des Traums, der ihnen vor kurzem noch so unerreichbar vorgekommen war, auf das Glück Frankreichs und Italiens und schließlich, wie Napoleone im stillen hinzufügte, auf meine Rückkehr nach Combert und zu denen, die ich liebe.
Einige Tage lang lebte man nach außen hin völlig ruhig, innerlich in um so fieberhafterer Erregung. Felicia nahm weiterhin Fechtunterricht und kam mit Napoleone den religiösen Pflichten nach, entweder in der Minoritenkirche, die sie gern aufsuchte, weil sich dort die italienische Kolonie zusammenfand, oder im Stephansdom, dessen feierliche Atmosphäre und hinreißende Kinderchöre beide schätzten.
Die Tage gingen dahin, einer nach dem anderen. Viel zu langsam nach Ansicht der Verschwörerinnen, aber dennoch voller Hoffnung. Helle Aufregung herrschte, als Prokesch sie brieflich bat, den Termin auf den 30. März zu verschieben. Grund für diesen Aufschub war nichts weiter, als daß es das Ende der Fastenzeit abzuwarten galt, um ein Fest veranstalten zu können...
»Daran hätten wir denken sollen«, rief Felicia ärgerlich. »Wir sind wirklich ein merkwürdiges Verschwörerpärchen...«
Was sie für sich behielt, war, daß ihr zusehends der Gedanke zu schaffen machte, von Napoleone getrennt die Heimreise anzutreten, auch wenn sie die Freundin bei Prokesch und Duchamp in guten Händen wußte. Inzwischen war nämlich vereinbart worden, daß der Chevalier den Prinzen in den Palais Palm begleiten und dann mit dem, der dessen Rolle spielte, in die Hofburg zurückkehren würde, um anschließend erneut mit dem Wagen hier vorzufahren und Napoleone, aus gegebenem Anlaß nunmehr seine Schwester, abzuholen.

All das war genau festgelegt, und trotzdem war Felicia keineswegs beruhigt. Mochte ihr Plan auch der einzig annehmbare sein, der einzige, der erfolgversprechend schien ... Vielleicht, weil er ein wenig verrückt war.
»Ihr seid es doch, die alle Gefahren auf sich nimmt«, hielt ihr Napoleone vor. »Ich dagegen riskiere kaum etwas. Sollte man Euch in Begleitung des Prinzen schnappen, droht Euch lebenslanges Gefängnis, wenn nicht Schlimmeres. Man könnte Euch beide töten ...«
»Das wäre mir eine Freude und eine große Ehre! Aber seid beruhigt, was den Prinzen anbelangt. Er ist viel zu wertvoll. Metternich haßt ihn, aber er wird nicht einfach darauf verzichten, derjenige zu sein, der es in der Hand hat, den Sohn Napoleons auf Europa loszulassen.«
Im Grunde offenbarten diese Gespräche nur die gegenseitige Zuneigung der beiden jungen Frauen und die Sorge, die sich jede um die andere machte. Was nicht ausschloß, daß beide darauf brannten, endlich aktiv zu werden. Darüber brach der 28. März an, ein Montag. Noch zwei Tage bis zur Abreise ...
Um sich abzulenken, begleitete Napoleone Felicia an jenem Morgen zu Duchamp. Schon am Eingang beschlich sie das Gefühl, daß etwas in der Luft lag. Duchamp beendete gerade eine Unterrichtsstunde im Säbelkampf, die er einem aufgeschossenen, hageren Jüngling erteilte, für den Waffen offensichtlich gleichbedeutend mit Frondienst waren. Der Colonel schien außer sich zu sein, stachelte den lustlosen Schüler mit scharfen Kommandos an, brüllte aus Leibeskräften auf ihn ein und setzte ihm abwechselnd mit einer so raschen Abfolge von Hieben und Stichen zu, daß Felicia um den Lernunwilligen bangte.
»Seid vernünftig, mein lieber Grünfeld! Ihr werdet ihm mit Eurem Klingenwirbel noch die Ohren abschneiden!«
»Keine Bange, Prinzessin! Der Unterricht ist zu Ende.

Hat man jemals einen derartigen Tolpatsch gesehen! Seit Monaten versuche ich, einen passablen Fechter aus ihm zu machen ... Los! Verschwindet!«
Der schlacksige Jüngling ließ sich das nicht zweimal sagen, verzog sich mit der Plötzlichkeit eines Schattens. Duchamp trocknete sich mit so finsterer Miene Gesicht und Hände an einem Handtuch ab, daß die Besucherinnen erschraken.
»Stimmt etwas nicht?«
»Nichts stimmt mehr! Unser Plan ist ins Wasser gefallen! Wenn Ihr nicht gekommen wäret, hätte ich Euch aufgesucht.«
»Was ist denn geschehen?«
»Chevalier Prokesch-Osten ist zum Botschafter ernannt worden. Er geht nach Bologna und muß heute oder morgen Wien verlassen.«
»Ach!«
Eine Stille breitete sich aus, die so total war, daß man kaum die Atemzüge der drei vernahm. Voller Zorn griff Duchamp nach einer Fechtermaske, schleuderte sie quer durch den Saal gegen eine Siegestrophäe, die mit ohrenbetäubendem Krachen genauso wie das Visier zersplitterte. In der Annahme, er habe ein wenig Dampf abgelassen, wagte Napoleone einen Vorstoß.
»Könnte man das nicht als Mißgeschick werten, das keine größere Bedeutung hat? In unserem ursprünglichen Plan war die Teilnahme des Chevaliers doch gar nicht vorgesehen. Ich sollte mich mit Euch treffen und dann mit Euch aufbrechen.«
Duchamp sah sie zärtlich an, fand sogar den Mut zu lächeln.
»Darüber wäre ich mehr als glücklich! Diese Reise mit Euch entspräche meinen kühnsten Träumen. Nur wißt Ihr genauso gut wie ich, daß sich der Prinz weigert, ohne seinen Freund zu fahren.«
»Blödsinn!« brauste Felicia auf. »Prokesch wird eben später nachkommen. Wenn wir erfolgreich sind, wird

er ohne weiteres den Botschafterposten in Frankreich erhalten. Greifen wir also auf unseren ersten Plan zurück und versuchen wir, schnellstmöglich Kontakt mit dem Prinzen aufzunehmen.«
Aber Duchamp schüttelte den Kopf und zupfte nervös an seinem Lippenbärtchen. Er machte ein Gesicht, das an Grimmigkeit kaum noch zu überbieten war.
»Das ist noch nicht alles. Es geht das Gerücht um, Kaiser Franz trage sich mit dem Gedanken, seinen Enkel nach Modena zu entsenden, um die erhitzten Gemüter dort zu beruhigen. Wie man hört, ist der Prinz nicht abgeneigt, in Italien zu regieren.«
»Das begreife ich nicht«, sagte Felicia verbittert. »Alles, nur um nicht länger hier zu ersticken! Wie dem auch sei – zwischen dem Thron Frankreichs und dem von Modena ...«
»Der eine ist ungewiß«, sagte Napoleone, »und wenn der andere sicher ist, kann man verstehen, daß sich der Prinz für ihn entscheidet. Das brächte ihn wieder in die Nähe seiner Mutter, mit deren Zutun es ihm gelingen könnte, auch in Parma Fuß zu fassen und anschließend ... wer weiß?«
»Etwa weil Napoleon mit Italien angefangen hat?« rief Felicia mit blitzenden Augen. »Vielleicht sind diese Neuigkeiten im Grunde doch nicht so schlecht, wie wir glauben? Von der Halbinsel aus ist Frankreich leicht zu erobern.«
»Da stimme ich Euch zu«, sagte Duchamp, »andererseits muß ich gestehen, daß es mir schwerfällt, an diese Geschichte mit Modena zu glauben, nur weil der Kaiser seine Feldzüge von dort aus begonnen hat. Ich bezweifle, daß Metternich seinen Gefangenen losschickt, auf einem Pulverfaß zu regieren ...«
»Seid doch nicht so pessimistisch! Erst rückt Ihr mit einer Neuigkeit raus, und gleich darauf widerruft Ihr sie. Wir sollten besser mit dem Unterricht beginnen – das wird Euch besänftigen.«

Kurz darauf begleitete das Klirren der Schwerter die Gedanken Napoleones, die es sich in einem Sessel in der Kaminecke bequem gemacht hatte und sich bemühte, ein unbestimmtes Gefühl der Erleichterung abzuschütteln, das ihr zu schaffen machte.
Offenbar bin ich nicht gerade zur Heldin geboren, stellte sie für sich fest und blickte hinüber zu Felicia, die sich mit der Geschmeidigkeit einer schwarzen Pantherkatze im Degenkampf maß. Und zu einer Amazone schon gar nicht...
Was sie wiederum auch bedauerte. Wo sie doch unbedingt zurück nach Frankreich wollte!
Dieser Tag schien bösen Überraschungen vorbehalten. Als die beiden Frauen in die Schenkenstraße zurückkehrten, fanden sie neben einem Brief von Prokesch mit Worten des Bedauerns ein kurzes Schreiben von Maria Lipona vor, das besagte, Patrick Butler habe die Abwesenheit seiner Gastgeberin dazu benutzt, sich davonzumachen, ohne eine Zeile der Entschuldigung oder des Dankes für ihre aufopfernde Mühe zu hinterlassen.
»Und zu allem Unglück ist er Franzose!« sagte Felicia entsetzt. »Wie stehen wir bloß da?«

DAS ATTENTAT

Die Bewegungen der Fächer wirbelten sacht die vom Parfum der Gäste und dem verlockenden Duft von Schokolade, Vanille, Kaffee, ofenwarmem Butterkuchen und frischer Sahne geschwängerte Luft des Salons auf. Man hätte meinen können, eher bei Demel zu sein, dem großen Konditor am Kohlmarkt, als in der Wohnung einer regierenden Herzogin. Naschwerk aber war nun einmal eine Schwäche von Wilhelmine und ihren Schwestern, genauso wie sie es liebten, zur Teestunde eine Reihe von Freunden um sich zu scharen. Auch Felicia und Napoleone ließen sich gern dazu verführen; nicht selten traf man sie in dem hübschen, mit Lackmöbeln ausgestatteten Salon im rechten Flügel des Palais Palm an.
An diesem Nachmittag hatten sich bei den drei Grazien aus Kurland viele Gäste eingefunden, wie jedesmal, wenn Prinz Metternich den Ballhausplatz verließ, um seinen Freundinnen einen Besuch abzustatten. Dann war es, als wehe ein geheimnisvolles Lüftchen durch die Wiener Palais und melde den Bewohnern, daß der prinzliche Kanzler auf dem Weg zur Herzogin von Sagan war. Dort, in Gesellschaft von Kinsky, Palfy und Esterhazy, von einem oder zwei Dietrichstein, einer Schönborn, einem Kevenhüller und von Trautmannsdorff, alle in Samt, Satin, Seidenrips oder feinen englischen Tuchen verschiedenster Farbtöne, genoß es Metternich, seine ein wenig strenge Eleganz zur Schau zu stellen und mit seiner vollen Stimme Sätze zu modulieren, denen alle mit angehaltenem Atem lauschten. Mit zunehmendem Alter gefiel es ihm, diejenigen durch den Charme seiner Worte zu betören, die er einst allein durch sein blendendes Aussehen hingerissen hatte.

In einem hochlehnigen Ohrensessel sitzend, eine Tasse Schokolade in der Hand, die Beine übergeschlagen, hielt er eine Art Dialog mit dem anderen Anziehungspol des Salons: dem Chevalier von Gentz, seinem ältesten und treuesten Berater, dem Mann, von dem es hieß, er sei im Besitze aller Geheimnisse Europas. Weiß der Himmel, weshalb diese graue Eminenz der Macht so unscheinbar wirkte! Er saß gebeugt da, der schmächtige Körper zuckte unablässig, das alterslose, wenngleich faltige Gesicht war unter einer rötlichen Perücke versteckt. Gentz trug schwarze Augengläser, die seinen unruhig flackernden Blick verbargen, der selten genug auf jemandem ruhte. Seine Kleidung war korrekt, hinkte jedoch mindestens zwei Modesaisons hinterher, sein Parfum viel zu aufdringlich.

Er war von Haus aus Journalist, war leidenschaftlicher Polemiker und Berichterstatter des Wiener Kongresses gewesen und hatte zweifelsohne die spitzeste und giftigste Feder gehandhabt, die man sich vorstellen konnte. Die Franzosen im allgemeinen und Napoleon im besonderen waren die Zielscheibe Friedrichs von Gentz gewesen, der Preußen zum Krieg gegen Frankreich aufgehetzt hatte. Ein eigenartiger Kauz fürwahr, dem der Sinn nach Geld und Prunk stand und dem man eine Vorliebe für junge Männer nachsagte, die sich groteskerweise mit der Leidenschaft vertrug, zu der ihn Fanny Elssler hinriß, eine sechsundvierzig Jahre jüngere Tänzerin, für die er, wie man sich erzählte, die absurdesten Torheiten beging.

Napoleone war von dem pflichtschuldigen verkniffenen Lächeln, mit dem Gentz sie bei der Vorstellung bedacht hatte, angewidert gewesen.

»Französin, wie? Wir haben viel zu selten Französinnen in Wien, abgesehen von denen, die die Pariser Mode hier vorstellen! Was vermag eine elegante, hübsche junge Frau so weit von den Ufern der Seine fortzulocken?«

»Die Musik, Monsieur. Wien ist der Treffpunkt der

Musikfreunde, und ich weiß nicht, was ich am meisten liebe, die Hochämter im Dom oder Eure zauberhaften Walzer.«

»Nicht nur die Musik, auch die Tafelfreuden«, hatte sich Felicia beeilt zu ergänzen und sich von dem Tablett, das ihr ein Diener darbot, eine köstliche Mokkapraline gefischt. »Nirgendwo gibt es so himmlische Leckereien!«

»Und um davon nach Herzenslust zu essen und dennoch Eure gertenschlanke Figur zu bewahren, unterzieht Ihr Euch jeden Vormittag einem Waffentraining, Prinzessin?«

»Genauso ist es. Ich stelle fest, Chevalier, Euer Ruf als bestinformierter Mann Europas ist durchaus gerechtfertigt. Selbst dem Polizeichef habt Ihr in dieser Beziehung einiges voraus.«

»Das mag durchaus zutreffen, ist aber, was Euch angeht, kein Wunder. Mein Freund Prokesch hat mir unlängst von Euch erzählt. Er bewundert Euch sehr ...«

»So? Hat er das gesagt?« hatte Felicia belustigt gemeint. »Schön zu hören, daß man von einem Mann wie ihm bewundert wird ...«

Die Ankunft Metternichs hatte die Unterhaltung abgebrochen. Wie die anderen Besucher hatte sich Gentz zum Kanzler gesellt, und nachdem sich dieser gestärkt hatte, mit ihm den Dialog begonnen, der die Anwesenden in Bann schlug. Es ging dabei um Frankreich. Metternich hatte soeben von Louis-Philippes neuem Exilgesetz erfahren, das sich gegen die Bourbonen der älteren Linie richtete und nun allgemein Empörung auslöste.

»Diese Orleans sind unverbesserlich«, sagte Wilhelmine. »Wenn sie sich mal nicht für den Tod ihrer Vettern stark machen, schicken sie sie ins Exil. So etwas nennt man Familiensinn.«

»Geschieht das nicht in der Absicht, den älteren Bourbonen wie seit Jahrzehnten schon jede Möglichkeit zu

nehmen, den jungen das Leben zu erschweren?« mischte sich Pauline von Hohenzollern-Elchingen ein, die nichts lieber tat als ihrer größeren Schwester zu widersprechen. »Ich habe diesen Louis-Philippe kennengelernt, damals, als ihn die Revolution aus Frankreich vertrieben hatte. Ein durchaus charmanter Mann.«
»Ach du!« fuhr ihr die Herzogin von Sagan über den Mund, »dir wäre es ja zuzutrauen gewesen, selbst einen Robespierre charmant zu finden...«
Einer der Zuhörer lenkte das Gespräch auf die Ereignisse in Italien, die offenbar viele beschäftigten, denn nach Modena und Bologna hatten sich Ferrara, Ravenna und Forli gegen das österreichische Joch aufgebäumt, forderten lautstark einen »italienischen König aus dem Geblüt des unsterblichen Napoleon«. Tagelang war es zu Gewalttätigkeiten gekommen, und die Anwesenden, die alle oder fast alle antifranzösisch eingestellt waren, erwarteten gespannt die Entscheidungen, die Kaiser Franz im Hinblick auf seinen Enkel zu treffen gedachte. Gentz konnte darüber nur lachen.
»Ich sehe wirklich keinen Grund zur Aufregung. Entweder verkenne ich unseren verehrten Prinzen«, meinte er lächelnd zu Metternich, »oder aber die guten Italiener ereifern sich vergebens und lassen sich genauso vergebens umbringen. Den Herzog von Reichstadt wird man ihnen jedenfalls nicht schicken.«
»Wäre denn das eine so abwegige Idee?« fragte Wilhelmine. »Wenn doch dadurch der Frieden sichergestellt würde? Schließlich ist der Junge in Österreich aufgewachsen, im Geiste Österreichs erzogen; er denkt und handelt wie ein Österreicher, und es heißt, er verehre seine Mutter abgöttisch. Dort unten hätte er doch nichts weiter zu tun, als ihr beizustehen und sie zu beschützen.«
»Ihr dürft mir glauben«, erwiderte Gentz, »daß er weit mehr als seine Mutter seinen Vater vergöttert. Die rebellierenden Städte könnten für ihn ein hervorragender

Stützpunkt sein, und ich bin mir nicht sicher, ob es das österreichische Gesetz wäre, unter das er sie stellen würde. Eher neige ich zu der Annahme, er könnte versuchen, sie zum Ausgangspunkt weiterer napoleonischer Abenteuer zu machen, was uns höchst ungelegen käme.«
»Aber der Kaiser liebt seinen Enkel sehr«, hörte man Melanie Gräfin Zichy sagen, die den jungen Prinzen ebenso verachtete, wie sie dessen Vater gehaßt hatte. »Meiner Meinung nach viel zu sehr! Viel zu nachsichtig ist er ihm gegenüber! Wie ich läuten hörte, hat er ihm für die nächsten Jahre einen Thron versprochen!«
Metternichs blaue Augen streiften die Adelige mit einem kühlen, gleichgültigen Blick. Eine kurze Stille trat ein; jeder wartete gespannt, was er sagen würde. Der österreichische Kanzler kostete dieses Schweigen aus, um dann mit plötzlich messerscharfer Stimme bekanntzugeben: »Reichstadt ist ein für allemal von jeglichen Thronansprüchen ausgeschlossen!«
Ein beifälliges Gemurmel war zu vernehmen, aus dem unerwartet Felicias beschwichtigende Stimme drang: »Kein Thron für ihn? Niemals? Nicht einmal der von Parma, der seiner Mutter gehört und – logisch wäre?«
»Nicht einmal der von Parma. Kein einziger Thron! Niemals. Jedenfalls nicht, so lange ich lebe. Und ich hoffe doch sehr, daß das noch viele Jahre sein wird ...«
»Das hoffen wir alle«, sagte Wilhelmine und fügte ein wenig taktlos hinzu: »Aber – danach? Der kleine Napoleon ist immerhin erst zwanzig.«
»Wohingegen ich bereits achtundfünfzig bin? Ich kann Euch versichern, meine liebe Wilhelmine, daß ich mich einer ausgezeichneten Gesundheit erfreue. Im Gegensatz zu Reichstadt. Ich beabsichtige, ihn in unserer Armee zum Oberst zu machen, meinetwegen auch zum General, wenn er sich gut hält, aber Ihr dürft mir alle glauben, daß er unter strenger Aufsicht bleibt. Auf diese Weise erhält er Gelegenheit, seine militärischen Fähig-

keiten unter Beweis zu stellen, das heißt, falls er über welche verfügt, was noch gar nicht feststeht«, meinte Metternich in so abschätzigem Ton, daß Napoleones Blut in Wallung geriet.
Leider war es unmöglich, stehenden Fußes die Gesellschaft zu verlassen und die Türen hinter sich zuzuknallen, wie sie es nur allzu gern getan hätte. Ein Blick zu Felicia zeigte ihr, daß die Freundin leichenblaß geworden war und sich ihre Finger auf dem mit Perlmutt besetzten Fächer gefährlich verkrampften.
Man wechselte bereits das Thema. Pauline von Hohenzollern begehrte von Gentz zu wissen, ob er bereits etwas über das Tanzfest in Berlin berichten könne, zu dem man Fanny Elssler eingeladen hatte. Sogleich hob der verknöcherte Liebhaber zu einem Lobgesang des Tanzes im allgemeinen und der Tänzerin im besonderen an, was Felicia und Napoleone Zeit gab, ihre Fassung wiederzugewinnen. Dennoch war die Stimme der Prinzessin Orsini, von Höflichkeitsfloskeln abgesehen, bis zum Ende des Empfangs nicht mehr zu hören.
»Ich befürchtete vorhin, Ihr würdet Euren Fächer zerdrücken«, sagte Napoleone, als die Freundinnen in die stille Behaglichkeit ihres eigenen Salons zurückgekehrt waren. »Das wäre peinlich gewesen.«
»Aber verständlich, vor allem bei einer Italienerin! Diese Leute da haben schon als Wickelkinder die Milch, die sie tranken, als Blut angesehen, das in meiner Heimat vergossen wird, damit Österreich weiterhin dort unten regiert. Es fällt nicht immer leicht, die Rolle des oberflächlichen, an Politik desinteressierten Gastes zu spielen! Heute nachmittag habe ich jedoch einen Entschluß gefaßt, Napoleone, zweifellos den besten, den man treffen kann und der wie kein anderer unserer Sache zugute kommt.«
»Und der wäre?«
»Metternich muß umgebracht werden!«
Vor Verblüffung war Napoleone einen Augenblick

sprachlos. Entsetzt starrte sie die Freundin an, wohl aus Angst, auf deren Gesicht die ersten Anzeichen von Wahnsinn zu entdecken. Aber nein, das schöne Gesicht der römischen Prinzessin war so ruhig und kühl, als hätte sie soeben die Wahl einer neuen Kutsche entschieden und nicht den Tod eines Mannes beschlossen.
»Felicia«, sagte sie sanft, »habt Ihr wirklich vor, was Ihr da sagt?«
»Ich habe nichts weiter vor als das, Napoleone. Glaubt mir, das ist die einzig vernünftige Lösung. Dieser verfluchte Metternich ist der böse Geist des Prinzen. Den Mord an meinem Angelo hat er auch zu verantworten. Habt Ihr mitbekommen, daß er den Tod eines Zwanzigjährigen einkalkuliert? Er begnügt sich nicht damit, ihn zugrunde zu richten, ihn einzusperren, ihm alles zu rauben, was er liebt. Nein, er muß ihn auch noch umbringen. Genau das hat er vor, glaubt es mir. Nur der Tod des Königs von Rom könnte Metternich von seinem Haß befreien, und um dieses Verbrechen zu vereiteln, sage ich, Metternich muß sterben. Morgen werde ich mich mit Duchamp besprechen. Er wird mir bestimmt recht geben.«
Napoleone senkte den Kopf. Felicias unerbittliche Logik verwirrte sie. Bedachte man jedoch ihre abgrundtiefe Verachtung für die österreichische Regierung, war es eigentlich verwunderlich, daß ihr eine solche Idee nicht schon eher gekommen war.
»Ich gebe Euch ebenfalls recht, Felicia. Auch wenn ich Angst um Euch habe.«
»Niemand von uns braucht Angst zu haben. Gott wird uns beistehen. Begreift doch, daß das eine Chance ist! Sobald Metternich ausgeschaltet ist, wird sich der alte Kaiser erweichen lassen. Ihr habt doch gehört, daß diese Frau vorhin sagte, er liebe seinen Enkel. Außerdem ist da noch Erzherzogin Sophie. Sie kann Metternich ebenfalls nicht ausstehen, und da sie den Prinzen liebt, wird sie alles tun, um ihm zu helfen. Ach, was für ein herrli-

cher Tag das sein wird, wenn dieser Schurke stirbt! Ein Tag, den ich gern erleben möchte, auch wenn es mein letzter sein sollte!«
Unvermittelt schluchzte Napoleone auf.
»Sprecht nicht von so etwas, liebste Freundin! Ich will nicht, daß Ihr Euer Leben auf diese Weise opfert. Wo ich Euch doch so liebe!«
»Auch ich habe Euch sehr lieb, Napoleone«, sagte Felicia zärtlich und legte den Arm um die Schultern der Freundin. »So lieb, daß ich Euch das Glück wünsche, das Ihr verdient. Mein Leben bedeutet mir nicht allzu viel, das Eure dagegen um so mehr. Wir dürfen nicht vergessen, daß Ihr einen Sohn habt – und einen Geliebten, auch wenn diese Rückbesinnung ein wenig spät erfolgt. Wir werden Abschied nehmen, ehe ich zum entscheidenden Schlag ausm. Es muß sein. Ihr werdet nach Frankreich zurückfahren.«
»Wie denn?« begehrte Napoleone auf. »Und warum nicht gleich zusammen mit Patrick Butler? Daß er Maria Liponas Haus verlassen hat, bedeutet keineswegs, daß es ihn gar nicht mehr gibt. Meint Ihr etwa, er hätte aufgegeben? Ich bin überzeugt, daß er sich irgendwo verborgen hält, daß er uns überwacht. Von wegen allein fahren! Damit er wie eine Bestie über mich herfällt! Dann würde ich mein Zuhause nie wiedersehen.«
»Natürlich müssen wir in Erfahrung bringen, was aus ihm geworden ist. Duchamp und Pasquini haben in allen Hotels nach ihm geforscht. Auch in der Französischen Botschaft ist er nicht untergeschlüpft. Keine Frage, daß wir ihn uns vom Hals schaffen müssen! Solange er sich an Eure Rockschöße hängt, werdet Ihr niemals vor ihm Ruhe finden. Im Moment ist er sogar für uns alle hier eine ständige Gefahr.«
»Freut mich, das von Euch zu hören! Glaubt mir, Felicia, wir sollten keinerlei Pläne schmieden, vor allem nicht im Zusammenhang mit dem, was Euch beschäftigt, solange wir nicht wissen, wo Butler steckt, son-

dern auf unser ursprüngliches Konzept zurückgreifen und den Prinzen überreden, mit uns zu kommen...«
»Auch dabei könnte uns Butler einen Strich durch die Rechnung machen. Gut, daß Ihr die Sprache auf ihn gebracht habt.«
Noch am selben Abend erhielt Timour die Weisung, die Umgebung des Palais Palm sorgfältig abzusuchen und einen Streifzug durch die Wiener Kaffeehäuser zu unternehmen, um nach dem bretonischen Schiffseigner Ausschau zu halten.
»Deinen Befehl, mich auf die Suche nach ihm zu begeben, habe ich erst gar nicht abgewartet, Prinzessin«, erklärte der Türke. »Aber es ist mir noch nicht gelungen, ihn aufzustöbern. Wo es bei seiner roten Mähne eigentlich gar nicht so schwierig sein sollte.«
»Such alles ganz genau ab! Und denk daran, daß er die Haare möglicherweise unter einer Perücke verbirgt.«
Niemand schlief viel in dieser Nacht. Der Haß, der in Felicia wieder aufgeflammt war, bereitete ihr Herzklopfen. Für Napoleone schien dieser so dunkle Tag die Zukunft zu überschatten, und mit Bangen dachte sie an das, was vor ihr lag. Eine letzte Hoffnung blieb: daß Duchamp Felicias Mordplan nicht billigte und sich auf die eine oder andere Weise dagegen ausspräche.
Aber Duchamp stieß einen Freudenschrei aus und erklärte, das wäre eine grandiose Idee.
»Auf diesen Gedanken hätte ich kommen müssen! Wirklich, Prinzessin, Ihr habt das Zeug zu einem Mann und unter den Männern zu einem König. Ihr besitzt dessen Seele, die Kühnheit ...«
»Sagt mir nicht, daß Ihr diesen Wahnsinn befürwortet!« versuchte Napoleone seine Euphorie zu dämpfen. »Ist Euch denn nicht klar, daß sie ihr Leben aufs Spiel setzen würde?«
Ungläubiges Erstaunen und bodenlose Enttäuschung zeichneten sich auf dem Gesicht des Colonels ab. Traurig sah er Napoleone an.

»So wenig kennt Ihr mich?« sagte er betroffen. »Ich habe zwar gesagt, das sei eine grandiose Idee, aber was die Durchführung angeht, müßte ich schon ein elender Feigling sein, wenn ich sie einer Frau überließe.«
»Was heißt denn das nun?«
»Wenn schon jemand Metternich umbringen muß, dann werde ich das sein und kein anderer! Und, weiß Gott, es wird mir ein großes Vergnügen sein. Ein Vergnügen, das mir vorzuenthalten Ihr nicht das Recht habt!« sagte er zu Felicia gewandt.
Felicia zuckte die Schultern.
»Ich hätte mir denken können, daß Ihr so reagiert, und meine Absicht besser für mich behalten.«
»Das hätte ich nicht zugelassen«, sagte Napoleone leise. »Wenn Ihr den Colonel nicht eingeweiht hättet, hätte ich es getan. Er war meine letzte Hoffnung.«
Schweigend griff Duchamp nach Napoleones Hand und küßte sie. Felicia blieb verstimmt, schien sich nicht damit abfinden zu können, ihren Mordplan aus der Hand zu geben.
»Ich habe einen Gatten zu rächen«, sagte sie tonlos.
»Und ich«, entgegnete Duchamp mit stolzgeschwellter Brust, »habe einen Kaiser zu rächen und somit das gesamte französische Volk!«
Dem war nichts hinzuzufügen. Felicia gab sich geschlagen, allerdings unter der Bedingung, daß sie sich an dem Attentat beteiligte, zumindest Duchamp zur Flucht verhalf, sobald die Tat ausgeführt war. Ohne weitere Verzögerung begab man sich daran, den Plan auszufeilen, der das Schicksal Metternichs besiegeln sollte.
»Wie überall sonst auch bedarf es dafür sorgfältigster Vorbereitung«, sagte der Colonel. »Und nach Möglichkeit sollten wir versuchen, diesen Hund zur Strecke zu bringen, ohne unsere Haut aufs Spiel zu setzen.«
In den folgenden Tagen gab es in Wien einen Bettler mehr. Dieser Bettler suchte zunächst die Minoritenkirche auf, um sich danach in der näheren Umgebung des

Ballhausplatzes herumzutreiben, dem Sitz des Kanzlers des Kaiserreichs. Natürlich handelte es sich dabei um keinen anderen als Duchamp, der auskundschaftete, wann Metternich seine Amtsräume betrat und wieder verließ.

Sobald es dunkelte, schloß er seinen Waffensaal und begab sich wie sonst auch zu Palmyre, verließ sie aber schon kurz darauf wieder, als Bettler verkleidet, durch den Lieferanteneingang, um seinen Stammplatz einzunehmen, den ihm die mächtige Bruderschaft der Wiener Bettler, in deren Reihen Duchamp Freunde gewonnen und Aufnahme gefunden hatte, gegen ein kleines Entgelt abtrat.

Da der Ballhausplatz nicht weit vom Palais Palm entfernt lag, hatte Felicia zunächst vorgeschlagen, Timour mit der Beobachtung zu betrauen, was von Duchamp jedoch abgelehnt worden war: Der Türke wäre, selbst wenn er sich verkleidet hätte, mit seiner auffallenden Statur nicht unbemerkt geblieben, und Duchamp wollte unter allen Umständen vermeiden, die Aufmerksamkeit der Polizei auf die Freundinnen zu lenken.

Als vorzüglicher Schütze hatte der Colonel beschlossen, sich einer Pistole zu bedienen.

»Ich bringe ihn um, sobald mir der Zeitpunkt geeignet erscheint«, beschied er Felicia eines Morgens, als sie ihn nach dem festgesetzten Datum fragte. »Die Umstände können sich von einem Tag auf den anderen verändern.«

Überall in Wien kündigte sich das Frühjahr an. Die kahlen Bäume kleideten sich in frisches junges Grün. An den Hängen am Stadtrand erblühten Zwetschgen-, Apfel- und Birnbäume, in den Grinzinger Schenken schrubbte man Tische und Bänke für den Gartenbetrieb. Nach dem Osterfest lebte die Stadt wieder im Walzerrausch, und auf Schritt und Tritt begleitete einen das Stimmen der Geigen. Überglücklich, die durch den Winter und die Fastenzeit bedingten Einschränkungen

überstanden zu haben, widmeten sich die Wiener ihrer Vorliebe für Spaziergänge, und statt mit Pelzhauben schmückten sich die Frauen bereits wieder mit blumenbekränzten Hüten.
In Unkenntnis des Zeitpunkts, zu dem Duchamp zur Tat zu schreiten gedachte, wurden Felicia und Napoleone, sobald der Abend nahte, von einer gewissen Nervosität erfaßt. Schon seit Tagen verzichteten sie darauf, Konzerte oder Theateraufführungen zu besuchen, aus Angst, genau dann nicht zur Stelle zu sein, wenn ihre Hilfe am dringlichsten benötigt wurde. Das einzige, was sie taten, war, ihre Türen nicht zu verschließen. Reichlich bedrückende Abende am Kamin waren das, in deren Verlauf Napoleone sehnsüchtig an ihren Garten in Combert dachte, an ihr behagliches Heim, das zwar längst nicht so pompös wie ihre Wiener Wohnung war, dafür aber um so beschaulicher! Es kam ihr vor, als sei sie schon jahrelang in der Fremde und würde niemals nach Hause zurückkehren.
Was sie am meisten quälte, war, daß sie nichts von Jean erfuhr. Am Morgen des geplatzten Datums der Entführung hatte sie sich hingesetzt und an François Devès geschrieben, um ihn um Nachricht zu bitten. Von ganzem Herzen hoffte sie, François würde ihren Brief dem Freund zeigen und Jean würde endlich dieses erdrückende Schweigen brechen. Sie hatte jedoch lediglich eine kurze Antwort von François erhalten, die zwar respektvoll-freundschaftlich abgefaßt war, aber neben der Versicherung, der kleine Etienne und die anderen Bewohner Comberts erfreuten sich bester Gesundheit, Jean nur kurz erwähnte: Es gehe ihm gut, allerdings habe er sich seit Napoleones Abreise nicht mehr in Combert blicken lassen.
Das war unbefriedigend und auch ein wenig besorgniserregend, ließ eine Zurückhaltung erkennen, die sich die junge Frau nicht erklären konnte. Hatten sich François und Jean zerstritten? Jedenfalls bestärkte diese Un-

gewißheit Napoleone in ihrem Wunsch, nach Frankreich heimzukehren und ihr gewohntes Leben wieder aufzunehmen.

Was Prinz François betraf, so schien er mittlerweile die Bewohnerinnen des Palais Palm vergessen zu haben. Um so eingehender klatschte man in der Stadt über alles, was mit dem jungen Mann zusammenhing. Man wußte, daß mit Beginn des Frühjahrs seine Gesundheit wieder zufriedenstellend war, daß er täglich auf seinem Lipizzaner Mustafa oder auf Rouler, einer Rappenstute, über Land galoppierte, daß er gerne die Oper oder das Burgtheater besuchte, an den Abendgesellschaften der verschiedenen Erzherzöge der Familie teilnahm, daß er eine neue Kutsche in Auftrag gegeben hatte und auf seine Kleidung große Sorgfalt verwendete. Man wußte aber auch, daß er keine Privathäuser mehr aufsuchte und daß er seit der Abreise Prokeschs verstärkt unter Aufsicht stand, zumal man ihn kaum noch ohne den militärischen Begleitschutz sah, den man ihm zur Seite gegeben hatte. Selbst Marmont hatte seine Besuche in der Hofburg einstellen müssen. Nachdem er alles über das Leben des Kaisers berichtet hatte, wünschte man höheren Orts nicht, daß er weiterhin beim einstigen König von Rom ein- und ausging.

»Ich habe offenbar genug erzählt«, vertraute er sich Felicia an diesem Aprilabend niedergeschlagen an, als er auf gut Glück bei den Freundinnen vorbeigekommen war. »Man benötigte mich nicht länger, und ich gestehe, daß mich das traurig stimmt. Er macht es einem so leicht, ihn liebzugewinnen. Genauso leicht wie seinerzeit sein Vater ...«

»Wenn das so ist«, meinte Napoleone, »warum helft Ihr ihm dann nicht, einen anderen Weg einzuschlagen als den, den Metternich ihm vorschreibt?«

Versonnen sah er die junge Frau an. »Meint Ihr, ich hätte noch nie an etwas Derartiges gedacht? Was aber könnte ich tun? Ich ganz allein ...«

»So? Glaubt Ihr?« entgegnete Felicia. »Vielleicht solltet Ihr Euch einmal in Eurer Umgebung umsehen! Es wäre doch denkbar, daß Ihr Unterstützung findet?«
Sie konnte an diesem Abend nicht ruhig sitzen bleiben. Von einer unbestimmten Vorahnung getrieben, hatte sie den Dienern die Nacht über freigegeben, damit sie ein ländliches Fest, das in Grinzing stattfand, besuchen konnten. Jetzt lief sie, die Arme über der Brust verschränkt, nervös im Salon hin und her, begleitet von dem seidigen Rascheln ihres weiten roten Moirégewandes, in dem sie aussah wie eine Prinzessin aus der Renaissancezeit.
»Möglicherweise könnten andere Eure Mithilfe brauchen?« flüsterte Felicia wie zu sich selbst.
Genau in diesem Augenblick peitschte ein Schuß durch die Nacht, dann ein zweiter, nahe genug, um den beiden Frauen sofort zu verraten, woher er kam. Felicia blieb wie angewurzelt stehen, blickte zu Napoleone. Beide waren leichenblaß geworden.
»Ach!« sagte Felicia lediglich.
Marmont eilte an eines der Fenster, riß es auf.
»Das schien mir vom Minoritenplatz zu kommen«, sagte er.
Die beiden Frauen traten zu ihm auf den Balkon, spähten angestrengt die dunkle Straße entlang. Schreie waren zu vernehmen, Rufe, eilige Schritte. Felicia zitterte vor Anspannung.
»Ich muß nachsehen, was los ist!« sagte sie, raffte mit beiden Händen ihr Kleid und rannte durch den Salon. Napoleone und Marmont blieben auf dem Balkon zurück.
»Was sie nur nachsehen muß« meinte der Feldmarschall mißmutig. »Höchstwahrscheinlich hat es irgendwo Krawall gegeben. Sie riskiert, umgerempelt zu werden. Ich werde ihr nachgehen ...«
»Tut das nicht!« beschwor ihn Napoleone und zwang sich, kurz aufzulachen, um ihre Angst zu überspielen.

»Sie ist neugierig wie eine römische Katze und liebt es, sich unter die Leute zu mischen. Seid versichert, daß sie bald zurück ist. Jetzt aber sollten wir hineingehen. Mich fröstelt ein wenig...«
Der Feldmarschall hörte ihr gar nicht zu. Weit über den Balkon gelehnt, als wollte er sich über die Brüstung schwingen und hinunterspringen, rief er einen Vorbeihastenden an: »Heda, mein Herr! Könnt Ihr uns sagen, was geschehen ist?«
Der Mann hielt kurz inne, gerade so lange, um atemlos hervorzustoßen: »Jemand hat geschossen ... auf Prinz Metternich. Ich bin unterwegs, um Verstärkung zu holen, damit wir den Burschen kriegen, einen Bettler. Irgendein Teufelskerl hat ihm geholfen zu entkommen ...«
»Und der Prinz? Ist er ...«
Aber der Mann war bereits außer Hörweite, rannte wie um sein Leben in Richtung Hofburg, wobei er schrie: »Hilfe! Haltet den Mörder!« was auf der Straße rasch für einen heftigen Menschenauflauf sorgte. Die Bewohner der umliegenden Häuser stürzten ins Freie, um Näheres zu erfahren, mischten sich unter die, die sich bereits dort versammelt hatten. Von ihrem Balkon aus bemühte sich Napoleone, Felicia, die mit ihrem roten Gewand auf der nächtlichen Straße deutlich zu erkennen war, zurückzuwinken. Vergebens. Die Prinzessin schien auf etwas zu warten, auf irgend etwas, das Marmont besser nicht entdeckte.
»Ich halte es für besser«, wandte sich Napoleone erneut an den Feldmarschall, »wenn wir wieder hineingehen.«
»Das solltet Ihr lieber Eurer Freundin sagen. Ich werde sie holen. Sie wird umgerannt, wenn all diese Gaffer vom Ballhausplatz zurückkommen!«
Er ließ sich nicht aufhalten. Und kaum war er verschwunden, sah Napoleone Timour aus dem Dunkel kommen, den Arm um Duchamp gelegt, den er mehr trug als stützte. Sobald beide in dem gewölbeartigen

Eingang des Palais verschwunden waren, schloß Felicia die Tür. Auch Napoleone zog sich vom Balkon zurück und verriegelte das hohe Fenster. Sie hatte kaum Zeit, an den Kamin zu treten, als Felicia bereits im Salon erschien, gefolgt von Timour, der noch immer Duchamp stützte. Napoleone eilte ihnen entgegen.
»Großer Gott! Seid Ihr verletzt?«
»Nein«, sagte Timour, »mächtiger Hieb über den Schädel, mit dem Spazierstock. Bißchen benommen, nichts weiter. Wird gleich besser werden...«
Mit geradezu mütterlicher Fürsorge legte er den falschen Bettler auf ein gelbes Brokatsofa und schob ihm ein Kissen unter den Kopf. Und während Felicia nach der Karaffe mit dem Cognac rannte, beugte sich Napoleone besorgt über den halb bewußtlosen Mann. Niemand beachtete Marmont, der den dreien im Treppenhaus begegnet war und jetzt mit düsterer Miene wieder im Zimmer stand.
Napoleone fragte sogar: »Und Metternich? Was ist mit ihm?« und Timour knurrte als Antwort: »Leider nicht. Sein Spazierstock ist ihm entglitten, und genau in dem Augenblick, als der erste Schuß losging, hat er sich gebückt, um ihn aufzuheben. Schon stürzte sich ein Leibwächter auf den Colonel, so daß auch der zweite Schuß danebenging. Zum Glück war ich zur Stelle und konnte dem Colonel beistehen, sonst hätte er es nicht geschafft. Wir sind im Schutz der Nacht untergetaucht...«
»Wenn Ihr mir vielleicht erklären könntet, was hier vorgeht?« meldete sich Marmont gelassen zu Wort. Sein kühler Tonfall bewirkte, daß sich Felicia erschrocken umwandte und, nachdem sie die Karaffe mit dem Cognac Napoleone übergeben hatte, auf ihn zuging.
»Bedarf es wirklich noch weiterer Erklärungen? Ich nehme an, Ihr habt sehr wohl verstanden. Ich, Felicia Orsini, Comtesse Morosini, habe heute abend versucht, den österreichischen Kanzler ermorden zu lassen, der neben anderen Schandtaten auch für den Tod meines

Gemahls Angelo Morosini, erschossen in Venedig, die Verantwortung trägt. Habt Ihr dazu noch etwas zu sagen?«
»Nein, nichts, höchstens daß Euch das durchaus ähnlich sieht. Und Ihr von jetzt ab Gefahr lauft, daß die Polizei Euer Haus durchkämmt, Euch verhaftet... Vor allem, wenn man diesen Mann bei Euch findet.«
Er trat an das Sofa, verschränkte die Arme und sah Duchamp, dessen Lebensgeister mit Hilfe eines großen Glases Cognac wieder erwacht waren, nachdenklich an.
»Monsieur Grünfeld, wie? Ein einfacher elsässischer Waffenmeister, aller Gewalt abhold und nur verliebt in Terzen und Quarten? Aus welchem Regiment stammst du, mein Freundchen? Dragoner? Husaren? Jäger?«
Weit mehr vom Stolz als vom Alkohol beseelt, war Duchamp im nächsten Augenblick auf den Beinen und hatte die vorschriftsmäßige Habt-acht-Stellung eingenommen.
»Colonel Duchamp von den 12. Husaren, Herr Feldmarschall! Zu Euren Diensten!«
Bei diesen knappen Worten, die in ihm den Ruhm vergangener Tage wachriefen und ihn sich auf sich selbst besinnen ließen, zeichnete sich auf dem Gesicht des Herzogs von Ragusa Ergriffenheit ab, und Felicia, die nicht den Blick von ihm wandte, hätte sogar schwören können, daß in seinen Augenwinkeln eine verstohlene Träne glänzte. Ganz spontan streckte er Duchamp die Hand entgegen, der sie ohne zu zögern drückte. Marmont mußte lächeln.
»Schade, daß Ihr ihn nicht erwischt habt! Das hätte die Weichen gestellt für ... den König von Rom!«
»Wer am Abend versagt, kann schon am nächsten Morgen Erfolg haben«, meinte Duchamp. »Ich versuche es noch einmal.«
»Caesar Borgia zu zitieren ist gut und schön«, sagte Felicia, »nur befürchte ich, daß es ab jetzt noch schwieriger werden dürfte.«

»Besonders wenn man Euch festnimmt und ins Gefängnis steckt«, ergänzte der Feldmarschall. »Ihr könnt nicht länger hierbleiben.«
»Ich bleibe ja auch nicht länger. Ich habe vor, mich nach Hause zu begeben.«
»Möglicherweise hat man Euch erkannt. Dann wäre es nicht ratsam, Eure Wohnung aufzusuchen.«
»Ich kann zu Palmyre gehen. Dort habe ich meine Alltagskleider zurückgelassen. Außerdem erwartet sie mich.«
Marmont grinste. »Sie also auch? Und ich glaubte eben noch, ganz allein zu sein! Aber auch das wäre nicht klug, weder für sie noch für Euch. Es sind bereits viel zu viele Frauen in diese Geschichte verwickelt.«
»Glaubt Ihr, wir wären den Männern an Mut und Entschlossenheit nicht ebenbürtig?«
Mit einem vielsagenden Blick beugte sich der Feldmarschall über Felicias Hand.
»Bei meiner Ehre, Teuerste, ich habe niemals auch nur einen Augenblick lang weder an Eurem Mut noch an dem Eurer Freundinnen gezweifelt. Dennoch seid Ihr zu dritt nicht genug, um den Colonel zu retten. Überlaßt es mir, ihn in Sicherheit zu bringen.«
»Ihr wollt ihn wegbringen?« rief Felicia. »Wohin denn?«
»Zu mir natürlich! Ich bewohne in der Johannesgasse ein Appartement, zusammen mit einem alten Diener, auch einem Ehemaligen der Großen Armee. Kein Mensch würde den Colonel dort vermuten. Nur sollten wir ihm andere Kleider verschaffen.«
Dieser Umstand warf Probleme auf. Der einzige, der mit Männerkleidung aufwarten konnte, war Timour; allerdings war der Größenunterschied so gewaltig, daß das Ergebnis höchst lächerlich gewesen wäre. Duchamp rückte schließlich mit dem Vorschlag heraus, einer der Anwesenden könnte doch bei Palmyre seine Sachen abholen. Timour machte sich sogleich auf den Weg. Wäh-

rend man auf seine Rückkehr wartete, begab sich Napoleone in die Küche, um einen kleinen Imbiß zu bereiten. Bald darauf setzte man sich zu einem kleinen Mahl zusammen, bestehend aus Schinken, Pastete und Gebäck. Der Lärm auf der Straße war verebbt, die Menge verlief sich, während die Polizei ihre Nachforschungen aufnahm. Vom Balkon aus konnte man beobachten, wie die Beamten die Häuser um den Minoritenplatz betraten oder verließen. Wegen der Dunkelheit schien niemand beobachtet zu haben, in welche Richtung der Bettler entflohen war. Das war zwar einigermaßen beruhigend, änderte aber nichts daran, daß Duchamp schnellstens das Palais verlassen mußte.
Als Timour zurückkam, wechselte der Colonel in Felicias Badezimmer rasch die Kleider. Die abgelegten Lumpen verbrannte man in dem einzigen Ofen, der noch glühte. Dann machten sich Marmont und Duchamp zum Aufbruch bereit.
»Ich werde ihn bei mir beherbergen, solange dies nötig ist«, sagte der Feldmarschall, »wäre es aber nicht besser, wenn er Österreich verließe?«
»Das halte ich nicht für nötig«, erwiderte Felicia. »Es besteht keinerlei Grund, den Waffenmeister Grünfeld in irgendeiner Weise zu behelligen. Das einfachste ist, Ihr behaltet ihn diese Nacht bei Euch; morgen früh werden wir Palmyre aufsuchen und sie fragen, ob am Kohlmarkt eine Polizeiaktion im Gange ist. Wenn nicht, kann er unbesorgt in seine Wohnung zurückkehren. Und nun geht! Und Ihr, Duchamp, verkneift Euch tunlichst den Wunsch, Euer heutiges Abenteuer zu wiederholen! Ihr würdet uns alle in Gefahr bringen, und ich bedaure von ganzem Herzen, Euch diese wahnwitzige Idee in den Kopf gesetzt zu haben.«
»So wahnwitzig ist sie gar nicht!« beharrte Duchamp dickköpfig. »Darüber unterhalten wir uns noch!«
Es ging auf elf Uhr zu. Von der Straße war nichts mehr zu hören. Felicia nahm einen der Leuchter vom Kamin-

sims, um die beiden Männer zur Treppe zu begleiten. Napoleone trat ans Fenster. Leise hörte sie das Portal knirschen, erspähte die Umrisse der beiden Männer, die gerade ins Freie getreten waren und nun gemächlichen Schritts und als gingen sie nach einem angenehmen Abend bei Freunden nach Hause, die Straße entlang schlenderten. Keine Spur mehr von der Polizei, die sich im Palais Palm nicht hatte blicken lassen. Man wußte um die Allüren der Herzogin von Sagan, und wie Felicia vorausgesehen hatte, wäre niemand auf die Idee verfallen, in ihr Haus einzudringen und Fragen zu stellen. Napoleone atmete erleichtert auf. Dieses unsinnige Vorhaben war also unerwartet glimpflich abgelaufen! Nach einem letzten Blick auf die beiden entschwindenden Spaziergänger wandte sie sich zu Felicia um, die soeben wieder ins Zimmer getreten war, als sich plötzlich die Ereignisse überstürzten. Aus dem Schatten einer Tür hatte sich eine Gestalt gelöst und auf Duchamp gestürzt. Eine Klinge blitzte auf, dann ein dumpfer Aufschrei, das Geräusch eines Falls. Ein Stöhnen entrang sich Napoleone, wie das Echo des Schreis des Verwundeten.

»Duchamp! Man hat ihn ermordet!«

»Timour!« brüllte Felicia. »Timour! Komm mit!«

Im nächsten Augenblick waren sie auf der Straße, rannten über das holprige Pflaster, das die dünnen Seidenschuhe der beiden Frauen ramponierte. Schon kam ihnen Marmont entgegen, in den Armen Duchamp, den Timour ihm sogleich abnahm.

»Was ist geschehen?« fragte Napoleone, unfähig, ihre Tränen zurückzudrängen. »Ist er tot?«

»Das weiß ich nicht. Ich glaube, er atmet noch. Was geschehen ist? Ich sah einen Mann mit einem Dolch bewaffnet aus einer Tür heraustreten. Er ist über diesen Unglücklichen hergefallen, hat auf ihn eingestochen und ist dann weggelaufen, wobei er schrie: ›Du sollst nie wieder Gelegenheit haben, ihr nachzustellen!‹ Ich

habe das nicht begriffen und auch nicht viel von dem Mann gesehen, außer daß er, wie ich glaube, rothaarig war ...«
»Das ist weder der Ort noch der Augenblick, lange Reden zu halten«, sagte Felicia barsch. Sie hatte bereits Napoleone, die einer Ohnmacht nahe war, untergefaßt. »Rasch ins Haus zurück! Wir müssen Duchamp hinlegen, einen Arzt rufen ...«
Der Rückzug erfolgte so rasch, wie es die Umstände zuließen. Inzwischen waren Fenster geöffnet, neugierige Köpfe sichtbar geworden. Von Haus zu Haus rief man sich Fragen zu; da jedoch die Bewohner der Straße bereits im ersten Schlummer gelegen hatten, war ihnen der Zwischenfall weitgehend entgangen. Dennoch stieß Felicia einen Seufzer der Erleichterung aus, als sich die Wohnungstür hinter ihr und den Freunden schloß und Duchamp wieder auf dem Sofa lag. Marmont und Napoleone beugten sich über ihn.
»Einen Arzt, Timour!« befahl Felicia. »Schnell! Es wohnt einer in der Straße nebenan...«
Aber Marmont hielt den Türken, der bereits davonstürzen wollte, zurück.
»Den brauchen wir nicht mehr! Seht doch!«
Blutiger Schaum perlte über Duchamps Lippen, die Schatten des Todes zeichneten bereits sein Gesicht. Seine Augen schienen nichts mehr zu erkennen. Mit letzter Kraft hob er die Hand, umklammerte die von Napoleone. Sein Mund bewegte sich. Die junge Frau begriff, daß er etwas sagen wollte, beugte sich noch näher über ihn. Mit erlöschender Stimme hörte sie ihn flüstern: »Sterben ... in Eurer Nähe! ... Welch ... ein Glück ...«
Napoleones Gesicht berührte jetzt fast das von Duchamp, ihre tränennassen Lippen streiften die des Todgeweihten. An die Stelle der schmerzverzerrten Grimasse trat jetzt ein Ausdruck von Glückseligkeit. Ein flüchtiges Lächeln zuckte um seine Mundwinkel. Dann war es vorbei. Die Hand, die Napoleone festhielt,

erschlaffte, der Blick war auf die Ewigkeit gerichtet.
Ein Schluchzen entrang sich Napoleones Kehle, während sie mit ihrem Taschentuch zärtlich die dünne Blutspur abwischte. Marmonts kräftige Hand schob sich zwischen ihr Gesicht und das des Colonels, schloß ihm behutsam die Lider.
Eine Zeitlang war in dem freundlichen, hellen Raum nur Napoleones verzweifeltes Weinen zu hören. Auf der anderen Seite des Sofas kniete Felicia und betete. Dann hörte man die vor Wut bebende Stimme Marmonts: »An einer Straßenecke von einem Schurken ermordet zu werden – was für ein Ende für einen Soldaten des Kaisers!«
»Wir werden ihn rächen!« flüsterte Felicia. »Der Mörder wird uns nicht entkommen.«
»Ihr wißt, um wen es sich handelt?«
»Um denselben, mit dem er sich am Abend des Balls in der Redoute duelliert hat. Wenn Euch rote Haare aufgefallen sind, kann nur er es sein. Dieser gemeine Schurke! Ein Stich mit dem Messer für einen Hieb mit dem Degen!«
»An jenem Abend habe ich ihn nicht deutlich genug sehen können, um ihn wiederzuerkennen. Mag sein, daß Ihr recht habt. Eine abscheuliche Tat! Ich verstehe Euren Schmerz nur zu gut. Dessen ungeachtet stellt sich jetzt eine wichtige Frage.«
»Welche?«
»Was soll mit ihm geschehen?« Der Feldmarschall hatte die Stimme gesenkt und deutete diskret auf den leblosen Körper.
»Was sollen wir tun? Die Polizei rufen? Berichten, was wir beobachtet haben?«
»Nein!«
Dieses Nein war ein Aufschrei, der von Napoleone kam. Ein Aufschrei des Entsetzens, des Widerstands.
»Die Polizei? Diesen wunderbaren Mann der Polizei

übergeben? Warum ihn dann nicht gleich als Mörder Metternichs ausliefern? Begreift Ihr denn nicht, daß wir ihm das nicht antun können? Überlegt doch mal, was sie mit ihm anstellen würde, die Polizei! Das Massengrab für einen Soldaten des Kaisers?«
»Bedauerlicherweise gibt es viele, denen nichts anderes beschieden war«, sagte Marmont traurig. »Aber ich habe da vielleicht eine Idee...«
»Was für eine? Redet schon!« bestürmte ihn Felicia. »Was benötigt Ihr dazu?«
»Eine Schaufel, eine Spitzhacke, Euren Wagen und etwas, was als Leichentuch dienen kann.«
Zwei Stunden später und drei Meilen außerhalb Wiens, in der Ebene von Wagram, hoben Marmont und Timour am Rande eines Wäldchens das Grab für Colonel Duchamp aus. Hier bettete man ihn in Napoleones schönstem Abendmantel, einem weiten, rohseidenen Umhang vom gleichen Rot wie das Band der Ehrenlegion, zur letzten Ruhe. Danach und während die beiden Freundinnen an einer grasbewachsenen Böschung knieten und mit lauter Stimme für die Erlösung beteten, schaufelten die beiden Männer die Grube wieder zu.
»Diese Erde«, sagte Marmont, als sich das Grab geschlossen hatte, »hat das Blut so vieler seiner Gefährten aufgenommen, so vieler Tapferer wie er, daß sie ebenso heilig ist wie geweihte Kirchenerde, nur daß sie ihm um vieles lieber sein dürfte!«
»Herzog von Ragusa«, flüsterte Felicia, »für das, was Ihr soeben getan habt, soll Euch vieles vergeben sein.«
Der neue Tag kündigte sich bereits an, als die beiden Frauen, vor Kummer und Müdigkeit erschöpft und im Herzen erstarrt, nach Hause kamen. Sie hatten Marmont vor seiner Wohnung abgesetzt und empfanden jetzt, da sie unter sich waren, ihr Alleinsein um so bedrückender. Heftige Schuldgefühle plagten sie – Felicia, weil das alles nicht passiert wäre, wenn sie nicht auf die verhängnisvolle Idee verfallen wäre, Metternich zu er-

morden, Napoleone, weil sie der Grund war, weshalb ihnen dieser Unhold Butler auf den Fersen geblieben war.

»Das beste ist, schlafen zu gehen« seufzte Felicia. »Zumindest versuchen zu schlafen. Morgen müssen wir Maria Lipona benachrichtigen... Und auch die arme Palmyre. Ich glaube, sie liebte ihn mehr, als sie sich eingestehen wollte.«

»Was sollen wir tun, jetzt, wo er nicht mehr da ist?« flüsterte Napoleone.

»Ich weiß es nicht. Ich weiß es nicht mehr! Zum erstenmal in meinem Leben dreht sich mir alles im Kopf... Legen wir uns hin. Wir haben es nötig.«

Aber sie konnten sich nicht aufraffen, auseinanderzugehen. Sie waren verzweifelt und verängstigt wie zwei kleine Mädchen, die sich vor der Dunkelheit fürchten, vor der Einsamkeit und vor den grauenhaften Erinnerungen an diese schreckliche Nacht.

»Schlaft heute bei mir«, bat Napoleone mit zitternder Stimme. »Ich kann jetzt einfach nicht allein sein...«

»Genau das wollte ich Euch auch gerade vorschlagen.«

Als sie gemeinsam Napoleones Zimmer betraten, entdeckten sie, daß das Fenster weit offen stand und auf dem Nachttisch, auf dem ein kleines Licht brannte, ein Stück weißes Papier lag. Napoleone griff mit unsicherer Hand danach, aber es war Felicia, die die wenigen Zeilen, die darauf standen, vorlas: »Ich habe gesehen, wie er schoß. Ich hätte ihn anzeigen können, habe es jedoch vorgezogen, ihn umzubringen – so wie ich all die umbringen werde, die es wagen, Euch zu lieben...«

Der Brief entglitt Napoleones Fingern, torkelte in dem leichten Luftzug langsam auf eine Rose im Teppichmuster. In der Ferne krähte ein Hahn, schlug ein Hund an. Dann vernahm man Vögel, die mit fröhlichem Zwitschern anhoben, ihre Lebensfreude in das Licht des Frühlings zu trällern. Der Gegensatz zwischen der friedlichen Stimmung dieses Morgens, der einen sonni-

gen Tag verhieß, und den blutgetränkten Schatten der zu Ende gehenden Nacht war überwältigend.
»Entweder hat dieser Kerl völlig den Verstand verloren«, sagte Felicia nachdenklich, »oder er ist der Teufel persönlich! Wie auch immer, wir müssen ihn finden.«
»Und wenn wir ihn gefunden haben«, kam es unsagbar müde von Napoleone, »was machen wir dann? Ehrlich gesagt, Felicia, ich kann mir nicht vorstellen, einen Menschen kaltblütig umzubringen, ganz gleich, wie schuldig er sich gemacht hat.«
Felicia verschwand, um kurz darauf mit einem silberbeschlagenen Mahagonikästchen zurückzukehren, dem sie ein Paar Duellpistolen entnahm. Nachdem sie die beiden Waffen überprüft hatte, machte sie sich daran, sie zu laden.
»Das hier sind nicht alltägliche Leckerbissen! Verliert jetzt bloß nicht den Verstand! Ich für meinen Teil schwöre Euch, daß ich ihn, sollte er mir in die Hände fallen, genauso kaltblütig abknallen werde wie eine tollwütige Bestie!«
Sie schloß das Fenster und ließ sich in einen Sessel sinken.
»Legt Euch jetzt hin und versucht zu schlafen. Gleich morgen werden wir unter irgendeinem Vorwand die Zimmer tauschen. Wenn sich dieser Mann einmal erdreistet hat, hier einzudringen, ist nicht auszuschließen, daß er es erneut versucht. Und dann bekommt er es mit mir zu tun! Timour wird die Kammer nebenan beziehen...«

EINE VERHÄNGNISVOLLE LEIDENSCHAFT...

Palmyre weinte. Das hübsche Gesicht in ein Organdytuch vergraben –, das nächstbeste Stück Stoff, das ihr in die Hände gefallen war –, schluchzte sie lautlos in sich hinein. Nur das Zucken ihrer Schultern verriet sie.
Bestürzt angesichts des Schmerzes, den sie in dieser Heftigkeit nicht erwartet hatten, schwiegen Felicia und Maria Lipona. Daß Palmyre Duchamp gern gehabt hatte, war ihnen keineswegs entgangen; daß diese Beziehung jedoch so zärtlich und so eng gewesen war, hatten sie nicht vermutet.
»Ich habe alles versucht, um ihn davon abzuhalten, auf Metternich loszugehen«, stammelte sie schließlich. »Das war doch völliger Wahnsinn! Und dann noch darauf bauen, anschließend der Polizei zu entwischen ...«
»Dabei ist er ihr doch entwischt«, sagte Felicia. »Völlig unbehelligt hat er in Begleitung von Feldmarschall Marmont unser Haus verlassen. Der Überfall erfolgte, als sie...«
»Ich weiß. Trotzdem läßt mich der Gedanke nicht los, daß zwischen beiden Vorkommnissen ein Zusammenhang besteht.«
»Nicht unbedingt. Der Mann, der ihn umgebracht hat, ist ein Verrückter, der es seit langem auf ihn abgesehen hatte und ihn mit blindem Haß verfolgte«, log Comtesse Lipona. Sie und Felicia hatten vereinbart, der jungen Modistin gegenüber bei der Schilderung der Ereignisse Napoleone nicht zu erwähnen. Palmyres Kummer durch Eifersucht zu vergrößern, erschien ihnen höchst unangebracht.
»Vielleicht habt Ihr ja recht. Ich kannte den Colonel nicht besonders gut; ich wußte lediglich das, was er mir erzählt hat. Aber über eines bin ich mir sicher: Er war

der beste und tapferste Mann, den man sich denken kann – und ich liebte ihn.«

»Und er?« fragte Felicia leise, »hat er Euch auch geliebt?«

»Ich begnügte mich mit dem, was er mir von sich aus gab«, sagte Palmyre mit Würde.

Sie hatte die Fassung wiedergewonnen, stand jetzt auf und ging ins Hinterzimmer ihres Ladens. Endlich fand sie ein Taschentuch, trocknete sich die Augen und blickte die beiden Besucherinnen entschlossen an.

»Ich bestehe darauf, nach Wagram gebracht zu werden! Ihr habt gut daran getan, ihn dort zu begraben, wo er unter seinesgleichen ist. Bleibt uns jetzt nur noch, sein Vorhaben zu Ende zu bringen. Nicht etwa das, Metternich zu töten, sondern den Prinzen zu entführen.«

Sie sagte das so ruhig und gelassen, als sei die Entführung eines kaiserlichen Gefangenen etwas durchaus Alltägliches. Maria Lipona wandte sich ab, schien plötzlich vom Anblick eines bunten Ballen Jakonett gefesselt, der teilweise entrollt auf einer Kommode lag.

»Glaubt Ihr wirklich, wir könnten das ohne den Colonel zuwege bringen? Er war die treibende Kraft des ganzen Unternehmens. Ich persönlich kenne niemanden außer Euch und Pasquini. Wer in der Hofburg oder in Schönbrunn waren beispielsweise die Informanten Duchamps?«

»Ich kenne ihre Namen«, sagte Palmyre. »Nur dürfte die Übermittlung ihrer Botschaften schwierig werden. Hier im Bezirk wird sich wie ein Lauffeuer herumsprechen, daß Duchamp verschwunden ist, weil doch der Fechtsaal leer bleibt. Und schon bald wird die Polizei der Sache nachgehen. Das ist der Haken...«

»Wenn Ihr diese Leute kennt und vor allem sie Euch, sollte es meiner Meinung nach keine Probleme geben. Sie müssen nur umgehend von dem, was sich zugetragen hat, in Kenntnis gesetzt werden, damit sie ihre Be-

richte nicht länger zum Fechtsaal schicken, sondern hierher.«
»Das dürfte noch schwieriger sein. Männer haben tausend gute Gründe, sich in einen Waffensaal zu begeben und in ein Kaffeehaus ebenfalls. Der Colonel pflegte sich im Café Corti aufzuhalten. Dort las er jeden Tag die Zeitung, und dort konnte man sich ohne weiteres mit ihm besprechen. Wie, glaubt Ihr, könnten wir seinen Platz einnehmen? Die Nachricht von seinem Tod allerdings könnte ich weiterleiten: Ich muß Kaiserin Karolina Augusta heute ein Mieder aus venezianischer Spitze schicken. Statt diese Lieferung besorgen zu lassen, werde ich sie selbst überbringen und es einrichten, Fritz Bauer, der in der Hofburg den Posten eines Lakaien bekleidet, eine Botschaft zu übermitteln.«
»Fritz Bauer heißt er?« fragte Felicia.
»Unter diesem Namen ist er jedenfalls bekannt; mehr brauchen wir auch nicht zu wissen. Dann gibt es in Schönbrunn noch Jacques Blanchard, den französischen Koch, den der Herzog von Reichstadt wegen der kleinen Imbisse schätzt, die Blanchard in unserem Stil zubereitet. Ob man über Informationen hinaus auf die beiden zählen kann, weiß ich allerdings nicht.«
»Wenn ich Euch recht verstehe«, sagte Maria Lipona, »bleiben eigentlich nur noch wir Frauen, um ein solches Vorhaben zu einem glücklichen Ende zu bringen?«
»Nur noch wir Frauen?« ereiferte sich Felicia. »Diese Spitze will ich überhört haben, Maria! Warum sollte eine Handvoll Frauen nicht ebenso gute Arbeit leisten können wie die gleiche Anzahl von Männern? Außerdem können wir mit Feldmarschall Marmont aufwarten. Er ist in mich verliebt und will nach Frankreich zurück.«
Palmyre verzog das Gesicht und gab damit deutlich zu erkennen, was sie vom Herzog von Ragusa hielt.
»Ihr mögt recht haben, auch wenn ich meine, je weniger wir ihn mit hineinziehen, desto besser für alle. Ich kann

mich einfach nicht dazu aufraffen, ihm trotz allem, was Ihr mir über ihn erzählt habt, rückhaltlos zu vertrauen. Am besten, wir verlassen uns nur auf uns selbst. Wie wäre es, wenn wir uns an den vom Colonel ausgearbeiteten Plan hielten? Ich wüßte auch, an wen ich mich wegen der Zwischenstationen zu wenden hätte...«
»Das wäre dann die Abreise des als Madame de Lauzargues verkleideten Prinzen?« wollte sich Maria Lipona vergewissern.
»Ja, genau das. Ich weiß, das wirft ein Problem auf. Eure Freundin sollte doch in Begleitung von Duchamp nach Frankreich zurückkehren. Aber auch dafür gäbe es eine Lösung.«
»Ich wüßte nicht, welche.«
»Ganz einfach. Ich werde sie begleiten, und zwar unter dem Namen einer meiner Arbeiterinnen. Einer Französin, die mit mir hergekommen ist und sich mit einem reichen Ungarn davongemacht hat. Sie hat ihren Paß hier vergessen.«
»Ihr wollt ebenfalls zurück? Und Euer Geschäft?«
»Damit habe ich bereits genug Geld verdient«, meinte Palmyre mit traurigem Lächeln. »Ich möchte nicht länger in Wien bleiben – ohne ihn. Außerdem erscheint es mir weitaus reizvoller, statt eines überalteten österreichischen Kaiserhofs einen jungen französischen anzuziehen.«
Schweigend umarmte Felicia die zierliche Modistin und wandte sich dann zum Gehen, da in der angelehnten Tür der Kopf einer Verkäuferin aufgetaucht war und dringend Mademoiselle Palmyres fachkundigen Rat begehrte. Felicia und Maria Lipona gingen in den Verkaufsraum zurück, wo sie alsbald mit Feuereifer indischen Musselin mit geblümtem Jakonett verglichen.
Währenddessen hatte Napoleone beschlossen, den Stephansdom zu besuchen.
Als sie das dunkle Schiff der Kathedrale betrat, kündigte sich der Beginn der Messe an. Das diffuse Licht, das

durch die vergilbten Scheiben drang, erhellte den hohen Kirchenraum nur spärlich, aber unzählige Kerzen brannten vor den einzelnen Heiligenstatuen. Napoleone legte zunächst die Beichte ab und verfolgte dann den Gottesdienst, der im Passionschor im rechten Seitenschiff abgehalten wurde. Es war eine stille Messe, an der fast ausschließlich Frauen teilnahmen, die vor dem Altar mit dem in Gold gerahmten hölzernen Tafelgemälde aus dem 15. Jahrhundert knieten, das den Leidensweg Christi darstellte.
Der Schimmer des Goldes und der Farben im warmen Licht der Kerzen verlieh dieser Kapelle einen Hauch von Geborgenheit, dem sich Napoleone nicht entziehen konnte. Sie fühlte sich wohl und betete mit einer Inbrunst wie schon lange nicht mehr. Und während sie für die Seele ihres Freundes und für all jene betete, die sie liebte, spürte Napoleone, wie ihr Herz leichter wurde. Doch im nächsten Augenblick wurde sie von Entsetzen gepackt. Sie hatte undeutlich wahrgenommen, daß seit einer Weile jemand neben ihr Platz genommen hatte, war jedoch zu sehr ins Gebet versunken gewesen, um diesem Umstand Beachtung zu schenken. Erst als sie eine hastige Stimme flüstern hörte: »Ich muß mit Euch reden! Ich beschwöre Euch: Hört mich an ...«, begriff sie. Butler war ihr gefolgt, saß an ihrer Seite.
Als hätte sie eine Schlange entdeckt, fuhr sie hoch, wollte weglaufen, aber er hielt sie zurück.
»Ihr dürft mir nicht abschlagen, mich anzuhören. Und hier solltet Ihr Euch sicher fühlen. Ihr habt nichts zu befürchten...«
Napoleone warf rasch einen Blick auf die Gläubigen um sie herum. Die Messe näherte sich dem Ende. Gleich würde sich der Chor leeren. Die Nähe dieses Mannes verursachte ihr Übelkeit.
»Wenn Ihr etwas zu sagen habt, dann macht schnell«, raunte sie. »Ich gebe Euch zwei Minuten, keine einzige weitere!« fügte sie noch hinzu, wobei sie auf die kleine

Uhr an ihrem Gürtel blickte. »Das ist mehr, als Ihr verdient!«
»Haßt Ihr mich so sehr?«
»Ich habe soeben die Kommunion empfangen und somit kein Recht mehr, Euch zu hassen. Aber ich will Euch nicht mehr wiedersehen, nie mehr!«
»Ihr müßt mich verstehen. Als ich sah, daß dieser Mann Euer Haus betrat, als ich mir vorstellte, mit welcher Aufmerksamkeit Ihr ihn umgeben würdet, hat mich eine schreckliche Eifersucht gepackt. Ich habe Euch doch gesagt, daß ich es nicht ertragen kann, wenn ein anderer Euch liebt und vielleicht eines Tages wiedergeliebt wird.«
»Ihr seid völlig verrückt. Ich glaube ...«
»Ja, ich bin verrückt. Verrückt nach Euch ... allein der Gedanke, nicht länger in Eurer Nähe zu sein, in Eurem Bannkreis, läßt mich rot sehen. Mein innigster Wunsch wäre, die zärtlichen Stunden wiederzuerleben, die wir zusammen in Morlaix verbracht haben.«
»Ihr habt alles getan, um eine Wiederholung ein für allemal unmöglich zu machen ...«
»Dann laßt mich zumindest Euer Freund sein.«
»Wie bescheiden Ihr auf einmal seid! Nachdem Ihr den umgebracht habt, den ich als teuren Freund erachtete, spielt Ihr doch nicht etwa mit dem Gedanken, ich würde Euch seinen Platz anbieten?«
»Warum nicht? Mehr denn je benötigt Ihr jemanden, der Euch beschützt und verteidigt. Ihr schliddert geradewegs ins Verderben, wenn Ihr so verbohrt seid und weiterhin das Ziel verfolgt, das Ihr Euch gesetzt habt. Ihr wißt gar nicht, welche Ängste ich um Euch ausstehe.«
»Und diese Angst hat Euch dazu getrieben, meinen zuverlässigsten Beschützer zu ermorden! Schluß damit, Monsieur Butler! Außerdem sind die zwei Minuten längst um. Sollte Euch daran gelegen sein, daß ich nicht länger voller Abscheu an Euch denke, dann geht jetzt.

Verschwindet aus meinem Leben. Eure Gegenwart macht mein Dasein zu einem Alptraum.«
In ihrer Erregung an mehreren Gebetsstühlen aneckend, entfernte sich Napoleone. Im Weggehen hörte sie ihn noch sagen: »Ich werde Euch trotzdem beschützen. Diese Frau führt Euch ins Verderben. Diese Felicia ...«
Napoleone drohte das Herz stillzustehen. Ihre Beine gaben nach, sie mußte sich an eine Säule lehnen. Wenn dieser Wahnsinnsmensch es jetzt auf Felicia abgesehen hatte? Ein Pistolenschuß war so schnell abgegeben ...«
Eine Dame war an sie herangetreten, fragte, ob sie krank sei.
»Ja«, hauchte Napoleone, »in meinem Kopf dreht sich alles. Wenn Ihr so freundlich wäret, mich zu einer Kutsche zu bringen ...«
Am Arm der Verschleierten und nach Orangenblüten duftenden Unbekannten verließ sie die Kirche. Ein Fiaker fuhr vor. Die Dame half Napoleone beim Einsteigen.
»Zum Palais Palm!« sagte Napoleone zum Kutscher, nachdem sie der hilfsbereiten Fremden gedankt hatte.
»Fahrt langsam.«
»Ist aber nicht sehr weit«, meinte der Mann.
»Schon möglich, aber das soll Euer Schaden nicht sein. Da fällt mir ein: Haltet, sobald Ihr um die Ecke des Grabens gebogen seid, und wartet!«
Während der Kutscher die angegebene Richtung einschlug, drehte sich Napoleone um und spähte durch das kleine Rückfenster auf den Domplatz. Wie nicht anders zu erwarten, trat, kaum daß der Fiaker den großen Platz überquert hatte, Butler durch das Portal, sah sich prüfend nach allen Seiten um, setzte dann seinen Hut auf und begab sich schnurstracks dorthin, wo Napoleone dem Kutscher befohlen hatte anzuhalten.
Vom Wageninneren aus konnte die junge Frau ungesehen beobachten, wie Butler dicht an ihr vorbeieilte und

den Graben entlang hastete. Sie beugte sich zum Kutscher vor.
»Seht Ihr diesen Mann, der soeben hier vorbeikam? Den Rothaarigen in dem grünen Anzug?«
»Schwer, jemanden mit einer solchen Mähne zu übersehen.«
»Ich will wissen, wohin er geht. Einen Gulden für Euch, wenn Ihr ihn nicht aus den Augen verliert.«
»Das dürfte nicht allzu schwierig sein. Dem pressiert's aber ...«
Butler ging nicht weit. Er betrat ein Café am Graben gegenüber der Dreifaltigkeitssäule. Napoleone wies den Kutscher an, nachzusehen, was er dort tat und ob er den Anschein machte, dort verweilen zu wollen. Der Kundschafter war gleich darauf zurück.
»Eine Ewigkeit bleibt er bestimmt nicht. Er hat einen Kaffee bestellt, die Zeitungen aber zurückgewiesen. Soll ich warten?«
»Ja. Wir warten.«
Es dauerte kürzer als befürchtet. Etwa eine halbe Stunde später verließ ein Mann das Café, bei dessen Anblick Napoleone gerade noch einen Ausruf der Überraschung unterdrücken konnte. Es war Butler, wenn auch nicht mehr der gleiche. Trotz der milden Witterung trug dieser Mann über seinem grünen Gewand einen Mantel mit Pelzkragen. Der schwarze Hut war der von vorhin, dafür hatten sich die Haare, die darunter sichtbar wurden, verändert: lange, dünne schwarze Strähnen. Eine Brille vervollständigte die Verwandlung. Napoleone mußte ganz genau hinsehen, um sich von dieser Staffage nicht täuschen zu lassen. Hätte sie ihren Peiniger weniger gut gekannt, hätte er unauffällig an ihr vorbeigehen können.
»Dort ist er!« sagte sie zum Kutscher. »Der Mann in dem schwarzen Mantel ...«
»Seid Ihr Euch dessen sicher? Das ist doch nicht derselbe?«

»Ja doch, es ist derselbe. Fahrt ihm nach!«
»Wenn ihr meint ... Kann sich eigentlich nur auf der Toilette so hergerichtet haben. Scheint jemanden in diesem Café zu kennen. Naja, mit Geld ist eben so manches zu erreichen.«
»Genau das habe ich Euch vorhin auch angedeutet.«
Die Fahrt war schneller zu Ende als gedacht. Butler ging nicht weiter als bis zur Schenkenstraße und betrat dort ein stattliches Haus fast gegenüber dem Palais Palm, vor dem der Wagen von Maria Lipona wartete.
»Hab ja gewußt, daß das nur eine kleine Fuhre wird«, nörgelte der Kutscher. »Wie Ihr beim Einsteigen gesagt habt: zum Palais Palm.«
»Ja. Haltet vor der Tür. Und danke für Eure Hilfe. Hier sind zwei Gulden.«
Hocherfreut über die fürstliche Entlohnung fuhr der Kutscher, nachdem er Napoleone abgesetzt hatte, vergnügt pfeifend von dannen.
Nachdenklich betrat die junge Frau ihre Wohnung. Sie ahnte, daß Butler mit einem Feldstecher auf der Lauer lag und von der gegenüberliegenden Straßenseite aus beobachtete, was im Palais Palm vor sich ging. Natürlich war es ein glücklicher Zufall, daß sie ihm auf die Schliche gekommen war; die ständige Bedrohung durch ihn wurde dadurch jedoch keineswegs eingeschränkt.
»Mein Gott, Napoleone, wo kommt Ihr denn her?« rief Felicia, die mit Maria Lipona im gelben Salon plauderte, der Freundin entgegen. »Man könnte meinen, der Leibhaftige sei Euch erschienen.«
»So ungefähr. Ich habe diesen gräßlichen Butler getroffen, mit ihm gesprochen – und herausgefunden, daß er genau gegenüber von uns wohnt.«
Immer wieder von Felicia unterbrochen, die ihr Vorwürfe machte, zu Fuß und allein und obendrein ohne jemandem Bescheid zu sagen ausgegangen zu sein, berichtete Napoleone alles, was sie erlebt hatte, erwähnte

auch die keineswegs erfreulichen Rückschlüsse, die sie daraus zog.

Als sie geendet hatte, schwiegen die beiden Zuhörerinnen eine Weile, bis Maria Lipona meinte: »Ihr könnt unmöglich länger hier wohnen bleiben. Warum kommt Ihr nicht zu mir?«

»Es ist ihm ohne weiteres gelungen, aus dem Haus herauszukommen«, sagte Felicia, »und genauso leicht wird er es schaffen, es wieder zu betreten. Es ist wirklich nicht nötig, auch noch für Euch Unannehmlichkeiten heraufzubeschwören!«

»Übertreibt Ihr da nicht ein wenig? Mein Haus ist schließlich kein Taubenschlag. Man kann es zwar ungehindert verlassen, es zu betreten ist dagegen schwieriger. Das gleiche gilt für eventuelle Unannehmlichkeiten: Meine Bediensteten sind durchaus in der Lage, mich zu beschützen, vor einem Einzelgänger allemal. Und falls man uns überfallen sollte, hindert uns niemand daran, die Polizei zu rufen. Sind wir denn nicht alle friedliebende Bürger Wiens? Hört auf mich, Ihr beiden, packt Eure Sachen, schließt das Haus ab und zieht in die Casa Lipona um!«

»Nein!« beharrte Felicia mit finsterer Miene. »Ich werde niemals vor einem Feind davonlaufen. Schon deshalb nicht, weil dieser Kerl, wenn wir von hier fortgingen, wüßte, daß er durchschaut ist. Er brauchte nichts weiter zu tun als seine Behausung in die Salesianergasse zu verlegen, sich eine neue Verkleidung auszudenken, und alles würde von vorn beginnen. Im Augenblick haben wir den Vorteil auf unserer Seite, und das sollten wir nutzen. Warum ihm nicht eine Falle stellen? Ich hätte da sogar eine Idee ...«

»Ich hoffe, eine brauchbare!« seufzte Maria. »Ich habe keine Lust, im Laufe der nächsten Tage zu erfahren, daß Euch dieser ausgemachte Schurke eine Kugel durch den Kopf gejagt hat, um Napoleone vor Eurem verhängnisvollen Einfluß zu bewahren.«

Kurz darauf verließ Comtesse Lipona das Palais Palm, in ihrem Schlepptau die beiden Freundinnen. Laut und deutlich wies sie den Kutscher an, in den Prater zu fahren, wo sie das Mittagessen bei Paperl einzunehmen gedächten, dem bekannten Restaurant im Freien, wo sich mit Beginn der warmen Jahreszeit die bessere Wiener Gesellschaft traf. Ein Gartenlokal, in dem man sich wohlfühlen mußte. Unter mächtigen Kastanien speiste man an Tischen mit rustikalen weiß-rot gewürfelten Tüchern die köstlichen österreichischen Spezialitäten, die von jungen Kellnerinnen in Tiroler Dirndln aufgetragen wurden. Adel und Bürgervolk, auf engstem Raum nebeneinander, leerten hier ausgelassen schwere Bierhumpen und verschlangen Berge von Knödeln, die Paperl wie kein anderer zuzubereiten verstand.
Dorthin also ließen sich die drei kutschieren, um sich von den aufwühlenden Ereignissen zu erholen.
»Ich möchte Euch daran erinnern«, sagte Maria Lipona, »daß Wien nicht nur eine einzige Mördergrube ist, sondern auch durchaus angenehme Seiten hat – selbst wenn Ihr das nicht wahrhaben wollt«, ergänzte sie, wobei sie Napoleones Hand tätschelte. »Ich habe ganz den Eindruck, Napoleone, daß Ihr uns nicht mehr mögt.«
»Das sieht nur so aus, Maria. Unter anderen Vorzeichen würde ich Eure so schöne und fröhliche Stadt sehr gern haben, nur ...«
» ... nur hat unsere Napoleone Sehnsucht nach ihrem Haus, ihrem Sohn, ihrer Heimat. Ist ihr das zu verdenken?« kam Felicia zu Hilfe, wobei sie der Freundin einen verständnisvollen Blick zuwarf. »Alles, was ich Euch zur Aufmunterung sagen kann, Napoleone, ist, daß ich sicher bin, unser hiesiger Aufenthalt neigt sich dem Ende zu. Fragt mich nicht, woher ich das weiß, ich könnte Euch keine Antwort darauf geben. Und da wir für ein paar Tage getrennt sein werden, wollen wir auf unser nächstes Wiedersehen und den Erfolg all unserer Pläne trinken.«

Sie hob ihr mit Moselwein gefülltes Glas. Die hellgelbe Flüssigkeit funkelte in dem Sonnenstrahl, der durch das Blattwerk drang.
Napoleone lächelte, prostete mit neuerwachtem Mut der Freundin zu. Schön war es bei Paperl. Über die Tische hinweg tauschte man freundliche Blicke, Bekannte kamen vorbei, um einen zu begrüßen, ganz wie im Theater. Trautheim und Degerfeld ließen sich an ihrem Tisch sehen, zeigten sich gekränkt, daß die drei zum Mittagessen hierhergefahren waren, ohne ihnen Bescheid zu geben und ihnen die Gunst zu erweisen, sie einzuladen. Man hörte Lachen, Scherze flogen hin und her, Klatsch und Tratsch schwirrten durch die blaue Luft. Von der Abreise des Hofs nach Schönbrunn, der Sommerresidenz, war die Rede, vom 60. Ungarischen Infanterieregiment unter dem Befehl des Grafen Gyulai, dem der Kaiser unlängst den Herzog von Reichstadt im Rang eines Bataillonschefs zur Seite gestellt hatte. Es hieß, der Prinz sei »vor Freude völlig aus dem Häuschen«, hätte beschlossen, sein Leben ganz in den Dienst des Militärs zu stellen und die kaiserlichen Paläste mit der Kaserne in der Alslergasse zu vertauschen, in der ihm eine kleine Wohnung eingerichtet worden sei.
»Was Euch die Sache nicht vereinfachen dürfte«, raunte Marmont, der sich zu den Freundinnen gesellt hatte. »Wenn der Prinz in einer Kaserne eingeschlossen ist, dürfte man schwerlich an ihn herankommen.«
»Auch eine Kaserne kann man verlassen«, gab Felicia ebenso leise zurück. »Außerdem finden hin und wieder Manöver statt. Im Augenblick aber gilt es, andere Qualgeister loszuwerden. Und Ihr könntet uns dabei sehr behilflich sein. Hätten wir uns nicht zufällig hier getroffen, hätte ich nach Euch geschickt, um Euch zu bitten, mich heute abend aufzusuchen.«
»Sollte ich mich etwa so glücklich preisen können, Euch nützlich sein zu dürfen?«
»Preist Euch glücklich! Ich brauche Euch in der Tat.«

Nach dem Mittagessen begaben sich Felicia, Maria und Napoleone auf einen ausgedehnten Spaziergang entlang der schattigen Praterwege, fuhren dann zurück in die Stadt, zum Palais Lipona, wo sie etwa eine Stunde blieben. Im Anschluß daran brachte Marias Wagen Felicia sowie eine gut gelungene Nachahmung von Napoleone, nämlich Marika, Marias Kammerzofe, die in die Kleider von Madame de Lauzargues geschlüpft war, zum Palais Palm. Mit diesem Täuschungsmanöver würden sie ein wenig Zeit gewinnen. Napoleone blieb bei Maria zurück.
Felicias Plan war einfach: Napoleone sollte sozusagen untertauchen und es Butler unmöglich machen, sie aufzuspüren. Das wiederum sollte den Schiffseigner dazu verleiten, eine Dummheit zu begehen, die ihm zum Verhängnis werden würde.
»Die milde Luft gestattet es, die Fenster offen zu lassen und ihm damit die Aufgabe zu erleichtern. Ich bin überzeugt, daß er uns beobachtet. Auf diese Weise wird er sehr bald feststellen, daß Napoleone nicht mehr da ist, und sie natürlich suchen. Als erstes bei Maria, wo sie ebenfalls nicht ist. Dann vielleicht in den Hotels, obwohl er vermuten wird, daß ich sie versteckt halte, möglicherweise sogar hinter Schloß und Riegel. Wer kann schon ahnen, auf was für Gedanken ein von Liebe zermartertes Gehirn verfällt? Jedenfalls bin ich überzeugt, daß er es eines Nachts unternimmt, sich höchstpersönlich davon zu überzeugen, was eigentlich los ist. Vergessen wir nicht, daß er schon einmal hier war. Demnach ist es nur logisch, daß er es noch einmal versucht. Diesmal wird er erwartet – und so empfangen, wie er es verdient.«
Napoleone hatte nichts unversucht gelassen, um herauszufinden, was die Freundin damit meinte. Bei allem, was Butler ihr angetan hatte, und trotz der ständigen Gefahr, die er für die Komplizinnen bedeutete, schreckte sie vor dem Gedanken an einen Mord, der

ebenso vorsätzlich wäre wie der erste, zurück. Felicia hatte ihre Bedenken immer wieder zerstreut.
»Dieser Programmteil ist meine Angelegenheit. Und einer der Gründe, weshalb ich dafür bin, daß wir uns vorübergehend trennen. Ihr gehört zu denen, die für einen Verbrecher im letzten Moment ein gutes Wort einlegen. Meine Seele ist gegen derlei Skrupel gefeit. Wenn sich alles so fügt, wie ich es erhoffe, brauche ich es vielleicht nicht zum Äußersten kommen zu lassen. Wenn nicht – dann, Napoleone, versucht Euch einmal auszumalen, was aus Euch werden könnte, aus Eurem Leben und dem ... eines anderen, sollte dieser Mann eines Tages in Lauzargues auftauchen.«
Napoleone hatte den Kopf gesenkt. Mit den gleichen Überlegungen beschäftigte sie sich schon seit langem. Ihr kläglicher Gesichtsausdruck hatte Felicia ein Lächeln entlockt.
»Wollt Ihr Euch gar als Märtyrerin aufspielen? Beruhigt Euch, mein liebes Herz! Allein um Euch eine Freude zu machen, werde ich darauf bedacht sein, das Schlimmste zu vermeiden.«
Dann war sie mit der falschen Napoleone aufgebrochen und hatte die echte in einem für sie etwas zu großen Hauskleid von Maria Lipona bei einer Tasse Tee sich selbst überlassen.
Am nächsten Tag kehrte Marika in ihren eigenen Sachen zurück, die sie in einer großen Tasche mitgenommen hatte, und brachte Napoleone in derselben Tasche das Notwendigste mit. Eine halbe Stunde später und getreu dem Plan Felicias hieß Maria ihren Gast im Innenhof des Palais die Kutsche besteigen.
»Wäre es vermessen zu fragen, wohin wir fahren?« fragte Napoleone.
»Durchaus nicht, liebes Kind! Ich bringe Euch in mein Häuschen am Stadtrand. Ein friedliches Plätzchen auf dem Lande, das Euch zusagen wird.«
»Ich wußte gar nicht, daß Ihr noch ein Haus besitzt.«

»Von einem Schloß in Böhmen ganz zu schweigen! Aber Euch so weit zu entführen, wäre sinnlos. Das kleine Haus vor der Stadt habe ich erst unlängst gekauft, und kaum jemand weiß, daß es mir gehört. Es wird von einem zuverlässigen Dienerehepaar versorgt. Ihr werdet sehen, wie nützlich es ist.«
Die Fahrt dauerte nicht lange. Nachdem der Wagen die Stadtmauer hinter sich gelassen hatte, erreichte er alsbald das Dorf Grinzing, wo die vornehmlich von Weinbauern betriebenen Heurigenschenken durch eine mit Tannenbüscheln gekrönte Stange auf sich aufmerksam machten. Von hier aus schlängelte sich ein schmaler Weg durch die Weinberge hinauf zum Schloß Cobenzl. Etwa auf halbem Wege dorthin und auf einen Ruf des Kutschers hin wurde eine große Hofeinfahrt geöffnet und gab den Blick auf ein altes Winzerhaus mit ockerfarbenen Mauern, schmalen, von Geranien umstandenen Fenstern und einem weit vorspringenden Dach frei. Ein Spalier von Linden spendete wohltuenden Schatten.
»Wie hübsch!« sagte Napoleone. »Und welch eine Ruhe so nahe der Stadt!«
»Laßt Euch nicht täuschen. Abends, wenn der Wind von Süden kommt, könnt Ihr die Heurigenzecher in Grinzing singen hören. Was aber keineswegs stört. Da sind ja schon Ludwig und Elsa, die sich um das Haus kümmern«, sagte Maria und deutete auf ein Paar mittleren Alters, das sich zu beiden Seiten des Wagens aufstellte. »Sie werden Euch bemuttern, als wäret Ihr deren Tochter. So wie sie bereits meinen anderen Gast bemuttern.«
»Einen anderen Gast? Werde ich hier etwa nicht allein sein?«
»Nein. Ich muß Euch wohl sehr lieb haben, um zuzulassen, daß Ihr in seine Einsamkeit eindringt. Aber ich denke, Ihr werdet Euch gut verstehen ...«
Maria Lipona führte Napoleone in den großen, kühlen

Hauptraum, der mit Fliesen ausgelegt und mit Holzmöbeln und irdenem Gerät eingerichtet war. Hier saß an einem kleinen Schreibtisch ein junger Mann, damit beschäftigt, ein weißes Blatt Papier mit zierlicher Handschrift zu bedecken. Er trug einen hellgrauen Frack, eine weiße Kaschmirhose und ein Rüschenhemd und war so in seine Arbeit vertieft, daß man zunächst nur sein hübsches Profil und das kurzgeschnittene schwarze Haar sah, von dem ihm eine Strähne über die Stirn fiel. Dann ließ er die Feder sinken, erhob sich und ging ihnen entgegen.
»Wen bringt Ihr mir denn da, liebe Maria?« fragte er mit warmer, tiefer Altstimme und einem für einen Mann ungewöhnlichen, fast weiblichen Timbre. Napoleone achtete jedoch nicht darauf. Mit vor Schreck weit aufgerissenen Augen starrte sie in dieses unbekannte und doch vertraute Gesicht, dieses Gesicht, das dem so ähnlich war, das sie ungezählte Male auf dem großen Gemälde im Studierzimmer ihres Vaters bewundert hatte: das Ebenbild des Kaisers Napoleon, nur eben eines Napoleon, der fünfundzwanzig Jahre zählen mochte ...
Der Eindruck war so stark, daß sie unwillkürlich zu einem Hofknicks ansetzte. Aber der Unbekannte hielt sie lachend davon ab.
»Selbst in meiner normalen Aufmachung habe ich niemals Anspruch auf einen Hofknicks gehabt, meine Liebe. Hier und für jedermann bin ich Graf Campignano. Und wer seid Ihr?«
»Napoleone Comtesse de Lauzargues, Patentochter des Kaisers und der Königin Hortense. Ich habe Euch von ihr erzählt«, stellte Maria vor. »Auch sie braucht vorübergehend einen Unterschlupf, deshalb bringe ich sie hierher. Wie ich Euch bereits sagte, ist ihr Ziel und das ihrer Freundin Prinzessin Orsini das gleiche wie unseres.«
»Ach so! Warum habt Ihr das nicht gleich gesagt, Maria! Keine Maskerade Euch gegenüber, meine Liebe«,

sagte der seltsame junge Mann und streckte Napoleone beide Hände entgegen. »Ich bin Napoleone Comtesse Camerata und vor zwei Wochen heimlich nach Wien zurückgekehrt.«
»Ich habe sie gerufen«, erklärte Maria Lipona, »weil ich mir ihre Enttäuschung ausmalen konnte, nicht an der Wiedereinsetzung des Kaiserreichs mitwirken zu dürfen.«
»Darüber hinaus«, meldete sich der falsche Jüngling wieder zu Wort, »kenne ich fast alle, die wir zusammentrommeln können, sobald der König von Rom wieder an den Ufern der Seine ist. Wir sind demnach Verbündete, und ich heiße Euch herzlich willkommen. Setzt Euch doch zu mir und berichtet mir kurz über den Stand der Dinge. Ich habe Maria seit einer Woche nicht gesehen und kann meine Ungeduld kaum noch zügeln.«
»Ich fürchte, Ihr werdet sie noch länger zügeln müssen, wenn Ihr die letzten Neuigkeiten erfahrt, Léone«, sagte Maria. »Sie sind alles andere als gut. Duchamp ist ermordet worden...«
Als Comtesse Lipona eine Stunde später nach Wien zurückfuhr, fühlte sie sich erleichtert. Alles war bestens verlaufen, und sie war überzeugt, daß sich die beiden Patenkinder des Kaisers nicht nur wunderbar verstehen, sondern sich einmütig für den künftigen Ruhm Napoleons II. einsetzen würden.
Währenddessen übte sich Felicia im Palais Palm darin, sozusagen in einem Schaufenster zu leben. Sie wußte, daß ihr aufreibende Nächte bevorstanden. Sie rechnete damit, daß Butler früher oder später versuchen würde, bei ihr einzudringen, aber es war unmöglich, den genauen Zeitpunkt vorauszubestimmen. Von Timour, der beauftragt worden war, unauffällig die Nachbarn auszuhorchen, erfuhr sie, daß sich Butler als Monsieur Le Goff, seines Zeichens Archäologe und Angehöriger der Französischen Botschaft, im Hause gegenüber eingemietet hatte. Keine gute Nachricht, weil sie vermuten

ließ, daß der Mann aus Morlaix in der Tat ausgezeichnete Beziehungen zu Feldmarschall Maison unterhielt, der sich bereit erklärt haben mußte, diesen Lumpen vor der argwöhnischen kaiserlichen Polizei in Schutz zu nehmen. Butler lebte mit einem Diener zusammen, einem blonden, stämmigen Kerl, wahrscheinlich eben dem, der den beiden Freundinnen von Paris nach Wien gefolgt war.
Timour hütete sich wohlweislich, mit diesem Burschen beiläufig ins Gespräch zu kommen und ihn über die Gewohnheiten seines Herrn auszuquetschen. Er begnügte sich damit, den ersten Optiker auf der Kärntnerstraße aufzusuchen und dort den Kauf des schärfsten Fernrohrs zu tätigen, das auf dem Markt war. Derart ausgerüstet, ging er in einer der Dienstbotenkammern im obersten Stock des Palais Palm in Stellung, von wo aus man die von Butler bewohnten Räume gut im Auge behalten konnte.
Auf diese Weise stellte er fest, daß der Mann aus Morlaix erst bei Dunkelheit das Haus verließ, während er tagsüber in einem Sessel verharrte und mit einem Feldstecher die Fenster der beiden jungen Frauen beobachtete. Und daß er zunehmend Nervosität erkennen ließ.
Bei Felicia vollzog sich Abend für Abend das gleiche Ritual. Sobald sie allein und gut sichtbar ihr Mahl beendet hatte, hielt sich Prinzessin Orsini noch eine Weile im Salon auf, wo sie entweder Harfe spielte oder sich an den Flügel setzte. Sobald sich die Dienerschaft zurückgezogen hatte und alle Lichter verlöscht waren, suchte sie Napoleones Zimmer auf, dessen eines Fenster angelehnt blieb und legte sich im Dunkeln aufs Bett. Mittlerweile hatte Timour Marmont eingelassen, der im Schutze der Nacht und wie ein Verschwörer oder ein verliebter Jüngling durch die Hintertür schlich, um sich, nachdem er ein paar Worte mit Felicia gewechselt hatte, im angrenzenden Zimmer bereitzuhalten. Von der Man-

sarde aus ließ Timour das Haus gegenüber nicht aus den Augen.
Vier Nächte lang wiederholte sich dieses Schauspiel, zehrte an den Nerven, erschöpfte die Körper, die kaum Schlaf fanden. Einzig und allein Timour, dessen Bullennatur nichts umzuwerfen vermochte, schien die nicht endenden Nachtwachen bestens zu verkraften. Dann, am fünften Abend ...
Die Diener hatten ihre Kammern aufgesucht, die Lichter der Wohnungen waren längst erloschen. Im kleinen, nur vom Mond erhellten Salon plauderte Felicia mit Marmont, genauer gesagt: Sie erging sich in Entschuldigungen, weil es ihr langsam peinlich wurde, ihren platonischen Liebhaber dazu angestiftet zu haben, sich die Nächte um die Ohren zu schlagen. Wie es den Anschein hatte, sah er die Dinge in einem ganz anderen Licht.
»Ihr wißt doch, daß Ihr gegenüber der Französischen Botschaft und der österreichischen Polizei einen glaubwürdigen Zeugen für den Überfall braucht. Außerdem«, setzte der Feldmarschall lachend hinzu, »bietet sich mir ganz unerwartet die wunderbare Gelegenheit, Euch zu kompromittieren. Denn über eins solltet Ihr Euch im klaren sein, meine liebe Prinzessin: Ihr setzt bei all dem Euren guten Ruf aufs Spiel. Sollte dieser Mann noch ein paar Nächte auf sich warten lassen – was ich mir von Herzen wünsche –, wird schon bald ganz Wien von unserer Liebschaft reden. Allein der Gedanke daran stimmt mich heiter, zumal er mich hoffen läßt, daß ...«
»Erhofft Euch nicht zuviel, mein Freund! Ich glaube, ich bin gar nicht mehr fähig zu lieben.«
»Das sagt man so. Ich vertraue auf die Zeit, die es so wohl versteht, Wunden zu heilen.«
»Aber nicht die Narben zu tilgen. Lieber Freund, ich möchte keineswegs, daß Ihr Eure Zeit auf diese Weise vergeudet. Vielleicht wäre es doch sinnvoller, Ihr überließet diese Angelegenheit Timour und mir.«

»Schlagt Euch das aus dem Kopf! Ich stehe schon genug Angst aus, weil ich weiß, daß Ihr Euch tagsüber häufig ungedeckt und voll in der Schußlinie einer Pistole bewegt. Immerhin hat dieser Mann Euch gedroht.«
»Ich weiß, aber wenn ich es recht bedenke, würde ihm mein Tod keinesfalls nützen. Wer könnte ihm dann sagen, wo sich Napoleone aufhält? Ihre Abwesenheit ist mir ein weitaus besserer Schutz als ihre Gegenwart. Ich bin noch immer überzeugt davon, daß er sich hier blicken lassen und versuchen wird, mich zur Rede zu stellen. Kann sein, daß er mich im Anschluß daran tatsächlich umbringt. Aber nicht mit einer schnellen Kugel. Er haßt mich viel zu sehr, um meinen Tod nicht voll auskosten zu wollen.«
»Ich will annehmen, daß Ihr recht habt. Jetzt aber legt Euch ein wenig schlafen! Diese wahnsinnige Kreatur raubt Euch Eure Kräfte ...«
Er brach ab. Timour hatte den Salon betreten.
»Der Mann hat soeben das Haus verlassen«, sagte er. »Er ist auf dem Weg hierher.«
»Dann auf die Plätze.«
Felicia kroch unter die Steppdecke auf Napoleones Bett, das im Mondlicht gut zu erkennen war. Timour, eine Pistole schußbereit in der Hand, verbarg sich hinter dem Vorhang des zweiten Fensters. Marmont, ebenfalls bewaffnet, verzog sich hinter einen Wandschirm aus Chinalack.
Es war höchste Zeit. Schon hörte man draußen, wie jemand leise und vorsichtig die großen vorspringenden Quadersteine hinaufkletterte, aus denen die Mauern des Palais gefügt waren. Gleich darauf tauchte oberhalb der Balustrade ein Kopf auf, dann ein Körper, der sich wendig wie eine Schlange über das Geländer zog. Ganz sacht wurde der Fensterflügel aufgedrückt. Der Mann verharrte, lauschte, spähte... Marmont und Timour hielten die Luft an; Felicia zwang sich, gleichmäßig wie eine Schlafende zu atmen.

Butler zog aus seinem Gürtel ein langes Messer, dessen Klinge im fahlen Licht des Mondes schaurig blitzte. Lautlos stieg er ein, schlich über das Parkett, das zum Glück nicht knarrte. Mit erhobenem Messer machte er einen Satz auf die Frau zu, die auf dem Bett lag.
»Kein Wort, kein Schrei – oder du bist tot, du dreckiges Weibsstück! Wenn du um Hilfe rufst ...«
»Ich werde nicht rufen«, sagte Felicia so ruhig, als unterhielten sie sich auf einem offiziellen Empfang, »wenn ich aber schon nicht sprechen darf, würde ich zumindest gern wissen, was Ihr hier zu suchen habt.«
Das Messer näherte sich bedrohlich ihrer Kehle.
»Genug der Worte! Beantworte mir lieber meine Fragen. Wo ist Napoleone?«
»Das weiß ich nicht. Und dadurch, daß Ihr mich umbringt, werdet Ihr es auch nicht erfahren.«
»Warum sollte ich dich gleich umbringen? Ich weiß, wie man Leute zum Reden bringt... Wie wär's, wenn ich dir eines deiner schönen schwarzen Augen durchbohrte?«
»Ich denke, das reicht!« hörte man Marmonts kalte Stimme. Er hatte den Wandschirm beiseite geschoben, und gleichzeitig sprang Timour wie eine Raubkatze den Mann an, entriß ihm das Messer. Doch auch unbewaffnet war Butler noch immer gefährlich; beide Hände im Würgegriff um Felicias Hals gelegt, fing er an, zuzudrücken, obwohl Timour versuchte, ihn vom Bett zu ziehen. Erst als der Türke nach dem Leuchter auf dem Nachttisch griff und damit zuschlug, sackte Butler über der jungen Frau zusammen.
»Schafft ihn weg«, stöhnte sie, »ich ersticke ...«
Timour wuchtete den Bewußtlosen auf die Erde, während Marmont mit Hilfe seines Feuerzeugs die Kerzen wieder anzündete. Felicia erhob sich schwankend.
»Mein Gott, welche Angst ich ausgestanden habe!« sagte sie ehrlich.
»Warum«, knurrte Timour, »hast du uns dann verboten, sofort einzugreifen, Prinzessin?«

»Weil ich wissen wollte, ob meine Vermutung richtig war«, sagte Felicia und massierte sich den Hals.
»Bei Überprüfungen dieser Art landet man leicht auf dem Friedhof«, grollte Marmont. »Gäbe es hier vielleicht etwas Handfestes zu trinken? Ich schätze, das könnten wir alle vertragen.«
»Hol den Cognac, Timour!« befahl Felicia und kniete sich dann neben Butler, der ein häßliches Loch im Kopf hatte, aber noch atmete. »Ins Jenseits hast du ihn jedenfalls nicht befördert.«
»Immerhin wärst du ohne mein Zutun jetzt tot, Herrin, tot oder einäugig!«
»Ist er tot?« fragte Marmont.
»Nein, aber schwer verletzt, glaube ich.
»Das einfachste wäre, das Werk zu vollenden«, befand Timour und griff erneut nach dem Leuchter.
»Ich habe dich doch gebeten, den Cognac zu holen. Was soll jetzt mit ihm geschehen, mein Freund?« Felicia hatte ihr Taschentuch herausgezogen und auf die Wunde gelegt. »In diesem Zustand können wir ihn doch unmöglich wie geplant der Polizei übergeben?«
»Also doch ein weicheres Herz, als man denkt«, sagte Marmont neckend. »Trotzdem sollten wir genau das tun, nachdem wir einen Arzt gerufen haben.«
»Es wohnt einer ganz in der Nähe. Ich werde Timour schicken.«
Der Türke kam mit dem Cognac zurück. Mit sichtlichem Behagen leerten Felicia und ihr Beschützer ein bis zum Rande gefülltes Glas. Inzwischen ging Timour die Dienstboten wecken, die er nicht länger im Ungewissen über das lassen konnte, was vorgefallen war; dann machte er sich auf, einen Arzt zu holen.
Der, den er auftrieb, ein gewisser Doktor Hoffmann, war noch jung und hatte sich erst vor wenigen Jahren in der Herrengasse niedergelassen. Dadurch, daß er des öfteren zur Herzogin von Sagan, zu den Kinsky oder zu Prinz Stahremberg gerufen wurde, hatte er viele Adeli-

ge als Patienten gewonnen und sich auch die entsprechenden Umgangsformen angeeignet. Er verneigte sich vor Felicia wie vor einer Königin, um anschließend den Verwundeten mit äußerster Sorgfalt zu untersuchen und schließlich eindringlich davon abzuraten, die Polizei einzuschalten.
»Schädelbruch. Der Mann ist schwer verletzt und keinesfalls in der Lage, vor Ablauf mehrerer Tage – wenn überhaupt – Fragen zu beantworten. Und eingedenk der Brutalität und Rücksichtslosigkeit von Sedlinskys Leuten ist es unangenehm, sie im Haus zu haben...«
»Ihr könnt aber doch nicht von Madame erwarten, daß sie ihn hierbehält?« sagte Marmont. »Er hat versucht, sie umzubringen...«
»Das erwarte ich auch gar nicht, Monsieur. Statt dessen schlage ich vor, den Mann zu mir zu bringen. Ich besitze eine Zweizimmerwohnung.«
»Warum schaffen wir ihn nicht zu sich nach Hause?« meinte Felicia. »Er wohnt fast gegenüber, im Fliederhaus, wo er als Monsieur Le Goff bekannt ist. Außerdem verfügt er über einen Diener, der auf den Namen Morvan hört.«
Doktor Hoffmann blickte sie verständnislos an.
»Demnach kennt Ihr ihn? Er ist also weder ein Einbrecher noch ein Landstreicher?«
»Aber nein, Doktor. Nur zieht jetzt nicht daraus den Schluß, wir hingen der Gewohnheit an, uns als Nachbarn gegenseitig umzubringen. Ich versichere Euch, dieser Mann ist gefährlich.«
»Ein Grund mehr, ihn zu mir zu bringen, wo er gepflegt, aber auch beaufsichtigt wird. Wenn Ihr jedoch lieber die Polizei ruft, werde ich mich zurückziehen. Dann wird die sich um ihn kümmern – auf ihre Weise. Wenn ich recht verstanden habe, handelt es sich bei ihm um einen Franzosen. Auf die ist man seit Essling und Wagram nicht gut zu sprechen. Die Polizeispitzel sind in der Regel nicht zimperlich, und ich befürchte...«

»Ihr habt nicht viel für die Polizei übrig, stimmt's, Doktor?« meinte Felicia.
»Nicht viel, nein. Ich weiß nur zu gut, wozu die fähig ist. Wenn Ihr ihr diesen Mann übergebt, ist er morgen tot. Dann hättet Ihr mich gar nicht erst zu rufen brauchen.«
Felicia bedachte ihn mit einem verständnisvollen Lächeln. Dieser junge Mann war aufrichtig und mutig; er gefiel ihr.
»Seid unbesorgt«, sagte sie beschwichtigend. »Ich werde die Polizei nicht informieren und auch keine Anklage erheben. Mein lieber Graf«, mit diesen Worten wandte sie sich an Marmont, »seid so gut und benachrichtigt den französischen Botschafter, damit er alles Nötige in die Wege leitet und diesen Mann, sollte er eines Tages wieder auf die Beine kommen, in die Bretagne zurückschickt.«
»Es wird geschehen, wie Ihr es wünscht...«
Das Strahlen auf dem schmalen Gesicht des Arztes gab ihm etwas von seiner Jungenhaftigkeit zurück. Als eines dieser seltenen Geschöpfe, denen das Wohl eines Kranken oberstes Gebot ist, war er erleichtert, auf Verständnis gestoßen zu sein.
»Ihr seid edel und großmütig, Madame...«
»Da wäre ich nicht so sicher. Glaubt Ihr, daß Ihr ihn gesund machen könnt?«
»Ehrlich gestanden, bin ich da überfragt. Das hängt von dem Grad der inneren Verletzungen ab. Es kann lange dauern, und möglicherweise wird er den Verstand verlieren...«
»Den Verstand hat er längst verloren. Die Liebe hat ihn in den Wahnsinn getrieben.«
»Dann bedaure ich ihn um so mehr. Würdet Ihr jetzt so freundlich sein, Madame, und veranlassen, daß der Verwundete zu mir gebracht wird?«
Ein Diener eilte zu Doktor Hoffmanns Wohnung, um eine Trage zu holen, auf die man den in eine Decke ge-

hüllten bewußtlosen Butler legte und auf die Straße brachte. Timour hatte bereits den Diener des Schiffseigners benachrichtigt, der jetzt erschrocken und aufs äußerste beunruhigt herbeieilte.
»Du hilfst mit, ihn zum Doktor zu schaffen«, herrschte ihn der Türke an. »Und halt vor allem das Maul, wenn dir daran gelegen ist, nicht wegen Mittäterschaft bei einem Mordversuch der Polizei übergeben zu werden.«
Bald darauf konnten Felicia und Marmont vom Balkon aus beobachten, wie sich der kleine Zug entfernte, langsam und darauf bedacht, dem Schwerverletzten Erschütterungen zu ersparen.
»Diesmal dürften wir ihn wohl los sein!« Felicia atmete auf. »Und Napoleone wird sich freuen: Butler ist nicht getötet worden.«
»Aber so gut wie. Ich kenne mich mit solchen Verletzungen aus und habe nur selten erlebt, daß jemand davongekommen ist. Jedenfalls bin ich heilfroh, daß Ihr diese Sache ausgestanden habt.«
»Ihr meint wohl *wir*«, sagte Felicia schmunzelnd, »denn jetzt könnt endlich auch Ihr wieder jede Nacht in Eurem eigenen Bett schlafen.«
»Das Sofa in Eurem kleinen Salon war mir weitaus lieber. Wenn ich mich auch wie ein Klappmesser zusammenkrümmen mußte, war ich dafür in Eurer Nähe, und das gab mir das beglückende Gefühl, einen Platz in Eurem Leben einzunehmen.«
»Der Dienst, den Ihr mir erwiesen habt, mein Freund, räumt Euch einen Platz ein, von dem Euch niemand verdrängen kann.«
Sie reichte ihm die Hand, auf die er seine Lippen drückte, und entzog sie ihm wieder.
»Geht jetzt nach Hause. Ich möchte endlich einmal wieder ausschlafen. Besucht mich doch morgen abend.«
»Morgen? Darf ich?«
Sie lachte herzlich. »Zum Abendessen natürlich! Was habt Ihr denn gedacht?«

DIE VERSCHWÖRUNG DER FRAUEN

Erleichtert und bestürzt zugleich vernahm Napoleone in ihrer ländlichen Abgeschiedenheit, daß Butler außer Gefecht gesetzt worden war.

»Es wäre so einfach gewesen, sich zu bemühen, mir ein Freund zu sein, anstatt sich wie ein wildes Tier zu gebärden!« seufzte sie.

»Nach allem, was er uns beiden zugefügt hat, wäre es schwierig für ihn gewesen, uns scheinheilig um unsere Freundschaft zu bitten«, erklärte Felicia. »Er hat sich entschieden, den Weg der Gewalt zu gehen, den einzigen, der seinem Charakter entspricht.«

»Vielleicht wäre alles anders gekommen, wenn ich ihn geliebt hätte?«

»Das glaube ich einfach nicht. Wißt Ihr noch, was er zu Euch sagte, als wir zu diesem Empfang bei ihm waren? ›Wenn man eine Frau haben will, dann bekommt man sie auch. Das ist nur eine Frage der Zeit, der Geduld, der Geschicklichkeit, zuweilen auch des Geldes und weiter nichts.‹ Das spricht doch Bände...«

»Er hat sein Ziel erreicht; er hat mich gehabt.«

»Verwechselt das nicht. Er hat Euch niemals gehabt. Er hat Euren Körper besessen, sich seiner mit Brutalität und List bemächtigt, aber Euch selbst hat er nicht bekommen. Ein Glück, daß diese ruchlose Tat ohne Folgen geblieben ist. Ihr solltet sie als einen bösen Traum ansehen und nicht länger darüber nachdenken, genauso wie ich meinen Aufenthalt in der Force vergessen werde.«

»Und ... wenn er durchkommt? Das wäre doch möglich?«

»Ihr findet diese Vorstellung doch nicht etwa verlokkend, kleine Heuchlerin? Also gut, sollte er tatsächlich

gesund werden, dauert das eine ganze Weile. Bis dahin sind wir längst über alle Berge. Hoffe ich jedenfalls.«
»Hofft Ihr?« fragte Napoleone skeptisch. »Manchmal kommt es mir vor, als blieben wir für immer hier.«
»Und dabei sehnt Ihr Euch mit allen Fasern Eures Herzens danach, endlich nach Hause zu fahren, mein Liebes. Das weiß ich nur allzu gut. Deshalb verspreche ich Euch, alles zu tun, um unser Vorhaben rasch zu Ende zu bringen. Auch ich verliere allmählich die Geduld, und Palmyre geht es nicht anders. Seit Duchamp tot ist, brennt ihr das Wiener Pflaster unter den Füßen. Zugegeben, die Lage scheint irgendwie immer verzwickter zu werden...«
Der Herzog von Reichstadt hielt sich ausschließlich bei seinem Regiment auf. Die Kaserne in der Alslergasse verließ er nur an der Spitze seiner Soldaten, und wenn es bislang schwierig genug gewesen war, mit ihm in Verbindung zu treten, war es jetzt gänzlich unmöglich geworden. Ein Umstand, der Felicia in helle Wut versetzte. Sie konnte sich nicht erklären, warum der Prinz nach dem gescheiterten Versuch nicht wieder versucht hatte, mit ihnen, von denen er doch genau wußte, daß sie ihm treu ergeben waren, Kontakt aufzunehmen.
»Man hat ihn in eine weiße Uniform gesteckt und ihm eine Handvoll Männer unterstellt, und er ist's zufrieden!« erboste sie sich. »Er kommt mir vor wie ein Kind, das sich mit dem erstbesten Spielzeug begnügt.«
Comtesse Camerata, die in diesem Augenblick dazukam, nahm den Faden auf: »Ich glaube nicht, daß es sich so verhält«, meinte sie. »Der Soldat steckt seit eh und je in ihm, und ich bin überzeugt, er betrachtet seine Militärzeit als Vorbereitung auf sein künftiges Leben als Monarch...«
»Indem er den kleinen Bataillonschef spielt?« meinte Napoleone zweifelnd. »Ein verantwortungsvoller Posten ist das nicht gerade.«
»Sein Vater hat ebenfalls die unteren Ränge durchlau-

fen, ehe er General Bonaparte und später Kaiser Napoleon wurde«, ließ sich Maria Lipona vernehmen. »Der Junge weiß das, und ich denke, das ist seine Art, sich mit ihm zu identifizieren.«
Die vier Frauen saßen unter den Linden vor dem Winzerhaus, in dem Napoleone Marias Gastfreundschaft genoß. Sie hatte sich inzwischen auch mit der angefreundet, von der es hieß, sie sei der einzige Mann innerhalb der Familie der Bonaparte, und diesem Freundschaftspakt war ganz selbstverständlich auch Felicia beigetreten. Die römische Prinzessin und die Nichte des Kaisers hatten viele Übereinstimmungen entdeckt. Beide hatten in Rom gelebt, besaßen dort gemeinsame Freunde. Beide waren leidenschaftliche Fechterinnen und tollkühnen Unternehmungen nicht abgeneigt. Sie verstanden sich auf Anhieb.
»Zwei leibhaftige Amazonen, eine wie die andere«, faßte Maria Lipona zusammen. »Mit ihnen können wir ohne weiteres auf Männer verzichten...«
»Trotzdem würde uns ein gestandenes Regiment mehr Gewicht verleihen«, meinte Léone Camerata. »Jedenfalls bestünde dann die Aussicht, meinen schönen Vetter zu beeindrucken. Wie ich hörte, hatte er im letzten Winter als ständigen Gast diesen Verräter Marmont bei sich? Diese gescheiterte Existenz!«
»Sprecht nicht so abschätzig von Marmont«, schaltete sich Felicia ein. »Er ist uns ein echter Freund geworden – und ein durchaus brauchbarer Verschwörer.«
»Ihr wollt mir doch nicht die uneingeschränkte Loyalität dieses Mannes einreden. Er muß sich in eine von Euch verliebt haben...«
Es war angenehm, im kühlen Schatten der hohen Bäume mit Blick auf das unter ihnen liegende Wien zu sitzen und zu plaudern.
Seit mehreren Tagen lastete eine unerträgliche Hitze über der Stadt. Damit es in den Häusern möglichst kühl blieb, wurden alle Fensterläden zugeklappt; die Wohl-

habenderen flüchteten sich in ihre Villen auf dem Lande.
Als Felicia und Napoleone an diesem Abend heimkehrten, fiel ihnen die geradezu bedrückende Stille in den Straßen auf, über denen Gewitterschwüle lastete. Die Schenkenstraße zeigte sich fast völlig verwaist; das Palais Palm, das die Herzogin noch nicht wieder bezogen hatte – Wilhelmine verbrachte den Sommer in Böhmen, auf ihrem Gut Ratiborsitz in der Nähe von Nachod –, glich beinahe einem Mausoleum. Dank der dicken Steinquadern aber war das Haus angenehm kühl, und die Ruhe, die seit der Abreise der Herzogin hier eingekehrt war, machte den Aufenthalt auch im Sommer alles in allem durchaus erträglich.

Wie jeden Abend erschien Marmont, um ein Glas Portwein zu leeren – eine Angewohnheit, die er in England angenommen hatte – und mit den neuesten Informationen aufzuwarten. Informationen, die diesmal höchst alarmierend waren und das Blut der beiden Frauen erstarren ließen: In Polen war eine Choleraepidemie ausgebrochen, und es hieß, die Seuche drohe auch auf Böhmen und Österreich überzugreifen. Es war abzusehen, daß man am Ballhausplatz Maßnahmen treffen würde, einen riesigen Sperrgürtel zu ziehen. Auf jeden Fall mußte man, sollte sich die Gefahr zuspitzen, die Abreise ins Auge fassen.
»Diese ungewöhnliche Hitze trägt zur Ausbreitung der Pest bei, und mir wäre es lieber, Euch in Sicherheit zu wissen ...« sagte Marmont.
Felicia fiel ihm ins Wort. »Kommt nicht in Frage, daß wir abreisen, ehe wir das erledigt haben, weshalb wir hergekommen sind. Was tut sich in der Alsergasse?«
»Nichts Erfreuliches. Der Prinz überanstrengt sich viel zu sehr. Nichts als Marschieren und wieder Marschieren und ein Manöver nach dem anderen. Alles in Uniformen, die für diese Hitze ungeeignet sind und in de-

nen er umkommt. Erzherzogin Sophie versucht, ihn nach Schönbrunn zu locken, wo es erträglicher ist, aber das lehnt er ab.«
»Habt Ihr meinen Auftrag ausgeführt und versucht, zu ihm vorgelassen zu werden?«
»Aber freilich! Den Fuß im Steigbügel, hat er mich kurz begrüßt und sich mit heiserer Stimme entschuldigt, mir nicht mehr Zeit gewähren zu können. ›Der Dienst geht vor‹, hat er mit entwaffnendem Lächeln gesagt. ›Ihr solltet das verstehen, Herr Feldmarschall…‹«
»Mit heiserer Stimme? Was soll denn das heißen?«
»Anders kann man es nicht bezeichnen. Er hat sich dadurch, daß er ständig Befehle brüllen muß, noch dazu in einer Luft, die sehr staubig ist, eine Kehlkopfentzündung zugezogen. Obendrein hustet er, und wenn Ihr es ganz genau wissen wollt, ich finde, er ist sehr blaß!«
»Es heißt, er sei überglücklich, daß man ihm dieses kümmerliche Kommando übertragen hat. Trifft das zu?«
»Glücklich? Das glaube ich nicht. Nicht wirklich. Eher versucht er sich abzulenken. Prokesch fehlt ihm …«
»Wenn wir von der Cholera bedroht werden, müssen wir ihn so schnell wie möglich fortbringen«, sagte Felicia. »Morgen fahre ich nach Schönbrunn und ersuche Erzherzogin Sophie um Audienz.«
»Ihr habt doch nicht etwa den Verstand verloren?« fragte Marmont erschrocken.
»Ganz und gar nicht! Ihr sagt doch, sie sei besorgt. Wenn sie ihn aufrichtig liebt – was ich nicht bezweifle –, wird sie uns helfen.«
»Aber Felicia«, sagte Napoleone beschwörend, »Ihr wißt doch um die kaiserliche Etikette. Ohne Einladung läßt man Euch dort gar nicht vor.«
»Unterstellt Ihr mir etwa, ich sei irgend jemand? Wenn die Erzherzogin nicht gerade im Bett liegt – und selbst dann –, wird sie mich empfangen, das verspreche ich Euch!«

Und natürlich löste sie ihr Versprechen ein, denn den Palast – kaiserlich oder nicht –, in den Prinzessin Orsini nicht eingelassen wurde, wenn sie sich das in den Kopf gesetzt hatte, gab es noch nicht unter der Sonne. Nachdem sie sich über einen schmucken Offizier der Ungarischen Garde und einen Kammerdiener bis zu einer Hofdame durchgekämpft hatte, war sie fast am Ziel. Neben der Hofdame schritt Felicia auf einer der Alleen des Parks auf das Schloß zu.
Felicia liebte Schloß Schönbrunn. Sie liebte die langgestreckte zartgelbe Fassade, die etwas von der Eleganz eines Versailles ausstrahlte, wobei sie weniger imposant und dafür anheimelnder war. Sie liebte die Anmut, die an das Jahrhundert der großen Maria-Theresia erinnerte und an die Lebensfreude ihrer zahlreichen Nachkommen, an die Spiele und frühen Träume der kindlichen Marie-Antoinette und den Charme eines Rondos von Mozart. Schönbrunn wirkte wie eine Oase des Friedens und der Freude, die man sich ohne Wachposten gewünscht hätte, trotz der prächtigen bunten Uniformen, die sie trugen.
Das Wetter war schön und keineswegs zu heiß. Drückend würde es erst später werden; das verhieß der Dunstschleier über der ›Gloriette‹, den mit dem kaiserlichen Adler gekrönten Pavillon, der sich auf dem Hügel am Ende des von Wasserspielen und Blumenbeeten belebten Parks erhob.
Am Schloß bog die Hofdame nach links ab, zum Garten des Erbprinzen, dessen Mittelpunkt ein wunderschöner Najadenbrunnen bildete, um den herum man zur römischen Ruine gelangte, ein romantisch verspieltes Nymphäum mit einem Brunnenbecken voller Wasserlilien und Seerosen. Dort hielt sich Erzherzogin Sophie auf.
In weißen Musselin gekleidet, einen großen weißen Sonnenschirm aufgespannt, ging Sophie spazieren, langsam und anmutig, an der Hand einen kleinen Jungen in lichtblauem Anzug und neben dem Kind eine

Gouvernante. Das blondgelockte Kind, das kaum ein Jahr alt sein mochte und ständig über die eigenen Füßchen zu stolpern drohte, lachte und lallte vergnügt, und die beiden Damen lachten mit. Als die Erzherzogin den Kies unter den Schritten der Näherkommenden knirschen hörte, drehte sie sich um, bückte sich dann rasch zu ihrem Söhnchen hinunter, hob den Knaben hoch und übergab ihn der Gouvernante.
»Bringt François-Joseph zu Bett, Baronin! Es ist Zeit für seinen Mittagsschlaf.«
»Wie Eure Kaiserliche Hoheit wünschen! Kommt, Durchlaucht!«
Die Erzherzogin wartete, bis die Gouvernante sich mit dem Kind entfernt hatte, entließ mit einer graziösen Geste die Hofdame und wandte sich dann Felicia zu, die in einen tiefen und vollendeten Hofknicks gesunken war.
»Wahrhaftig, Prinzessin«, sagte sie endlich, »Ihr scheint die Gabe zu besitzen, Gedanken lesen zu können. Ich wollte schon längst mit Euch sprechen, wußte aber nicht recht, wie ich es anstellen sollte, Euch hierherzubitten, ohne Neugier zu erregen.«
»Eure Kaiserliche Hoheit machen mich verlegen. Ich wagte nicht einmal zu hoffen, daß Ihr Euch noch an mich erinnert...«
Sophie lachte auf, ein helles Lachen, das ihr schönes, ernstes Gesicht verjüngte.
»Mein Gott, diese Bescheidenheit steht Euch aber ganz und gar nicht, meine Liebe! Ihr solltet wissen, daß man Euer Gesicht nicht so schnell vergißt. Ihr habt mich um eine Unterredung gebeten, kommen wir also zur Sache. Warum wolltet Ihr mich sprechen?«
Mit typisch italienischem Überschwang und ohne auf ihr zitronengelbes Kleid aus Jakonett mit den weißen, in Federstickerei applizierten Blüten zu achten, warf sich Felicia mitten in der Allee auf die Knie.
»Eure Kaiserliche Hoheit ahnen sicher, worum es geht.

Ich möchte Euch bitten, uns zu helfen, Frankreich einen Kaiser zuzuführen.«
»Nur Frankreich? Nicht auch Italien? Ihr erstaunt mich ... Aber um Himmels willen, erhebt Euch. Wenn man Euch so zu meinen Füßen sieht, wird man sich fragen, was für ein Verbrechen Ihr begangen habt.«
»Warum ein Verbrechen? Warum könnte ich nicht eine Gunst erbitten?«
»Weil man an diesem Hof, an dem Metternich das Sagen hat, niemals die einfachste Erklärung sucht. Kommt, wir setzen uns in die Nähe des Nymphäus. Dort ist es herrlich kühl, und Lauscher, die sich gern hinter den Bäumen verbergen, brauchen wir dort auch nicht zu fürchten. Euer Anliegen ist ja nicht unbedingt als harmlos zu bezeichnen.«
Sie nahmen auf einer Bank am Rande des Bassins Platz und breiteten die weiten Röcke aus. Eine Weile schwiegen sie, genossen die Kühle, die die moosbewachsene Ruine spendete, lauschten dem Zwitschern der Vögel. Die Erzherzogin hatte ihren Sonnenschirm zugeklappt, zeichnete mit der Spitze nicht zu deutende Zeichen in den Sand. Eingedenk der Etikette wagte Felicia nicht zu sprechen, solange ihr Sophie kein Zeichen gab.
»Wie kommt Ihr auf den Gedanken, Prinzessin«, ergriff Sophie endlich das Wort, »daß ich Euch irgendwie helfen könnte? Ich habe so gut wie keinen Einfluß. Der Kaiser hat mich sehr gern, aber getan wird, was Metternich bestimmt«, sagte sie, ohne zu versuchen, den Grimm zu unterdrücken, der in ihrer Stimme mitschwang. »Jeder weiß, wie sehr ich Franz – oder François, wenn Euch das lieber ist – zugetan bin. Man überwacht mich, und deshalb dachte ich an Euch. Ich fragte mich, was aus Euch geworden ist und warum Ihr Euch nicht gemeldet habt.«
»Wie Eure Kaiserliche Hoheit wissen dürfte, hat die Abreise des Chevalier von Prokesch-Osten nach Bologna unseren Fluchtplan zum Scheitern verdammt.«

»Das habe ich erfahren, aber, ehrlich gesagt, nicht verstanden. Der Herzog braucht Prokesch doch nicht unbedingt. Und Prokesch hätte ja einfach nachkommen können. Es genügt zu wissen, in welchem Lager er steht und auf welcher Seite er zu kämpfen beabsichtigt.«
»Gewiß. Nur geht im Augenblick neben dem Gerücht vom Aufstand einiger italienischer Städte auch das um, daß der Herzog von Reichstadt den Thron von Modena besteigen soll. Und das dürfte ein guter Ausgangspunkt für weitere Unternehmungen sein.«
»Seid Ihr so einfältig, ein derartiges Märchen zu glauben? Auch nur eine Sekunde zu glauben, Metternich würde den Käfig eine Handbreit öffnen? Ich sehe, Ihr habt das tatsächlich für möglich gehalten, ungeachtet aller Dementis. Was habt Ihr seither unternommen?«
»Ich fürchte, nicht sehr viel, Hoheit. Zum einen war es uns nicht vergönnt, den Prinzen wiederzusehen, zum anderen haben wir den Mann verloren, der die Seele unseres Komplotts – so muß man es wohl bezeichnen – war. Das hat uns aus der Bahn geworfen.«
»Wie bedauerlich. Jetzt aber seid Ihr, wie mir scheint, entschlossen, dort weiterzumachen, wo Ihr aufgehört habt. Deswegen seid Ihr doch hier. Was also erwartet Ihr von mir?«
»Daß uns Eure Kaiserliche Hoheit eine Begegnung mit dem Prinzen vermittelt. Nur eine einzige! Er kommt doch gelegentlich her?«
Sophies wasserblaue Augen funkelten wütend.
»Eben nicht! Er geht voll und ganz in seiner neuen Aufgabe auf. Ja, Metternich weiß schon, was er tut! Und dieser junge Narr bildet sich ein, frei zu sein, weil er nicht mehr in der Hofburg lebt und eine Hundertschaft von Männern kommandieren darf. Und alles«, fügte sie unsagbar verbittert hinzu, »in einem für einen Adligen aus kaiserlichem Geblüt unwürdigen Rang. Franz meint, leichter zu atmen, dabei weiß ich, daß er sich in dieser untergeordneten Position aufreibt, daß er seine

sowieso angegriffene Gesundheit aufs Spiel setzt. Und ich wünschte so sehr, sein Traum würde in Erfüllung gehen! Aber ich bin völlig machtlos!«
Tränen glänzten in ihren Augen. Felicia war tief bewegt, zwang sich aber, den spontanen Wunsch zu unterdrücken, nach der Hand dieser unglücklichen jungen Frau zu greifen, wie sie nach der Hand von Napoleone oder Maria gegriffen hätte.
»Sollte er nach Schönbrunn kommen, Hoheit, dürften wir dann mit Eurer Hilfe rechnen?«
»Das wißt Ihr doch. Habt Ihr einen Plan?«
»Vielleicht. Es wäre uns dienlich, wenn Eure Kaiserliche Hoheit in den nächsten Tagen, sagen wir in der kommenden Woche, den Wunsch äußerte, sich die neuesten Pariser Modelle vorführen zu lassen, die bei Mademoiselle Palmyre eingetroffen sind. Sie ist eine der unseren. Sie würde in Begleitung einer ihrer Verkäuferinnen herkommen und auch Krawatten mitbringen, Schärpen, Handschuhe, eben alles, was auch einen eleganten jungen Mann begeistert ...«
»Was voraussetzt, daß der junge Mann zugegen ist ...«
»Mit Gottes Hilfe wird er es sein.«
»Hoffen wir es! Diese Verkäuferin, das seid natürlich Ihr?«
»Nein. Ich habe vorhin viel zu nachdrücklich um diese Audienz ersucht. Man würde mich höchstwahrscheinlich wiedererkennen. Madame de Lauzargues wird diese Rolle übernehmen.«
»Besitzt sie Eure Überredungskunst?«
»Ich vertraue darauf. Sie wird jedoch lediglich eine Botschaft überbringen. Was Eure Kaiserliche Hoheit betrifft, wird sie nichts weiter zu tun haben, als die beiden Frauen zum Prinzen zu führen.«
Als Sophies Lächeln zeigte, daß Felicia in ihr eine Verbündete gefunden hatte, erging sie sich in zusätzlichen Einzelheiten. Die Erzherzogin liebte, und wie alle großherzigen Seelen war sie bereit, ihre Liebe dem

Ruhm des vergötterten Mannes zu opfern. Oder blickte sie weiter in die Zukunft? Wenn es das Schicksal wollte und sie zur Witwe machte, konnte es sie auch auf den Thron Frankreichs heben...
Ob Sophie die Gedanken erriet, die ihrer Besucherin durch den Kopf gingen? Schon hatte sie wieder diese majestätische Haltung angenommen, die ihr angeboren zu sein schien. Wenn eine Frau zum Regieren geboren war, dann sie!
»Es fällt mir schwer, ihn ziehen zu lassen«, sagte sie. »Aber ein Mann muß den Weg gehen, der ihm bestimmt ist. Wenn Franz fort ist, werde ich mich nur noch um meinen Sohn kümmern und nicht eher ruhen, bis er die Krone Karls V. trägt. Ich will alles in meinen Kräften Stehende tun, daß er ihrer würdig ist. Auf baldiges Wiedersehen, Prinzessin Orsini!«
Die Audienz war beendet. Felicia erhob sich, beugte in aufrichtiger Ehrerbietung das Knie und küßte die Hand, die ihr Sophie reichte. Hoffnungsfroh kehrte sie dann langsam zu dem Najadenbrunnen zurück, an dem die Hofdame wartete, die sie eingangs begleitet hatte. Und zum erstenmal empfand sie ein Gefühl der Freundschaft für ein Mitglied der österreichischen Kaiserfamilie. Eigentlich stammte Sophie ja aus Bayern...
Felicia wies Timour an, sie von Schönbrunn zum Kohlmarkt zu fahren, zu Palmyre, bei der sie sich gut eine Stunde lang aufhielt und sich Spitzen vorlegen ließ, Schals und Strohhüte aus Italien – und Dinge besprach, die eigentlich nichts mit modischem Zierat zu tun hatten.

Zwei Tage darauf war von dem weiterhin bestens informierten Marmont zu erfahren, daß Prinz François Vorkehrungen traf, mit seinem Regiment an den Inspektionsmanövern in der Nähe der Hofburg teilzunehmen. Die ersehnte Gelegenheit für Felicias Vorhaben! Etwa eine halbe Stunde vor Aufmarsch der Truppen mischten sich Napoleone, Felicia und Palmyre unter die Menge der Schaulustigen. Die Wiener liebten Militärparaden ebenso wie die großen Prozessionen zu Ehren der heiligen Anna oder Ausflüge aufs Land. Sie empfanden Stolz beim Paradieren des Militärs und verfolgten mit Kennermiene das disziplinierte Verhalten und die zakkigen Befehle. Besonderer Beliebtheit erfreute sich dieses Schauspiel vor allem bei jungen Frauen und Mädchen; kein Wunder also, daß man unter der klaren Sommersonne vornehmlich blaue, rosafarbene, gelbe und weiße Kleider sah, natürlich auch reizvolle Trachten, die man in Wien in allen möglichen Abwandlungen antraf.

Da an diesem Tag das Gerücht umging – unmöglich zu sagen, wer es aufgebracht hatte –, daß auch der Herzog von Reichstadt erscheinen würde, säumten noch mehr Damen als sonst den Weg, schlugen unzählige junge und nicht mehr so ganz junge Herzen diesem schönen Prinzen entgegen, dem ein unseliges Schicksal gleichsam einen Glorienschein verlieh. Seinen Vater hatte man gehaßt, aber der kleine Napoleon, wie Wilhelmine ihn zu nennen pflegte, ließ die schwarzen Stunden vergessen, eroberte alle im Sturm. Kein anderer Erzherzog konnte sich an Charme und Eleganz mit ihm messen.

Als die Truppen auftauchten, heimsten sie zwar den ihnen gebührenden Jubel ein, aber eigentlich war er es, auf den man wartete. Das wurde überdeutlich, als sich gegen die vorderste Reihe der Uniformen die stolze Gestalt des Prinzen auf dem schwarzen, seidig schimmernden Fell seiner Stute Rouler abzeichnete. Die Hochrufe gingen in einen Begeisterungstaumel über.

In seiner weißen Uniformjacke und der hellblauen, mit Silber paspelierten Hose, mit dem schwarzgelackten Zweispitz und dem Krummsäbel, der einstmals General Bonaparte gehört hatte, sah François wirklich wie ein Märchenprinz aus.

»Wie schön er ist!« hauchte Napoleone hingerissen.

»Wie mager er ist!« erregte sich Felicia. »Viel magerer als bei unserem letzten Treffen.«
»Wie blaß er ist!« erschrak Palmyre.
Im nächsten Augenblick drängte sie sich vor, lief, selbst auf die Gefahr hin, von den Hufen des Pferdes niedergetrampelt zu werden, auf den Prinzen zu und rief: »Es lebe der Herzog von Reichstadt!« wobei sie ihm das Rosensträußchen entgegenstreckte, das sie an ihrem Gürtel getragen hatte. »Da, nimm, mein schöner Prinz! Sie sollen dir Glück bringen.«
»Da sie von einer so hübschen Frau kommen, bin ich mir dessen gewiß.«
Er nahm die Blumen entgegen und gleichzeitig den zusammengefalteten Zettel, den ihm Palmyre zusteckte. Schon drängte man die junge Frau weg, ohne sie jedoch grob anzufassen, weil alle umstehenden Frauen ihr Beifall für diese Kühnheit zollten. Kurz darauf tauchte Palmyre, puterrot und völlig außer Atem, wieder bei den Gefährtinnen auf, nahm freudestrahlend die Glückwünsche aller um sie herum entgegen.
»Ich konnte einfach nicht anders«, sagte sie lachend. »Es war stärker als ich. Er ist himmlisch!«
Napoleone und Felicia schwangen sich zu einer gutgespielten Strafpredigt auf, in der von wirklich überflüssiger Gefahr, in die sich begeben hätte, die Rede war.
Palmyre zuckte nur die Schultern, schwärmte weiter: »Bei einem solchen Kavalier brauche ich nichts zu befürchten. Und einen Riesenspaß hat es außerdem gemacht!«
Der kleine Aufruhr, den der Zwischenfall ausgelöst hatte, legte sich. Der Beginn des Inspektionsmanövers ließ nicht mehr lange auf sich warten. Für die drei jungen Damen eine günstige Gelegenheit, sich zurückzuziehen.
«Hattet Ihr Erfolg?« raunte Felicia, als sie wieder im Wagen saßen.

»Ja. Er hat den Brief. Er schien nicht einmal erstaunt zu sein. Vielleicht hält er ihn für einen Liebesbrief?«
»Dann wird er ihn erst gar nicht lesen!« sagte Napoleone.
»Na hört mal! Einer wie er liest immer, was eine Frau ihm schreibt, zumindest einmal. Dann wirft er ihn vielleicht in den Papierkorb. Es würde mich allerdings wundern, wenn er diesen da wegwerfen würde. Eher doch verbrennen.«
Der Brief war alles andere als ein Herzensgruß und enthielt lediglich zehn Worte: ›Begebt Euch umgehend nach Schönbrunn. Es geht um ein Kaiserreich...‹
»Bleibt uns nichts weiter zu tun, als abzuwarten«, sagte Felicia.
Sie warteten fünf Tage. Fünf Tage, die ihnen wie eine Ewigkeit erschienen. Am Morgen des sechsten Tages endlich brachte ein Lehrling von Palmyre eine Botschaft in das Palais Palm: Erzherzogin Sophie habe die Modistin morgen nach Schönbrunn bestellt, um sich die neuesten Modeartikel zeigen zu lassen.
»Nun, liebste Freundin«, sagte Felicia zu Napoleone, »diesmal seid Ihr an der Reihe! Timour wird Euch heute abend zu Palmyre bringen. Dort werdet Ihr übernachten und ab morgen früh dann Eure Rolle überzeugend spielen.«
Als Folge eines heftigen Gewitters, das sich während der Nacht entladen hatte, war es frischer geworden, die Sonne war hinter dicken Wolken verschwunden, als Palmyres Wagen mit den beiden jungen Frauen sowie einem beeindruckenden Stapel Kartons die Tore zur Auffahrt zum Schloß passierte.
Napoleones Herz klopfte zum Zerspringen, dennoch verspürte sie keine Angst. Eher eine Art Lampenfieber, wenn sie daran dachte, gleich wieder vor dem jungen Prinzen zu stehen, der einen so breiten Raum in ihrem Leben beanspruchte. Würde sie der Aufgabe, die man ihr übertragen hatte, gewachsen sein?

Für diesen wichtigen Besuch hatten sich die beiden Komplizinnen mit ganz besonderer Sorgfalt zurechtgemacht. Wollten sie nicht Bewunderung für den französischen Geschmack erregen? Palmyre trug ein dunkelblau und weiß gestreiftes Kleid aus mattem Satin und darüber ein kurzes Samtjäckchen vom gleichen Blau; ihr breitkrempiger blauer Hut erhielt durch ein Büschel weißer Marabufedern einen besonderen Chic. Napoleone hatte sich für ein mit Spitzenvolants besetztes weißes Batistkleid entschieden, das in der Taille von einem breiten Gürtel aus grünen Bändern markiert wurde. Die gleichen Bänder waren unter dem Kinn zu einem Knoten geschlungen und hielten ein entzückendes, mit blaßroten Rosen garniertes Häubchen. Die verklärten Blicke der Wachtsoldaten waren Beweis genug, daß sie wirklich reizend aussahen.
Zwei mit Schachteln bepackte Lakaien gingen den Flur entlang der erzherzoglichen Gemächer voraus; ihnen folgten ein dritter und dahinter Palmyre und Napoleone.
Es war noch früh am Morgen. Die beiden Frauen erwarteten, daß die Erzherzogin sie im Negligé empfing, was auch für eventuelle Anproben einfacher sein würde. Als sie jedoch die Schwelle des kleinen Salons im Seitenflügel überschritten, mußten sie feststellen, daß Sophie von Kopf bis Fuß und aufs sorgfältigste angekleidet war. Kein Härchen löste sich aus ihrer kunstvoll gesteckten Frisur, und ihr Kleid aus himmelblauem Perkal mit Spitzeneinsatz schien soeben frisch aufgebügelt worden zu sein. Sie saß an einem kleinen Zitronenholzschreibtisch, an dessen geschwungenen seitlichen Rändern mit frischen Rosen gefüllte Blumenschalen standen, und schrieb mit flinker Hand und ohne aufzuschauen, als die beiden Besucherinnen eintraten.
»Ich bin gleich soweit«, sagte sie lediglich.
Der Brief war wirklich rasch beendet. Sophie las ihn noch einmal durch, trocknete ihn mit Sand ab, versie-

gelte ihn und legte ihn vor sich auf den Schreibtisch. Dann stand sie auf.
»Nun«, sagte sie, »was habt Ihr mir Schönes mitgebracht?«
Das Auspacken der Kleider und Accessoires wollte kein Ende nehmen. Die Erzherzogin sah sich die Ware an, machte hin und wieder eine Bemerkung, schien sich aber für das, was ihr gezeigt wurde, nicht sonderlich zu interessieren. Besorgt stellte Napoleone fest, daß Sophie sehr blaß war und dunkle Ringe ihre blauen Augen umschatteten, daß sie sich ganz offensichtlich zwingen mußte, sich über Stoffe und modischen Krimskrams zu unterhalten. Immerhin suchte sie sich zwei Kleider aus, eine Musselinhaube, einen hübsch bestickten Schal sowie einen Kinderanzug für den kleinen François-Joseph.
»Wir führen auch hübsche Herrenartikel«, sagte Palmyre schließlich. »Kaschmirkrawatten, weiße Schärpen mit Goldfransen, Degenknoten ...«
Sophie betrachtete alles, antwortete jedoch nicht sofort. Sie machte den Eindruck, als kämpfe sie mit sich. Napoleone erschrak. Wollte die Erzherzogin nicht mehr mitspielen? Sie schwieg; nur in ihrem Blick, genauso wie in dem von Palmyre, lag jetzt etwas Flehendes. Sophie räusperte sich.
»Mein teurer Gemahl, Erzherzog Franz Karl«, sagte sie dann, »hat für modische Dinge nichts übrig, kümmert sich gar nicht darum ...« Sie machte eine Pause, spannte die Besucherinnen weiterhin auf die Folter. Deutlich war in ihren Gesichtern zu lesen, was in ihnen vorging. Ein flüchtiges Lächeln umspielte Sophies Mund, als sie fortfuhr: »Unser Neffe dagegen, seine Durchlaucht der Herzog von Reichstadt, ist wie alle jungen Männer dafür ansprechbar. Warum gehen wir nicht hinüber zu ihm?«
Palmyre unterdrückte einen Seufzer der Erleichterung und lief puterrot an.

»Das ist wahr«, hauchte sie. »Durchlaucht ist für seine Eleganz ... berühmt. Es wäre für mein Haus eine Ehre, wenigstens einmal einem so erhabenen Prinzen zu Diensten zu sein.«
Wieder lächelte die Erzherzogin, diesmal jedoch mit leiser Wehmut.
»Das glaube ich gern«, meinte sie. »Ich bringe Euch zu ihm. Er wird Euch bestimmt empfangen.«
Palmyre und Napoleone folgten Sophie durch mehrere Salons, die zu den schönsten zählten, die das Schloß aufzuweisen hatte: den Roten Salon, den Salon der Erinnerungen, den der Gobelins, den Salon der Miniaturen, dessen Rosenholzintarsien und vergoldete Bronzearabesken den Rahmen für eine unschätzbare Sammlung chinesischer Miniaturen bildeten, und schließlich den Salon der Porzellane, einen wunderschönen, hellen Raum mit antiken Glasuren in Blau und Weiß, die wie Porzellan wirkten. Das Auffallendste an diesen Salons aber war, daß sie trotz ihrer prunkvollen Ausstattung etwas Persönliches und Einladendes hatten – für eine kaiserliche Residenz höchst ungewöhnlich.
Auch die berühmt-berüchtigte Habsburger Etikette schien in den Mauern von Schönbrunn gelockert. Keine Wachen, keine Diener bis auf den, der der Erzherzogin vorauseilte und ihr die Türen öffnete, und den, der mit zwei Pappkartons beladen der kleinen Gruppe folgte. Lediglich im Salon der Porzellane ging ein Leibwächter auf und ab. Als Sophie erschien, verneigte er sich tief.
»Hauptmann Foresti, würdet Ihr den Herzog fragen, ob er Lieferanten empfangen kann?«
Augenscheinlich war der Herzog dazu bereit. Die drei Frauen betraten ein großes Gemach mit hinreißenden Gobelins, die im letzten Jahrhundert in Brüssel gewebt worden waren und Szenen aus dem Militärleben darstellten. Ein breiter Wandschirm aus Chinalack verbarg das Bett; ein hoher, von Leuchtern flankierter Rokoko-

spiegel reflektierte das Licht, das durch die Fenster drang.
»Wie ich gehört habe«, hatte Palmyre Napoleone erklärt, »bewohnt er das Zimmer, in dem sein Vater im Anschluß an Austerlitz und Wagram übernachtet hat.«
Deshalb war Napoleone entsprechend beeindruckt, als sie die Stätte betrat, die den berühmten Paten, dem sie niemals persönlich begegnet war, beherbergt hatte.
»Wir wollen dich in Versuchung führen!« gelang es der Erzherzogin beim Eintritt zu scherzen. »Wir stören doch nicht etwa?«
Lächelnd ergriff der Herzog die Hand der Tante, drückte einen innigen Kuß darauf.
»Du störst mich nie! Außerdem habe ich mich mit nichts anderem beschäftigt, als den Park zu bewundern. Heute morgen ist er besonders schön. Wer sind denn diese Damen?«
»Die berühmte Mademoiselle Palmyre aus Paris und eine ihrer Verkäuferinnen. Sie haben zauberhafte Sachen für dich mitgebracht.«
»Zauberhafte Sachen? Wirklich? Es ist lange her, daß man mir Zauberhaftes geboten hat.« Und leiser fügte er hinzu: »Wie geht es Euch, Madame de Lauzargues?«
»Sehr gut, Durchlaucht, zumal sich Eure Hoheit meiner erinnern und ich das Glück habe, meinen Prinzen wiedersehen zu dürfen«, hauchte Napoleone.
Aber Sophie raunte bereits: »Du bist unvorsichtig, Franz! Keine Namen!« Dann sprach sie mit normaler Lautstärke weiter. »Zeigt Durchlaucht diese hübschen Kaschmirkrawatten. Sie dürften seinen Beifall finden.«
Schon war Palmyre damit beschäftigt, Schachteln zu öffnen und alle möglichen Stoffe auszubreiten, wobei sie sich bemühte, mit einigermaßen fester Stimme auf die Qualität ihrer Kollektion hinzuweisen: »Wir führen nicht nur Artikel aus Kaschmir. Das hier sind chinesische Seidenstoffe, Rohseide aus Chantung, mit Gold durchwirkte Posamentierwaren ...«

Sie redete ohne Punkt und Komma, während Napoleone und der Prinz ihr Geplapper dazu nutzten, ein paar Worte zu wechseln.
»Ihr habt also entgegen meiner Vermutung noch immer nicht aufgegeben?«
»Nein, Durchlaucht. Ich bin beauftragt, Eurer Hoheit mitzuteilen, daß alles zu dem von ihm gewünschten Abend bereit sein wird. Und je eher das ist, desto besser. Den Sommer über herrscht auf den Landstraßen reger Verkehr. Man wird uns gar nicht beachten.«
»Wie wollt Ihr es anstellen?«
»Wie bereits besprochen: Ihr reist in Verkleidung und mit meinen Papieren bis zur anderen Seite der Grenze. Es geht darum, schnellstmöglich Paris zu erreichen ...«
»Und Ihr? Ich habe Euch doch gesagt, daß ich Euch nicht zurücklassen möchte.«
»Seid unbesorgt. Ich folge Euch wenige Stunden später in Begleitung von Palmyre, die unter dem Vorwand, ihre Mutter sei erkrankt, nach Frankreich zurückkehrt. Auch sie möchte Euch in Paris zur Verfügung stehen. Was Comtesse Camerata anbelangt ...«
»Sie ist wieder hier?«
»Aber ja. Seit dem Tod von Colonel Duchamp ist sie sogar unsere beste Verbindung zu den Bonapartisten und natürlich zur kaiserlichen Familie. Sie wird uns am Abend der Flucht tatkräftig unterstützen und sich dann auf eigene Faust nach Paris begeben.«
Ein trockener Hustenanfall färbte die Wangen des Prinzen.
»Wie stellt Ihr Euch meinen Aufbruch vor?«
»Ganz einfach. Wenn Eure Hoheit ein paar Tage hierbleiben und es sich zur Gewohnheit machen wollten, abends mit der Erzherzogin im Park spazierenzugehen ... Am vereinbarten Abend sollte dieser Spaziergang den großen Obelisken zum Ziel haben, der unweit der Schloßmauer steht. Dort wird auf der anderen Seite ein Wagen warten und Euch, sobald Ihr die Mauer über-

wunden habt, zum Palais Palm bringen. Man wird Euch beim Übersteigen der Mauer behilflich sein. Währenddessen wird die Erzherzogin einen Ohnmachtsanfall vortäuschen, so daß sie erst viel später um Hilfe rufen kann. Wie Eure Hoheit sehen, bedarf es dazu nichts weiter als ein wenig Kühnheit und viel Glück. Bliebe nur noch, den Tag festzusetzen...«
Der Prinz überlegte kurz, lächelte versonnen der völlig atemlosen Palmyre zu und erklärte dann mit erhobener Stimme: »All das gefällt mir ausnehmend gut. Lediglich ein paar Änderungen müßten vorgenommen werden. Könntet Ihr in einer Woche liefern? Heute ist Donnerstag. Sagen wir: genau in einer Woche?«
Palmyre atmete erleichtert auf, strahlte jetzt über das ganze Gesicht. Sie knickste.
»Wie Ihr befehlt, Durchlaucht. Ihr könnt Euch darauf verlassen, daß wir alles tun werden, um Euch zufriedenzustellen. Kommenden Donnerstag also.«
Eine halbe Stunde später bestiegen Palmyre und ihre ›Verkäuferin‹ wieder die Kutsche und fuhren an den ihnen zublinzelnden Wachen vorbei zum Tor hinaus.
»Himmel, habe ich Angst ausgestanden!« sagte Palmyre und ließ sich, die Bänder ihres Hutes lösend, in die Polster sinken. »Ich bezweifle, daß ich wirklich das Zeug zu einer Verschwörerin habe. Mein Herz klopft, als wäre ich meilenweit gerannt. Aber trotzdem hat ja alles gut geklappt, findet Ihr nicht?«
»Ja, doch. Ich bin nur bestürzt über den Gesundheitszustand des Prinzen. Diese Heiserkeit, dieser Husten... Nein, das gefällt mir nicht.«
»Bestimmt ist er überanstrengt. Und hat sich möglicherweise erkältet. Die gute Luft bei uns zu Hause wird ihn schnell wieder auf die Beine bringen. Habt Ihr bemerkt, wie glücklich er wirkte?«
»Ja... um so besorgter erschien mir die Erzherzogin.«
»Das ist doch ganz verständlich«, meinte Palmyre, fest entschlossen, alles in einem rosigen Licht zu sehen. »Er

verläßt sie, und sie liebt ihn. Es wäre wirklich zuviel verlangt, daß sie über diese Trennung begeistert ist.«
Die folgenden Tage waren mit Vorbereitungen ausgefüllt. Prinzessin Orsini und Comtesse de Lauzargues verbreiteten die Nachricht, daß sie beabsichtigten, nach Frankreich zurückzukehren. Da der Großteil ihrer Bekannten Wien mit ihren Sommerresidenzen vertauscht hatte, war dieser Programmpunkt rasch abgehakt. Maria Lipona war selig, daß das Ziel, für das sie sich seit Jahren eingesetzt hatte, in greifbare Nähe rückte. Sie hatte selbstredend vor, sich mit Léone Camerata den Freundinnen anzuschließen; die Teilnahme an dem französischen Abenteuer erschien ihr ebenso wichtig wie seinerzeit die Teilnahme an dem österreichischen. Der einzige, der betrübt war und auch keinen Hehl daraus machte, war Marmont.
»Ich befürchte, daß viel Zeit vergehen wird, ehe ich Euch beide wiedersehe«, sagte er. »Selbst wenn der Kaiser mich riefe, dürfte das französische Volk über das Auftauchen des Herzogs von Ragusa nicht gerade erbaut sein.«
»Das Herz des französischen Volkes ist ebenso wankelmütig wie das einer schönen Frau«, entgegnete Felicia schlagfertig. »Da es unseren jungen Adler vergöttern wird, braucht er nur zu erklären, daß Ihr ihm ein treuer Freund seid, und schon wird dieses Volk vergessen, daß Ihr Charles X. verteidigt habt. Das ist, wie Ihr wißt, Eure einzige Chance, eines Tages zurückzukehren. Seid gewiß, daß wir Napoleon II. immer wieder daran erinnern werden, was er Euch schuldet.«
»Davon bin ich überzeugt. Aber so viele Tage, ohne Euch zu sehen!«
»Denkt an den, bei dem wir uns aufs neue begegnen werden! Das wird Eure Ungeduld zügeln.«
Bei einem Juden aus der Josephsstadt verkaufte Felicia eines der Schmuckstücke aus ihrem Schatzkästlein, um für die Reisekosten und die Unterbringung des Prinzen

in Paris gewappnet zu sein. Es war das zweite kostbare Juwel, von dem sie sich trennte. Napoleone beobachtete es mit Sorge.
»Ihr wißt doch, daß ich das hier von Anfang an für unsere Sache bestimmt habe. Unser Kaiser wird mir alles vergelten.«
»Und ... wenn unser Plan mißlingt?«
Felicia lachte. »Ich werde immer genug zusammenkratzen können, um nach Rom zurückzukehren. Die Orsini nagen Gott sei Dank noch nicht am Hungertuch, und es bleiben ihrer genug, um mir Unterschlupf zu gewähren. Außerdem gibt es noch das Glücksspiel! Napoleone, hört doch um Himmels willen auf, so negativ zu denken!«
»Bei Eurer Aufzählung habt Ihr etwas vergessen: Auch Combert bleibt Euch – und meine Freundschaft. Das Leben dort mag nicht besonders anspruchsvoll oder aufregend sein, aber...«
»Nicht aufregend! Bei allem, was Euch dort widerfahren ist? Ihr seid ganz schön unbescheiden!« Ernst werdend fuhr sie fort: »Das ist wahr. Mir bleibt Combert. Ich hatte es nicht vergessen. Ich wollte es nur gern von Euch hören...«
Die Erinnerung an ihr Zuhause ließ Napoleone in dieser Nacht keinen Schlaf finden. Bei dem Gedanken, endlich dorthin zurückzukehren, stieg eine fieberhafte Unruhe in ihr hoch. Monatelang war sie schon weg, und Jeans beharrliches Schweigen bedrückte, ja ängstigte sie. Vor Wochen war ein weiterer Brief von François eingetroffen, in dem der ›Herr der Wölfe‹ jedoch mit keiner Silbe erwähnt wurde. Da Napoleone François gut kannte, schloß sie daraus, daß Jean ihm ein entsprechendes Verbot auferlegt hatte.
Diese Mahnung wurde bekräftigt, als sie, wie der Zufall es wollte, anderntags einen weiteren Brief aus Combert erhielt. Viel hatte ihr François nicht mitzuteilen, aber das, was er schrieb, versetzte Napoleones Herzen einen

Stoß. »Kommt zurück, Madame Napoleone«, schrieb der Bauer, »ich flehe Euch an, so schnell wie möglich herzukommen. Man hat mir untersagt, Euch zu schreiben, aber ich hoffe, Euch bald hier zu sehen. Es muß etwas geschehen. Ihr allein könnt um Euer Glück kämpfen – falls der, den Ihr geliebt habt, noch immer Euer Glück bedeutet.«
Napoleone brach in Tränen aus. Nachdem Felicia das Schreiben überflogen hatte, hielt sie es für ratsam, Napoleone ausweinen zu lassen. Nach einer langen Weile setzte sie sich zu ihr, schloß sie in die Arme.
»Nur noch zwei Tage, mein Herz, dann fahren wir nach Hause. Wenn dieser Mann Euch schreibt, ist es noch nicht zu spät.«
»Glau ... glaubt Ihr?«
»Bestimmt. Wenn nicht, hätte er es nicht getan. Er weiß, wie lange ein Brief unterwegs ist und wieviel Zeit Ihr für die Heimreise benötigt. Seid ganz ruhig. Ich mache mir Vorwürfe, daß ich viel zuviel von Euch verlangt habe, als ich Euch in diese Geschichte hineinzog. Dafür will ich alles tun, damit Ihr ohne größeren Schaden wieder herauskommt.«
Der ruhige und bestimmte Ton Felicias ließ Napoleones Tränen versiegen. Sie hob den Kopf.
»Was heißt das?«
»Daß Ihr morgen abend hierbleibt und ich mit Timour und Camerata nach Schönbrunn fahre. Wenn ich bis zum Tagesanbruch nicht zurück bin, brecht Ihr auf. Ohne zu warten und ohne vorher Erkundigungen einzuziehen. Ihr nehmt die Postkutsche nach Salzburg und fahrt von dort aus nach Frankreich. Nein, Napoleone, keine Widerrede! Mein Entschluß steht fest. Ich will keine weiteres Wort darüber verlieren.«
»Ihr bestraft mich für einen Augenblick der Verzweiflung«, sagte Napoleone niedergeschlagen.
»Ich will Euch doch nicht bestrafen, mein geliebtes Wirrköpfchen! Ich finde nur, daß Ihr für ein Abenteu-

er, selbst wenn es ein kaiserliches ist, möglicherweise einen viel zu hohen Preis zahlt. Marmont wird bei Euch bleiben ...«

Als der Feldmarschall erfuhr, welche Rolle man ihm vorbehalten hatte, verzog er das Gesicht. Der Gedanke, Napoleone Gesellschaft zu leisten, behagte ihm nicht sonderlich; er war enttäuscht, bei dieser Verschwörung, an der er sich aus Liebe zu Felicia beteiligt hatte, mehr oder weniger aufs Abstellgleis geschoben zu werden. Felicia, die seine Reaktion vorausgesehen hatte, beeilte sich, ihn von der Verantwortung zu überzeugen, die als Kavalier auf ihm lastete.

»Die Aufgabe, die ich Euch übertrage, setzt vollstes Vertrauen voraus. Sollten wir, aus welchen Gründen auch immer, nicht zurückkommen, müßt Ihr den Anschein erwecken, nichts, aber auch gar nichts mit all dem zu schaffen zu haben. Weiterhin müßt Ihr Napoleone am folgenden Morgen in die Postkutsche nach Frankreich setzen.«

»Und Ihr?«

»Ihr werdet anschließend genügend Zeit haben, Euch um mich zu kümmern. Sie, sie muß unbedingt weg. Daß Ihr mit nach Schönbrunn kommt, stand niemals zur Debatte. Um über eine Mauer zu klettern, genauer gesagt, dem Prinzen dabei zu helfen, brauchen wir kein halbes Dutzend Leute. Wir würden nur den Eindruck einer Herde aufgeschreckter Schafe erwecken. Timour und ich werden den Park betreten. Die Comtesse paßt vom Wagen aus auf. Eine Angelegenheit von wenigen Minuten. Anschließend kommen wir zurück. Dann seht Ihr den Prinzen und könnt Madame de Lauzargues zu Palmyre bringen. Sie erwartet sie. Also: Wollt Ihr Euch als der Freund beweisen, den ich hoffe, in Euch zu haben – ja oder nein?«

»Als ob Ihr nicht wüßtet, daß ich Euch niemals mit nein antworten würde! Ich werde Punkt für Punkt tun, was man von mir verlangt.«

»Genau das wollte ich hören!« sagte Felicia befriedigt und strahlte den Feldmarschall an.

Endlich war der langersehnte Tag gekommen. Bei Einbruch der Dunkelheit setzte eine geschlossene Kutsche Maria Lipona am Palais Palm ab, wo die Comtesse den Abend mit Napoleone und Marmont zu verbringen gedachte. An ihrer Stelle stiegen Felicia und Timour, der wahrscheinlich zum erstenmal in seinem Leben im Fond Platz nahm, in die Kutsche. Auf dem Bock, als Kutscher verkleidet, einen grauen Zylinder verwegen auf die Ohren gedrückt, ließ Léone Camerata gekonnt die Peitsche knallen. Von einem Fenster des Palais aus sahen die Zurückbleibenden das Gefährt auf der beleuchteten Straße entschwinden. Für sie begann das große Warten, scheinbar endlos infolge der Angst und nur gemildert durch die Flamme der Hoffnung...
Die gleiche Hoffnung ließ auch Felicia das Herz bis zum Halse klopfen, als sie durch die hinuntergelassene Scheibe die nächtlichen Straßen Wiens vorbeiziehen sah. Mit ein bißchen Glück würde bald der Prinz, von dem sie seit Jahren träumte, neben ihr sitzen und sich bereitwillig in eine glorreiche Zukunft entführen lassen. Die Nacht war schön und lau. Ein Geruch von gemähtem Gras und feuchter Erde lag in der Luft; Pärchen flanierten unter den Bäumen; eine Gruppe Studenten kam vorbei, Lanners neuesten Walzer auf den Lippen.
Comtesse Camerata auf ihrem Bock pfiff wie ein gestandener Fiakerkutscher. Man begegnete anderen, meist offenen Wagen, aus denen das fröhliche Lachen junger Mädchen in leuchtenden Gewändern schallte, gelegentlich auch das Echo eines im Chor angestimmten Liedes.
Als man Schönbrunn erreichte, war es bereits dunkel. Kein Mond war zu sehen. Es bereitete keine Schwierigkeiten, sich zu verbergen, um so größere dafür, sich zurechtzufinden. Was den ›Kutscher‹ jedoch nicht daran

hinderte, sein Gespann zielsicher vorwärts zu lenken. Léone Camerata war mit der Umgebung des Schlosses vertraut, kannte auch die Stelle, an der man die Mauer überwinden mußte, um auf kürzestem Wege den Obelisk zu erreichen, den Punkt, an dem sie sich mit dem Prinzen und Sophie verabredet hatten.
Vor dem Schloß und der hellerleuchteten Zufahrt angelangt, bog die Comtesse nach links ab und brachte das Gefährt auf einem kleinen, von Bäumen gesäumten Weg entlang der Einfriedungsmauer zum Stehen. Nach der Uhrzeit und Timours nächtelangen Beobachtungen zufolge mußte die Wache, die regelmäßig ihre Runden durch den Park drehte, diese Stelle vor zehn Minuten passiert haben.
Felicia und Timour stiegen aus. Tiefe Stille herrschte, gelegentlich nur unterbrochen vom Rascheln eines fliehenden Tierchens.
Vom Kutschbock aus flüsterte Léone Camerata. »Der Himmel sei mit Euch. Wenn Ihr Unterstützung benötigt, pfeift dreimal. Ich komme sofort...«
»Alles wird gutgehen. Der Prinz ist jung und durchtrainiert. Eine Mauer zu übersteigen ist ein Kinderspiel. Außerdem wird Timour ihm helfen. Bis gleich!«
Timour lehnte bereits an der Mauer, den Rücken gebeugt, die Hände zu einem Steigbügel verschränkt. Felicia setzte die Spitze ihres Stiefels hinein, und mit einem Schwung stemmte Timour sie zur Mauerbrüstung empor und zog sich dann selbst hinauf. Das dichte Gras auf der anderen Seite, in das sie sich fallen ließen, dämpfte den Aufprall.
»Sind wir weit weg?« wisperte Felicia. »Die Comtesse sagte, wir würden unmittelbar beim Obelisken landen.«
»Sie hat recht. Als ich die Gegend auskundschaftete, habe ich mehrmals über die Mauer geschaut, und als ich ihn sah, vom Eckgebäude aus die Bäume gezählt. Komm...«
Sie hasteten durch ein kleines Unterholz, erreichten

einen von einer Hagebuchenlaube gesäumten Weg und standen nach wenigen Schritten vor der Marmorsäule, die sich gegen den nächtlichen Himmel abhob.
»Meinem Gefühl nach sind wir pünktlich«, sagte Timour. »Jetzt ...«
Er brach ab. Jemand hustete heftig. Sophie und François tauchten auf. Aber in welcher Verfassung! Die Erzherzogin stützte den jungen Mann, der sich kaum auf den Beinen halten konnte. Felicia und Timour stürzten ihnen entgegen.
»Ihr seid da?« hauchte Sophie. »Um der Liebe Gottes willen, laßt mich um Hilfe rufen und ihn ins Schloß bringen. Er wollte unbedingt kommen, aber in diesem Zustand kann ich ihn nicht fortlassen...«
Schon hatte Timour den Prinzen untergefaßt, zwang ihn, sich neben das kleine Wasserbecken zu setzen, in das der Türke ein Taschentuch tauchte, um ihm die Stirn zu befeuchten.
»Es wird ... gleich besser. Ich ... ich komme mit Euch mit...«
Sophie hatte Felicia zur Seite gezogen.
»Ich habe alles versucht, ihn davon abzuhalten«, sagte sie leise, »aber er wollte nichts davon hören. Er hat sein ganzes Vertrauen in Eure Hände gelegt und will weg.«
»Das wird er auch. Wir werden ihn mitnehmen.«
»Unmöglich. In diesem Zustand wird er die Reise nicht überstehen. Wollt Ihr denn mit einem Leichnam in Frankreich ankommen?«
»Ich glaube, Ihr übertreibt, Hoheit. Ein Hustenanfall bedeutet doch nicht, daß der Prinz im Sterben liegt.«
»Gewiß – aber viel fehlt nicht mehr. Seht doch!«
Sie zog ein Taschentuch aus ihrem Mieder und drückte es Felicia in die Hand. Felicias Augen hatten sich an die Dunkelheit soweit gewöhnt, daß sie auf dem weißen Batist dunkle Flecken erkennen konnte.
»Seht Ihr? Das ist Blut – genauso wie auf dem Taschentuch, das er an seinen Mund preßt! Ich flehe Euch an:

Seht davon ab, ihn mitzunehmen! Ihr würdet ihn umbringen!«
»Das Leben hier bringt ihn um. Warum sollte er in Frankreich nicht gesund werden? Er liebt seine Heimat.«
»Meint Ihr, Frankreich erwarte ihn wirklich? Seit Tagen höre ich mich um, informiere mich. Louis-Philippe scheint seine Macht gefestigt zu haben. Das würde bedeuten, daß Ihr ... kämpfen müßt – und er auch. Wenn Ihr ihn in dieses Unternehmen hineinzieht, wird er bald sterben. Hier kann er noch eine Weile leben – sofern man auf mich hört und einen besseren Arzt als diesen Esel von Malfatti zu ihm läßt. Ich werde alles tun, um ihn zu retten. Auch wenn ich die Hoffnung eigentlich schon aufgegeben habe.«
Felicia antwortete nicht sofort. Ihr Verstand sagte ihr, daß alles verloren und ihr Traum zum Scheitern verurteilt war, aber noch konnte sie ihren brennenden Wunsch, den Sohn Napoleons aus seinem goldenen Käfig zu befreien, nicht aufgeben.
»Was soll ich denn Eurer Meinung nach tun?« fragte sie traurig.
»Sagt ihm, die Vorbereitungen seien noch nicht abgeschlossen. Sagt, daß man Euch einen Paß verweigert hätte oder daß Madame de Lauzargues krank wäre und nicht reisen dürfte. Denn er besteht vor allem darauf, daß sie Wien zur gleichen Zeit verläßt wie er. Und da sie heute abend nicht hier ist – aus Eurem Munde muß er hören, daß der Plan nicht durchführbar ist.«
»Ist sich Eure Hoheit im klaren darüber, was sie da von mir verlangt?« fragte Felicia mit brüchiger Stimme.
»Ich weiß, was ich von Euch verlange. Aber meine Bitte richtet sich an das Herz einer Frau. François ist verloren.«
»Wäre er dann nicht vielleicht glücklicher, auf französischem Boden zu sterben?«
»Doch. Wenn Ihr mir versprechen könntet, daß er noch

am Leben ist, wenn er die Grenze überschreitet. Ich habe eine winzige Chance, ihn zu retten. Laßt mir diese Chance!«
Felicia senkte den Kopf. Sie wußte, daß der Kampf verloren war. Sophie weinte – die hochmütige, stolze Sophie.
»Beruhigt Euch, Hoheit«, sagte Felicia schließlich. »Wenn er Euch so sieht, wird er erraten, wie es um ihn steht. Ich werde mit ihm sprechen. Danach fahren wir zurück, und Ihr könnt Hilfe herbeirufen.«
Langsam ging sie auf den Prinzen zu, der sich, an Timours breite Schulter gelehnt, allmählich erholte. Sie bemerkte den dunklen Fleck auf der weißen Krawatte, die der Türke gelockert hatte ...
»Nun, Madame«, sagte der Kranke und zwang sich zu einem Lächeln. »Habt Ihr ... Euch von der Erzherzogin verabschiedet? Ich nehme an, es ist Zeit zum Aufbruch ...«
»Nicht heute abend, Durchlaucht! Nur um Eurer Hoheit dies mitzuteilen, sind wir hergekommen.«
»Wir fahren nicht? Aber ... warum denn?«
»Madame de Lauzargues ist krank – nicht reisefähig. Ein böses Fieber ... Ich kann sie nicht allein lassen.«
»Ach!«
Eine kurze Stille trat ein, dann krächzte die wie Sandpapier rauhe Stimme: »Der Aufschub ist gerechtfertigt. Um nichts auf der Welt möchte ich ... jemanden zurücklassen. Vergeßt nicht, daß ich das zur Vorbedingung für meine Abreise gemacht habe. Nun ... dann eben ein andermal. Nicht wahr?«
»Ja, Sire. Ein andermal.«
Von ihren Gefühlen überwältigt, kniete Felicia nieder und faßte nach der heißen Hand des Prinzen, drückte die Lippen darauf. Trotz der Dunkelheit entging ihr nicht das Lächeln auf seinem bleichen Gesicht.
»Nicht weinen«, sagte François sanft, »wir verschieben es ... auf ein andermal. Jetzt sagte ich Euch Lebewohl,

Prinzessin Orsini! Pflegt Eure Freundin und paßt vor allem gut auf Euch auf bis zu ... unserem Wiedersehen. Ihr bedeutet mir sehr viel ...«
Gleich darauf kletterten Felicia und Timour über die Mauer zurück. Schon hörte man die Hilferufe der Erzherzogin.
»Was soll dieser Lärm? Was ist los? Wo bleibt er denn?« fragte Camerata, die von ihrem Kutschbock abgesprungen war, aufgeregt.
»Er kommt nicht mit. Und ich glaube, er wird Frankreich nie wiedersehen. Er ist krank, sehr krank. Alles war vergebens!«
Und Felicia, die Unbezähmbare, Felicia, die Amazone, warf sich in den Wagen, schluchzte, in eine Ecke gekauert, hemmungslos wie ein kleines Mädchen. Es war, als hätte das Leben für sie keinen Sinn mehr...

Am Morgen des folgenden Tages verließen Napoleone und Felicia endgültig das Palais Palm. Der schwere Reisewagen rollte langsam über das Kopfsteinpflaster der Schenkenstraße. Eindrucksvoll und majestätisch, wie es seine Art war, hielt Timour die Zügel; die beiden Frauen im Inneren der Kutsche schwiegen, hingen ihren Gedanken nach, ohne einen Blick zurückzuwerfen.
Felicias Schweigen ließ sich mit dem vergleichen, das auf eine Katastrophe folgt. Sie fuhr zurück, ohne ihr Ziel erreicht zu haben, Österreich seine Geisel zu entreißen. Das konnte offenbar nur dem Tod gelingen. Dennoch fühlte sich die Amazone besiegt und gedemütigt. Vielleicht war dieses Gefühl nur vorübergehend, denn eigentlich gehörte sie nicht zu denen, die sich in Selbstmitleid zerfleischten. Bald würde sie sich ein neues Schlachtfeld suchen und ohne Mühe auch finden. Da gab es die italienischen Staaten, die noch immer am Rande einer Revolte gegen die fremde Besatzungsmacht standen. Da gab es den großen Traum nach der Einigung der Halbinsel unter einer gemeinsamen Flagge.

Für den, der bereit war, sein Leben einzusetzen, war in der Tat viel zu tun.
Das hatte Felicia auch Marmont zu verstehen gegeben, als der alte Soldat beim Abschiednehmen mit schmerzerstickter Stimme flüsterte: »Jetzt ist alles zu Ende! Ich werde Euch niemals wiedersehen, weil mir Frankreich auf ewig versperrt ist ...«
»Ich bin keine Französin und habe dort nichts mehr zu suchen. Ich bringe nur Napoleone nach Combert, löse mein Haus in der Rue de Babylone auf und kehre dann nach Rom zurück. Besucht mich doch dort, wenn Ihr nichts Besseres vorhabt. Aber beeilt Euch. Es ist gut möglich, daß ich mich nicht allzu lange dort aufhalte.«
»Wo wollt Ihr denn hin? In welches sinnlose Gefecht? Werdet Ihr denn niemals des Kämpfens überdrüssig?«
»So bin ich eben, mein Freund. Damit müßt Ihr Euch abfinden. Gott hat mir die Liebe versagt, aber die Begeisterung gelassen. Wer weiß, vielleicht schenkt er mir wenigstens einmal den Sieg?«
Während sich die Stille um Felicia langsam mit kriegerischen Bildern füllte, waren Napoleones Gedanken von dem Wunsch nach Frieden beseelt. Das Scheitern ihrer Hoffnungen schmerzte sie, und noch qualvoller war die schreckliche Gewißheit, daß dieser junge, schöne Prinz, den sie wie einen Bruder liebte, verloren war. Besänftigt wurde dieser Kummer nur durch die Vorfreude auf zu Hause, eine Freude, die sie als egoistisch schalt und für die sie sich Felicia gegenüber ein wenig schämte. Doch möglicherweise würde sie mit einer neuen schwierigen Situation konfrontiert werden. Sie ahnte nicht, was sie in Combert erwartete, wußte nur, daß sie mit ihrer Liebe über die beste Waffe verfügte und entschlossen war, sich ihrer mit allen Kräften zu bedienen. Jedenfalls würde sie wieder bei ihrem Sohn sein und ihren Seelenfrieden zurückgewinnen, da dieser gräßliche Butler nicht mehr lebte. Einige Tage zuvor hatte Doktor Hoffmann sie im Palais Palm aufgesucht und ihnen die Nachricht

von Butlers Tod überbracht. Dem jungen Arzt war es nicht gelungen, seinen Patienten zu retten; Napoleones fanatischer Verehrer war gestorben, ohne das Bewußtsein wiedererlangt zu haben. Auch dieses Kapitel ihres Lebens war also ein für allemal abgeschlossen; Napoleone konnte bereits einen mitfühlenden Gedanken für diesen ebenfalls Besiegten aufbringen.
Der Abschied von den Freundinnen war schwergefallen. Würden sie sich jemals wiedersehen? Léone Camerata war in das Winzerhaus zurückgekehrt.
»Solange François lebt, bleibe ich hier. Ich möchte ihm so nahe wie möglich sein, wenn seine letzte Stunde gekommen ist...«
Maria Lipona blieb, wie nicht anders zu erwarten, bei ihr. Sie fand, daß sie nach Wien gehörte, versprach aber – und das allein sorgte bei diesem Abschied für ein wenig Fröhlichkeit –, nach Frankreich zu kommen und in Begleitung von Napoleone die Auvergne zu bereisen. Auch nach Rom wollte sie, wo sie hoffte, Felicia anzutreffen.
Palmyre dagegen hatte ihre Meinung geändert. Da die Wiedereinsetzung des französischen Kaiserreichs nicht mehr zur Debatte stand, zog sie es vor, in Wien zu bleiben und von Zeit zu Zeit das einsame Grab in der Nähe des kleinen Waldes bei Wagram mit Blumen zu schmücken.
»Ich weiß sehr wohl, daß er mich nie geheiratet hätte. Aber die Pflege seines Grabes gibt mir das Gefühl, seine Witwe zu sein. Außerdem habe ich im Frankreich des Bürgerkönigs nichts verloren. Es gibt Begriffe, die einfach nicht zusammenpassen...«
Der Reisewagen passierte jetzt die Stadtmauern von Wien, schlug dann aber nicht die Straße nach Linz ein, sondern die nach Bratislava, die über Wagram führte. Felicia und Napoleone wollten Österreich nicht verlassen, ohne ihrem teuren und ergebenen Freund Duchamp Lebewohl zu sagen.

Die Sonne tauchte am Horizont unter, als man die Ebene von Wagram und den kleinen Wald erreichte, wo er ruhte, den Napoleon als den letzten der Paladine betrachtete. Dem Kaiser Napoleon hatte sein Leben, sein Herz gehört, und es hätte schon alles in Schutt und Asche liegen müssen, ehe eine Frau darin Platz gefunden hätte. Napoleone war bescheiden genug anzunehmen, daß, sollte Duchamp sie geliebt haben, der Grund möglicherweise darin zu suchen war, daß zu jener Zeit sein Herz leer gewesen war und er jemanden gebraucht hatte, dem er seine Ergebenheit beweisen konnte.
Nun war er tot. Durch die wahnsinnige Eifersucht eines Mannes umgekommen. Vielleicht hätte es ihm das Herz gebrochen, wenn er das Scheitern seines Traums miterlebt hätte. Wie hätte er die Tatsache verkraftet, daß der, den er unbedingt zu einem zweiten Napoleon machen wollte, ein schwindsüchtiger, kraftloser Mann war, ein auf ewig eingesperrter junger Adler, dem der Tod keine Zeit ließ, seine Schwingen zu entfalten?
Schweigend knieten die beiden Frauen neben dem kleinen Erdhügel nieder, auf dem Marmont am Tag nach dem Mord ein kleines Holzkreuz aufgestellt hatte, um zu verhindern, daß jemand, selbst unbeabsichtigt, das einsame Grab schändete.
Andächtig und liebevoll legte Napoleone den roten Rosenstrauß, den sie mitgebracht hatte, nieder, während Felicia einen Lorbeertrieb in die Erde pflanzte, dorthin, wo sich Duchamps Herz befinden mußte.
Napoleone schloß die Augen und betete. Als sie sie wieder öffnete, sah sie, daß sich Felicia erhoben hatte. Napoleone den Rücken zukehrend, verfolgte sie den Untergang der Sonne, einer riesigen purpur- und goldfarbenen Sonne, die ihr gleißendes Licht sicherlich auch über die Terrassen und Gärten von Schönbrunn ergoß.
Hoch aufgerichtet und unbeweglich stand Felicia da – wie jene Klageweiber der Antike, die starr und fatalistisch zusahen, wie Imperien versanken...

Napoleone trat neben sie.
»Es schmerzt Euch, von hier wegzugehen«, sagte sie leise. »Warum bleibt Ihr nicht ... bis zum Ende, so wie Léone Camerata? Das würde Euch weniger quälen, und ich kann sehr gut allein reisen.«
Felicia wandte der Freundin das tränenfeuchte Gesicht zu.
»Nein. Hierzubleiben wäre sinnlos. Eine ohnmächtige Zuschauerin kann und will ich nicht sein. Ich habe nur die Sonne betrachtet. Es heißt, die, die in Waterloo über dem Rest der Großen Armee unterging, sei blutrot gewesen wie diese hier. Eine Sonne der Trauer, auch wenn eine Hoffnung blieb. Heute abend gibt es keine Hoffnung mehr, und diese blutige Sonne verkündet, daß das französische Kaiserreich für immer erlischt.«
»Morgen geht die Sonne wieder auf, Felicia. Warum sollte das Kaiserreich nicht eines Tages neu erstehen? Wo es doch zumindest einen Erben gibt ...«
Felicia zuckte verächtlich die Schultern.
»Kein Bonaparte ist dazu in der Lage. Und falls Ihr an den Sohn von Königin Hortense denkt, glaube ich, daß man von ihm nicht viel erwarten kann. Er ist ein Draufgänger, weiter nichts. Außerdem trägt er nicht einmal das Blut Napoleons in sich. Nein, Napoleone, der Kampf ist zu Ende. Laßt uns jetzt aufbrechen und versuchen zu vergessen. Wir haben noch einen langen Weg vor uns.«
Hand in Hand kehrten sie zum Wagen zurück, wo Timour wartete. Auf Duchamps Grab ließ die Sonne die Rosen erglühen, überzog golden den kleinen Lorbeer...

DRITTER TEIL

DER LETZTE HERR AUF LAUZARGUES

WAS FRANÇOIS ZU BERICHTEN HATTE

Niemals war der Garten schöner gewesen. Die Hitze, die diesen Sommer gekennzeichnet hatte, ließ die Rosen auch in dem rauheren Bergklima länger blühen; die Geranien präsentierten sich als dichtes Blattwerk mit dikken, purpurnen Blütenbällen. In einer Ecke breitete sich ein samtener Teppich violetter Stiefmütterchen aus, in einer anderen vermischten sich schlanke gelbe Gladiolen mit hohen blauen Lupinen. Die eine Seite der Mauer bedeckte der weiße Schnee eines kleinblütigen Kletterrosenstrauchs, über die andere zog sich ein Spalier von Rosenstöcken mit Blüten groß wie Untertassen. Der Wein, der sich um eine Gartenlaube rankte, färbte sich bereits rötlich, und im Blau des jungen Tages ließen die Tautropfen jedes Grashälmchen glitzern. Es war, als vereinte dieser Septembermonat vorherbstliche Pracht mit der Frische eines zu erwartenden Frühjahrs.
Napoleone und Felicia kamen über den Hauptweg zurück, beendeten den kleinen Morgenspaziergang hinunter zum Fluß, den Napoleone vorgeschlagen hatte, um der Freundin vor deren Abreise auch den letzten Winkel ihres Besitzes zu zeigen.
Schweigend waren sie marschiert, hatten sich einfach dem Glücksgefühl hingegeben, beisammen zu sein. Als sie jetzt am alten Brunnen anlangten, konnte Napoleone ihre Gedanken nicht länger für sich behalten.
»Es schmerzt mich, daß Ihr so bald aufbrecht, Felicia. Warum verlängert Ihr nicht Euren Aufenthalt? Warum verbringt ihr nicht den Winter hier? Zumal wir doch eben erst angekommen sind...«
Die beiden jungen Frauen hatten am Nachmittag zuvor Combert erreicht und mit ihrer Ankunft für Überraschung und Aufregung gesorgt. Clémence hatte in ihre

Schürze geheult, als sie Napoleone erblickte; Jeannette war ihr ungeachtet aller Standesunterschiede um den Hals gefallen, auch wenn sie sich anschließend beschämt dafür entschuldigt hatte. François, der die Neuigkeit erfuhr, als er vom Feld heimkam, hatte sich stumm verneigt, dabei aber derart gestrahlt, daß Napoleone von Schuldgefühlen gepeinigt worden war. Wie hatte sie all diese lieben Menschen so viele Monate lang und fast ohne Nachricht alleinlassen können? Sie hatten ihren, Napoleones Ausflug nach Österreich sicher nicht verstanden und mußten sich vorkommen, als seien sie im Stich gelassen worden. Das jedenfalls war aus den Worten von Clémence herauszuhören gewesen.
»Wir dachten, Ihr wäret für immer gegangen, wie damals Demoiselle Victoire de Lauzargues, Eure arme Mutter.«
»Wie kommt Ihr auf so etwas! Meine Mutter hat das Landleben aufgegeben, um zu heiraten. Ich dagegen habe einen Sohn!«
»Aber die Gerüchte ... Ihr wißt ja, wie die Leute sind. Man stellt sich Fragen und sucht nach Antwort, und nur ganz selten findet man keine. Einige behaupten, Ihr hättet Euch auf die Suche nach einem Ehemann begeben...«
»Dummes Gerede! Für meine Abreise gab es schwerwiegende Gründe, wie Euch Comtesse Morosini bestätigen kann. Außerdem habe ich einige Male geschrieben.«
»Aus dem Ausland! Und weil François Eure Briefe nicht vorgelesen hat, hat sich eben jeder seinen eigenen Reim darauf gemacht.«
Napoleone verschob alle weiteren Erklärungen auf später, denn Jeannette war mit dem kleinen Etienne aufgetaucht. Napoleone kniete sich hin, um ihn in die Arme zu schließen und mit zärtlichen Küssen und Tränen der Freude zu bedecken.
»Mein Kleiner! Mein Liebling! Mein Herzblatt! Wie entzückend du bist und wie groß schon!«

»Und was für ein Wildfang!« ergänzte Jeannette. »Eigentlich kann ihn nur noch mein Onkel François bändigen...«
»Er braucht eben einen Vater!« ließ sich Clémence vernehmen und rauschte ab in die Küche, um sich über ihre Kochtöpfe herzumachen. »Ihr hingegen braucht nach diesem langen Weg etwas Vernünftiges zu essen.«
Den Rest des Tages überließ man sich der Freude über die Heimkehr, dem Vergnügen, Felicia das Haus zu zeigen, der deftigen Mahlzeit, die Clémence auftischte, nachdem sie einen Teil des Geflügelhofs abgeschlachtet, eine Riesenpastete geknetet und mehrere gute Flaschen Wein aus dem Keller geholt hatte, tatkräftig unterstützt von Timour – dessen wuchtiger Körperbau die brave Frau beeindruckte – und Felicias Dienern.
Denn diesmal hatte der Reisewagen fünf Passagiere befördert. In Paris, wo sie nur zwei Tage geblieben waren, hatte Felicia den Mietvertrag für ihr Haus in der Rue de Babylone gelöst und Livia und Gaetano abgeholt, die sich über so lange Zeit hinweg als treue Hüter und Sachwalter bewährt hatten. Nun, da der Traum vom Kaiserreich ausgeträumt war, brauchte Felicia keine Wohnung mehr in der Stadt, in die sie nicht zurückzukehren gedachte.
»Der einzige, der hier meiner bedurfte, war Delacroix, und auch er ist fort.«
Durch einen kurzen Besuch am Quai Voltaire hatten die beiden Frauen erfahren, daß der Maler in Begleitung seines Freundes Graf Charles de Mornay nach Marokko aufgebrochen war. Wie man berichtete, war dem Künstler mit seiner ›Freiheit‹ nicht der erwartete Erfolg beschieden gewesen, auch wenn der König das Werk gekauft hatte. Delacroix hatte es vorgezogen, Paris, das er als zu spießig empfand, gegen ein Leben voller Abenteuer zu vertauschen.
Felicia hatte die Hauptstadt von Louis-Philippe also ohne Bedauern verlassen und freute sich jetzt – und das

galt auch für Livia und Gaetano – auf die liebliche Landschaft und die Sonne ihrer Heimat Italien.
All diese Menschen erfüllten nun das Haus mit ungewohnter Fröhlichkeit und Leben, und Napoleone hätte sich gewünscht, daß dies noch eine Weile andauerte. Aber Felicia wollte abreisen, und das möglichst rasch.
»Euer Haus ist bezaubernd und dieser Garten hinreißend schön«, sagte sie zu der Freundin. »Wie angenehm wäre es, einfach hier zu sitzen und vielleicht alles zu vergessen. Viel zu angenehm! Denn ich will gar nicht vergessen. Mein Leben soll zu etwas nütze sein.«
»Ich würde Euch nur zu gern dabehalten. Wenigstens eine Zeitlang. Es wird mir schwerfallen, auf Euch verzichten zu müssen...«
Felicia lächelte, hakte die Freundin unter und ging mit ihr ins Haus zurück, der Aufforderung von Clémence, sich an den Frühstückstisch zu setzen, Folge leistend.
»Für mich dürfte es noch schwerer sein. Ihr habt hier ... eine Angelegenheit ins reine zu bringen, über die Ihr Euch, seit wir in Combert sind, heroisch ausschweigt, auch wenn Ihr vor Ungeduld vergeht. Meine Anwesenheit würde nur stören, und außerdem zieht es mich mit aller Macht in meine Heimat.«
»Um Marmont wiederzusehen?« fragte Napoleone schelmisch.
»Er ist klug genug zu wissen, daß er von meiner Seite her nicht allzuviel zu erwarten hat. Nein. Ich gehe nach Italien, um einen Grund zu suchen, weiterzuleben...«
Napoleone sah die Freundin erschrocken an.
»Seid Ihr sicher, Felicia, daß Ihr nicht einen Grund sucht, um zu sterben? Ihr bedeutet mir viel – sehr viel mehr als eine Schwester. Ich möchte Euch unbedingt wiedersehen.«
»Keine Angst! Auch ich möchte Euch wiedersehen, wenn möglich, als glückliche Frau. Arbeitet auf dieses Ziel hin. Vergeßt dabei aber eins nicht: Die Liebe ist zu schön und zu selten, um sie für weiß Gott welche gesell-

schaftlichen Vorurteile aufs Spiel zu setzen. Sie ist es wert, daß man ihretwegen auf alles andere verzichtet.«
Eine Stunde später sah Napoleone, den kleinen Sohn an der Hand, dem behäbigen Reisewagen nach, in dem sie selbst so viele Meilen zurückgelegt hatte, bis er von einer aufwallenden Staubwolke verschluckt wurde. Sie wischte sich eine Träne weg und drückte das heiße Händchen, das sich in ihre Hand schmiegte, fester. Etienne, der vergnügt mit der freien Hand gewinkt hatte, sah die Mutter an.
»Fort?« kam es fragend.
»Ja, mein Liebling. Tante Felicia ist fort. Aber sie kommt wieder.«
Das Kind plapperte ohne Punkt und Komma weiter, und Napoleone war hingerissen über die Fortschritte, die der Kleine während ihrer Abwesenheit gemacht hatte. Es würde wunderbar sein, sich mit ihm zu unterhalten! Mit Rücksicht auf Etiennes kurze Beinchen gingen sie langsam zum Haus zurück, wo Napoleone das Kind Jeannette übergab.
»Ich würde gern Euren Oheim sprechen«, sagte Napoleone. »Könnt Ihr mir sagen, wo ich ihn finde?«
»Zu Hause, Madame la Comtesse. Ich glaube, er sitzt über seinen Rechnungen. Er hat mir übrigens gesagt, er würde sich vormittags für Madame zur Verfügung halten...«
François Devès wartete in der Tat auf Napoleones Besuch. Sie traf ihn jedoch nicht an seinem Tisch sitzend an, sondern in der Tür stehend, die Arme über der Brust verschränkt, den Blick auf den Weg gerichtet. Als er die junge Frau sah, zog er den breitkrempigen schwarzen Hut, den er wie fast alle Männer der ländlichen Auvergne ständig trug.
»Habt Ihr etwa damit gerechnet, daß ich Euch um diese Zeit aufsuchen würde?« fragte sie.
»Ich hörte den Wagen Eurer Freundin abfahren, Madame Napoleone, und vermutete, Ihr würdet bald darauf

hier erscheinen. Dafür, daß Ihr so schnell gekommen seid, danke ich Euch. Wollt Ihr Euch die Mühe machen und eintreten, oder zieht Ihr einen Spaziergang vor?«
»Ich möchte lieber hereinkommen. Spazierengegangen bin ich bereits mit Comtesse Morosini. Wir haben Euren Garten bewundert, François. Ich finde, er wird mit jedem Jahr schöner.«
»Er hat Euch erwartet, genauso wie wir alle. Ihr solltet doch nicht enttäuscht sein ...«
»So, wie ich es vermutlich jetzt gleich sein werde? Diesen Brief habt Ihr mir doch geschrieben, weil es nicht gut um meine Sache bestellt ist?«
Sie hatten den langgestreckten, niedrigen Raum betreten, der den Mittelpunkt des Hauses bildete und den Jeannette peinlich sauber hielt. Der große Tisch aus Kastanienholz, die Truhen, Bänke und Armstühle um die tiefe, innen mit einer dicken Rußschichte bedeckte Feuerstelle glänzten im kühlen Dunkel wie brauner Satin. Auf dem Kaminsims funkelte das Kupfergeschirr wie vergoldetes Silber, und auf dem Tisch, in einem Zinnkrug, prangte ein dicker Strauß himmelblauer Astern. Es duftete nach Holzfeuer, Bienenwachs und frischgebackenem Brot.
François rückte Napoleone einen der Armstühle zurecht, die einst sein Großvater gezimmert und die Jeanette mit grünen Stoffkissen gepolstert hatte. Mit einem Seufzer, der Erschöpfung und Besorgnis zugleich ausdrückte, nahm Napoleone Platz, warf einen Blick auf die auf dem Tisch ausgebreiteten Listen und Schreibutensilien. »Was das Haus und den Hof betrifft, kann ich Euch versichern, daß alles in bester Ordnung ist«, meinte François selbstbewußt. »Wir haben auf einem Plateau eine außergewöhnlich reiche Enzianernte erzielt, und das Vieh ...«
»François! Spannt mich nicht länger auf die Folter! Ihr habt mir diesen Hilferuf nicht zukommen lassen, um Euch mit mir über den Enzian oder das Vieh zu unter-

halten. Es geht doch um Jean, und Ihr wißt genau, daß ich vor Ungeduld brenne, endlich etwas über ihn zu erfahren. Warum habt Ihr ihn in Euren Briefen mit keiner oder kaum einer Silbe erwähnt?«
»Weil er es mir untersagt hat, Madame Napoleone. Er wollte nicht, daß ich Euch irgend etwas mitteile, was einem Hilferuf gleichkommt. Er glaubt, Ihr wäret des Lebens hier überdrüssig und abgereist, um wahrscheinlich nie wieder zurückzukommen ...«
»Ist er verrückt? Wie kann er annehmen, ich würde mein Kind, unser Kind, im Stich lassen?«
»Ich hätte sagen sollen: um wahrscheinlich nie wieder zu ihm zurückzukommen.«
»Aber er hat doch meine Briefe gelesen! Und muß wissen, daß ich ihn liebe! Warum hat er mir nicht geantwortet?«
»Aus dem gleichen Grund, den ich Euch eben nannte. Jean glaubt, Ihr hättet Euch in einem Anflug von Leidenschaft zu etwas hinreißen lassen und angesichts der Umstände, die ein normales Zusammenleben unmöglich machten, vorgezogen zu gehen.«
»Er war es doch, der weggegangen ist! Er selbst hat sich ganz plötzlich dazu entschlossen, in Lauzargues zu bleiben, damit Godivelle nicht allein ist. Dabei war das nur ein Vorwand! Er tat so, als sei sie in Gefahr...«
»Da ist etwas Wahres dran. Seit der Feuersbrunst redet man viel über Lauzargues. Und nichts Gutes. Die Leute sagen, das Schloß sei verhext, verflucht. Und weil Jean und auch Godivelle den Zutritt verbieten ...«
»So ein Schwachsinn! Ich habe mich von Anfang an gegen das Gerücht aufgelehnt, auf dem Schloß laste ein Fluch. Ich weiß nicht, warum Jean und Godivelle diese Ammenmärchen schüren. Was mich interessiert, ist Jean. Er weiß genau, daß ich nichts weiter begehre als ihn, daß ich ihn allen Widerständen zum Trotz heiraten wollte. Ich bin sogar so weit gegangen, ihm zu sagen ...«
»Daß Ihr ein Kind von ihm erwartet? Ich weiß. Wenn

Ihr mich fragt, Madame Napoleone, so glaube ich, daß ihn das am tiefsten getroffen hat. ›Sie hat mich einmal belogen‹, hat er zu mir gesagt. ›Sie, die ich nicht der kleinsten Lüge für fähig hielt. Warum sollte sie nicht auch weiterhin lügen?‹ Daß Ihr abgereist seid, um Eurer Freundin zu helfen, dafür hat er Verständnis gezeigt. Daß Ihr ihr dann aber auch noch ans andere Ende Europas gefolgt seid, das zu begreifen hat er sich geweigert...«
»Was hat er denn vermutet? Daß ich einem Mann hinterhergefahren sei?«
François schwieg; sein verschlossener Gesichtsausdruck war Antwort genug. Napoleone zwang sich, die Tränen, die ihr in die Augen stiegen, zurückzudrängen. Daß ihre Stimme plötzlich brüchig klang, konnte sie allerdings nicht verhindern.
»So wenig kennt er mich?« sagte sie gequält.
»Ja, so wenig, und wenn Ihr einem Freund gestattet, Euch die Wahrheit zu sagen, Madame Napoleone: Ich bin der Meinung, er kennt Euch überhaupt nicht, genauso wenig, wie Ihr ihn kennt. Ihr seid Euch begegnet, seid in Liebe füreinander entbrannt, und mehr verlangtet Ihr nicht. Ihr kommt aus zwei völlig verschiedenen Welten und habt niemals zusammengelebt.«
»Aber genau das wollte ich doch! Was redet Ihr da von verschiedenen Welten! Meine Wurzeln sind hier, das habe ich längst begriffen. Meine Mutter ...«
»Auch von Eurer Mutter hat er gesprochen«, sagte François traurig. »Und ich muß zugeben, es hat mir wehgetan, als er sagte: ›Sie liebte dich ebenfalls, mein armer François, und behauptete immer wieder, ohne dich nicht leben zu können. Trotzdem ist sie weggegangen und hat einen anderen geheiratet. Sie hatte nicht einmal die Ausrede, mit dieser Heirat beuge sie sich dem Willen ihrer Familie. Wie die Mutter ...‹«
»... so die Tochter!« ergänzte Napoleone flüsternd. »Und das soll Jean gesagt haben? Wer mag ihm diesen

Unsinn nur eingeredet haben? Man hat ihn umgekrempelt. Ist er nicht mehr derselbe? Vielleicht ist er gar verrückt geworden? Das muß er wohl, wenn er vergessen hat, daß zwischen meiner Mutter und mir ein Riesenunterschied besteht. Ein Unterschied, der Etienne heißt und unser beider Fleisch und Blut ist...«
»Der jedoch als Sohn Eures verstorbenen Gatten gilt. Wenn Ihr Jean nicht mehr liebt, wäre es ein Leichtes, zu vergessen...«
»Nicht für mich! Verratet mir nur eins, François: Wenn man hierzulande so etwas von mir denkt – warum habt Ihr mir dann diesen Brief geschrieben? Warum batet Ihr mich, zurückzukommen?«
»Weil ich nicht glaube, daß Ihr einen anderen liebt. Weil ich noch immer hoffe, daß für Eure Liebe eine Möglichkeit besteht, erwidert zu werden.«
»Ihr selbst glaubt demnach an diese Liebe?«
»Ja. Ich weiß nicht, wer Jean auf derartige Gedanken gebracht hat, aber Ihr seid nicht die, für die er Euch hält. Deshalb habe ich sein Verbot mißachtet und Euch geschrieben. Gott sei Dank seid Ihr gekommen, ehe es zu spät ist.«
»Zu spät wofür?«
»Um Jean zurückzugewinnen. Vor mehr als einem Monat traf ich ihn in Saint-Flour, wo er verschiedene Einkäufe tätigte. Ich wollte mit ihm über Euch und das, was Ihr mir geschrieben habt, sprechen, aber er ließ mich gar nicht zu Wort kommen. ›Hör zu, François‹, sagte er, ›es hat keinen Sinn, darüber zu reden. An ihr liegt es, sich zu erklären, wenn sie noch will. Sollte sie eines Tages wieder hier sein...‹ Und als ich von neuem anhob und meinte, Ihr würdet bestimmt zurückkommen, schon des Kleinen wegen, sagte er: ›Das werden wir ja sehen. Wenn sie bis Weihnachten nicht da ist, ist es zu spät... falls es nicht bereits jetzt zu spät ist.‹«
»Was wollte er damit andeuten?«
»Das weiß ich nicht. Es war mir nicht möglich, noch ir-

gend etwas aus ihm herauszubekommen. Und da selbst ich mich nicht mehr in Lauzargues blicken lassen darf ...«

Napoleone stand so unvermittelt auf, daß ihr Stuhl umkippte.

»Und das findet Ihr normal? Ihr seid sein bester Freund, und er verbietet Euch, diese Ruinen zu betreten? Ihr nehmt das einfach hin?«

»Wenn er sich das doch so ausgedacht hat? Außerdem, was sollte ich, um ehrlich zu sein, in Lauzargues verloren haben? Ich fange ja allmählich an zu glauben, daß von diesem Ort Unheil ausgeht. Die Männer, die dorther stammen, verlieren ihren gesunden Menschenverstand; alles, was ihnen bleibt, ist ihr falscher Stolz. Wenn es stimmt, was man sich schaudernd überall erzählt, daß nämlich der Geist des Marquis dort umgeht, dann hat er sich des Verstandes seines Sohnes bemächtigt, und ich befürchte, daß er ihn jetzt nach seinem Bild formt. Ja, Madame Napoleone, Jean hat sich sehr verändert...«

»Jean und der Marquis haßten sich!«

»Gewiß, aber das alte Schloß hat Jean immer geliebt. Während er früher nicht einmal über dessen Schwelle treten durfte, macht er es sich jetzt ganz zu eigen. In gewisser Weise erfüllt er sich seinen Traum.«

»Der letzte Herr auf Lauzargues zu sein?« Napoleone lachte boshaft. »Ein Schloßherr, der eifersüchtig über seinen Besitz wacht, zu dem nichts und niemand Zutritt hat? François, Ihr habt wirklich gut daran getan, mich zu rufen. Es ist höchste Zeit, daß ihm jemand den Kopf zurechtrückt.«

»Was gedenkt Ihr zu tun?«

»Ich werde nach Lauzargues reiten. Und zwar sofort! Mir hat niemand untersagt, mich dort umzuschauen! Sattelt mir ein Pferd, François! Ich ziehe mich nur rasch um!«

»Ihr werdet nicht allein reiten. Ich komme mit.«

»Seid nicht kindisch. Was sollte mir denn zustoßen? Ich werde Godivelle guten Tag sagen und ihr zeigen, daß ich wieder da bin. Es ist doch wohl kaum anzunehmen, daß sie die Hunde auf mich hetzt?«
Als Napoleone eine halbe Stunde später in ihrem grünen Reitkleid das Haus verließ, sah sie, daß François zwei Pferde am Zügel hielt. Er ließ ihr keine Zeit, weitere Einwände zu erheben.
»Ich werde an der Grenze des Anwesens von Lauzargues auf Euch warten«, sagte er, »aber mitkommen möchte ich unbedingt. Zu meiner eigenen Beruhigung.«
Statt einer Antwort lächelte sie ihm zu, schob die Spitze ihres Stiefels in seine bereitgehaltene Hand, schwang sich in den Sattel und richtete ihr Pferd auf das Tal zu.
»Wir reiten am Fluß entlang!« rief sie. »Die Strecke ist wunderschön, und wir sind schneller da.«
Trotz der Besorgnis, die Jeans eigenartiges Verhalten ausgelöst hatte, erwachte in Napoleone schon bald wieder die Freude, die ihr Ausritte stets bereitet hatten, dieses Glücksgefühl, ganz eins mit der Natur zu werden und belebende Kräfte aus ihr zu schöpfen. Und dieser Morgen war besonders schön. Die beiden Reiter drangen in den Wald ein, der sich durch das Tal zog, folgten dem Lauf des kleinen Flusses, seinem rauschenden Wasser. Alles war so friedlich, so erquickend, daß Napoleone unwillkürlich das Tempo verlangsamte, um dem Ruf des Kuckucks zu lauschen, dem blauen Flügelschlag eines Eichelhähers nachzuschauen, der eiligen Flucht eines Hasen...
Die Erregung von vorhin war abgeklungen. Statt dessen hatte sie ein eigenartiges Gefühl beschlichen, als flüsterte ihr eine innere Stimme zu, daß sie, sobald sie aus dem schützenden Schatten der Bäume trat, keine Ruhe mehr finden würde. So übermächtig war diese Vorahnung plötzlich, daß sie ihr Pferd zügelte und sich umschaute, nach Hause zurück. Und dabei auch den Ausdruck in den Augen von François bemerkte.

»Meint Ihr nicht, Madame Napoleone, daß es besser wäre, wenn Ihr umkehrtet? Ihr seid, wie mir scheint, nicht gewappnet. Wenn Ihr wollt, reite ich allein weiter.«
»Hat man Euch nicht verboten, Euch dem Schloß zu nähern?« versuchte Napoleone trotz der aufkeimenden Angst zu scherzen.
»In diesem Land, in dem alle frei sind, lasse ich mir nichts verbieten. Bislang hatte ich dort nichts zu suchen, und weil Jean es so angeordnet hatte, gab es keinen Grund, mich über sein Verbot hinwegzusetzen. Jetzt ist das etwas anderes. Ich kann doch zu ihm gehen und ihm sagen, daß Ihr zurück seid, daß Ihr ihn erwartet?«
Natürlich wäre das am einfachsten gewesen! Einen Moment lang war Napoleone versucht, darauf einzugehen, schämte sich dann aber, schämte sich für etwas, das sie als Feigheit erachtete. Sie hatte sich nichts weiter vorzuwerfen als eine Lüge, die ihr, wie sie angenommen hatte, mittlerweile längst verziehen sein sollte. Warum also sollte sie den Rückweg antreten?
»Nein, François. Ich danke Euch, aber ich muß weiter. Außerdem war ich seit der Explosion, die Lauzargues zerstört hat, nicht mehr dort.«
Sie berührte mit dem Ende der Reitgerte die Kruppe ihres Pferdes, das sich daraufhin wieder in Bewegung setzte. Es war an der Zeit, den Tatsachen ins Gesicht zu sehen.
Und dann zerriß der Vorhang aus Bäumen, und vor ihnen lag Lauzargues. Napoleone war überrascht festzustellen, daß man das Schloß durchaus noch erkennen konnte. Gewiß, der Haupttrakt war ein einziger Trümmerberg, aber die vier Ecktürme standen noch, schienen die Anhäufung von eingestürztem, geschwärztem Gestein zusammenzuhalten. Und wenn diese Türme auch abgedeckt und an den Rändern abgebröckelt waren und sich reichlich bizarr gegen die Wolken abzeich-

neten, so waren sie noch immer stolz, verkündeten hochmütig, daß sie sich nicht geschlagen gaben.
Napoleone verharrte eine Weile im Schutze der vordersten Bäume des Waldes, betrachtete versonnen dieses Schloß, das so eng mit ihrem Leben verknüpft war. Wäre es nicht so völlig abwegig gewesen, hätte man sogar meinen können, die Ruine sei bewohnt, schien doch von dorther ein dünner Rauchfaden nach oben zu steigen. Wahrscheinlich verbrannte auf der anderen Seite irgend jemand Unkraut ... Immerhin, die Täuschung war perfekt. Das Haus von Chapioux, dem ehemaligen Verwalter, der bei der Katastrophe getötet worden war, schien in gutem Zustand zu sein, ebenso die dem heiligen Christophorus geweihte kleine Kapelle, die sich in eine Felsnische schmiegte. Gerührt blickte Napoleone zu ihr hinüber, und in der Hoffnung, wenigstens ein kurzes Gebet sprechen zu können, lenkte sie ihr Pferd dorthin, François im Schutze der Bäume zurücklassend.
Aber sie war entdeckt worden. Noch ehe sie das romanische Portal erreicht hatte, durch das sie als in Seide und Spitzen gehüllte Braut am Arm von Etienne de Lauzargues geschritten war, hatte Godivelle sie eingeholt, mit einer Eile, die ihren alten Beinen alle Ehre machte.
»Madame Napoleone!« rief sie. »Das darf doch nicht wahr sein! Ihr seid es wirklich?«
»Und warum darf das nicht wahr sein?« fragte die junge Frau ruhig, indem sie absaß und ihr Pferd an einem Strauch festband.
»Weil es heißt, daß ...«
Napoleones goldbraune Augen blitzten zornig auf.
»Ich will nichts mehr von all diesen gräßlichen Gerüchten hören. Ich bin weggefahren, um einer Freundin beizustehen. Ich habe François Devès alles erklärt und werde auch Jean alles erklären, und damit Schluß. Wie Ihr seht, bin ich zurück und beabsichtige durchaus,

meinen Platz hier wieder einzunehmen. Allerdings muß ich feststellen, Godivelle, daß Euer Willkommensgruß nicht mehr das ist, was er einmal war. Eine merkwürdige Art, jemanden zu empfangen, den man angeblich gern hat!«
Godivelle verschränkte die Hände in der ihr eigenen Weise. Ihr faltiges rundes Gesicht unter der schwarzen Haube verzog sich.
»Ich habe Euch so gern wie eh und je, Madame Napoleone. Aber Ihr hättet nicht herkommen dürfen. Das ist kein Ort für Euch!«
»Tatsächlich? Ich trage den Namen dieses Schlosses, ich habe hier geheiratet, hier ist mein Kind geboren, und fast wäre ich sogar hier gestorben. Könnt Ihr mir also erklären, warum ich kein Recht habe, herzukommen?«
»Niemand kommt mehr her. Die Leute fürchten sich.«
»Das ist mir bereits zugetragen worden, und dazu kann ich nur sagen, daß Ihr aber auch gar nichts unternommen habt, diese Furcht zu zerstreuen. Ihr habt Euch zur Hüterin dieser Ruinen aufgeschwungen, die nichts weiter verlangten, als sich selbst überlassen zu bleiben. Und Jean habt Ihr auch damit angesteckt. Ihr seid sogar so weit gegangen, die treuesten Freunde zu verjagen, treue Freunde wie François Devès – und jetzt wollt Ihr selbst mich vertreiben! Warum nur? Welch verruchten Hokuspokus glaubt Ihr zum Gedenken an den verstorbenen Marquis treiben zu müssen?«
Godivelle bekreuzigte sich eiligst mehrere Male. Sie war noch blasser geworden, und Napoleone bemerkte, daß ihre Hände zitterten.
»Sprecht nicht so abschätzig über diese Dinge, Madame Napoleone. Wir hier sind ebenso gute Christen wie Ihr, und wir verehren niemanden außer Gott. Trotzdem ist es besser, wenn Ihr umkehrt ...«
»Ich wüßte wirklich nicht, warum. Ich bin hergekommen, um Jean zu besuchen, und genau das werde ich tun!«

»Er ist nicht da. Und ich glaube auch nicht, daß er im Laufe des Tages zurückkommt.«
»Wo ist er?«
»Beim Kreuz meiner Mutter, ich habe keine Ahnung. Er ist wie der Wind. Er geht, wohin er will, und ich würde mir nicht erlauben ...«
Überrascht sah Napoleone die Alte an.
»Ihr würdet Euch nicht erlauben? Aber Godivelle! So ehrerbietig seid Ihr neuerdings einem Mann gegenüber, den Ihr bislang eher für einen Galgenstrick gehalten habt?«
»In ihm fließt das Blut der Lauzargues. Allein dadurch gebührt ihm die Achtung der alten Dienerin der Familie«, brummte Godivelle.
»Eine Achtung, die lange auf sich hat warten lassen. – Wie wäre es, Godivelle, wenn Ihr mich jetzt zu einer Tasse Kaffee einladen würdet? Ich fände das nur höflich.«
»Es steht keiner bereit. Ihr müßtet warten.«
»Dann warte ich eben, Godivelle. Moment noch! Ich wollte in der Kapelle ein Gebet sprechen. Geduldet Euch also so lange.«
Der Ton, den Napoleone angeschlagen hatte, ließ keinen Widerspruch zu. Die junge Frau stieß die Tür zur Kapelle auf, deren offensichtlich seit langer Zeit nicht geölte Angeln knarrten.
»Diese Kapelle ist ein richtiges Stiefkind«, spöttelte Napoleone. »Erst durfte sie jahrelang nicht betreten werden, und jetzt kümmert sich keiner um sie! Eigenartig angesichts so guter Christen ...«
Wütend zuckte Godivelle die Schultern und entschwand in einer Woge schwarzer Röcke. Napoleone betrat das düstere kleine Gotteshaus, das einer Grotte ähnelte. Schmale, von Efeu halb zugewachsene Fenster ließen nur wenig Licht ein; dennoch fiel ein Strahl auf die Statue des Christophorus, jenes gutmütigen Riesen, der einstmals das Jesuskind über den Fluß getragen hat-

te und unter der Last fast zusammengebrochen war, hatte doch das Kind alle Sünden der Welt auf sich genommen.
Napoleone hatte diese Kapelle und den steinernen Heiligen immer geliebt. Nachdem der Marquis de Lauzargues endlich eingewilligt hatte, das Heiligtum, das zu verfluchen er sich erdreistet hatte, wieder seiner Bestimmung zu übergeben, war sie häufig hergekommen. Auch diesmal gab ihr das Gebet neuen Mut. Das sanfte Dunkel der kleinen Kapelle beruhigte sie. Durch die offene Tür hörte sie die Vögel zwitschern, die sich um das Kirchlein herum sammelten. Viele von ihnen würden bald in wärmere Gegenden aufbrechen, und es war, als pilgerten sie vor ihrem langen Flug hierher, um den Schutz dessen zu erbitten, der seine Hand über alle Reisenden hält.
Langsam ging Napoleone den Weg zum Haus des verstorbenen Verwalters entlang. Sie ertappte sich bei dem Gedanken, daß François vielleicht doch recht hatte und dort ein unheilvoller Geist regierte, der es verstand, die unbeirrbarsten und reinsten Herzen zu verunsichern.
Auf der Schwelle des Hauses wartete Godivelle. Wie viele ländliche Unterkünfte der Gegend bestand das Haus nur aus einem einzigen Raum, der gleichzeitig als Küche, Eßzimmer und Schlafgemach diente. Auf dem Tisch stand eine dampfende Tasse Kaffee, aber im Kamin brannte nur ein winziges Feuer; von irgendwelchen Vorkehrungen für eine Mahlzeit, Godivelles angestammter Betätigung in der Schloßküche, war nichts zu merken. Früher war sie stets damit beschäftigt gewesen, etwas zu schälen, eine Pastete zu kneten, eine Füllung zuzubereiten, einen Schinken oder eine Wurst aufzuschneiden. Hier nichts von alledem. Der Raum war sorgfältig aufgeräumt; nur an einem Ende des mit Wachs eingelassenen Tisches lagen mehrere Bücher, Papier und Schreibgerät – um wem zu schreiben?
An einem Haken hing ein für Godivelle viel zu langer

Umhang aus grobem braunem Wollstoff. Napoleones Herz schlug heftiger: Dieses Haus war nicht Godivelles Unterkunft, sondern die von Jean. Wenn er hier wohnte – wo war dann die Alte untergekommen?
Napoleones Neugier war so brennend, daß sie sie nicht länger bezähmen konnte.
»Das hier ist doch das Haus von Jean, nicht wahr?« fragte sie. »Und wenn dem so ist, wo schlaft Ihr denn, Godivelle?«
»Nebenan!« beschied sie die Alte in einem Ton, der weitere Fragen unangebracht erscheinen ließ.
Die Hände über dem Bauch gefaltet, stand sie neben Napoleone, das Gesicht ausdruckslos. Napoleone sah Godivelle forschend in die kleinen schwarzen Augen.
»Was habe ich Euch getan, Godivelle, daß Ihr mir gegenüber so zugeknöpft seid? Was habt Ihr nur gegen mich, die Ihr früher doch einmal gern hattet?«
»Ich glaube, ein bißchen mag ich Euch noch immer«, mußte Godivelle zugeben. »Aber ich meine, daß Ihr hier nichts zu suchen habt – und vielleicht nur Unheil bringt!«
»Unheil? Unheil für wen? Für Euch, die ich viel lieber bei mir und dem kleinen Etienne sehen würde? Für Jean, den ich mehr als alles auf der Welt liebe? Godivelle, irgend etwas geht hier vor, etwas, das ich nicht verstehe, etwas Sonderbares. Begreift Ihr denn nicht, daß ich keine Ruhe finde, ehe ich nicht Jean gesehen und mit ihm gesprochen habe?«
»Ich habe Euch doch gesagt, daß er nicht da ist. Es gibt keinen Grund, Euch zu belügen.«
»Dann richtet ihm aus, daß ich zurück bin und ihn sehen möchte, daß ich ihn erwarte. Oder vielmehr ...«
Sie lief zum anderen Ende des Tisches, nahm eine gespitzte Feder und ein Blatt Papier, hockte sich auf einen kleinen Schemel und schrieb: ›Mein Liebster, ich bin wieder da und möchte Dich unbedingt treffen. Ich habe Dir so viel zu sagen und weiß nicht, wo ich Dich finden

kann. Ich flehe Dich an: komm! Komm heute noch oder morgen oder morgen abend. Ich muß Dich wiedersehen. Mir ist, als hätte das ganze Land zu leben aufgehört, weil Du nicht hier bist. Mein Herz grämt sich. Wenn Du mich jemals geliebt hast, dann komm. Ich liebe Dich, solange ich lebe ...‹
Als Napoleone geendet hatte, bestreute sie den Brief, ohne ihn nochmals zu lesen, mit Sand, nahm ein Wachsstäbchen, das sie am Kaminfeuer weich werden ließ, versiegelte das Schreiben, indem sie den Sardonyx mit dem Wappen der Lauzargues darauf drückte, ihrem Verlobungsgeschenk, das sie immer trug und das ihr die Zugehörigkeit zu diesem Besitz versinnbildlichte. Dann überreichte sie die Botschaft Godivelle.
»Hier ist eine Nachricht für ihn. Ihr werdet sie ihm doch aushändigen?«
Die Alte nahm das Schreiben widerwillig an sich. Sie wand und drehte das Papier zwischen den Fingern, so daß Napoleone beunruhigt nachfragte: »Ihr werdet ihm das doch aushändigen, Godivelle? Ihr müßt es mir versprechen – beim Heil Eurer Seele, weil mein eigenes Seelenheil davon abhängen könnte.«
Wie schon vorhin, schlug Godivelle hastig ein Kreuzzeichen, was Napoleone als gutes Omen deutete, und murmelte: »Er wird die Nachricht erhalten. Das schwöre ich Euch. Jetzt aber geht!«
»Ihr wollt nicht, das ich warte?«
»Es könnte sein, daß Ihr bis morgen warten müßtet ... vielleicht noch länger. Gott beschütze Euch, Madame Napoleone! Ich wünsche Euch einen guten Abend.«
Es gab nichts mehr zu sagen. Tief betroffen von der unbegreiflichen Haltung dieser Alten, die sie liebte und der sie vertraut hatte, verließ Napoleone das Haus, ging hinüber zur Kapelle, um ihr Pferd zu holen. In diesem Augenblick hörte sie jemanden rufen: »Tante! Tante! Kommt schnell!«
Napoleone sah Pierrounet im Laufschritt hinter den

Ruinen auftauchen, von dorther, wo noch immer dünner Rauch aufstieg. Pierrounet also war es, der Unkraut verbrannte. Als er Napoleone erkannte, blieb er wie angewurzelt stehen, änderte dann die Richtung und steuerte geradewegs auf sie zu, wobei er sich im Laufen den Hut vom Kopf riß.
»Madame la Comtesse!« rief er ein wenig atemlos. »Ihr seid wieder zurück? Ein wahres Glück!«
Sie starrte ihn verblüfft an. Endlich einer, der sich augenscheinlich freute, sie zu sehen!
»Ein Glück? Wirklich, Pierrounet, Ihr seid der einzige hier, der so denkt. Es hätte nicht viel gefehlt und Eure Tante hätte mir die Tür vor der Nase zugeknallt.«
Der junge Mann lief blutrot an und lächelte, wie es Napoleone vorkam, etwas verlegen.
»Nehmt Ihr das nicht übel. Sie wird allmählich alt und gleichzeitig ein wenig ruppig ...«
»Deswegen braucht sie nicht gleich ihren besten Freunden den Rücken zu kehren. Ich habe Godivelle nicht wiedererkannt. Ihr aber, Pierrounet, was treibt Ihr denn hier? Ihr wolltet doch nach Saint-Flour in die Lehre gehen?«
»Da war ich auch – aber die Tante brauchte mich. Deshalb bin ich hergekommen. Außerdem wißt Ihr ja selbst, daß man bei einer Köchin wie ihr ebenso gut, wenn nicht besser als irgendwo sonst lernen kann...«
Die Ausfragerei schien dem jungen Mann peinlich zu sein. Napoleone lächelte ihm freundlich zu.
»Ihr habt zweifelsohne recht, Pierrounet. Es gibt keinen besseren Lehrmeister als Eure Tante. Und sie wird wirklich alt. Es ist also Eure Pflicht, Euch um sie zu kümmern. Ich fange nur an zu glauben, daß dieses Schloß selbst als Ruine niemandem Glück bringt«, fügte sie hinzu und streifte die vier Türme mit einem mißmutigen Blick. »Solltet Ihr es einrichten können, dann besucht mich doch in den nächsten Tagen in Combert. Ich würde mich freuen ...«

Sie erwiderte Pierrounets tiefe Verbeugung mit einer anmutigen Handbewegung, ließ sich aufs Pferd helfen und ritt in kurzem Trab zu François, der im Schutze der Bäume auf einem Felsblock hockte, sein Pferd am Zügel haltend. Als er sie erblickte, saß er eilends auf, und ohne ein Wort zu wechseln, ritten sie den Weg zurück, den sie gekommen waren. Nach einer Weile verlangsamte Napoleone, die voranritt, das Tempo, damit François aufschließen konnte.
»Haltet mich ruhig für verrückt«, sagte sie seufzend, »aber ich habe den Eindruck, etwas geht in Lauzargues vor. Godivelle gibt vor, im Haus von Chapioux zu wohnen, obwohl nichts dort drinnen darauf schließen läßt. Alles spricht dafür, daß Jean dort lebt ...«
»Habt Ihr ihn gesehen?«
»Nein. Er ist nicht da, und nach dem, was mir Godivelle sagte, wird er auch im Laufe des Tages nicht zurückerwartet. Außerdem hat Pierrounet seine Lehrstelle aufgegeben, um seiner Tante zu helfen. Die Gründe, die er mir dafür nannte, haben mich keineswegs überzeugt. Schließlich – und das ist das Schlimmste – hat mich Godivelle unter dem Vorwand, ich würde nur Unheil heraufbeschwören, gebeten, nach Combert zurückzukehren.«
Ihre brüchige Stimme zeigte François an, daß sie nur mit Mühe die Tränen unterdrückte. Begütigend legte er die Hand auf ihren Arm.
»Laßt Euch durch so etwas nicht verschrecken. Seit Godivelle Combert verlassen hat, hat sie sich verändert. Alle sagen das. Sie will niemanden mehr sehen. Man beschuldigt sie sogar schon, so etwas wie ein Hexe zu sein und an dem Ort, wo der Marquis ruht, allen möglichen Spuk zu treiben. Ich würde sagen, sie ist einfach ein wenig verwirrt. Sie hat den Untergang von Lauzargues nicht verkraftet und noch weniger den Tod ihres geliebten Herrn.«
»Müßt Ihr aber nicht auch zugeben, François, daß dort

etwas Rätselhaftes im Gange ist? Daß Jean böse auf mich ist, weil ich ihn belogen habe und lange fort war, ist durchaus verständlich. Es liegt an mir, ihm alles zu erklären und ihn um Verzeihung zu bitten. Aber Godivelle? Was habe ich denn ihr angetan? Warum verbietet sie mir, Lauzargues zu betreten?«
»Vielleicht um Euch unter Umständen sogar zu beschützen! Das Schloß, wie ich schon sagte, genießt einen üblen Ruf. Einige schwören, Schreie gehört und merkwürdige Lichter gesehen zu haben. Daß Jean und seine Wölfe dort sind, ändert nichts daran ...«
»Die Wölfe? Es ist zu früh für sie, die Wälder zu verlassen!«
»Es sieht so aus, als sei Luern mit einer Familie aufgetaucht, die Jean dann in seine Obhut genommen hat. Das sind die Wachhunde des Schlosses. Ich weiß es, weil ich versucht habe, mich bei Einbruch der Nacht der Ruine zu nähern. Ich wollte zu Jean, obwohl er es mir verboten hatte. Ein Knurren ganz in meiner Nähe hat mich die Beine in die Hand nehmen lassen ...«
»Warum habt Ihr mir das verschwiegen?«
»Weil das meinem Mut nicht unbedingt zur Ehre gereicht«, meinte François lachend. »Und weil wir noch keine Zeit hatten, ausführlich miteinander zu reden. Wenn es Euch aber recht ist, wage ich es noch einmal. Ich muß nämlich zugeben, daß Ihr mich so weit gebracht habt, daß ich mir Fragen stelle. Warum dieser Eifer, Leute abzuwimmeln, um eine alte Frau und einen Haufen Schutt zu beschützen? Ja, ich denke, ich werde mich erneut aufmachen – und ein Jagdgewehr mitnehmen!«
»Nein. Wenn Ihr einen seiner Wölfe tötet, wird Jean Euch das niemals verzeihen. Außerdem halte ich es für besser, erst einmal abzuwarten. Ich habe ihm einen Brief hinterlassen, und Godivelle hat mir hoch und heilig versprochen, ihn Jean auszuhändigen. Ich habe ihn darin gebeten, nach Combert zu kommen.«

»Nach Combert? Warum auch nicht, natürlich! Ich bin sicher, daß er sich bald blicken läßt ...«
»Es tut gut, Euch so reden zu hören, François. Ich für meinen Teil begnüge mich damit, zu hoffen ...«
An diesem Abend hielt sich Napoleone länger als gewöhnlich im Salon auf. Behaglich auf der mit Rosen bestickten Chaiselongue ausgestreckt, träumte sie vor sich hin, auf ihrem Schoß Madame Seidenhaar, die wunderschöne silbergraue Katze, die ihre Rückkehr mit vornehmer Zurückhaltung aufgenommen hatte. Doch seit Napoleone wieder im Haus lebte, ließ das Tier keine Gelegenheit verstreichen, sich in ihrer Nähe aufzuhalten und dadurch kundzutun, wie sehr sie ihre Anwesenheit schätzte. Diese stillschweigende Zuneigung tat der jungen Frau wohl.
Durch die Glastüren, die in dieser langen Nacht offenstanden, drangen die Düfte des Gartens, Düfte, die Napoleone die Linden in Wien vergessen ließen – und auch den Gestank des ranzigen Fetts, den die ansonsten reizvolle Straßenbeleuchtung verbreitete. Dies hier war der Geruch ihrer eigenen Erde, ließ sich mit nichts vergleichen...
Daß Jean an diesem Abend schon auftauchen würde, erwartete Napoleone nicht. Godivelle hatte ja erklärt, vor morgen sei keinesfalls mit ihm zu rechnen. Dennoch war es ein wunderbares Gefühl, sich auszumalen, er befände sich möglicherweise ganz in ihrer Nähe, irgendwo in dieser nächtlichen Landschaft, sähe in Combert Licht und wunderte sich vielleicht darüber, weil doch Clémence keinen Grund hatte, den Salon in Abwesenheit der Herrin zu beleuchten. Napoleone hatte darauf bestanden, daß alle Lampen angezündet wurden.
Allmählich jedoch und je weiter die Zeit in der Stille verstrich, wurde sich Napoleone ihres Alleinseins bewußt. Seit vielen Monaten war dies der erste Abend, den sie ohne Felicia verbrachte. Schmerzlich gedachte sie der Freundin, von der so viel Kraft und menschliche

Wärme ausgingen und die einem einen Großteil der Alltagssorgen, ja fast alle Ängste zu zerstreuen verstand. Felicia besaß eine stimulierende Wirkung; ihre Lebensfreude hatte etwas Ansteckendes, und besser als irgendwer verstand sie es, einen moralisch wieder aufzurichten. In ihrer Gegenwart fühlte man sich niemals alleingelassen. Wo mochte sie jetzt sein? In einer Herberge im Zentralmassiv, auf dem Weg ins Rhônetal, von wo aus sie mühelos nach Italien gelangen würde? Vielleicht empfand sie in diesem Augenblick ebenfalls so etwas wie Einsamkeit? Napoleone war egoistisch genug, ein wenig Erleichterung bei dem Gedanken zu spüren, auch die Freundin würde ihrem Zusammensein nachtrauern. Auch wenn Felicia einem neuen Kampf entgegenzog und bestimmt nicht allzuviel Zeit verschwenden würde, in Selbstmitleid zu zerfließen. Napoleones Niedergeschlagenheit würde, falls sich Jean weiterhin auf Distanz hielt, länger andauern. Wenn er sie aber so sehr liebte, wie er behauptet hatte, würde er dem Wunsch nach einem Wiedersehen nicht lange widerstehen.
Als die Pendeluhr elfmal schlug, hielt es die junge Frau für vernünftiger, sich zur Ruhe zu begeben, anstatt weiterhin trübsinnigen Gedanken nachzuhängen. Außerdem stand ihr eine Auseinandersetzung bevor, für die sie besser Kraft sammelte.
Sie schloß die Fenster, löschte die Lampen und Leuchter, ließ nur die Kerze brennen, die sie für den Weg in ihr Schlafgemach benötigte. Dann stieg sie die alte Eichentreppe mit den knarrenden Stufen hoch, dicht gefolgt von Madame Seidenhaar, die, als hätte sie geahnt, daß sich ihre Herrin nach der Nähe eines Lebewesens sehnte, sogleich auf das Bett sprang und sich in die Daunendecke kuschelte. Napoleone ließ sie gewähren. Sie kleidete sich aus, legte sich nieder und sank sogleich in traumlosen Schlaf.
Am nächsten Tag beschäftigte sie sich hingebungsvoll mit ihrem kleinen Sohn, der sich während ihrer Abwe-

senheit prächtig entwickelt hatte, nahm auch ihr Haus, in dem alles wie immer war, wieder ganz in Besitz. Zusammen mit Clémence, die darauf bedacht war, Napoleone von ihrer Zuverlässigkeit zu überzeugen, ging sie Schränke und Anrichten durch und half Clémence beim Backen von Quittenpasteten, die zur Aufbewahrung in Glasgefäße abgefüllt wurden. Sie unternahm mit Jeannette und dem kleinen Etienne einen Spaziergang, schnitt anschließend mit einer Heckenschere, die sie sich von François lieh, einen ganzen Korb voll jener Spätrosen, die Dauphine de Combert so geliebt hatte und die sie ihr jetzt auf das Grab bei der kleinen Kapelle legte. Sie war erfüllt von Dankbarkeit für all die Wohltaten, die ihr die Tote erwiesen hatte, für das behagliche Haus und den Garten, aber auch für Clémence, Jeannette und François und nicht zuletzt Madame Seidenhaar. Sie alle bedeuteten Napoleone mehr als eine Familie. Und aus dem Bedürfnis heraus, Dauphine ihre Dankbarkeit zu zeigen, verharrte sie lange Zeit an deren letzter Ruhestätte.
Die Sonne stand tief, als Napoleone zum Haus zurückkehrte, versank dann in einem Meer von Gold und Purpur, das Napoleone an das hinreißende Farbenspiel erinnerte, das sie und Felicia in der Ebene von Wagram beobachtet hatten. Sie war überwältigt. Der Sonnenuntergang über Wagram war Ausdruck ihrer unerfüllten Hoffnung auf das Kaiserreich gewesen; mochte der Himmel verhüten, daß dieser hier nicht das Ende ihres persönlichen Traums vom friedlichen Glück besiegelte!
Der Abend im Salon erschien ihr bedrückender als der vergangene. Um sich abzulenken, setzte sie sich nach langer Unterbrechung wieder an den Stickrahmen und zwang sich, sich auf ihre Arbeit zu konzentrieren. Doch das kleinste Geräusch von draußen, das leiseste Knakken ließ sie zusammenfahren. Ihre Phantasie hielt sie immer wieder zum Narren. Ständig meinte sie, den Kies knirschen zu hören, dauernd lief sie an eines der Fen-

ster, in der Hoffnung, die hochgewachsene Gestalt zu sehen, wie sie mit sicherem Schritt die Steigung des Gartens hinaufkam. Zuweilen schien es ihr, als hörte sie ein Pferd galoppieren; dann eilte sie zur Haustür, spähte in die Nacht hinaus.
Es war bereits nach Mitternacht, als Napoleone die Lichter löschte und ihr Schlafzimmer aufsuchte, krank vor Sehnsucht und Einsamkeit.
Noch ein Tag und noch eine Nacht! Die Zeit verstrich, und Napoleones Hoffnung schwand in dem Maße, in dem die Stunden verrannen. Sie bemühte sich, gegen ihre Verzweiflung anzukämpfen, sich plausible Gründe für Jeans beharrliches Schweigen auszumalen: Vielleicht war er noch nicht nach Lauzargues zurückgekehrt und hatte deshalb auch ihren Brief noch nicht erhalten. Vielleicht war er krank – aber das konnte sie einfach nicht glauben; Jean hatte sich stets einer eisernen Gesundheit erfreut. Verbot ihm etwa sein Stolz einen Besuch, erachtete er den ersten Schritt auf eine Frau zu, die er als schuldig ansah, als eine Art Kapitulation? Die einzige Erklärung, die in Betracht zu ziehen sich Napoleone mit Händen und Füßen weigerte, war zweifelsohne die grausamste: daß Jean nichts mehr daran lag, sie aufzusuchen, weil er sie nicht mehr liebte.

DAS GEHEIMNIS VON LAUZARGUES

Weitere vier Tage und Nächte verstrichen. Napoleone fühlte sich am Ende ihrer Kräfte. Dieses unerträgliche Warten zehrte an ihren Nerven; sie war nervös und gereizt. Die schlaflosen Nächte hinterließen Spuren in ihrem Gesicht, lösten bei den übrigen Hausbewohnern allmählich ernsthafte Besorgnis aus, die dazu führte, daß sich François ins Dorf von Lauzargues begab, zu Sigolène, Godivelles Schwester und Jeans Ziehmutter. Aber auch dort konnte er nichts in Erfahrung bringen. Weder Jean noch Godivelle ließen sich in der kleinen Gemeinde blicken. Sigolène hatte sich auf die Bemerkung beschränkt: »Er ist sehr verändert, mein Jean. Als ob er es darauf angelegt hätte, dem verstorbenen Marquis ähnlich zu werden. Und in dieses vermaledeite Schloß wagt sich auch keiner mehr von uns.«
Das klang nicht gerade ermutigend. Dennoch hatte sich François, aufgebracht wie er war, entschlossen, den aufzusuchen, den er noch immer seinen Freund nannte. Vom Dorf aus war er zum Schloß gezogen und dort, wie Napoleone einige Tage zuvor, mit Godivelle zusammengeprallt, die erneut behauptete, Jean sei nicht da, er würde häufig tagelang verschwinden, und man wüßte nie, wann er zurückkäme. Ob er denn Napoleones Brief erhalten hätte? Ja, gewiß, er hätte ihn auch gelesen und dann wortlos in die Tasche gestopft. Und als François gefragt hatte, ob Madame la Comtesse wohl damit rechnen könne, daß er nach Combert käme, hatte die Alte die Schultern gezuckt und mit einer Verachtung, die man bislang nicht an ihr gekannt hatte, gemeint: »Es wäre besser, Madame Napoleone vergäße die, die hier leben. Sie hat mit uns nichts mehr zu schaffen, genausowenig wie wir mit ihr.«

»Das ist ja ganz neu. Warum denn?«
»Welcher Mann kann sich mit einer Frau einlassen, die in die weite Welt zieht, wenn ein Ja oder Nein auf dem Spiel steht? Mit einer Frau, die genauso lügt wie sie atmet?«
»Ich beginne zu glauben«, hatte François ihr ins Gesicht geschleudert, »daß Ihr hier alle verrückt geworden seid. Dieses verdammte Schloß verdreht Euch den Kopf, und Ihr maßt Euch an, alle Welt zu verurteilen. Wozu dieser ganze Humbug? Für den feudalen Schloßherrn, der unter den Trümmern seines Hauses begraben liegt, dem sich die gewöhnlichen Sterblichen nicht nähern dürfen? Ihr vergeßt ein wenig zu rasch, daß Herr auf Lauzargues, auch wenn Euch das nicht paßt, Monsieur Etienne ist und daß Madame Napoleone, sollte ihr einfallen, Euch im Namen ihres Sohnes fortzujagen, dazu alle Rechte besitzt. Was Jean anbelangt: Falls Ihr ihn zufällig an einem dieser Tage seht, Godivelle, dann richtet ihm aus, ich hätte ihn für vernünftiger und großherziger gehalten – und auch für mutiger! Hat er denn solche Angst, dieser Frau gegenüberzutreten, daß er es bequemer findet, ihr Verfehlungen anzudichten? Wie auch immer, ich jedenfalls habe ihm nichts getan, so daß er zumindest mich besuchen könnte. Ich hätte ihm durchaus ein paar Wörtchen zu sagen...«
»Ich werde es ihn wissen lassen.«
François war gegangen und hatte die Tür hinter sich zugeknallt, verfolgt von dem Bild, wie Godivelle an dem kleinen Feuer ihres Kamins gestanden hatte, die Hände über dem Bauch gefaltet, mit verschlossenem Gesicht und zusammengekniffenem Mund, als befürchte sie, ein unüberlegtes oder unvorsichtiges Wort könnte ihr über die Lippen kommen.
»So kann es nicht weitergehen«, sagte François, als er am Ende seines Berichts angelangt war. »Ich habe das Gefühl, daß sich dort ein Drama abspielt.«
»Was für ein Drama?« fragte Napoleone müde. »Jeans

Anhänglichkeit für dieses alte Schloß, auf das sich all seine Hoffnungen gründeten, hat sich mit der Godivelles für den toten Marquis verbündet. Das ist alles! Diese beiden und dazu die Wölfe, die Jean aufs Wort gehorchen, sind dabei, um Lauzargues eine neue Legende zu weben: die des letzten Herren auf Lauzargues, der denen vor ihm gleicht. Für mich ist in dieser Geschichte, die man sich erzählen wird, kein Platz. Jean hat den erstbesten Vorwand gewählt, mich abzuschieben. Vielleicht liebte er mich nicht so, wie er dachte und wie ich glaubte ...«
Bei den letzten Worten brach ihre Stimme. Mitleidvoll blickte François sie an.
»Das werdet Ihr mir niemals einreden können. Jean liebte Euch – und liebt Euch mit Sicherheit noch immer. Vielleicht zu sehr. Nur eben auf seine Weise. Solltet Ihr recht behalten – was immerhin möglich ist – und er sich entschlossen haben, sein Leben lang wie ein wildes Tier in seinen geliebten Ruinen zu hausen, ist anzunehmen, daß er Euch, die Ihr ein Leben in Reichtum und Luxus kennengelernt habt und auch jetzt über ein hübsches Haus verfügt, nicht in sein Elend hineinziehen will.«
»Ich gestehe ihm nicht das Recht zu, für mich Entscheidungen zu treffen«, lehnte sich die junge Frau auf. »Um bei ihm zu sein, würde ich viele Entbehrungen auf mich nehmen...«
»Aber er wäre nicht damit einverstanden, sie Euch aufzubürden.«
»Was also soll ich tun?«
»Das weiß ich, ehrlich gesagt, auch nicht. Vielleicht wäre es das beste, abzuwarten, die Zeit arbeiten zu lassen. Es könnte durchaus sein, daß Jean nicht ewig dem Wunsch widerstehen kann, Euch zu sehen, wenn er weiß, daß Ihr da seid und auf ihn wartet ...«
»Hoffentlich behaltet Ihr recht!«
Aber noch weitere Tage vergingen, ohne daß eine Nachricht von Jean in Combert eintraf. Napoleone be-

mühte sich verbissen, ein normales Leben zu führen, hoffte, die alltäglichen Belange würden ihr helfen, ihr seelisches Gleichgewicht wiederzufinden. Vergeblich; immer tiefer fraß sich der Kummer in ihr Herz. Aber auch Empörung. Wenn man ihr schon etwas vorwarf, mußte man ihr auch Gelegenheit geben, sich zu verteidigen. Jean dagegen zwang sie in eine Muschel des Schweigens, in der sie langsam zu ersticken drohte.
Der Oktober brach an, und in Combert rüstete man sich für einen Besuch. Napoleone war damit beschäftigt, mit tatkräftiger Unterstützung von Jeannette das schönste Gästezimmer für den Domherrn von Combert herzurichten, der sich für den nächsten Tag angekündigt hatte. Aus dem Schrank hatten sie eine Garnitur feinster, kunstvoll bestickter Bettwäsche geholt, die zart nach den Rosen duftete, die getrocknet und in Säckchen abgefüllt zwischen den Wäschestapeln lagen. In der Küche war Clémence, die die Schwäche des geschätzten Gastes für leibliche Genüsse kannte, emsig dabei, die Zutaten für einen delikaten Coq au vin de Chanturgue zusammenzutragen und den Teig für eine Lachspastete vorzubereiten, für die François am Morgen den Hauptbestandteil geliefert hatte. Diese Betriebsamkeit sorgte für ausgelassene Stimmung im Haus und gab Napoleone Auftrieb. Sie freute sich, den Domherrn, den sie herzlich liebte, wiederzusehen.
Sie warf einen letzten Blick auf das Gästezimmer, um ganz sicher zu gehen, daß nichts fehlte, als eine aufgeregte Clémence auftauchte und ihr mitteilte, Pierrounet wünsche sie zu sprechen.
»Es scheint wichtig zu sein«, meinte sie. »Der Junge ist zu Fuß hergekommen und macht einen reichlich verwirrten Eindruck. Ich habe ihm eine dicke Scheibe Pastete und einen Becher Wein vorgesetzt, damit er zu sich kommt ...«
Napoleone ließ sie gar nicht erst ausreden. Sie raffte ihre Röcke, war bereits auf der Treppe und eilte hinunter in

die Küche. Der junge Mann saß am Tisch und verschlang heißhungrig das, was auf dem eben noch vollen Teller übrig war. François, der mit einem Korb Gemüse aus dem Garten gekommen war, stand neben ihm und sah ihm mit der Ehrfurcht derer zu, die alle, die die Erdscholle bearbeiten, Eßbarem entgegenbringen. Als Pierrounet Napoleone bemerkte, stand er auf, das Messer mit einem aufgespießten Stück Pastete in der Faust. François grinste.
»Wenn ich richtig verstanden habe, will er Euch abholen, Madame Napoleone ...«
Das Herz der jungen Frau machte einen Satz.
»Bleibt sitzen, Pierrounet, und sagt mir, wer Euch schickt!«
Der junge Mann, dessen Gesicht inneren Aufruhr verriet, lief rot an.
»Niemand schickt mich, Madame la Comtesse. Ich bin aus eigenen Stücken ...«
»Aus eigenen Stücken? Warum denn?«
»Weil schon seit vielen Tagen Merkwürdiges im Schloß vorgeht und ich nicht begreifen kann, daß man Euch nicht davon unterrichtet. Ihr habt ein Recht, es zu wissen. Deshalb bin ich gekommen, um Euch zu holen.«
»Was soll ich wissen?«
»Wenn Ihr gestattet, Madame la Comtesse, möchte ich nichts weiter sagen. Ihr müßt unbedingt mitkommen. Ihr müßt es mit eigenen Augen gesehen haben, sonst könntet Ihr auf den Gedanken kommen, ich sei verrückt!«
»Auf diesen Gedanken würden wir bestimmt nicht kommen«, sagte François. »Du bist für uns immer ein guter Junge gewesen, Pierrounet, und wenn du dich entschlossen hast, hierher zu kommen, wirst du schon einen Grund dafür haben. Damit du es aber gleich weißt: Wo immer Madame Napoleone hingeht – ich komme mit.«
»Ich hab nichts dagegen. Um so besser. Wenn Ihr er-

laubt, esse ich schnell zu Ende, und dann können wir aufbrechen.«
»Jetzt gleich?« erschrak Napoleone. »Bis wir dort sind, ist es bereits dunkel! Man hat mir gesagt, Lauzargues würde nachts von Wölfen bewacht ...«
»Stimmt, aber wenn wir dort eintreffen, sind sie noch nicht da. Und M'sieur Jean macht erst gegen zehn Uhr die Runde. Außerdem hat er mir beigebracht, wie man unbehelligt an den Tieren vorbeikommt. Was ist? Gehen wir?«
»Wir gehen«, sagte Napoleone nachdrücklich. »François, sattelt drei Pferde. Ich ziehe mich inzwischen um.«
Bald darauf verließ sie in ihrem grünen Reitkleid und begleitet von François und Pierrounet Combert und schlug denselben Weg ein, den sie einige Tage zuvor zurückgelegt hatte: am Fluß entlang. Pierrounet ritt an der Spitze.
»In erster Linie läßt M'sieur Jean das Schloß vor den Leuten aus dem Dorf bewachen«, erklärte er. »Am Wasser entlang sparen wir Zeit, aber das Wichtigste ist, so leise wie möglich zu sein.«
Schweigend ritten sie dahin. Napoleone war sowieso nicht nach Unterhaltung zumute. Sie überlegte, was Godivelles Neffen dazu veranlaßt haben mochte, sich einfach über Jeans Anweisungen und die seiner Tante hinwegzusetzen, sah darin aber einen willkommenen Freundschaftsbeweis. Trotzdem beschlich sie ein ungutes Gefühl, ein Gefühl, das François zu teilen schien, was sich darin zeigte, daß er in die Halterungen seines Sattels Pistolen gesteckt und ein Jagdgewehr geschultert hatte.
Beim Aufbruch hatte sie ihn darauf angesprochen, aber er hatte sich darauf beschränkt zu sagen: »Ich lasse mich nicht gern schutzlos überrumpeln, vor allem nicht in der Dunkelheit, Madame Napoleone. Und da wir nicht wissen, was uns bevorsteht ...«
Pierrounet hatte keinen Einwand erhoben, sondern le-

diglich gemeint, bei den Wölfen könne man nicht vorsichtig genug sein.
Die Nacht brach bereits herein, als die kleine Gruppe den Waldsaum erreichte. Dennoch zeichneten sich die Türme des eingestürzten Schlosses deutlich gegen den spätabendlichen Himmel ab. Außer dem Rauschen des Flusses, der sich seinen Weg durch die Felsen bahnte, war nichts zu hören. Pierrounet hielt an, stieg ab, bedeutete den beiden, es ihm gleichzutun. Mit dem Finger auf dem Mund zum Zeichen, kein Wort zu sprechen, nahm er die Zügel seines Pferdes, und anstatt auf die Kapelle und das ehemalige Haus von Chapioux zuzuhalten, führte er Napoleone und François den schmalen Grünstreifen entlang, der sich neben dem Strömungsbett um den herrschaftlichen Grundbesitz zog.
»Wir müssen die Pferde verstecken«, raunte er, wobei er seinem Reittier die Nüstern zuhielt. »Danach können wir uns anpirschen, ohne bemerkt zu werden ...«
»Bemerkt von wem?« flüsterte Napoleone.
Der Junge antwortete nicht, deutete lediglich zum Turm hinauf, der sich an dieser Stelle senkrecht über ihnen erhob. Die junge Frau unterdrückte einen Ausruf der Überraschung: Von dort, wo früher das Küchenfenster gewesen war, drang schwaches, gelbliches Licht.
»Aber ...« stammelte François, »ist denn dort oben jemand?«
»Ja. Das Schloß ist zwar eingestürzt, aber das Küchengewölbe hat der Explosion standgehalten. Kommt weiter! Man könnte uns hören.«
Sie verließen das Flußufer, arbeiteten sich so lautlos wie möglich durch das hohe Gras zu dem unterirdischen Eingang vor, den Eugène Garland seinerzeit entdeckt hatte und durch den Napoleone, Jean, Godivelle und der kleine Etienne im vergangenen Jahr der Katastrophe entkommen waren.
»Durch den unterirdischen Gang kommen wir nicht

mehr durch«, sagte Pierrounet, »aber die Pferde sind dort gut aufgehoben.«
François hob den Kopf, blickte zum Schloß, das unmittelbar vor ihnen lag. Er sah, daß aus den Ruinen Rauch aufstieg.
»Und wir dachten, jemand verbrenne Unkraut!« brummelte er. »Dabei sieht es aus, als sei die alte Küche bewohnt. Das erklärt auch die üblen Gerüchte, die in Umlauf sind. Sollte sich Godivelle dort einquartiert haben, ist das weiß Gott nicht der Mühe wert, ein derartiges Geheimnis daraus zu machen ...«
»Godivelle lebt tatsächlich dort«, wisperte Pierrounet, »aber da ist noch jemand ...«
»Noch jemand? Wer denn?«
Pierrounet senkte den Kopf.
»Verzeiht mir, daß ich Euch das nicht eher sagte, Madame la Comtesse, aber ich befürchtete, Ihr würdet dann nicht mitkommen. Ihr müßt jetzt sehr tapfer sein.«
Jetzt packte François den Jungen, schüttelte ihn derb.
»Schluß jetzt mit den Ausflüchten und Ausreden, mein Junge! Du hast uns hergeholt, und jetzt raus mit der Sprache: Wer ist da drinnen?«
»M'sieur der Marquis de Lauzargues!«
Napoleone riß den Mund auf, aber die Hand von François erstickte gerade noch rechtzeitig den Schrei, der sich ihr entrang. Es war ihr, als würden sich mit einemmal Bäume und Ruinen um sie herum drehen, als würde der Boden unter ihren Füßen nachgeben. François' starken Armen war es zu verdanken, daß sie nicht ohnmächtig ins Gras sank. Sie hörte den Bauern mit unterdrückter Stimme fluchen.
»Verdammter Idiot! Konntest du damit nicht eher rausrücken?«
»Ich habe Euch doch gesagt, daß ich Angst hatte, Ihr würdet mich für verrückt halten und nicht mitkommen. Und ich wollte unbedingt, daß Madame Napoleone das hier sieht. Wo ihr doch M'sieur de Lauzargues die Seele

von M'sieur Jean stiehlt ... Sie mußte es erfahren und sollte sich selbst überzeugen! Ich bitte um Vergebung!«
»Quält Euch nicht, Pierrounet«, gelang es Napoleone zu sagen. »Ihr habt ... völlig richtig gehandelt, und ich bin Euch dafür dankbar. Aber wie ist es möglich, daß er noch lebt?«
Pierrounet zog seine Begleiter unter den Felsvorsprung, wo bereits die Pferde standen und wo sich früher der unterirdische Eingang befunden hatte. Hier berichtete er, wie er am Tag nach dem Unglück nach seiner Tante gesucht und dabei eine von Geröll halbverschüttete Öffnung unweit der Küche entdeckt hatte. Durch dieses Loch sei er gekrochen, in der Hoffnung, in Godivelles einstigem Reich wenigstens ihre Leiche zu finden. Statt dessen sei er über den Marquis gestolpert, der auf dem Boden gelegen hätte und wegen einer Verletzung der Wirbelsäule nicht in der Lage gewesen wäre, seine Beine zu bewegen.
»Es war ihm gelungen, sich nach der Explosion dorthin zu schleppen. Ich wollte um Hilfe rufen, denn es waren ja genug Leute aus dem Dorf da ...«
»Selbst ich war da«, fiel ihm François ins Wort. »Ich habe dich gesucht, weil ich dir sagen wollte, daß deine Tante in Combert ist.«
»Ich weiß. Aber er wollte nicht, daß ich rufe. Selbst meine Hilfe lehnte er anfangs ab. Alles, was er wollte, war, in den Trümmern allein zu bleiben und auf den Tod zu warten. Ich habe ihm dann klargemacht, daß es mit dem Wunsch zu sterben allein nicht getan sei und daß der Tod durchaus auf sich warten lassen könnte. Daraufhin willigte er ein, daß ich ihn auf das Bett der Tante legte und so gut es mir möglich war versorgte. Gott sei Dank hat mir die Tante eine Menge beigebracht. In der Küche war außerdem noch genug zu essen und zu trinken. Allerdings mußte ich ihm zuerst mal schwören, keinem Menschen etwas zu verraten. Er wollte nicht, daß man ihn in diesem Zustand sah, ihn,

diesen stolzen Mann, der jetzt nur noch ein Wrack war. Er hat mir Angst eingejagt und zugleich leid getan, und jeden Tag bin ich in die alte Küche gekrochen und habe nach ihm geschaut. Schließlich hat er mir befohlen, die Tante zu holen, aber nur, wenn sie ebenfalls schweigen würde. Die Tante war seine Amme. Ihr Mitleid konnte er ertragen...«
»Und Jean? Was hat er mit all dem zu schaffen?«
»Das wißt Ihr nicht? Er ist gekommen, um die Tante zu beschützen, weil man sich im Dorf das Maul über sie zerriß. Irgend jemand hatte Licht bemerkt, Schreie gehört – die Schmerzensschreie, die der Marquis gelegentlich ausstieß.«
»Und er hat Jeans Anwesenheit akzeptiert?«
»Nicht von Anfang an. Zunächst hat er sich mächtig aufgeregt, aber M'sieur Jean hat ihn zum Schweigen gebracht. Er hat ihm erklärt, er wolle sich um ihn kümmern, ihm helfen, ihn vor der Neugier und Bosheit der Leute schützen. Und daß er das Schloß und ihn bewachen, die Felder bearbeiten, Lauzargues wieder zum Leben erwecken würde. Das gab den Ausschlag. ›Allmählich glaube ich, daß du wirklich mein Sohn bist‹, hat M'sieur le Marquis gesagt. Und an diesem Abend habe ich gesehen, daß, naja, M'sieur Jean vor Freude weinte.«
»Wegen eines einzigen Wortes!« sagte Napoleone voller Verachtung. »Als ob es ihm jemals etwas ausgemacht hätte, als Bastard zu gelten!«
»Er hat stets darunter gelitten«, wies François sie zurecht. »Er fühlt sich viel zu sehr als ein Lauzargues, um anders zu empfinden. Das solltet Ihr Euch klarmachen, Madame Napoleone...«
Die junge Frau lachte gereizt auf, nestelte an ihren Reithandschuhen herum, die sie abgestreift hatte.
»Na gut! Wenn Jean den Worten dieses verbrecherischen Alten Glauben schenkt, dann ist ja alles in schönster Ordnung... Er hat einen Vater bekommen, lebt auf Lauzargues. Nur erklärt das noch immer nicht,

warum er sich so hartnäckig weigert, mich wiederzusehen.«

»Doch«, sagte Pierrounet. »Weil ihn nämlich Monsieur le Marquis unter der Bedingung anerkannt hat, daß er mit Euch bricht!«

»Was? Er hat ihn anerkannt? Dazu hätte er doch einen Notar benötigt ...«

»Oder einen Priester. Er hat Abt Queyrol rufen lassen, den Geistlichen von Lauzargues, und ihm unter Berufung auf das Beichtgeheimnis Stillschweigen bis nach seinem Tod auferlegt. Der Pfarrer hat ein Schriftstück aufgesetzt, alle haben unterschrieben, und danach ist er wieder zurückgefahren. Das war kurz vor Eurer Heimkehr. Man könnte meinen, M'sieur le Marquis hätte geahnt, daß Ihr bald wieder hier sein würdet...«

Eine unsagbare Müdigkeit bemächtigte sich Napoleones. Sie ließ sich auf einen Felsbrocken sinken, zog ein Taschentuch heraus und wischte sich die schweißnasse Stirn.

»Gegen ein Stück Papier hat er mich eingetauscht! Wie niederträchtig!«

»Warum sollte er ablehnen?« meinte François barsch. »Vergeßt nicht, daß er die Hoffnung auf Euch aufgegeben hatte. Er mußte annehmen, Ihr hättet ihn verlassen.«

»Stimmt, ich gebe es ja zu. Deshalb begreife ich aber nicht, weshalb Ihr mich zu diesem Ausflug überredet habt, Pierrounet. Ist das nicht eher sinnlose Grausamkeit?«

»Das glaube ich nicht, Madame la Comtesse. Ich habe Euch nämlich hergeholt, weil M'sieur le Marquis ... hm ... sozusagen im Sterben liegt. Und ich nahm an, wenn er Euch nochmal sieht, würde er vielleicht seine Meinung ändern.«

Napoleone antwortete nicht. Sie trat unter dem Felsvorsprung hervor, starrte versonnen auf die von diesem Winkel aus noch immer beklemmend wirkenden Ge-

steinsmassen des zerstörten Schlosses und das gelbe Licht, das durch einen Spalt in den Trümmern drang. Irgendetwas Unheilvolles verband sich damit; sie begriff, was Pierrounet meinte, wenn er sagte, der Marquis hätte sich Jeans Seele bemächtigt. Der Herr der Wölfe war immer, ja sogar während der Zeit erbittertster Auseinandersetzungen, von dem hochmütigen und eigensinnigen Herrn auf Lauzargues, dem er sein Dasein verdankte, beeindruckt gewesen. Genauso wie ihn seit eh und je das uralte Gemäuer beeindruckt hatte. Zorn flammte in ihr auf. Einen Augenblick lang empfand sie sogar Haß. Der Marquis mußte tatsächlich mit dem Teufel im Bunde sein, um stets über alles und alle triumphieren und auch jetzt noch über die Handvoll Sklaven herrschen zu können, die er Zeit seines Lebens mit der ihm eigenen Arroganz geknechtet hatte!
Aus diesem Zorn erwuchs in Napoleone das Verlangen, sich in den Kampf zu stürzen.
»Wie gelangt man dort hinein?« fragte sie. »Muß man dazu über die Steine klettern? Ich kann mir nicht vorstellen, daß Godivelle zu derartigen Übungen fähig ist.«
»Nein. Man hat eine Art Zugang geschaffen und kann mühelos ein- und ausgehen. Natürlich muß man sich bücken...«
»Gut, dann werden wir jetzt Monsieur le Marquis de Lauzargues einen Besuch abstatten!«
Vorsichtig suchten sie sich einen Weg über die Steine, aus denen der überwucherte Hang gefügt war, bis sie genau vor dem Schloß standen. Von dort aus führte sie Pierrounet zu einer kleinen quadratischen Öffnung, die eine aus Latten gezimmerte Tür abschloß. Wie im Theater klopfte er dreimal an, worauf der Verschlag aufgestoßen wurde und die gekrümmte Gestalt der alten Gouvernante vor ihnen stand.
»Guten Abend, Godivelle!« sagte Napoleone mit unterkühlter Stimme. »Findet Ihr es nicht an der Zeit, daß ich meinen Oheim besuche?«

Mit einem Aufschrei des Entsetzens wich Godivelle zurück, was den Ankömmlingen die Möglichkeit gab, durch die Tür zu treten, noch ehe die Alte sie ihnen vor der Nase zuknallen konnte.
»Das könnt Ihr nicht tun«, stammelte sie, »das dürft Ihr nicht ...«
»Hört doch endlich mit dieser lächerlichen Komödie auf! Ihr habt mich belogen, Godivelle, und Ihr habt mich getäuscht. Ich hatte ein Recht darauf, alles zu erfahren.«
Die Alte hatte sich bereits wieder in der Gewalt.
»Außer dem Herrn hat hier niemand irgendwelche Rechte! Schert Euch fort!«
»Ich denke nicht daran!«
Napoleone stieß Godivelle, die ihr den Weg versperren wollte, beiseite, drang in die Küche vor, erblickte ihn ...
In der von einer Standuhr begrenzten Nische, in der Godivelle so viele Jahre geschlafen hatte, ruhte mehr sitzend als liegend Foulques de Lauzargues. Er war noch bleicher und noch magerer als früher, und unter dem groben weißen Leinenhemd, mit dem er bekleidet war, hob und senkte sich seine Brust im Rhythmus seiner angestrengten Atemzüge. Sein weißes Haar bedeckte das Kopfkissen, umgab das ausgemergelte, gelbhäutige Gesicht gleichsam wie ein heller Kranz. Die Nasenflügel waren zusammengekniffen, um die geschlossenen Augen zeichneten sich große dunkle Ringe ab. Aber trotz der elenden Verfassung, in der er sich befand, strahlte der Marquis noch immer diese hochmütige Erhabenheit aus, die ihm sein Leben lang gestattet hatte, wie ein Tyrann über seine Umgebung zu herrschen. Von diesem halbgelähmten Mann ging etwas Unbezwingbares aus, das Napoleone Angst machte. Wieviel Leid hatte er ihr zugefügt, seit ihre Eltern einem von ihm angezettelten Meuchelmord zum Opfer gefallen waren und sie Einzug in dieses abgeschiedene Schloß gehalten hatte! Eine innere Stimme sagte ihr, daß er es noch immer

in der Hand hatte, ihr Böses zuzufügen, und daß sie noch längst nicht von ihm befreit war. Würde sie das überhaupt jemals sein? Dieser Mann gehörte zweifellos zu jenen unheilverbreitenden Wesen, aus denen Legenden entstehen! Unheil verbreitend und unvergeßlich! Hatte er nicht auch sie eine Zeitlang betört? Jetzt war Jean an der Reihe ...
Da sie glaubte, er schliefe, zögerte sie, ihn zu wecken, sah sich statt dessen im Raum um. Die uralte Küche mit ihrem mächtigen Gewölbe und dem riesigen Herd hatte tatsächlich der Katastrophe getrotzt, die das Schloß in eine Ruine verwandelt hatte. Der blanke Holztisch, die Bänke, die Gerätschaft – alles stand noch immer an dem ihm angestammten Platz. Selbst die Fayencen mit dem schlichten Blumenmuster auf der Anrichte waren erhalten, ebenso wie das Schälchen mit dem Weihwasser hinten in der Schlafnische. Noch immer standen die dicken Steinguttöpfe herum, und an den Eisenhaken im Deckengewölbe baumelten noch immer Zwiebelzöpfe, Schinken und Würste. Noch immer hing der große Kessel über dem Herd, die Bratpfannen, und dicht daneben lag der lange, aus Holz geschnitzte ›Pustebalg‹, mit dessen Hilfe man die Glut neu entfachte.
Wie aus einem inneren Zwang heraus strich die junge Frau über das gewachste Holz des großen Tisches, das sich so seidenweich anfühlte. In dieser Küche hatte sie die meiste Zeit auf Lauzargues zugebracht, und sie war glücklich, daß sie erhalten geblieben war.
Hinter ihr warteten François, Godivelle und Pierrounet mit angehaltenem Atem auf irgendeinen Kommentar, aber Napoleone konnte sich zu keiner Äußerung aufraffen. Dieser Mann, der da auf dem Sterbebett lag, würde er sie hören können?
Und dann vernahm sie plötzlich: »Ihr seid wohl gekommen, um Bestandsaufnahme zu machen? Dürfte das nicht ein wenig voreilig sein?«
Rasch trat sie an das Bett und sah, daß der Marquis den

Blick auf sie gerichtet hatte. Und dieser Blick war noch immer der gleiche: kalt, spöttisch, zwei gletscherblaue Seen, kaum entfärbt vom nahenden Tod. Jetzt war Napoleone bereit, seine Kälte mit Kälte, seinen Sarkasmus mit Sarkasmus zu erwidern.

»Nicht ohne Erstaunen habe ich erfahren, daß Ihr noch unter uns weilt, daß Ihr sogar den Einsturz des Schlosses überlebt habt. Diese Nachricht klang so phantastisch, daß mir das einen Besuch wert war. Ich stelle fest, daß es Euch tatsächlich noch gibt. Wie geht es Euch, Oheim?«

»Schlecht. Man hat mich verraten und Euch hergeholt. Ich hoffte, Euch niemals wiederzusehen, wußte nicht einmal, daß Ihr nach Combert zurückgekehrt seid. Aber das ist eigentlich gar nicht mehr wichtig ...«

Er konnte nur unter größter Anstrengung sprechen, und deutlich sah man, wie ihm dabei eine Ader an der Schläfe anschwoll. Trotzdem empfand Napoleone keinen Funken Mitleid.

»War ich jemals in Euren Augen irgendwie wichtig – abgesehen davon, daß Ihr hofftet, durch mich an ein Vermögen heranzukommen?«

»Mehr als Ihr ahnt ... ich habe Euch geliebt ...«

»Geliebt? Wißt Ihr eigentlich, was dieses Wort bedeutet? Geliebt? Wo Ihr mindestens zweimal versucht habt, mich umzubringen?«

»Das ist meine Art zu lieben. Ihr wart nicht bereit, Euch zu ergeben, deshalb wollte ich Euch lieber tot sehen als mit einem anderen glücklich. Aber jetzt kann ich in Frieden sterben, denn glücklich werdet Ihr niemals sein. Ihr habt mir meinen Enkel genommen, ich habe Euch dafür dessen Vater genommen. Er gehört jetzt mir, dieser Jean de la Nuit, Jean, der Herr der Wölfe! Ihr habt ihn verlassen, und ich habe mich seiner bemächtigt...«

»Ich habe ihn nicht verlassen. Gott ist mein Zeuge, daß ich weggefahren bin, um eine Frau zu retten, die mir wie

eine Schwester ist. Eine Frau, der ich viel zu verdanken habe. Es ist mir gelungen, ihr die Freiheit wiederzugeben.«
»Eine ergreifende Geschichte! Wem seid Ihr denn nach Wien gefolgt? Wagt Ihr etwa zu behaupten, es hätte sich nicht um einen Mann gehandelt?«
»Um einen Mann? Nicht direkt. Eher um eine Idee! Zusammen mit einer Handvoll Getreuer haben wir versucht, Österreich den Sohn des Kaisers zu entreißen ...«
Jäher Zorn ließ die trüben Augen des Kranken funkeln, löste bei ihm einen Hustenreiz aus.
»Seid Ihr wahnsinnig? Den Sohn Bonapartes? Ihr wolltet ihn auf den Thron der großen Capet setzen? Welch schändliches Vorhaben!«
»Zieht Ihr ihm etwa den Sohn des Königsmörders Philippe-Egalité vor? In den Adern des Prinzen fließt das Blut des Kaisers und das der Habsburger. Ihr könntet ihm ruhig mehr Beachtung schenken. Wenngleich ...«
»Ihr gescheitert seid? Arme Irre, was hofftet Ihr denn gegen die österreichische Allmacht ausrichten zu können?«
»Der armen Irren war kein Erfolg beschieden, weil unser König von Rom nicht mehr lange leben wird. Er stirbt, auch wenn Metternich das noch immer nicht wahrhaben will. Ich erzähle Euch das alles nur, um Euch verständlich zu machen, daß ich mich gegenüber dem Mann, den ich liebe, keineswegs schuldig gemacht habe. Nicht eine Minute lang habe ich aufgehört, ihn zu lieben.«
»Um so schöner werden Eure Erinnerungen sein!« höhnte der Marquis. »Wo Ihr doch in Zukunft auf ihn verzichten müßt! Es ist mir eine tiefe Befriedigung, Euch das mitzuteilen. Ich habe ihn vor die Wahl gestellt, ihn offiziell als meinen Sohn anzuerkennen oder Euer Liebhaber zu bleiben. Er hat sich entschieden. Was ihm ja auch nicht schwerfiel, nachdem Ihr es vorgezogen hattet, in Begleitung Eurer teuren Freundin in

der Welt herumzuziehen. Jetzt ist alles geordnet und niedergelegt, und Ihr werdet bestimmt genauso darüber lachen wie ich. Ich habe das alles mit dem Geistlichen geregelt!«
»Lachen?« fragte Napoleone gequält.
»Ja, lachen! Ist das nicht ein Witz? Von nun an werdet Ihr beide denselben Namen tragen: Lauzargues, dem nach meinem Tod der Adelstitel zufällt, während Ihr Comtesse bleibt. Nur daß Ihr weiter voneinander getrennt seid, als wenn zwischen hier und Combert ein Ozean läge. Ein Ozean, den er niemals überqueren wird!«
»Was wißt Ihr denn davon? Er liebt mich und ...«
»Seid Ihr Euch dessen sicher? Ich glaube, er liebt vielmehr die Vorstellung, der letzte Herr dieser Schloßruine zu sein. Und er ist keineswegs der Mann, der ein Versprechen bricht. Was bedeutet, daß Ihr ihn aufgeben müßt, genauso wie den Traum vom gemeinsamen Leben!«
Ein hämisches Lachen erschütterte den ausgemergelten Körper, der sich unter den Laken und Decken kaum abzeichnete.
»Ein Ungeheuer seid Ihr!« stieß Napoleone angewidert aus. »Wie könnt Ihr jetzt, wo der Augenblick naht, da Ihr vor Gott tretet, so grausam sein, so teuflisch?«
Die Antwort war ein erneutes Gelächter, das in einem Röcheln erstickte. Godivelle stürzte herbei, richtete den Todgeweihten mitsamt dem Kopfkissen auf, flößte ihm aus einer Schale schluckweise eine bräunliche, leicht dampfende Flüssigkeit ein.
»Ihr solltet gehen, Madame Napoleone. Das Gespräch mit Euch ermüdet ihn.«
»Von wegen, Godivelle! Es bereitet ihm so viel Vergnügen, mir wehzutun, daß er um keinen Preis der Welt darauf verzichten würde. Ich verschaffe ihm vielmehr eine letzte Freude...«
Mit Hilfe des beruhigenden Kräutertees war der Anfall

bald vorüber. Der Marquis stieß die Tasse beiseite und ließ sich in die Kissen zurücksinken.
»Große Worte, Nichte, und wie wahr! Es stimmt, Ihr verschafft mir eine Freude, mit der ich gar nicht mehr gerechnet hatte. Ich danke Euch dafür. Was Gott angeht, so mache ich mir darüber keine allzu großen Sorgen. Wir haben viel zu selten miteinander zu tun gehabt, als daß er mir die Ehre erweisen würde, mich höchstpersönlich zu empfangen. Das erspart mir seine Vorwürfe.«
Blankes Entsetzen zuckte bei diesen letzten Worten in Godivelles Augen auf. Die Alte wie auch Napoleone bekreuzigten sich gleichzeitig.
»Habt Ihr niemals den Wunsch verspürt, mit Euren Nächsten und Euch selbst Frieden zu schließen? Verlaßt Ihr diese Welt ohne Bedauern, ohne ein Zeichen der Reue?«
»Ich habe niemals irgend etwas bereut. Sollte ich jedoch etwas bedauern, dann das, nicht alle meine Wünsche befriedigt zu haben. Angefangen mit dem, den ich in bezug auf Euch hatte ... Dafür weiß ich, daß Ihr mich nie vergessen und in den vielen einsamen Nächten, die Euch bevorstehen, an mich denken werdet – fast ebenso oft wie an den Mann, den ich Euch abspenstig gemacht habe. Und nun geht! Wir haben uns nichts mehr zu sagen.«
Er schloß die Augen, atmete mühsam. Godivelle drängte Napoleone vom Bett weg. Die junge Frau sah Tränen in ihren Augen glänzen.
»Tut, was er sagt, Madame Napoleone! Möge ihm im letzten Moment ein wenig Frieden vergönnt sein!«
»Seid Ihr sicher, daß er bevorsteht, dieser letzte Moment? Übrigens möchte ich Jean sprechen. Wo ist er? Warum hält er sich nicht am Krankenbett des so innig geliebten Vaters auf? Dort gehört er doch hin. Dafür hat er mit all meiner Liebe bezahlt.«
»Er ist fort, um dem Herrn einen letzten Dienst zu er-

weisen. Geht jetzt! Morgen werden alle die Wahrheit erfahren. Bis dahin beanspruche ich das Recht, mit meinem Herrn alleinzubleiben!«
Napoleone senkte den Kopf. »Es soll geschehen, wie Ihr es wünscht. Ich reite nach Hause, Godivelle. Ich könnte draußen auf Jean warten, aber das werde ich nicht tun. Wahrscheinlich würde das zu nichts führen ... es lohnt sich nicht mehr. Er hat gewählt. Ich respektiere seine Entscheidung, auch wenn mir vor Kummer darüber das Herz bricht. Lebt wohl, Godivelle! Denkt daran, daß in Combert immer ein Plätzchen für Euch ist.«
Sie wandte sich bereits der niedrigen Tür zu, aber Godivelle hielt sie zurück – und umarmte sie.
»Ich werde berichten, was ich heute abend erfahren habe«, flüsterte sie. »Gebt die Hoffnung nicht auf, Madame Napoleone.«
»Nicht doch, Godivelle. Ein Mann wie Jean bricht sein Wort nicht. Ich habe ihn für immer verloren. Wenn ich Euch nur noch um eins bitten dürfte: Sorgt für ihn, wie Ihr immer für ... seinen Vater gesorgt habt! Kommt, François!«
Tief betroffen von dem, was sich abgespielt hatte, bot ihr der Bauer den Arm. Ein Schluchzen unterdrückend, das ihr die Kehle zuschnürte, nahm Napoleone an, stützte sich darauf. Nach den haßerfüllten Worten, mit denen sie überschüttet worden war, hatte sie die Nähe dieser ruhigen Kraft, dieser väterlichen Freundschaft bitter nötig. Schweigend traten sie durch die kleine Öffnung, stiegen hinunter zu der Stelle, an der die Pferde standen.
Anstatt wieder den Fluß entlang zurückzureiten, schlugen sie den Weg ein, der an der Kapelle vorbei und von dort am Dorf entlangführte, um auf der Landstraße nach Combert zurückzukehren und somit unliebsame Begegnungen auszuschließen.
Es war stockfinster. Wie gut, daß François, der vorausritt, jeden Stein, jeden Grashalm kannte! Angst, sich zu

verirren, brauchte Napoleone nicht zu haben. Dafür ließ sie jetzt, da sie keiner mehr beobachtete, ihren Tränen freien Lauf.
Noch nie war sie so verzweifelt gewesen. Was bedeutete ihr eine Zukunft ohne Jean? Und plötzlich schrie sie so laut sie konnte und mit der ganzen Hoffnungslosigkeit ihrer Liebe: »Jean! Jean ... Ich liebe dich! Ich liebe dich ... ich liebe dich!«
Das Echo trug ihre Stimme vom anderen Ende des Tals zurück; man mußte sie bis ins Dorf hören. François war bei diesem Schrei nicht einmal zusammengezuckt. Er hatte darauf gewartet, weil er ahnte und spürte, daß Napoleone ihn nicht länger unterdrücken konnte. Auch er hatte damals den Namen von Victoire in die Nacht hinaus gebrüllt, als feststand, daß sie nicht zurückkommen würde. Das war eben eines von vielen Mitteln, sich von den Qualen der Liebe zu befreien, und er hatte sich danach tatsächlich ein wenig erleichtert gefühlt. Jetzt hörte er Napoleone hemmungslos weinen. Erst nach einer Weile drehte er sich im Sattel um, wartete, bis Napoleone zu ihm aufgeschlossen hatte.
»Das ist die Straße!« sagte er nur. »Es kommt Wind auf. Ihr müßt zu Eurem Sohn zurück, Madame Napoleone. Schlagen wir Galopp an ...«
Sie blieb stehen und wandte sich um. Sie hatten die Stelle erreicht, an der sie sich damals, in der Nacht ihrer Flucht, noch einmal umgeschaut hatte, um einen Blick auf die Türme von Lauzargues zu werfen. Heute konnte man sie in der Finsternis kaum erkennen. War das nicht ein Fingerzeig? Daß sie versuchen sollte zu vergessen? Der Wind blies stärker. Napoleone fröstelte. Sie fuhr sich mit dem Ärmel über die Augen.
»Ja, François, reiten wir nach Hause! Schnell nach Hause! Hier habe ich nichts mehr zu suchen ... nie mehr!«
Sie galoppierten an. Der Wind trocknete ihre letzten Tränenspuren.

Es war früh am Morgen, als anderntags das Läuten einer Totenglocke bis nach Combert drang und Napoleone ans Fenster eilen ließ, um genauer zu lauschen, obwohl jeder Zweifel ausgeschlossen war: Die getragenen Schläge der Glocke kamen aus Lauzargues. Der Marquis hatte zum zweitenmal sein Leben ausgehaucht, und landauf, landab würde bekannt werden, daß sich der hochmütigste aller Schloßherren wie ein Tier verkrochen hatte, auf daß niemand Zeuge seines körperlichen Verfalls würde.
Napoleone hüllte sich in einen Schal und schickte sich an, in den Garten zu gehen. Am Fuße der Treppe begegnete sie François, Jeannette und Clémence. Von den Gesichtern der Dienerinnen war abzulesen, daß François ausführlich Bericht erstattet hatte.
»Daß der Marquis in diesen Trümmern gelebt hat!« rief Jeannette. »Wer hätte das für möglich gehalten?«
»Bei einem solchen Mann wundert einen nichts mehr«, brummte Clémence. »Bleibt nur zu hoffen, daß er diesmal wirklich mausetot ist!«
Und zur Vergebung dieses so unchristlichen Gedankens bekreuzigte sie sich eilends mehrere Male. Sicherheitshalber ...
»Wir sollten für ihn beten«, sagte Napoleone. »Ich glaube, das wird er nötig haben.«
»Meiner Treu! Meine Gebete werden es jedenfalls nicht sein, die ihm Frieden schenken«, lehnte sich Clémence auf. »Nach allem, was er unserer Mademoiselle Dauphine angetan hat, mag er in der Hölle schmoren, solange er will! Ich begreife nicht einmal, wie man die Glocke für ihn läuten kann!«
Napoleone mußte unwillkürlich lächeln. Die burschikose Offenheit von Clémence gefiel ihr. Wenigstens eine, die sich von heuchlerischen Gepflogenheiten nicht einwickeln ließ.
Den blauen Schal um die Schultern geschlungen, trat sie in die kühle Morgenluft hinaus. Der Garten erschien ihr

heute besonders prächtig. Zu den noch immer leuchtend blühenden Blumen gesellten sich bereits die Gold- und Purpurfärbungen des Herbstes. Tiefer Friede lag über diesem Garten, übertrug sich auf Napoleone. Man hätte meinen können, die Welt habe den Atem angehalten, sammle ihre Kräfte in Erwartung der bevorstehenden Prüfung.
Langsam schlenderte die junge Frau die breite Allee entlang, ließ ihre Blicke zärtlich über die Blumen gleiten. Sie wollte hinunter an den Fluß, dieses lebendige, unzerstörbare Band zwischen Combert und Lauzargues, sich dort hinsetzen und eine Zeitlang in das tosende Wasser schauen, an dem sie ihre glücklichsten Stunden verbracht hatte. Ihr Herz hatte sich beruhigt; sie empfand nur noch unendliche Müdigkeit. Gegen so vieles hatte sie ankämpfen müssen. So viele Menschen waren in diesen vergangenen Monaten gestorben! Napoleone hatte keine Kraft mehr für einen weiteren Kampf, den sie von vornherein verloren wußte. Sie sehnte sich nach Frieden, und den würde sie in diesem Haus, in diesem Garten finden. Hier wollte sie bleiben und zusehen, wie ihr Sohn größer wurde, zusehen, wie das Wasser im Flußbett rauschte, zusehen, wie ihr Leben verrann ... und dabei war sie erst zwanzig!
Sie fror mit einemmall, und als sich eine Hand auf ihre Schulter legte, empfand sie sie als angenehm, drehte sich aber nicht um, weil sie glaubte, es sei Clémence oder François, sondern sagte nur leise: »Ich komme gleich. Laßt mich nur noch ein wenig allein...«
»Du bist zu jung, um allein zu sein«, hörte sie Jeans Stimme. »Ich hätte das bedenken müssen.«
Napoleones Herz stockte, sie schloß die Augen, um das, was nur ein Traum sein konnte, ganz in sich aufzunehmen. Aber schon spürte sie eine zweite Hand, die sie hochzog. Jetzt öffnete sie die Augen, sah, daß er es wirklich war, daß sie nicht träumte, daß es Jean war, ihr Jean, den zu lieben sie niemals aufhören würde...

»Du bist gekommen?« stammelte sie. »Du bist meinetwegen gekommen?«
Ein Lächeln ließ seine weißen Zähne aufblitzen und die wasserblauen Augen, die denen des Marquis so glichen, funkeln.
»Letzte Nacht hast du meinen Namen in den Wind gerufen, und der Wind hat ihn mir zugetragen. Ich mußte einfach kommen.«
»Um mir Lebewohl zu sagen?«
»Nein. Um dich zu fragen, ob du mich noch immer willst ... als den, der ich bin, den Herrn der Nacht und der Wölfe ...«
»Nein. Du bist jetzt Jean de Lauzargues, und ich werde niemals vor dir verlangen, daß du einen Eid brichst. Es wundert mich, daß du das überhaupt in Erwägung ziehst.«
»Wer redet davon, daß ich einen Eid breche? Letzte Nacht habe ich dem Marquis gegenüber meine Zusage zurückgezogen. Ich habe ihm erklärt, ich zöge es vor, ein Niemand zu sein und mir deine Liebe zu bewahren. Wenn du noch immer willst, möchte ich mit dir zusammen leben, in deinem Schatten, bei unserem Sohn. Deine Abwesenheit war mir unerträglich!«
Schon lag Napoleone in seinen Armen, lachte und weinte durcheinander. Eine Woge des Glücks, so mächtig, daß sie ihr den Atem raubte, überflutete sie.
»Ob ich es will? Ob ich es will? Ach, mein Liebster, ich habe niemals etwas anderes gewollt ... Wir werden heiraten, damit Gott mit uns ist, und wie deine Wölfe in der Einsamkeit leben, fernab von den anderen, verstoßen vielleicht, aber zusammen! Seit Monaten friere ich, weil du nicht da bist. Ich brauche deine Wärme ...«
»Und du fürchtest dich nicht, von den anderen verleumdet, verachtet, verurteilt zu werden?«
»Ich fürchte mich nur davor, dich zu verlieren. Was bedeuten schon die anderen und was sie denken mögen? Wir werden zusammen sein!«

Er zog sie ganz fest an sich, vergrub das Gesicht in ihrem blonden Haar, das nach Flieder und frischem Gras duftete. Innig umschlungen verharrten sie im Licht der Sonne, die über den Gipfeln aufgetaucht war und diese Umarmung, nach der sie sich so lange schon sehnten, nicht lösen konnte...
Erst die Stimme von Clémence holte sie wieder in den nüchternen Alltag.
»Madame Napoleone! Wo steckt Ihr denn? Ihr müßt Euch noch für den Nachtisch heute abend entscheiden. Soll ich dem Domherrn eine Meringuentorte vorsetzen oder einen Maronencrèmekuchen?«
Napoleone lachte hell auf.
»Beides, Clémence! Ihr wißt doch, daß er über einen geradezu bischöflichen Appetit verfügt.«
»Der Domherr?« fragte Jean. »Erwartest du ihn denn?«
»Ja. Er kommt heute abend, und ich freue mich um so mehr darüber, weil wir mit ihm auch gleich über unsere Hochzeit sprechen können. Er hatte zugesagt, sie zu Ostern zu segnen – unter der Bedingung, daß ich dir bis dahin meine Lüge eingestanden hätte. Wenn du wüßtest, wie sehr ich diese Dummheit bedaure ...«
Jean legte den Arm um Napoleones Taille und stieg mit ihr den Weg zum Haus hinauf.
»Wir sprechen einfach nicht mehr davon. Wenn du mich dafür zum Mittagessen einladen würdest ... Ich sterbe nämlich vor Hunger. Danach würde ich gerne von den Abenteuern hören, die du zusammen mit der hinreißenden Felicia erlebt hast.«
Die Glocke in der Ferne verstummte ganz plötzlich. Ihr Schweigen brachte Napoleone in die Wirklichkeit zurück. Ein Schatten huschte über ihr Gesicht.
»Mußt du ... nicht zurück?«
»Nein. Dort hält mich nichts mehr. Gestern abend habe ich Abt Queyrol geholt, damit er dem Marquis die Sterbesakramente erteilt. Und dann hörte ich deine Stimme. Daraufhin erklärte ich dem Marquis, was du bereits

weißt, und ließ ihn mit dem Geistlichen allein. Der Marquis schäumte vor Wut; die Verwünschungen, die er ausstieß, dürften bis ins Dorf zu hören gewesen sein. Aber mit der Zeit wurden sie immer leiser. Wahrscheinlich hatte der Alte Atembeschwerden. Als ich sehr viel später zurückkam, kniete der Abt zu Füßen des Bettes, in dem nur noch ein lebloser Körper lag, und betete. Er hat mich gar nicht bemerkt. Ich bin wieder losgezogen und habe die ganze Nacht über mit Luern die Wälder durchstreift. Ich wollte zu dir, habe dann aber doch lieber erst den Tag abgewartet. Du siehst, mit Lauzargues bin ich fertig. Du aber, mein Herz, mußt an der Beerdigung teilnehmen.«
»Ich will aber nicht.«
»Du kannst ihr nicht fernbleiben. Vergiß nicht, daß dein Sohn – unser Sohn – der letzte Herr auf Lauzargues ist.«

Zur selben Zeit, da am Nachmittag der behäbige Wagen mit dem Domherrn von Combert vor der Freitreppe hielt, auf der Napoleone, François und Godivelle zum Empfang bereitstanden, kam auch Jean, den kleinen Etienne auf den Schultern und gefolgt von Luern, dem großen, zahmen Wolf, vom Bauernhof zurück. Und er war es, den sich der gedrungene Domherr, noch ehe er Napoleone umarmte, keineswegs freundlichen Blicks vorknöpfte.
»Was tut Ihr hier, Jean de Lauzargues?« fragte er streng.
»Euer Platz ist bei der sterblichen Hülle Eures Vaters. Wißt Ihr nicht, was sich schickt? Ihr solltet bei ihm sein, wenn die Leute aus dem Dorf und der Umgebung kommen, um dem Toten, der es sich nicht hat nehmen lassen, zweimal zu sterben, die letzte Ehre zu erweisen. Abt Queyrol erwartet Euch.«
»Nennt mich nicht so, Hochwürden. Dieser Name steht mir nicht zu. Ich habe darauf verzichtet.«
»Das weiß ich selbst verdammt gut. Ich komme eben von dort. Glaubt mir, diese Geschichte sorgt für einen

Wirbel, der bereits die ganze Gegend auf die Beine gebracht hat. Man rechnet mit Euch, damit Ihr die Vorbereitungen für das Begräbnis trefft.«
»Das kann nicht sein. Abt Queyrol dürfte Euch doch berichtet haben, was sich gestern abend, als ich ihn ans Krankenlager des Marquis holte, ereignete?«
»Das hat er«, sagte der Domherr gelassen, »und nicht nur das. Er erzählte mir von diesem Teufelspakt, den man Euch eines Namens wegen aufgedrängt hat – und auch davon, was geschah, nachdem Ihr ihn mit dem Sterbenden allein ließet ...«
Schweigen trat ein. Napoleone und Jean tauschten einen Blick. Keiner der beiden wagte zu fragen, aus Angst, eine Antwort zu erhalten, die die verrückte Hoffnung, die in ihnen keimte, zunichte machte.
»Na?« kam es von Monsieur de Combert. »Neugierig scheint Ihr beiden gerade nicht zu sein!«
»Ihr wollt doch nicht etwa sagen«, begann Napoleone, »der Marquis hätte ... auf seine Rache verzichtet?«
»Wenige Augenblicke, bevor er vor seinen Richter trat? Aber ja doch, mein liebes Kind! Der kleine Abt Queyrol ist zäher, als man denkt. Er hat es geschafft. Ein Wunder, möchte man sagen. Macht Euch also auf den Weg, Monsieur! Es ist höchste Zeit!«
Jetzt war Jean nicht mehr zu halten. Er übergab François den kleinen Etienne, schloß Napoleone in die Arme, eilte dann in Richtung Stall. Wie verwandelt er auf einmal war ... Der Domherr ergriff mit einem Seufzer der Erleichterung Napoleones Arm.
»Würdet Ihr mich jetzt hineinbegleiten, meine liebe Kleine? Ich stehe wahrlich schon lange genug auf meinen alten Beinen und glaube, eine schöne Tasse Schokolade würde mir unendlich guttun.«
Er mußte seine Bitte wiederholen, denn Napoleone hörte ihn gar nicht, starrte ihn nur an, vor Überraschung und Glück gelähmt. Dieser kleine, kugelrunde Geistliche kam ihr plötzlich wie der mächtige Zauberer

aus dem Märchenbuch vor. Wie im Traum geleitete sie ihn jetzt in den Salon, den er mit Sonne und Freude zu erfüllen schien, und umgab ihn mit tausend Aufmerksamkeiten: Sie schürte das Feuer, klopfte ihm ein Kissen für den Rücken und eins für die Füße zurecht. Zu guter Letzt sank sie auf die Knie und küßte ihm die Hand.
»Ihr ahnt nicht, wie sehr ich Euch liebe!« stieß sie hervor.
»Wirklich? Dann beweist es mir, indem Ihr mir meine Schokolade bringt und mein Gepäck hereinschaffen laßt. Denn ich bleibe todsicher so lange, bis ich Euch höchstpersönlich verheiratet habe.«
In dem hübschen Zimmer, das Napoleone für ihn vorbereitet und mit einem großen Strauß der schönsten Blumen aus ihrem Garten geschmückt hatte, kniete der Domherr an diesem Abend zu einem langen und – wegen der für seine Beine doch recht anstrengenden bußfertigen Haltung – ermüdenden Gebet nieder. Mußte er aber nicht Gott um Vergebung für die faustdicke Lüge bitten, die er fortan mit Abt Queyrol teilte?
»Du hättest ebenso gehandelt, o Herr«, seufzte er, »und ich glaube, deinem Willen zu entsprechen, wenn ich nicht zulasse, daß jener alte Teufel von Marquis weiterhin über diese beiden unglücklichen Kinder triumphiert, die meines Erachtens genug gelitten haben. Von nun an können sie vor den Augen aller ihre Liebe leben, zum Lobpreis deines Namens und deiner Güte. Ich aber will bis zum Ende meiner Tage Buße tun und für die verbrecherische Seele von Foulques Marquis de Lauzargues beten, den ich zeitlebens aus tiefstem Herzensgrunde verachtet habe!«
Ächzend erhob sich der Domherr, nachdem er ein letztes Gebet gesprochen hatte, suchte mit dem Gefühl innerster Zufriedenheit das von Clémence mittels einer Wärmflasche mollig aufgeheizte Bett auf, wo er alsbald in den Schlaf der Gerechten sank.
Ganz still war es im Haus. Über Combert wie über Lauzargues senkte sich Friede...